口絵 1　田中一村「熱帯魚三種」（出典：『田中一村作品集［増補改訂版］』NHK 出版，2013 年）

口絵 3　山地・丘陵地の標徴種，ボチョウジ（アカネ科）国頭村（2006 年 12 月）

口絵 2　園芸植物，サンダンカ（アカネ科）国頭村奥（2015 年 8 月）

口絵5　大和村国直で採れたマアナゴウ（2014年5月, 中村修氏＝撮影・提供）

口絵4　大和村オヤゴハナでのイセエビ漁（2008年8月）

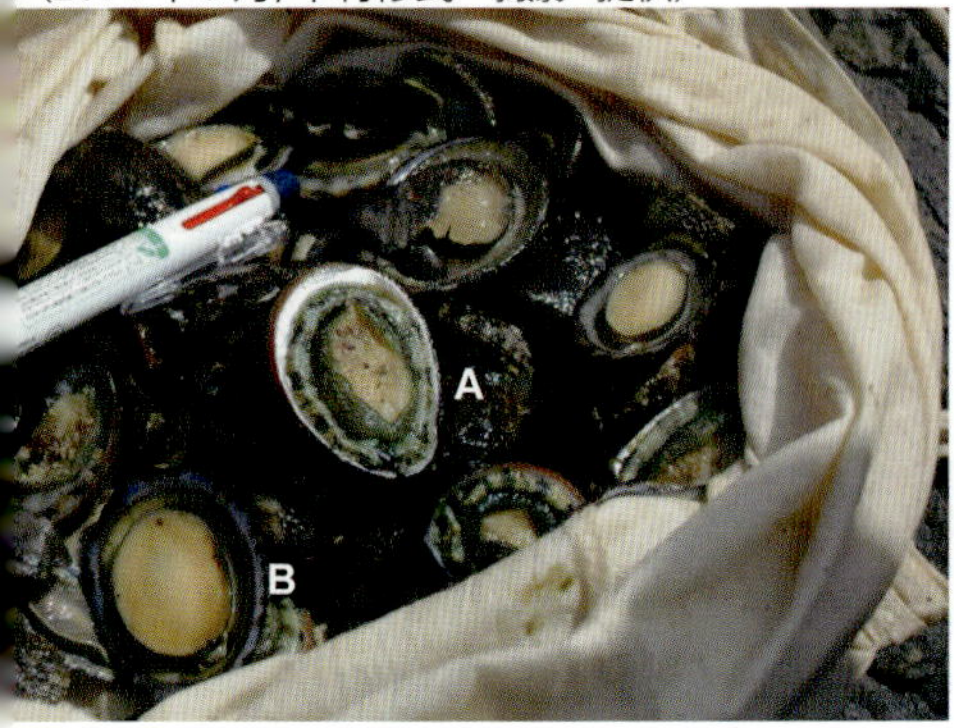

口絵7　大和村大金久のヒジャで採れた巻貝類（2007年8月）A：マアナゴウ，B：オオベッコウガサガイ

口絵6　大和村国直でのイセエビ漁の成果（2008年8月）

口絵9　大和村大棚のナダラで採れたサラサバテイ（2016年8月）

口絵8　大和村大棚の漁師・前田幸二さん（2016年8月）

口絵 10　上空から撮影した備瀬の集落。右端は備瀬崎，左上の島は伊江島（2011 年 10 月，菅浩伸氏＝撮影・提供）

口絵 12　備瀬の浅礁湖（イノー）でおこなわれる網漁「サレービチ」。手前の岩は「ピレーク」とよばれるビーチロック。沖の島は伊江島（2011 年 8 月）

口絵 11　備瀬で漁獲される魚。手前左：ハマフエフキ，手前右：イスズミ科，奥右：アイゴ科（2014 年 4 月）

口絵 14　備瀬で漁獲されるアミアイゴ（成魚）（2010 年 5 月）

口絵 13　備瀬の浅礁湖（イノー）で採集されるマガキガイ（2007 年 12 月）

口絵 15　備瀬イノーでの網漁「サレービチ」。魚群を袋網に追い込んで引き上げるところ（2011 年 8 月）

口絵 17　サレービチで魚を追い込むロープには，魚を脅す梱包用紐と石の錘が等間隔に結びつけられている（2011 年 8 月）

口絵 16　ベラ科の魚のほか，ムラサメモンガラ，ハマフエフキの稚魚など多種の魚が獲れた（2011 年 8 月）

口絵 18　本部町備瀬のシクシキ（アミアイゴ稚魚の群を漁獲する網漁）。5 年ぶりの大漁。（2010 年 7 月）

A：アミアイゴ稚魚の群を探索する，

B：魚群を見つけ，袋網に追い込む，

C：魚群を追い込んだ袋網を引き上げる，

D－E：漁獲されたアミアイゴを分配する

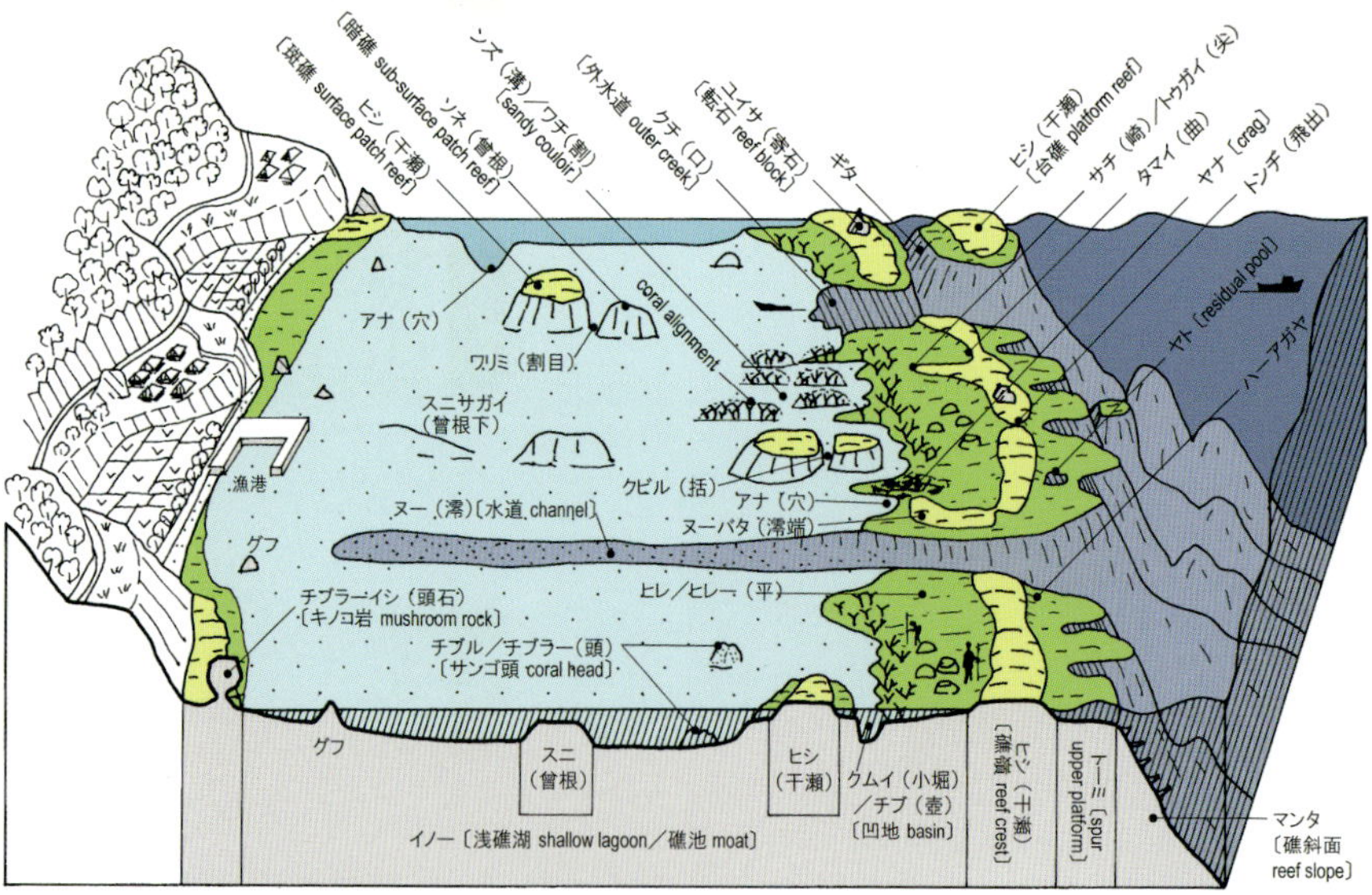

口絵 19　南城市のサンゴ礁微地形の模式図。カタカナは方名，丸括弧（　）は当て漢字，亀甲括弧〔　〕は地形学用語，英語表記は Clausade *et al*.(1971), Battistini *et al*. (1975) などを参照した［渡久地・西銘 2013］

口絵 20　南城市知念のサンゴ礁，右は志喜屋漁港とアージ島（2012 年 7 月）

口絵 22　大和村のカタマ（礁前面の凹）
（上）ヤスケガタマ全景（背後の影はカタマの縁）
（下）ヤスケガタマから外海につながる縁溝
（2015 年 8 月，藤田喜久氏＝撮影・提供）

口絵 21　大和村大棚のヤスケガタマの UAV（無人自律ヘリ）を用いた空撮
A：ヤスケガタマ，B：クグチ
（2016 年 8 月，長谷川均氏＝撮影・提供）

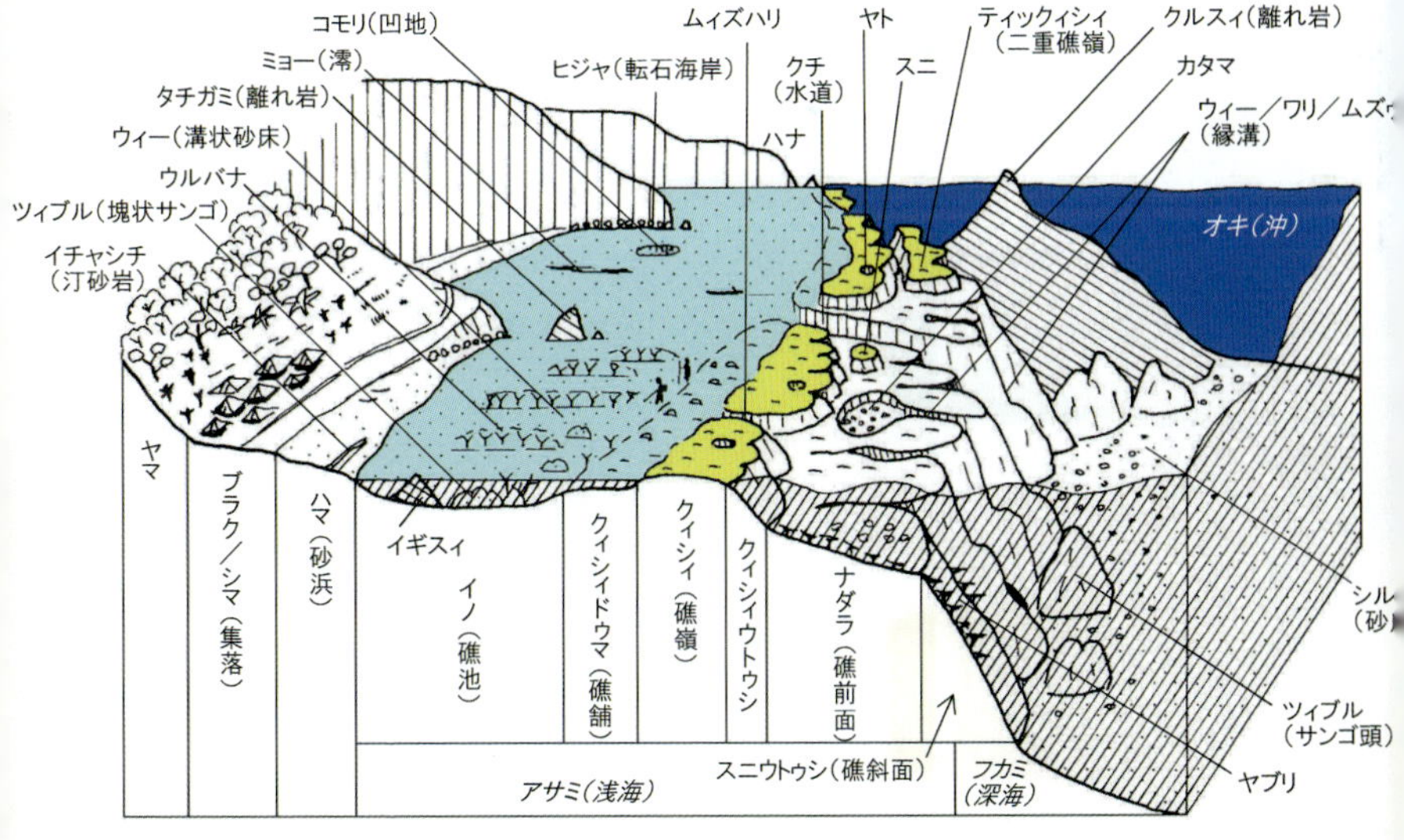

口絵 23　大和村のサンゴ礁微地形の模式図［渡久地ほか 2016 に加筆］

口絵 24　枝手久島（左）と倉木崎（右）の間は，サンゴ礁が一面に広がっているために大型船は通航できない（2016 年 8 月）

口絵 25　久高島のイシキピシミ（2008 年 7 月）

サンゴ礁の人文地理学

奄美・沖縄、生きられる海と描かれた自然

渡久地　健 著

古今書院

目崎茂和先生と
堀　信行先生に

まえがき——漁師に学ぶ

「……ものを見つけるよろこび、自然の手からじかに何かを受けとる喜びが……そこにあった」（D・H・ロレンス／小野寺健・武藤浩史訳『息子と恋人』ちくま文庫、二〇一六年、一四五頁）

漁撈知識は綜合的である

今日、学問は細分化が著しい。その一方で、「文理横断（文理融合）」「学際的研究」の必要性がいわれて久しい。文理横断や学際的研究は、環境問題の解決や地域貢献には、自然科学だけでも人文科学だけでも困難であることが自覚されるようになった結果でもあろう。正直なところ、私は環境問題の解決や地域貢献を真剣に考えたことがあるかと、問われれば、自信をもってイエスということができない。しかし、いま私は、細分化された個別学問領域を超えた共同研究の必要性を感じている。じつは、そのことを意識しはじめたのは、私がサンゴ礁漁撈研究にかかわるようになったあとのことである。

私は地理学のなかの自然地理学、さらにそのなかの地形学を長く専攻してきた。その地形学の立場から、漁師たちのサンゴ礁地形認識にかんする研究に着手したのは一九九〇年頃であるが、最初は地形学の素養だけで漁師たちの自然認識を捉えようとしてきた。しかし、研究が漁撈活動のほうに向かうにつれて、私は自分の前に一つの壁が立ちはだかっていることを意識するようになった。

二〇〇七年の夏、「サンゴ礁の自然認識と漁撈活動」をテーマに、奄美大島の大和村で調査をはじめた。漁撈活動の調査では、漁場・漁期・漁獲生物・漁法などを調べることになるが、私はいつも真っ先に漁場の地名と、漁場を構成する微地形の地元での呼び名（方名《ほうめい》）について聞き取りをおこなうことにしている。

ある日、大和村大棚《おおだな》の漁師から、「カタマ」という、それまで一度も耳にしたことのない地形名を教えられた。その地形は、礁嶺《リーフ》の外海側の緩斜面にある直径数十メートルないし一〇〇メートル程度の凹地である。水深五〜七メートルほどの凹地の底には直径数十センチメートルの扁平な礫《れき》がくまなく敷き詰められている。その凹地は、細い溝によって外海の深みとつながっていて、その溝を通って満潮時にイソフエフキなどの魚類が凹地のなかに集まってくる。そのため、カタマは網漁などの重要な漁場となっている。一般に、サンゴの豊かなところや海藻の生えたところに魚群が集まるといわれるが、カタマのなかにはサンゴや目立った海藻はほとんどない。なぜ、そこに魚が集まってくるのか。複数の地域で漁師から聞いた話によれば、カタマの底に敷き詰められた石（扁平礫）をイソフエフキなどの魚が鼻先で返し、石の下や石の裏に潜んでいる甲殻類などの小動物を食べるのだという。カタマを理解するには地形学だけでは難しく、私は壁にぶつかったのである。どうしても生物学との共同研究が不可欠である。

そもそも、漁師たちは、自らの生業の場である漁場をまるごと理解している。漁場は地形だけで成り立っているのではなく、そこには絶えず変化する潮位と潮の流れがあり、その潮の動きに応じて漁獲対象である生物がサンゴ礁を行き来している。それを捕獲するためにさまざまな漁法が編み出されてきた。漁師たちの海の知識と技はきわめて総合的なのだ。決して地形学／生物学／人類学というように細分化された知識ではない。複雑な地形と生物多様性として特徴づけられるサンゴ礁の自然、そこでは多様な漁法が展開されている。漁師たちのサンゴ礁世界を知るには、それゆえ、一つの学問分野では限界がある。カタマという微地形を認識した漁師たちの目は、サンゴ礁にかかわる地形学や生物学、人類学に対して研究上の重要な示唆を与えていると確信し、二〇一五年、この三つの分野による学際的な共同研究を開始したのである。この研究はまだ道半ばにあるが、現段階の成果をまとめたのが第四章である。

漁師は漁場知識と漁の技が試されている

漁撈は、水中で魚介類を捕獲・採集する活動である。それは、養殖漁業や農業とはちがって、海という自然、人工的に制御されていない環境のなかで営まれる。そのため、狩猟や野山での採集活動と同様に、漁撈活動の成果（漁獲量）は、養殖や農業におけるそれ（収穫量）と比べて、予想や期待を大きくはずれることがあり、不安定である。不確実性が大きいだけに、漁師たちは漁場の知識と漁の技が大きく試されているのだ。

数年前、私は徳之島伊仙町で、マアナゴウ採りの名人に出あった。マアマゴウは、ミミガイ科でアワビの仲間であるが、彼女は岩と同じ色をした小型の巻貝が潜んでいる場所を、それが這ったかすかな痕跡から知る、という〔渡久地ほか 2014〕。漁獲の多寡は漁場知識に左右されるから、漁をする人々にとって、たとえ潮干狩りといえども、地形や生物の知識の習得は大きな関心事である。知識が生かされ多く漁獲されたときの喜びは大きい。そのことは、国頭村奥における女性たちの昼間と夜間の潮干狩りについての聞き書きからも確認することができた〔高橋・渡久地 2016〕。海のなかで「ものを見つける喜び、自然の手からじかに何かを受けとる喜び」が漁撈活動にはあるといえる。

漁師に学ぶ

「何を研究していますか?」と聞かれたら、今では大抵の場合、「私の仕事はサンゴ礁で漁をする漁師から話を聞くことです」と答えるようになった。ある集落、ある島のサンゴ礁を思うとき、その海中景観——海の中の地形や魚群——よりも先に、サンゴ礁の地形の呼び名や漁について教えてくれた漁師の顔が浮かんでくる。

本部町備瀬に通いはじめてから八年が過ぎ去った。ずっとお世話になっているKさんは、「備瀬に来るときは電話をください。みんなに連絡して集まってもらうから……」といつも言ってくださる。「集まってもらう」のは，備瀬の漁師たちが開いてくださる、サンゴ礁の海と魚と漁について語り合う「海の居酒屋」と称している語りの場である。そこでの漁師たちとの座談の一部は、聞き書き集『海と山の恵み——沖縄島のくらし』〔早石・渡久地 2010〕に収録した。また私の研究室で修士論文をまとめたHさんが「海の居酒屋」の漁師にお世話になった。本部漁協理事のKさん、漁師Mさんには「これも知らないのか」「これはこの前、説明しただろう。また同じことを聞くのか」とお叱りを受けながら、サンゴ礁の海と漁のについて教えてもらってきた。第二章は、備瀬の漁師たちに学んだことの一部である。

奄美大島・大和村のサンゴ礁漁撈の調査では、大棚集落の漁師Mさんに多くのことを教えてもらった。サンゴ礁微地形の民俗分類と地名調査しか経験のない私を、漁撈研究に方向づけしてくださったのが、ほかならず漁師Mさんであった。漁師Mさんには、お話しを伺うたびに新しいことを教わっている。第一章と第四章は、漁師Mさんに大きく負っている。

それから、沖縄本島南部・南城市のサンゴ礁で、生業として四〇余年間も素潜り漁を続けている漁師Kさんがいる。その漁師は、小舟を使い、おもにタコ獲りと貝採りを専門にしている。広大なサンゴ礁空間を渉猟する漁師にとって、一つ一つが小さな点である無数のタコ穴を記憶するのは容易ではないだろう。漁師Kさんは、二〇〇四年以来、自分が捕獲したタコについて日々、「タコ獲り地図」（以下、「地図」と記す）として克明に記録をとっている。漁師Kさんは、およそ四五×七〇センチメートルの横長の紙に、毎年、手書きの一枚の漁場図（白地図）を作り、その上にタコを捕獲した地点を一連番号でプロットしている。同時に、一覧表の形で、日付（新暦と旧暦）、タコの重量（四区分）などをまとめている。図0―1は、二〇〇一年の地図の一部（全体の一五％程度の範囲）である。図中の番号は、その年にタコを捕獲した地点の一連番号である。そのうち白抜数字（181～189）は、大漁だった八月一〇日の捕獲地点である。この八つの地点から、その日の漁師Kの移動軌跡の一部をある程度読み取ることができる。漁場知識は、先人から継承されるだけでなく、漁師の主体的な努力によって生成・蓄積されることを、漁師K

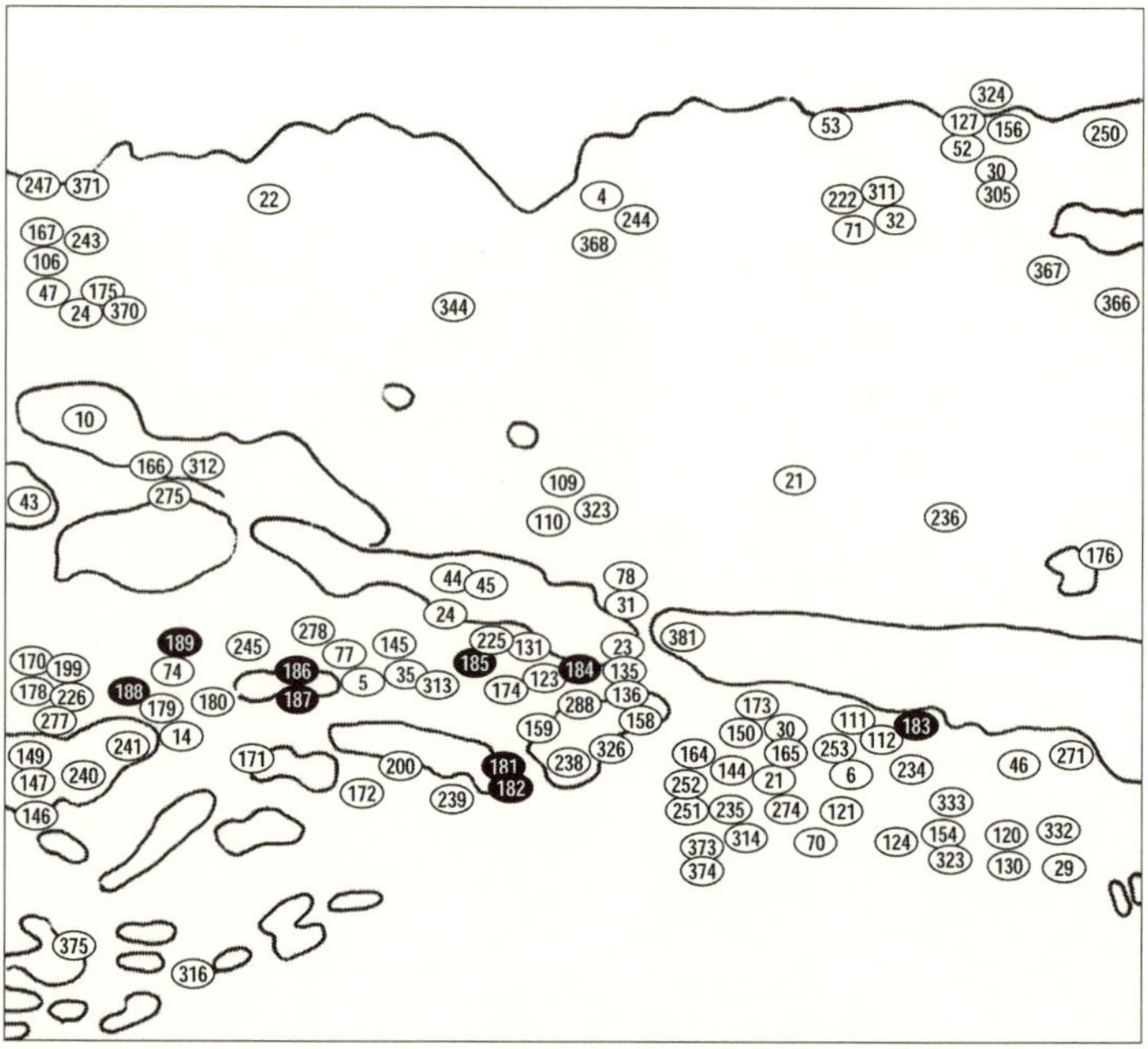

図 0-1　漁師 C の 2011 年の「タコ獲り地図」の一部。一連番号はタコを捕獲した地点で，そのうち白抜数字は 8 月 10 の捕獲地点を表す。図は一種のメンタルマップであるため，スケールと方位は示していない。[渡久地・橋本 2016：50]

さんの地図は示している。漁師Kさんは、サンゴ礁の海の大切さと漁場知識を次世代に伝えるために、記録を始めたという。その創意工夫を凝らした地図作りは、それ自体が喜びであり、そして「自然の手からじかに何かを受けとる喜び」を多く生むことにもつながっている、と私は考えている。第三章の地名語彙の聞き取り調査では漁師Kさんをはじめ南城市の現役漁師の方々にたくさんのことを教えてもらった。漁師Kさんのタコ漁についての聞き書きは今夏着手したばかりであるが、タコ獲り漁師の眼に映ったサンゴ礁の海の微細な風景、タコの習性、漁師の一年について、たくさんのことを教えてもらえるものと楽しみにしている。

また、今夏、石垣島新川で親父さんと一緒に定置網漁やカゴ網漁など多様な漁法を営む漁師Nさんのサバニで網漁の参与観察をする機会があった。漁師Nさんにも、今後、名蔵湾と石西礁湖の地形と魚と網漁について教えを乞いたいと願っているところである。

本書の構成

さて、本書は、おもに最近十年間の研究成果のなかから、奄美・沖縄における「サンゴ礁と人」のかかわりについて研究成果をまとめたものである。第Ⅰ部「生きられる海」は、漁撈活動を支える漁場知識、漁の技を中心とするフィールド研究の成果である。第Ⅱ部「描かれた自然」は、国絵図・明治期水路誌・絵画・歌謡文学に描写されたサンゴ礁の分析をもとにしたサンゴ礁認識論である。第Ⅲ部「民俗分類と民俗語彙」は、サンゴ礁漁場にかかわる「民俗分類と民俗語彙」である。各部はそれぞれ四つの章から構成され、全体で一二章からなる。

第Ⅱ部「描かれた自然」は、地理学書としては少し異質かもしれない。しかし、地理学は現実の自然だけでなく、描写された自然も研究対象にしている。描かれた自然からは、それを描いた人間(集団)の視線を読み取ることにほかならず、いわばサンゴ礁認識論である。サンゴ礁を対象にして、描かれた自然を分析した研究は多くはない。日本画家・田中一村の絵画について論じた第八章は、6節の熱帯魚以外は、植物景観画の分析に充てられているが、私が初めて「描かれた自然」の分析を試みた論考であり、私のこの分野における研究の出発点である。

第Ⅲ部は、サンゴ礁微地形の民俗分類の成果を中心とするが、第一一章では、奄美・沖縄における「サンゴ礁と人」にかんする研究略史をたどり、今後の研究課題について論じた。第一二章には、先行研究、地域史（市町村史や字誌）や民俗誌から、サンゴ礁漁場にかかわる民俗語彙を蒐集し、島々のことばに関心をもつ誰もが調べやすい辞典的な使い方もできるように整理した。

目　次

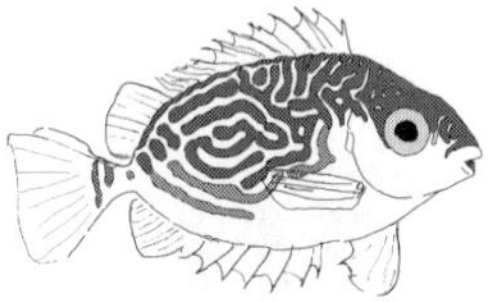

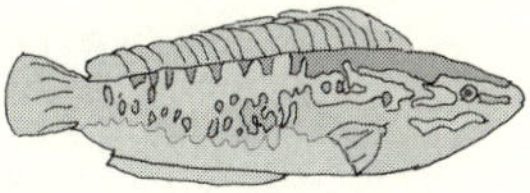

第一章　サンゴ礁の漁場と漁――奄美大島大和村

奄美の海は珊瑚礁の海である。ヤポネシア圏内で珊瑚礁を海上に見るのは、奄美以南である。したがって日本人で珊瑚リーフの美を知る人は、限られている。／ましてこの中に生息する海の幸をすなどりする楽しみを知る人は少ない。（恵原義盛著『奄美生活誌』木耳社、一九七三年、一一八頁）

漁をする人々が漁獲を上げることができる背景には、漁場という環境とそこに生息する生物についての実践的な知識の体系がある［堀 1980、秋道 1995、篠原 1998、内藤 1999、高橋 2004、三田 2004、飯田 2008］。その知識と経験は、言語化されるか否かにかかわらず、すぐ実行に移せる生きた形で島びとのなかにしまいこまれている［安渓 1984：131］。漁師でない研究者はどのようにして、漁をするうえで不可欠の「環境認識」とそれを生かした「資源利用」の具体的な関係に迫れるだろうか。

卒業論文（一九七七年）以来、私は琉球諸島をフィールドにして、サンゴ礁地形の調査を続けてきた。一九九〇年頃になって、そのサンゴ礁地形学をたずさえて、漁師の地形認識――サンゴ礁地形の民俗分類[1]——の研究に着手した。一定の成果を得ることはできたとはいえ、私の研究はきわめてスタティックなもの、ある座談会における堀信行が自戒の意味を込めて使った言葉をかりると、「屍《しかばね》」を集めたようなものであった［斎藤ほか 1992：287］。研究の限界を意識し始めていた二〇〇五年の秋に、長年、アフリカや西表島で人と自然のかかわりについて多くの人類学的研究を積み重ねてこられた安渓遊地氏から、地球研（総合地球環境学研究所）の列島プロジェクト（日本列島における人間—自然相互関係の歴史的・文化的検討、プロジェクトリーダー＝湯本貴和氏）の奄美沖縄班（代表＝安渓氏）へのお誘いを受けた。私は奄美大島大和《やまと》村、加計呂麻《かけろま》島、沖縄島北部などにおいて、サンゴ礁の海と人の関係について五年間フィールドワークをおこなった。本章は、その研究成果のなかから、大和村におけるサンゴ礁微地形と漁撈活動の関係について、漁師との対話（聞き書き）をもとにまとめたものである。

1　サンゴ礁漁場における地形の重要性

漁の営まれるサンゴ礁漁場の骨格を構成するのは「地形」である。サンゴ礁地形は、造礁サンゴをはじめとする石灰質の骨格をもつ海の生物が営々と築き上げた構造物である［菅 2001, Kan 2011］。それは、海面付近に広がる「台地状の地形」［長谷川 2009］であり、潮が退《ひ》けば浅くなり部分的に干出する。サンゴ礁は、それゆえ「歩ける海」、専業漁師でない人々でも単純な漁具を用いて魚介類を採集・捕獲できる海であり、海辺の集落に暮らす人々に対して広く開かれた共有資源、コモンズ[2]である。

海辺から眺めるサンゴ礁は平坦で単調な景観（地形）である。しかし、実際に礁原《しょうげん》を歩き、礁池《しょうち》を泳ぎ、礁斜面《しょうしゃめん》を潜ってみると、それは起伏に富んだ複雑な容貌をあらわす。「底質《ていしつ》」も一様ではなく、地形に支配されつつ、岩盤・砂・礫《れき》・サンゴ・海藻マットなどと、場所的に変化がみられる。

サンゴ礁漁場は、むろん地形だけでは成立しない。漁場は、時間サイクルで潮位（水深）、潮流（強さと方向）や水温の変化する「海水」におおわれている。いわば、サンゴ礁漁場は、ほとんど変化しない地形という器に、たえず変動する海水が満たされているのだが、漁場であるからには、漁の対象物である「生物」が生息していなければならない。サンゴ礁の複雑な地形は、そこに生息する生物の側からすれば、多様な生息環境を与えられていることを意味する。「一般に多様な生息環境を含む地域や不規則な構造をもつ生息場所は、単調な地域や生息場所より多くの種が生息する」［西平 1998：161］。サンゴ礁は、それゆえ、種多様性の大きい生態系であるのだ。

ところで、海の生物は、魚やイカなど自由に遊泳するネクトン（遊泳生物）、貝・ナマコ・ウニ・エビそして海藻など海底に生き、動きの遅いまたは移動しないベントス（底生生物）、そして流れに逆らって移動できない、海水中を浮遊するプランクトン（浮遊生物）、の三つに分類される。ネクトンである魚は、その生態から海の表層で生活する浮魚《うきうお》と、底層に棲む底魚《そこうお》——大和村の漁師の言葉では「ジノモノ」（地の物）、「ジヌユ」（地魚）——に、また行動範囲の観点から回遊性と定着性の二つの資源に分けられる。サンゴ礁域の魚類の多くは底魚、定着性資源である。また、サンゴ礁域では、ネクトンとともにベントスが重要な資源となる。したがって、サンゴ礁の生物資源は、生息場所や食餌《しょくじ》分布という点からみて、地形との結びつきが強い。なお、サンゴ礁域は植物性プランクトンが比較的少ない貧栄養海域である。

以上のことから、地形は、それ以外のサンゴ礁漁場を構成する自然要素――底質・海水・生物など――を規定する特別な要素であること、それゆえサンゴ礁で漁をする人々の環境認識における地形認識の重要性が理解されるであろう。

2　サンゴ礁地形の民俗分類

話者

大和村は、奄美大島の西海岸の中ほどに位置し、東シナ海（東中国海）に面する（後掲の図1―4参照）。その海岸は、幅数百メートルのサンゴ礁によって縁どられている。二〇〇六年夏、初めて大和村中央公民館を訪ね、館長（当時）の中山昭二さんにお会いし、さまざまな情報提供をいただいた。翌二〇〇七年夏には、「サンゴ礁の海と漁のことならこの人の右に出る人はいない」と、当時村役場税務課に勤めておられた前田幸二さん（昭和二二年生、大棚《おおだな》）を紹介してくださった。前田さんは、二〇〇九年に定年退職されたが、小学生の頃から父親の舟の艫《とも》漕《こ》ぎをしながら海に親しみ、サンゴ礁での潜水漁だけでなく、漁船も所有し、外海の漁にも詳しい方である。専業漁師だけがフィールドワークで教えを乞う師匠だと思ってきた私の思いこみを見事に吹き飛ばして下さった、お父さんの代からの「海の達人」である。

大和村のサンゴ礁の地形や漁、地名について教えてくださった方は、前田さんと中山さんのほかに、追い込み漁、タコ獲り、採貝漁などのさまざまな漁を経験してきた森和夫さん（故人、国直《くになお》）、休日だけでなく平日の早朝や夕方にエビ網漁や潜水銛突き漁をする中村修さん（四〇代、当時・役場職員、現在・NPO法人TAMASU代表、国直）、潜水銛突き漁で生計を立てる専業漁師（三〇代、男性、大棚）、〈ヤマトウラ〉周辺で獲れる新鮮な魚介類を用いた料理で宿泊客をもてなす民宿を営む女性（七〇代、国直）などが含まれる。

写真1-1　〈ヤマトウラ〉（思勝湾）西岸にある〈ナガヒジャ〉（2008年5月）

大和村サンゴ礁地形の民俗分類

前田さんから教わったサンゴ礁微地形の呼び名（民俗分類）を口絵23に示す。

砂浜は「ハマ」というが、転石（巨礫）に縁どられた海岸は「ヒジャ」とよばれる。ヒジャは歩きづらいが、巻貝類が獲れる重要な漁場である（写真1―1）。海岸から少し離れて海中に聳え立つタチガミ（立神）の離れ岩（stack）は、リアス海岸を特徴づける地形で、奄美大島とその周辺の島々には多く分布する［宮城 2006：205］。「イギスィ」は、海岸近くにあって満潮時には水没する、あるいは潮が洗う岩を指す。一方、「クルスィ」は「クィシィ」（礁嶺）の外側にあり、外海に面している。

「イノ」（礁池）のなかで、枝サンゴがつくる筋状の高まりを「ウルバナ」といい、その間の溝状の砂床を「ウィー」という。ウルバナの「ウル」は枝サンゴ、「バナ（鼻）」は先端や頂部を意味する。ウルバナは歩きづらいが、ウィーは歩きやすい。イノのなかの枝サンゴは、大規模なサンゴの白化現象のあった一九九八年以降、その大部分が死滅・崩壊し消失した。イノとクィシィとの狭間に位置する「クィシィドゥマ」には、かつては「ムィー」（和名＝ホンダワラ）が一面繁茂していたが、現在ではかなり少なくなった。そのため、ガスィツィ（食用のシラヒゲウニ）も激減した。

「クィシィ」（礁嶺）は、沖縄諸島の「ヒシ／ピシ」に相当する地形である（第一〇章参照）。そのクィシィの外縁を「クィシィバナ」という。クィシィの沖側にさらにもう一つの地形的高まりがある場合、沖側の高まりを「ティィックィシィ」という（写真1―2、図1―1）。ティィックィシィの「ティィッ」は「二つ」という意味である。クィシィとティィックィシィの間には水深四メートル以上の深みがあるから、ティィックィシィへは歩いては渡れない。

クィシィの外海側にある深い穴を「ヤト」または「ヤトンムィ」という。穴は、縁がひさし状に張り出し、また外海に通じている（写真1―3）。そのため、ヤトの水面は外海の波の動きによって上下し、時には潮を噴き出す。なお、ヤトンムィの「ムィ」は「目、穴」を意味する。クィシィの外縁にみられる溝状の切れ目は「ムィズハリ」（水走り）とよばれるが、舟の出入り口に使われ地名の与えられている大きな切れ目は「クチ」（口）とよばれる。

クィシィ（礁嶺）の外側は、複雑な地形を呈する。そこにみられる溝状地形は、「ワリ（割）」、「ムズィ（溝）」

写真 1-2　大和村大棚の西方にある〈ナーバマヌティックィシィ〉（2009 年 5 月）

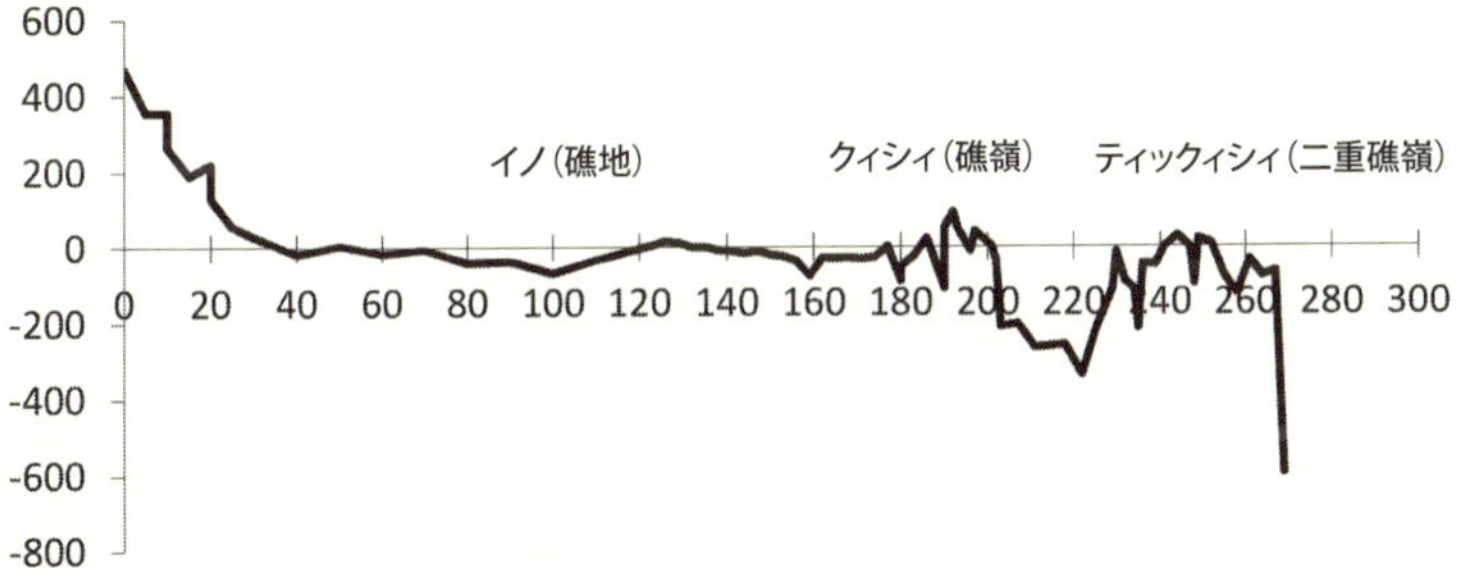

図 1-1　大和村大棚の西方にある〈ナーバマヌティックィシィ〉の地形断面図
単位は，横軸（m），縦軸（cm）。縦軸のゼロは最低低潮位（春の大潮の干潮時の水位）である。

写真 1-3　大和村大金久の礁嶺上のヤト（2008 年 5 月）

などとよばれる。クィシィの背後の小崖を「クィシィウトゥシ」、その前面に広がる緩斜面を「ナダラ」、ナダラの先の急斜面を「スニウトゥシ」という。クィシィウトゥシとスニウトゥシの「ウトゥシ」は「落とし／落ち込み」を意味する。ナダラの上の高まりを「スニ」、凹地を「カタマ」という。カタマの底にはテーブルサンゴ由来の扁平礫《れき》が敷き詰められていて、好漁場になっている（第四章参照）。

微細な地形を表現する言語世界

サンゴ礁の微地形に与えられた地形語のなかには、そこに生息する生物をはじめ、何世代にもわたって育まれてきたサンゴ礁の自然（漁場）にかんする、短期間の聞き書きからはその一部しか知り得ない、「膨大な知識と経験」［安渓 2007：10］が詰まっているに相違ない。また、それを語り伝えるという営みのなかには、たとえば微細なサンゴ礁地形を言い表すときにみられる、豊かな「言語世界」が広がっている。聞き書きのなかから、その一端を紹介しよう。

サンゴ礁地形の話をうかがっていると、前田さんは、「クチはだいたい川尻の延長線上に位置している」と説明された。その理由を前田さんに訊ねてはないが、サンゴ礁形成史（地形発達史）の観点からみて、その指摘は十分に頷ける。というのは、川尻（河口）の延長線上ということは、谷間の延長線上を意味し、そこは、サンゴ礁の形成される以前、つまり現在より海面が低かった時期には、陸上の谷の延長線上に位置する海底谷であり、そこでは造礁サンゴの生育が阻害され、そのためサンゴ礁の切れ目（クチ）が形成されやすいからだ［目崎ほか 1977］。前田さんは、サンゴ礁形成史にかんする地形学の知識を持ち合わせてはいないだろう。むろん地形は地形学者の占有物ではなく、前田さんは長年の漁の経験からクチという地形が河口（谷間）の延長線上に位置することに気がついたのであろう。いや、それは前田さんの七〇年近い海とのかかわり（経験）が生んだのではなく、おそらくは父や祖父の時代を含めて何世代にも及ぶ先人たちの経験のなかから生まれた知識であり、前田さんがその知識を継承している、と理解すべきかもしれない。「クチは川尻の延長線上に位置している」という知識は、外海から集落の前の海に戻ってくる舟にとって、操船上重要な知識に属し、さらに初めての土地で舟を入れるサンゴ礁の切れ目を探す場合にも役立つ知識であろう。

「ヤブリ」は、礁斜面（スニウトゥシ）にみられる起伏に富んだ地形を指すサンゴ礁地形語彙の一つであり、それは「破れたかのように」みえる海中の複雑な景観を表現する言葉でもある。ヤブリは、テーブルサンゴが棚状に幾重にも重なっており、前田さんの言葉を借りれば、さながら陸地の急斜面にある「段々畑のような眺め」である。ヤブリはその意味で、造礁サンゴが綾なす海中の微細な地形（landform）、ミクロな風景（landscape）をいい表すときに生まれた民俗語である、といってよいだろう。その全体の地形（風景）のなかの窪みや暗みの部分（ムズゥ、ワリ）は、海洋生物に生息場所を提供している。

3　地形―生物―漁撈

サンゴ礁微地形と結びついた海洋生物

話者がサンゴ礁の微地形について語るとき、同時に海洋生物への詳しい言及がなされることが多い。奄美の渚を特徴づける地形の一つに、陸上の尾根が海に突き出た岬（ハナ、サキ）の脇を縁どる、巨礫（転石）からなるヒジャがあるが、そこはエガル（和名＝オオベッコウガサガイ）やアナゴ（和名＝マアナゴウ、イボアナゴウ）が獲れる場所として語られる。エガルとアナゴ（口絵7）はヒジャの岩と岩の隙間に潜む貝である。エガルは、肉は少し固いが美味である。アナゴはミミガイ科の仲間で、やわらかく美味しい貝である。奄美では、ヒジャでエガルやアナゴ獲りをする光景をよく目にする。

このほか、話者がサンゴ礁地形について語るときに言及した生物についていくつか拾いだしてみよう。「ツィブル」（サンゴ頭）には、タコ穴（方名＝アデク）がみつかることがあるという。「地面にあるタコ穴をジーアデク、ツィブルにあるタコ穴をツィブルアデクといい、タコ穴にはいろいろなタイプがある。

ツィブルの凹《へこ》みなどを利用して作られたタコ穴は埋まることはないが、地面にあるタコ穴は潮や波によって砂礫で埋まることがある。しかし、タコ（方名＝トホ）はこういったところをまた掘り起こすのですよ。不思議ですけど」。

「カタマ」もタコと関連づけて語られる。「ナダラのなかの、空中写真に青白く写っている部分がカタマです。そこは、テーブルサンゴの丸い石がいっぱい敷き詰められていて、夏場にはタコがいるのです。カタマの上に盛り上がったサンゴ礫があれば、そこにタコが座っています。冬は、タコは全部イノに入ってきます。夏はイノのなかが暑いから、タコは沖に出る。冬はイノのなかにカニがいますから、タコはカニをねらってイノに入ってきます。ですから、冬はイノでタコを獲りますが、夏は沖に出なければタコは獲れない」。前田さんのお父さんは、漁師であったが泳ぐことも潜ることもできなかったというが、カタマでタコを釣り、ナダラでタカセ（サラサバテイ）も獲ったという。タコは、鉛と太い銅線でカニを象《かたど》ったルアーを拵《こしら》え、それを釣り糸に付けて、タコの傍に下ろす。タコは好物のカニと思ってそれに抱きつく。サラサバテイは、長い竹竿の先端に針金で作ったアームを取り付け、それに巻貝を挟んで獲ったという。

「ヤト／ヤトンムィ」は、深い穴で危険なところでもあるが、その周辺はチョウセンサザエなどの巻貝が豊富であるという。女性でも、夜の潮干狩——方言で「ユーイショ」または「ウィザリ」という——のときは、ヤトの周辺を歩く。「ヤトンムィのなかからヤコウガイ、特にアオガイと呼ばれるヤコウガイの若貝、緑色のまだ生まれて間もない稚貝が上がってくる。アオガイは、夜エビ獲りなどに行くと、クィシィのヤトンムィのそばにくっついている。穴の上まで這い上がってきます、暗い所、深いところから。昼はだいたい暗い所にいます。ヤトンムィには、イセエビもいて、エビ獲りの専門家は暗いその穴に入っていくのですよ」。

「ナダラ」は、タカセ（和名＝サラサバテイ、口絵9）、カタンミャ（和名＝チョウセンサザエ）やカインミャ（和名＝ヤコウガイ）などの巻貝が最も豊富な場所、また魚類ではヒッキィ（スズメダイ科の総称）やアカウルメ（和名＝ウメイロモドキ）などが群れをつくる場所として、スニウトゥシの急斜面はタカセやカインミャの大物が獲れるところとして、また同じスニウトゥシの下部はハーズィン（和名＝スジアラ）やスッツィ（和名＝ミナミイスズミ）の棲むフカミ（深海）として語られる。

図 1-2 『南島雑話』に描かれたウルワイ
［國分・恵良 1984a：138］

「イノ」は、前述のとおり、かつては枝サンゴ——方言で「ウル」という——が群生していたところである。潮が退くとき、クィシィ（礁嶺）よりも先にウルバナ（枝サンゴの頂部）が干出したといわれるくらい生育がよかった、といわれる。枝サンゴの隙間にはさまざまな小魚類が生息する。大和村国直の北隣の奄美市根瀬部《ねせぶ》での聞き書きによれば、その小魚を獲る「ウルワイ」をする人が四人ほど終戦直後までいた、という。「ウルワイ」は「枝サンゴ割り」という意味だが、枝サンゴの群集の端にティル（籠）を置き、先端が股になった棒で枝サンゴを打ち崩し、サンゴのなかに隠れている小魚をティルに誘導し捕獲する単純な漁法である。(3) ウルワイは、薩摩藩士・名越《なごや》左源太が奄美大島遠島中（一八五〇〜五五年）の見聞をまとめた『南島雑話』〔國分・恵良 1984a：138〕にも描写されている（図1―2）。

大和村のサンゴ礁で捕獲される主要生物と捕獲方法

表1―1に、大和村のサンゴ礁で漁獲される主要な生物を、魚類（A）、タコ・エビ・イカ類（B）、巻貝類（C）に分けて示した。代表的な海洋生物の生息場所と捕獲方法について略述する。

〈魚類〉

エラブチ（ブダイ科の総称）、クサビ（ベラ科の総称）、ハーズィン（和名＝スジアラ）は釣り漁だけでなく、潜水銛突き漁によっても捕獲される。いずれもおもにサンゴ礁の外海側――ナダラからスニウトゥシにかけて――で捕獲される。ハーズィン、アカマツ（和名＝オナガダイ）とともに「奄美大島三大高級魚」と並び称されるマクブ（和名＝シロクラベラ）は、クィシィの発達しない、砂床の広がる〈ヤマトウラ〉（大和浦、思勝湾《おんがち》）に多く生息する、といわれる。

ハーズィンは、沖縄ではアカジンあるいはアカジンミーバイと呼ばれる、美味な高級魚の一つであるが、サンゴ礁域では礁斜面下部などに生息する。ハーズィンは、ナダラに群れるヒッキィ（スズメダイ科の総称）とりわけズジロ（和名＝モンスズメダイ）を好物とするらしい。それゆえ、ハーズィンの一本釣りではズジロを餌にするとよく釣れるといわれる。前田さんが語ってくれた、潜水銛突き漁におけるハーズィンの興味深い捕獲方法を紹介しよう。

「ヒッキィは、ハーズィンの好物だから、潜り漁などをしていると、ハーズィンがヒッキィの群のど真ん中に飛び出てきます。銛突き漁に行ったときなどに、まず先にエラブチを突くわけよ。小さいのでも突いて水中でグラグラと動かすと、そのはらわたが千切れ、そこにヒッキィが集まってくる。そうすると、どこからとはなく、スニウトゥシの深みからハーズィンがヒッキィの群のなかに飛び込んできます。私は海面にあがって待機し、現れてきた四、五キログラムのハーズィンに真上から打ち込む、五・五メートルぐらいのサキトゥギャ（銛）で突く」。

段階を踏んでなされる、この漁の一部始終はまことに興味深く、食物連鎖をうまく利用した漁獲方法といえる。サンゴ礁の外洋側の深部に生息するオーマチ（和名＝アオチビキ）を釣る場合にも、まずナダラに群れを作るアカウルメを釣って、それを釣り針に一匹掛けにして釣る。

また、スニウトゥシでの、魚の習性を知悉《ちしつ》した上でなされる潜水銛突き漁も見事だ。「スッツィ（和名＝ミナミイスズミ）の大きいやつ、ババ（和名＝イシガキダイ）という、尾ひれが扇のように横に広がっているやつ。それなんかはスニウトゥシにいる。〈マッコ〉（図1―4参照）のスニウトゥシの水深二〇メートルのところにヤブリの溝がある。そういう暗い穴に魚を追い込んでいく。しばらくすると、魚は暗くなると安心してまた必ず穴の外に出てくる。それを待つ。出てくるところを、岩陰に隠れて突く。若い時には、そんな獲り方をしました。今はそれができない」。

ヒッキィ（スズメダイ科の総称）は、前述のとおり、サンゴ礁の外側斜面の上部、ナダラに群れを作っ

表 1-1　大和村サンゴ礁で漁獲される主要生物（大棚における方名）

方名	和名	備考
(A：魚類)		
エラブチ	ブダイ科	
オーエラブチ	ハゲブダイ（雄）など	「オー」は青を意味する。
ハーエラブチ	ヒブダイなど	「ハー」は赤を意味する。
マクブ	シロクラベラ	「内湾や澪など砂地に多い」。高級魚。
クサビ	ベラ科	
オークサビ	セナスジベラなど	「オー」は青を意味する。
ハークサビ	キヌベラなど	「ハー」は赤を意味する。
ヒッキィ	スズメダイ科	
クルビキ	アマミスズメダイ	「ナダラに多く生息，追込み網漁で獲る」
ズジロ（ルジロ）	モンスズメダイ	「ナダラに多く生息，追込み網漁で獲る」
アヤビキ		縦縞（綾）のあるスズメダイ科
シルナガニィ	ロクセンスズメダイ	「ナダラに多く生息，追込み網漁で獲る」
キーナガニィ	オヤビッチャ	「ナダラに多く生息，追込み網漁で獲る」
アカウルメ	ウメイロモドキなど	
スッツィ	ミナミイスズミ	「スニウトゥシに生息，銛突き漁で捕獲される」
ハーズィン	スジアラ	「スニウトゥシに生息する，高級魚」
(B：タコ・エビ・イカ類)		
トホ	ワモンダコなど	
イビ	シマイセエビなど	
ミズイカ	アオリイカ	
コボショムィ	コブシメ	コブショムィは体重がおよそ 4 kg 以上。
ナスィブリ		ナスィブリは約 4 kg 未満のものに対する呼び名である。
(C：巻貝類)		
タカセ	サラサバテイ	「殻に赤い模様がある。ナダラやスニウトゥシなどのやや深い所に生息する」
ヒラセ	ギンタカハマ	「殻は白で，身はやわらかく美味」
カタンミャ	チョウセンサザエ	大和村でも戸円以南では「ツックェ」という。
カインミャ	ヤコウガイ（成貝）	大和浜・津名久・国直あたりでは「ヤクギェ」という。「成貝はスニウトゥシなどのやや深い所に，稚貝はヤト周辺の浅い所にいる」
アオガイ	ヤコウガイ（稚貝）	
エガル	オオベッコウガサガイ	「ヒジャで採取される」
アナゴ	マアナゴウ，イボアナゴウ	「マアナゴウは岩の穴に，イボアナゴウはヒジャにいる」。トコブシともいう。国直では「ウキンミャ」または「ハナンミャ」という。
ヌスィルィ（ヌズリ）	ミミガイ	「ヒジャにいて，逃げ足が速い」

備考欄の鍵カッコ「　」は話者による説明の要約。

て生息している。ヒッキィは産卵期には腹に黄色い卵をもっている。から揚げにして美味な小魚である。ナダラに群れなすヒッキィは、生息場所を同じくするアカウルメ（和名＝ウメイロモドキ）とともに、追込み網漁によって捕獲される。ただし、最近では捕獲する人が少ないという。

〈タコ・エビ・イカ類〉

タコを大和村では「トホ」という。トホは、〈ヤマトウラ〉の東岸一帯に多く生息するといわれ、そこには〈トホゴモリ〉という地名もある。ヤマトウラ一帯は、ハマサンゴが塊状のサンゴ頭（ツィブル）を形成し、そのなかにアデク（タコ穴）がみられることがある。トホは、先端に返しのついたイチュギという銛（図1―3a）で捕獲される。アデクからトホを捕獲しても、一〇日ほど経過すると、その穴はまた別のトホの住処になる。極端な例では、行きに獲って、帰りに同じ穴を覗いたら、またトホが入っていた、一日に、同じ穴から二つのトホを獲った、という話もある。(4)

冬季は、夜間に潮が大きく退くから、灯《あか》りを携えて、ユーイショ（夜の潮干狩）をする人々が少なくない。前田さんの奥さんもお子さんが大きくなってからユーイショに行くようになったという。ユーイショは、特に女性たちにとってサンゴ礁の「海の楽しみ(5)」の一つであるという。ユーイショでは、貝類のほか、冬季にイノに移動してきたトホも多く捕獲される。

ユビエダハマサンゴなど特定の数種類の枝状サンゴに産卵するコボショムィ（和名＝コブシメ）は、潮が退くと、イノの外に出て行く。その移動は、クィシィの切れ目であるムィズハリを通ってなされる。クィシィの背後のクィシィドゥマは潮が退くとかなり浅くなるが、コボショムィはそのような浅い部分

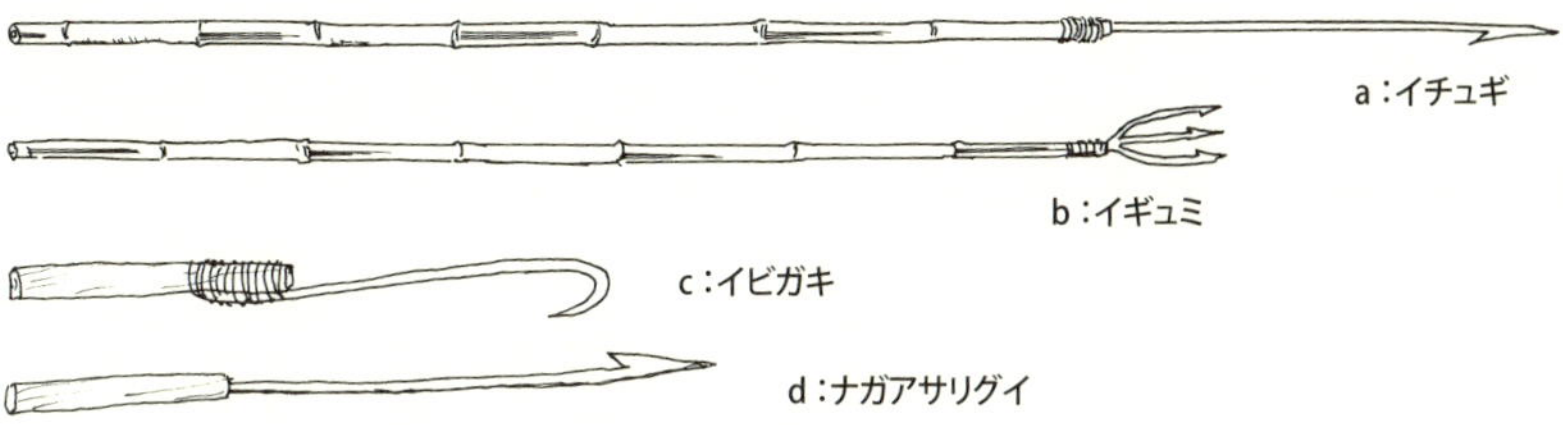

図1-3　魚介類を捕獲する漁具
a: イチュギ（約180 cm，柄はモウソウチク，銛の部分はステンレス製，タコ獲り用），b: イギュミ（約150～180 cm，柄はモウソウチク，銛の部分は鉄製，魚・コブシメ捕獲用），c: イビガキ（約60 cm，柄はスギ，柄に付けられた金属部分はステンレス製で返しがない，イセエビ捕獲用），d: ナガアサリグイ（約70 cm，柄はスギ，柄に差し込まれた金属部分は鉄製。オオベッコウガサガイ，マアナゴウ捕獲用）。a，bの長さは，女性用は短めである。

でも泳げるという。潮が退き始めると、イノにいたコボショムィがムィズハリ周辺のクィシィドゥマに集まってくる、という。それをイギュミと呼ばれる三叉になった銛（図1―3b）で突いて捕獲する。

イビ（和名＝シマイセエビ）を獲る人は、ヤトのなかに潜入して、イビガギという漁具（図1―3c）で捕獲する。イビはムィズハリ（礁縁部の溝状地形）に仕掛ける網にも掛かるが、イビ獲り専用のイビ網は四角で、その四隅を岩にしばって、外海と繋がっているサンゴ礁の割れ目や穴（ヤトなど）に覆い被せるかたちで這わせるように敷設される。穴を伝って外海から上がってきたイビがその網に絡め獲られる仕組みである。このエビ網漁は前田さんが話してくれた内容である。

二〇〇八年八月下旬の解禁して間もない頃に、国直の中村修さんに連れていってもらったオヤゴハナ（図1―4参照）のサンゴ礁でのエビ網漁（口絵4）では、日が沈む前（午後六時頃）にワリ（溝状の割れ目）に、幅約一メートル、長さ約五メートルの網を設置し、翌早朝（午前五時頃）に網を回収した。網の設置に三〇分、回収に四〇分ほどを要した。イビは、昼間は割れ目や穴の奥に潜んでいるが、日が沈むと同時に小動物や海藻を食べるために外に出てくるから、張られた網に絡まってしまうのである。その日は大漁であった（口絵6）。

〈巻貝類〉

サンゴ礁域の巻貝類は多種に及び、サイズも大小さまざまである。表1―1の備考欄に記すように、採集される巻貝類の生息場所として特に重要な地形は、①サンゴ礁の外側のナダラ、スニウトゥシと、②サンゴ礁内側のクィシイ、イノ、ヒジャである。前者①で重要な貝として、カインミャ（和名＝ヤコウガイ）、タカセ（和名＝サラサバテイ）、カタンミャ（和名＝チョウセンサザエ）など、後者②で重要なものは、エガル（和名＝オオベッコウガサガイ）、アナゴ（和名＝マアナゴウ、イボアナゴウ）などがあげられる。

右記①の貝類の一部は、サンゴ礁の内側（クィシィ、特にヤト周辺）にも生息するが、主たる生息場所は潜水を必要とするサンゴ礁の外海側であるため、その捕獲は男性たちによってなされている。一方、②に属する貝類の採集は、干潮時に簡単な道具を用い徒歩でなされ、おもに女性たちによって担われている。ヒジャの岩と岩の隙間に潜む貝を引き出すためには、先端が微妙にひねられた、ナガアサリグイ（図1―3d）と呼ばれる鉄製の漁具が使用される。以上の関係はつぎのようになる。

①サンゴ礁の外側＝礁斜面（ナダラ・スニウトゥシ）――カインミャ・タカセ・カタンミャ――男性
②サンゴ礁の内側＝礁嶺・礁池・岸辺（クィシィ・イノ・ヒジャ）――エガル・アナゴ――女性

資源量における礁斜面の重要性

ここで、前田さんから聞いた巻貝類の資源量とサンゴ礁地形との関係について触れておきたい。前述のとおり、重要な巻貝類であるタカセ、カタンミャ、カインミャはナダラとスニウトゥシで多く捕獲される。それゆえ、ナダラの幅が広いところほど貝の資源量が豊富であることになる。ところが、カタンミャとアオガイなどはサンゴ礁の内側（クィシィ）でも採取されるが、これらの貝類のサンゴ礁内側における資源量は、サンゴ礁内側の幅（礁原幅）ではなく、その前面（海側）に広がるナダラの幅の広いところほど、大きいという。前田さんのこの指摘は、長年の漁の経験から語られたものであり、サンゴ礁の資源量を問題にする従来の議論にはない重要な見解であると思われる。これについては、定量的に裏づけるデータを得ていないが、今後の調査課題としたい。この点は、秋道智彌のいう「民俗知識が、自然科学に重要な示唆や新しい発見をもたらす可能性」〔秋道 1995：105〕の一つといえよう。

4 「地名」という知識(6)

クチ地名について

大和村東部で採集した海岸地名は一一六で、詳細は別稿〔渡久地 2010b〕に譲るが、その一部を図1―4に示す。サンゴ礁海岸地名（固有名詞）は、2節で示したサンゴ礁海岸の民俗語彙（普通名詞）を基礎にして作られている。たとえば、〈ナーバマ〉という地名は、「ナー（中）」と「ハマ（浜）」の二語から構成されている。海岸語彙の一つである「ハマ」を基本語（または総称詞[7]）、位置を表す「ナー（中）」を接頭辞という。〈オヤゴハナ〉は、岬を意味する「ハナ（鼻）」の前に、陸上地名「オヤゴ（親川）」が接合されている。地名は、このようにおおかた二語で構成されているが、例外も少なくない。大棚と大金《おおがね》久《く》の間にある〈タチガミ〉は、接頭辞がなく、基本語（普通名詞）の「タチガミ」がそのまま地名（固有名詞）化したものである。大棚集落の前面にある〈クグチ〉（図1―4のE）は、「（舟が）くぐる」を意味する動詞「クグチ」だけで地名をなしている。〈インコジャ〉などは由来・意味が不詳で、したがって地名の構成もわからない。

　採集された地名のなかで語構成が明らかな地名を、地名を構成する基本語によって整理し、その種類別の数を調べてみた（表1―2）。最も多い地名は「ハマ地名」で一九を数える。二番目に多いのが「スィ／ズィ地名」一八である。そのあと、「ヒジャ地名」一二、「サキ地名」一〇、「クチ地名」八、「イギスィ地名」「ハナ地名」各三と続く。

　東部海岸と西部海岸とで種類別地名数を比較すると、「クチ地名」は東西で顕著な差異

表1-2　大和村サンゴ礁地名の種類別地名数

	東部海岸（註）	西部海岸	計
ハマ地名	10	9	19
スィ／ズィ地名	11	7	18
ヒジャ地名	5	7	12
サキ地名	6	4	10
クチ地名	0	8	8
ハナ地名	2	1	3
イギスィ地名	0	3	3
カタマ地名	0	2	2
タチガミ地名	0	2	2
ティックシィ地名	0	2	2
コモリ地名	2	0	2
ガマ地名	2	0	2
クルスィ地名	0	2	2
イシ地名	1	1	2
その他	7	4	11
基本語不詳	3	9	12
基本語欠落	4	2	6
計	53	63	116

（註）東部海岸はオヤゴハナより東部海岸を意味する。

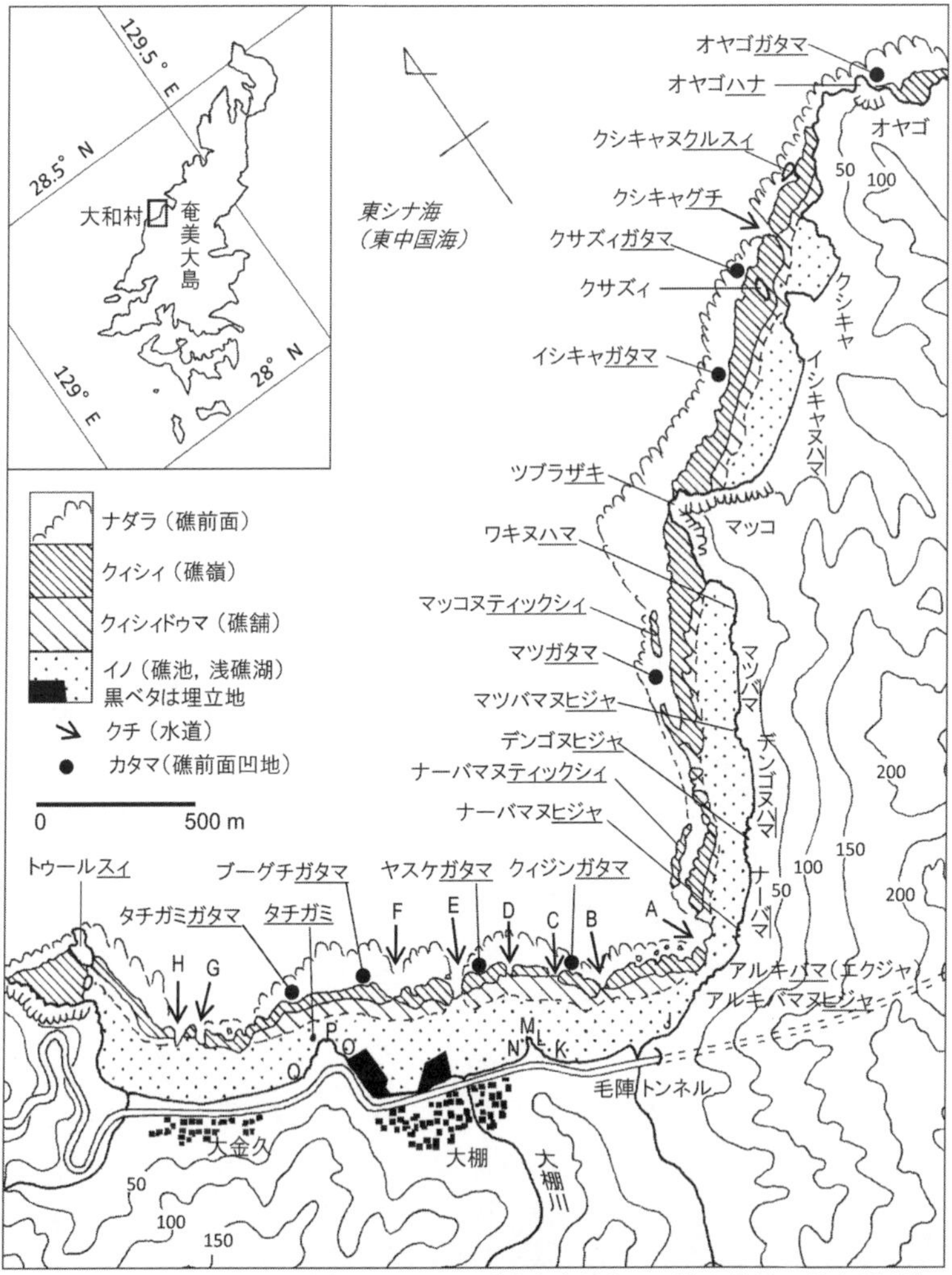

図 1-4　奄美大島大和村大棚周辺のサンゴ礁海岸地名。下線と傍線は基本語（総称詞）。A：クェージングチ，B：クィジングチ，C：ツクレグチ，D：ヤスケグチ，E：クグチ，F：フーグチ，G：サンデグチ，H：フーグチ，J：クィジンヌイギスィ，K：インコジャヌヒジャ，L：インコジャ，M：インコジャヌハナ，N：アガンマヌイギスィ，O：ハンゴヌヒジャ，P：ウドゥランヌサキ，Q：ガネクヌイギスィ。渡久地［2011b］に加筆

が認められる。すなわち、クチ地名は西部に八あるが東部にまったく見出せない。このクチ地名の両海岸における数のちがいは、東西のサンゴ礁地形のちがいを反映している。つまり、クィシィ（礁嶺）の発達は、西部海岸で良好であるのに対して、東部海岸ではよくないということに起因している、と考えられる。クィシィは、イノ（礁池）と外海を隔てる、航行上の障害物でもある。それゆえに、クィシィの切れ目は、舟の出入り口として重要な意味を帯びる（第六章参照）。それに対して、クィシィの発達しない東部では舟の航行を妨げる地形はほとんどなく、舟の通れない場所は少ない。そこでは、舟の出入り口を特別に定める必要性は薄い。少なくとも、明瞭な地形的な切れ目が認識されないゆえに、東部では「クチ地名」は生まれなかった、と考えられる。

図1―4に示すように、毛陣《けじん》・大棚・大金久のサンゴ礁には大小八つの「クチ地名」がある。小舟は満潮時にはいずれのクチも通れるが、干潮時には使えないクチもある。また、風向きや波など、海況によって使えるクチと使えないクチがある。満潮時でなお海が静穏ならば、最短距離にあるクチを通ればよいが、海の状態によっては上手にクチを使い分ける必要がある、という。たとえば、大棚の漁師にとって、〈クグチ〉は最もよく利用されるクチである。そのクチは、背後（内側）のクィシィドゥマも深く、名瀬と結ぶ定期船が往来した頃は、一〇トンぐらいの船も入れたという。しかし、そのクチの西脇には〈ティンズニ〉と呼ばれるスニがあり、波のある日にはそのスニに折れた波がクチに向かい舟の出し入れが難しくなる。そのような時は、遠回りしてでも〈クェージングチ〉を利用した、という。〈クグチ〉の西側には、「大きい口」を意味する〈フーグチ〉がある。このクチは、地名のとおり確かに広々として

いるものの、水深が浅く、また入口にはサンゴ塊があって、漕ぎ舟が何とか通れる水路が一ヵ所あるにすぎない。大金久では、大棚の〈フーグチ〉と同名の〈フーグチ〉が舟の出入り口として使われる。そのフーグチの東側にある〈サンデグチ〉は、間口は広々としているが浅瀬があるからスムーズに入っていけない、という。

「クチ」について語る前田さんの話に耳を傾けていると、このように、クチ地名には、地名言語からは知りえない、水深、潮位や波などさまざまな知識が織り込まれていることがわかる。地名には、そのほかに、漁場の地形や海洋生物、底質などさまざまな知識が埋め込まれている（第四章参照）。

5　島の自然や文化を未来に残す活動

奄美大島大和村を事例に、サンゴ礁で漁をする人々の漁場の環境認識と資源利用について記述してきた。サンゴ礁漁場は地形が重要な環境要素であり、それゆえ地形ならびに地形と密接に結びついている海洋生物についての知識が漁獲を左右する。また、漁の営まれる具体的な場所には多くの地名がつけられているが、地名は単なる記号ではなく、漁と不可分の知識が多く詰まっている。そのような、何世代にもわたって培われてきたサンゴ礁漁場にかんする知識は、いま急速に忘れ去られつつあり、次代を担う若い人々にこれをいかに継承していくかが重要なテーマであると思われる。

私は、地球研の列島プロジェクトの奄美・沖縄班に加えていただいて、多士済々のメンバーとともに、

写真 1-4　NPO 法人 TAMASU のウニ割り体験ツアー
（2016 年 5 月，大和村国直海岸，中村修氏＝撮影・提供）

地域の方々と胸襟を開いて対話するという勉強を重ねるうちに、それまでどこか苦しいものだったフィールドワークが楽しみに変わっていることに気づいた。そうしたなかで、海に生きることを愛し、昔からの知恵を実地に学びつつ漁をし、その成果を「島魚・国直鮮魚店」というブログで日々情報発信しておられる、大和村の中村修さんのような若い方に出会えたことも、驚きに満ちた喜びの一つだった。

海の地名について話を伺っているとき、中村さんはこんなことを言われた。「ヤマトウラにはツィブル（サンゴ塊）がたくさんあります。漁のポイントを見つけるのに、ツィブルが目印になるので、ツィブルにも名前（地名）がつけられていてもいいと思われるのに、それがないんです。昔はあったのかもしれないけれど、それを知っている人はもう誰もいなくなってしまったのかもしれません」。

サンゴ礁そのものの劣化もさることながら、その恵みを生かす知恵と知識と技をもつ人々がいなくなっていくことへの危機感から、中村さんは国直の海の地名も記録している。そして二〇一五年三月に、中村さんはNPO法人TAMASUを立ち上げ、「海辺で楽しむ」「島料理を楽しむ」「里山を楽しむ」「祭りを楽しむ」「島人と楽しみ」といったメニューを用意し、国直集落を中心に大和村の「生活に密着した自然や文化を体験プログラムとして提供し」「体験観光により島の自然や文化を未来に残そう」[8]と願いつつ、地域づくりに取り組んでいる。写真1—4は、ウニ割り体験ツアーの様子である。

註

（1）松井［1983：34-35］によれば、「島の人たちは、自然の細部を観察して、そのそれぞれを区分して命名するだけではなく、それらを相互に関係づけて、彼ら独自の様式で分類している。（中略）島の人たち、あるいはより広くそれぞれの伝統社会の成員によって共有されている、彼ら固有の分類の仕方」を民俗分類という。

（2）井上［2001：11］は、コモンズを「自然資源の共同管理制度、および共同管理の対象である資源そのもの」と定義している。奄美大島大和村の海辺には、「密漁禁止」の看板が立てられていて、そのなかに「ウニ、イセエビを禁漁期間内に採捕すると、漁協組合員といえども罰則の対象となります」、またタコについては「一年中とれますが、奄美漁協大和支所の組合員であることが採捕の条件です」と記されている。しかし、禁漁期を守っている限り、奄美でも沖縄でも、集落の人がその集落の前のサンゴ礁において自給用に魚介類を採集・捕獲することが、厳しく制限されることはない。それは、三輪［2009：143］の表現を借りれば、実態として「オカズトリ」程度の採集は「黙認」されている、といえよう。あるいは、村人による自給的利用は、古くからの慣行として、奄美・沖縄に色濃く保持されている、といえるかもしれない。(この註を記すにあたって、三輪大介氏のご教示を得た。記して感謝したい。)

(3) 奄美で「ウルワイ」と呼ばれる漁法は、沖縄島本部町備瀬では「ジジーリワイ」といい近年まで一部の人(主に農民)によって営まれていた[仲田 1990 : 219-220]。その漁がサンゴ礁生態系に及ぼした影響についてはほとんど明らかになっていないが、壊滅的なダメージを与えたという記録はない。奄美市根瀬部での私の聞き取りでも、サンゴ礁への大きな影響があったという話は聞かなかった。

(4) これと似たような話は、西銘[2000 : 102]も沖縄・久米島での聞き書きで採録している。

(5) 恵原[1973]の『奄美生活誌』のなかに〈奄美の海——その楽しみと悲しみ〉という章があり、アオサカキ(ヒトエグサの摘み取り)、ミャーヒレ(巻貝採集)、釣り、潜り漁、網漁などの海の「楽しみ」が、海難事故などの「悲しみ」とともに、記されている。サンゴ礁での漁は生活の糧を得る営みであるが、それはまた海辺の村に暮らす人々のかけがえのない「楽しみ」の一つでもある。熊倉[1998]は、久高島サンゴ礁における女性たちの採取活動について、「よろこび」や「楽しみ」という側面から詳述している。

(6)「地名という知識」、この見出しは、河合[2002]の論文タイトルからの借用である。

(7) 地名を構成する普通名詞は、接尾辞[関戸 1989]、総称詞[米地・今泉 1995]、基本語[南木 2002]など、研究者によっていくつかの用語が使われている。筆者はこれまでの論考において「語基」を用いてきたが、本書では「基本語」を用いることにする。

(8)「NPO法人TAMASU」(https://www.amami.org/)による。

第二章　多様な網漁――本部町備瀬

初夏には、その珊瑚礁の周辺に「スク」と呼ばれる小魚の群れが寄り、村人は競って海へ入り、その魚を掬った。「スク」は、塩漬けにして一年中保存が効き、貴重なおかずになった。また「マービ」と呼ばれる大魚が群れをなして寄ってくることもあった。（大城貞俊『椎の川』朝日文芸文庫、一九九六年、三七頁）

沖縄本島の本部《もとぶ》半島にある海洋博記念公園の沖縄美《ちゅ》ら海水族館から、北へおよそ一キロメートルのところにフクギの防風林に囲まれた集落が見える。美しい集落景観として名高い備瀬《びせ》である。備瀬の集落は、低い海岸砂丘の上に立地し、前面には広大なサンゴ礁が広がっている。その浅礁湖《せんしょうこ》は、天気のよい日には浅葱《あさぎ》色に輝き、干潮時には、備瀬崎から美ら海水族館の下まで、外海側に膨らんだ円弧状に連なる礁嶺《しょうれい》によって取り囲まれた、さながら湖のような静かな海である（口絵10、図2―1）。この浅礁湖全体を、備瀬では「シマイノー」と呼んでいるが、近隣集落の人々は豊かな海として「備瀬イノー」と称えてきた。本部町の中心地・渡久地《とぐち》の街の東側には、満名《まんな》川がつくった奥行きのある沖積低地が広がっている。現在ではタロイモを栽培する水田がわずかに残っているにすぎないが、かつては「マンナター

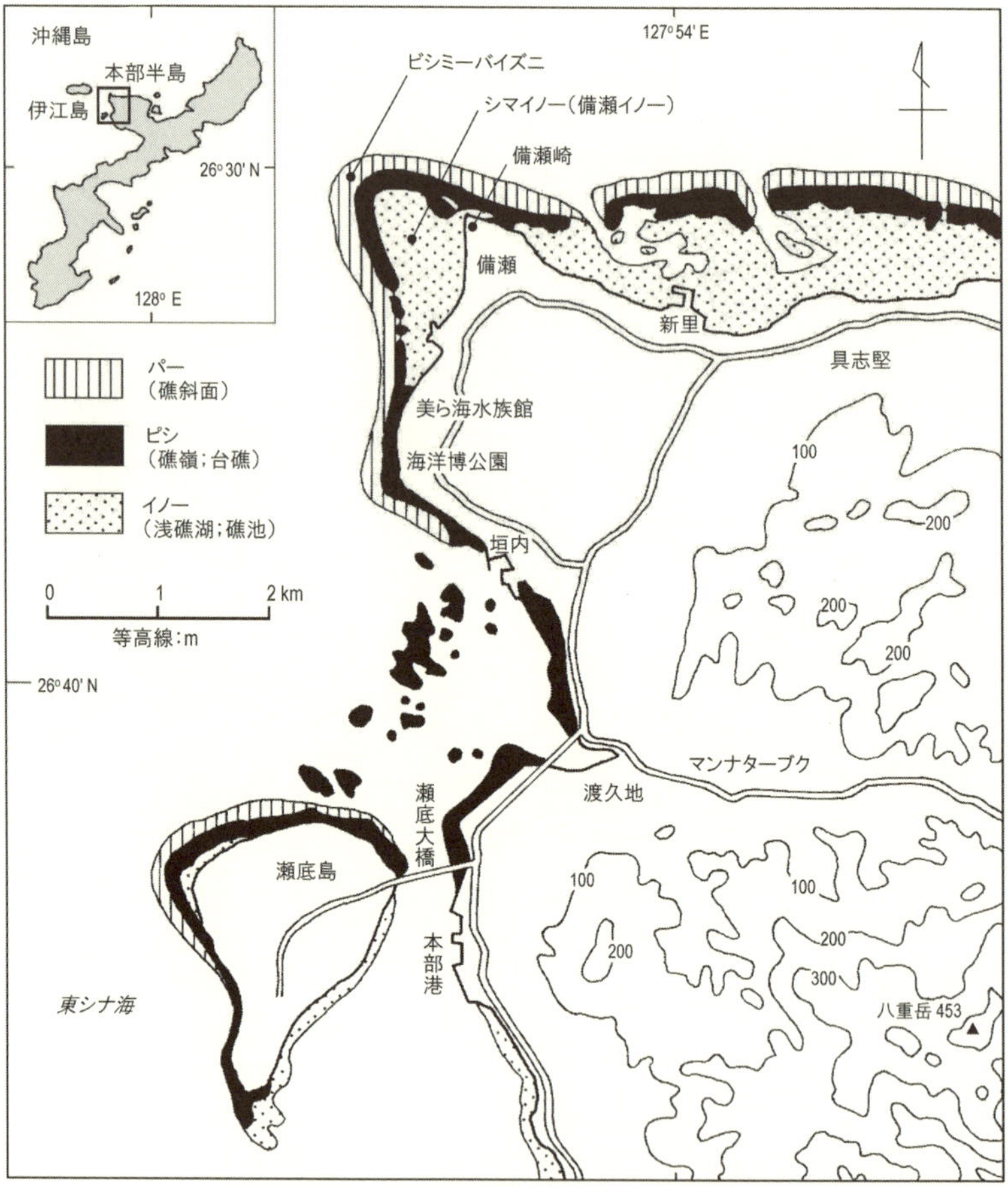

図 2-1　備瀬のサンゴ礁と地名

ブク（満名田袋）」とよばれる豊かな水稲地帯であった。仲田栄松著『備瀬史』によれば、「備瀬イノー」は、その「マンナターブク」と交換できるほどの価値があるという逸話があるくらい、豊かな漁場をなしてきた［仲田 1990：217］。

備瀬には、小さい舟揚場はあっても漁港はない。そもそも大型の漁船が通れるような水路がない。私の聞き書きによれば、備瀬でディーゼルエンジン付きのサバニが導入されたのは、沖縄の日本復帰前の一九七〇年頃のことである。しかし、備瀬には、「ウミンチュー」（漁師）の家が一六軒もあるといわれている［橋本 2015］。備瀬崎のサンゴ礁の前面には、〈ビシミーバイズニ〉とよばれる水深一〇メートル前後の曾根《そね》が広がっている（曾根＝スニについては、第一〇章の表10―2を参照されたい）。その地名は、方言で「ミーバイ」というハタ科の魚が、夏の産卵期にその曾根に集まってくることにちなんでつけられている。しかし、この地名は備瀬の漁師が名づけたのではなく、この曾根で釣り漁をしてきた、備瀬の南にある垣内《かきぬち》一帯の漁師が命名したといわれている。集落の目の前の豊かな曾根を、近年まで備瀬の漁師は利用することはなかった。「なぜですか」という私の質問に対して、備瀬サンゴ礁における漁撈活動の聞き書きの際の話者の一人である喜屋武義和さん（本部漁協理事）の答えは、「備瀬には釣り漁がなかったのです」というものであった。備瀬の漁師たちは近年まで、外海での釣り漁ではなく、ほとんどサンゴ礁の海での網漁だけで生業《なりわい》を立ててきたのである。本章では、多様な網漁が営まれてきた備瀬の漁撈活動について素描したうえで、現在の備瀬漁師の一年の漁撈活動について、漁業日誌の分析から明らかにしたい。(1)

1　サンゴ礁漁撈における網漁の地位

多岐に分化した漁法

一九七三年から七五年にかけて、沖縄諸島・久高《くだか》島の漁撈活動について詳細な調査を重ねてきた寺嶋秀明の研究によれば、久高島には二五種類の漁法があり、そのうち一九種類がサンゴ礁（岸辺―礁池―礁嶺―礁斜面）で営まれていた［寺嶋 1977］。市川光雄によって、一九七一年〜七二年に実施された宮古諸島・大神《おおがみ》島の漁撈活動の研究によれば、当時、大神島には一二種類の漁撈活動があり、そのうち九種類がサンゴ礁域で営まれる漁法であった［市川 1978］。高橋そよの研究によれば、二〇〇二年時点で、宮古諸島・伊良部《いらぶ》島佐良浜《さらはま》の漁撈活動には一五種類の漁法があり、そのうち一二種類がサンゴ礁を漁場とする漁撈活動であった［高橋 2014］。久高島、大神島、佐良浜という一漁村（一集落）における漁法の特徴は、寺嶋や市川のいう「多岐に分化した漁法」といえる［寺嶋 1977：219、市川 1978：528］。サンゴ礁を漁場とする伝統的な漁撈活動では、「サンゴ礁の複雑な地形―多種の生物―多岐に分化した漁法」という関係が成立している。しかしながら、市川が指摘したように、サンゴ礁がよく発達したすべての漁村において、漁法が多岐に分化しているわけではなく、一九七〇年代当時、たとえば池間島では、夏場に多くの漁師がカツオ漁に従事し、残りは小型漁船による一本釣りや曳き縄などをおこない、釣り漁が圧倒的に盛んであった。広大な石西《せきせい》礁湖のなかにある小浜島の漁撈活動は、石垣島のカツオ漁船と契約関係を結び、カツオ漁に不可欠のジャコ（生き餌《え》）を捕獲する活動に特化するなど、集落レベルで漁業が「専門化」していた［市川 1978：528-531］。市川は「漁場はある集落がそこでおこないうる漁法の可能性を限定してはいるが、実際そこで、漁場に適応した多様な漁撈活動がおこなわれているとはかぎらない」と述べている［市川 1978：529］。

サンゴ礁漁撈における網漁の重要性

サンゴ礁を漁場とする漁撈活動のなかで、網漁は目立って多い。網漁は、右の寺嶋、市川、高橋の研究によれば、久高島で一〇種類、大神島で五種類、佐良浜では七種類を占めている。サンゴ礁を漁場とする漁撈活動における網漁の多さは、市町村史（誌）をみても明らかである。たとえば、『渡名喜村史下巻』には、追い込み網漁が一〇種類、(2)定置網漁五種類、合計一五種類の網漁が詳述されている［渡名喜村 1983：149-166］。また『読谷村史 第四巻 資料編3 読谷の民俗 上』には、一四種類の網漁が記録されている［読谷村史編集委員会 1995：458-466］。

サンゴ礁における漁撈活動では網漁は重要な地位を占めてきたが、先行研究をみる限り、沖縄の一集落の漁撈活動のなかにみられた網漁は、渡名喜島はずば抜けて多いものの、多くの地域でせいぜい一〇種類程度であったと思われる。ところが、本部町備瀬には、私の聞き取り調査によれば、かつて一七種類(3)もの網漁があったといわれている。

2　備瀬の網漁

減少する網漁

一九七五年頃に久高島にあった一〇種類の網漁は、二〇〇〇年頃には六種類に減り、しかも盛んにおこなわれている網漁は二種類である〔寺嶋 2001〕。かつて一七種類あったといわれる備瀬の網漁も、私が最初に調査した二〇〇八年時点では、一〇種類に減少していた。すなわち、表2―1のなかのアスタリスク（＊印）を付した網漁はすでに過去のものになっていた。たとえば、「ユービチ」が最後におこなわれたのは今（二〇一六年）から約二十数年前で、「スーグチビチ」はおよそ十数年前に途絶えた、といわれる。礁斜面の深いところで数十人によっておこなわれた「パージナー」と浅礁湖（深部）で営まれた「イッポウジミ」もだいぶ前に消えてしまったという。「アマラン」「イ

時間帯	潮	時期（新暦）
早朝〜日中	大潮	6〜8月（新月の頃）
日中	大潮干潮時	6〜9月
日中	満ち潮にかけて	5〜9月
日中	満潮時に設置，干潮時に収穫	通年
日中	干潮時	通年
日中	大潮干潮時	11〜2月
日中	干潮時	6〜9月
日中／夜間		5〜8月
日中／夕方	満ち潮時にかけて	通年（特に秋〜冬）
日中	満潮時に設置，干潮時に収穫	5〜7月
日中	退き潮時にかけて	4〜6月
日中	退き潮にかけて	5〜9月
夜間	干潮時	通年
日中	退き潮時にかけて	5〜10月
日中／夜間	干潮時	2〜4月
日中	退き潮時にかけて	通年
日中	干潮時	5〜8月

表 2-1　本部町備瀬の網漁［Toguchi 2010 に加筆］

no.	名称	主要対象魚種	目的	人員	漁場
01	シクシキ	アミアイゴ（稚魚）	A, B	12～15	浅礁湖
02	サレービチ	ベラ科など多種	B	30	浅礁湖
03	アマラン	アミアイゴ（成魚），シマハギ	B	5～6	浅礁湖（浅部）
04	ピーサガラサー	ブダイなど多種	B	2～3	浅礁湖
05	＊スーグチビチ	シマアジ，ボラ	B	2	浅礁湖（海草帯）
06	＊パンタカサー	アオリイカ，ハマフエフキ	A	10～30	浅礁湖（深部）
07	＊イッポウジミ	ハマフエフキ	A, B	30-40	浅礁湖（深部）
08	サシアミ	ブダイ科，アイゴ科，ヒメジ科	A, B	1～2	礁嶺，浅礁湖
09	イユーマキ	イスズミ科，テングハギ	B（A）	4～5	礁嶺（平滑部分）
10	ハターシアミ	ヒメジ科	A, B	1～2	礁嶺
11	ウイクルサー	アイゴ科，ブダイ科	A, B	6～8	礁嶺
12	イシマチ	アミアイゴ（成魚），シマハギ	B	1～2	礁嶺（転石周辺）
13	＊ユービチ	シマアジ，ボラ	A, B	30	礁縁部
14	シミアミ	ブダイ科	A	5～6	礁斜面（6-7 m）
15	＊ピチグヮーアミ	スズメダイ科	A, B	2～3	礁斜面（5-10 m）
16	＊アミジケー	ブダイ科，イスズミ科	A, B	＞10	礁斜面（10-15 m）
17	＊パージナー	ブダイ科，ハマフエフキ	A, B	30-40	礁斜面（30 m 以浅）

A：販売用，B：自家用，＊印：2008 年以前に消失した網漁

シマチ」「ピーサガラサー」「ウイクルサー」もここ一〇年ほどおこなわれていない。

現在、備瀬で営まれている網漁は、「シクシキ」「サレービチ」「サシアミ」「イユーマキ」「シミアミ」の五つである。そのうち、「サレービチ」は、現在では大きな漁獲が期待できず、後述するように、娯楽的色彩の強い網漁である。「サシアミ」も専業漁師はおこなわない。したがって、専業漁師にとって重要な網漁は「シクシキ」「イユーマキ」「シミアミ」の三つである。ただし、「シクシキ」は、六月～八月の新月のころの、限られた期間に営まれる網漁である。結局、専業漁師の生業として最も重要な網漁は、「イユーマキ」と「シミアミ」の二つである。

ここでは、「サレービチ」「シクシキ」「イユーマキ」「シミアミ」について紹介したい。

サレービチ

子供たちも参加しておこなわれる比較的簡単な網漁として「サレービチ」(別名：イュービチ)がある。「サレービチ」は「浚《さら》い引き」(「イュービチ」は「魚《うお》引き」)を意味する。その網漁は、退《ひ》き潮時に、浅くなった浅礁湖(イノー)のなかにいる魚を脅すため、ロープに長さ約四〇センチの紐《ひも》——方言で「スルシカー」といい、現在ではカラフルな梱包用紐を使うが、以前は藁《わら》を使用した——を約五〇センチ間隔に、また石のおもりを約五メートル間隔に結びつけ(口絵17)、浅礁湖のなかでこのロープを大勢の人々が持って大きな円を作り(口絵12)、この円を次第に狭めていって、最後は袋網に魚を追込み引き上げる(口絵15、16)、という網漁である。(4) この漁で捕獲される魚はベラ科やハマフエフキの稚魚など多種の小魚である。このサレービチは、都市部に暮らす備瀬出身者が里帰りする旧盆の頃を中心に、老若男女によっておこなわれる、今では娯楽的な色彩の強い網漁である。(5) この網漁は、村人を紐帯《ちゅうたい》する機能があり、専業漁師らも率先して参加し、ある種の年中行事といった趣《おもむき》を呈する。一見、単純にみえるこの網漁も、潮が完全に退いてしまうと魚が深いところに移動するため、干潮より少し前の時間帯がよいといわれている。漁のタイミングを誤ると漁獲が少なくなる。

シクシキ

アミアイゴの稚魚を沖縄の多くの地域で「スク」または「シュク」というが［宮城 1990、髙崎 2013］、備瀬では「シクー」とよぶ。そのシクーが海藻を食べてしまうと「クサパン」(「草を食《は》む」を意味する)

とよばれ、成魚（口絵14）になると「イェーグヮー」とよばれる。シクーの群れは、旧暦五月、六月、七月の一日《ついたち》（新月、大潮）前後に、外海からイノーに押し寄せてくる。それを浅礁湖のなかで捕獲する追い込み網漁を「シクシキ」という。旧暦五月一日前後に寄るシクーを「グングヮチジク」、旧暦六月一日前後のシクーを「ロクグヮチジク」、旧暦七月一日前後のシクーを「ヒチグヮチジク」というが、「ヒチグヮチジク」はほとんど期待できないという。

その網漁は、「シンカ」または「組」とよばれる十数人で編成されるグループによっておこなわれる。私が参加した二〇一〇年七月一一日（旧暦、五月三〇日）のシクシキについて記す。私が参加を許されたグループは、「新島小《ミージマグヮー》シンカ」とよばれる、一一人から成るグループで、二艘の小舟に分乗した。シクーの群れは日の出とともに動き始めるといわれていて、当日は、午前五時三〇分に船着場を出発して、シクーの群れの探索を開始した。シクーの群れはやや赤みを帯びているといわれるが、初めてシクシキに参加した私には、海底の岩や海藻の色と識別することができない。舳先に立つ人は、シクーの群れの識別に長けた人で、必ずしも漁師とは限らない（口絵18―A）。

六時頃に最初のシクーの群れを発見し、舟を操る人以外はすばやく海に入り袋網（方名＝プクーアミ）と袖《そで》網（ティバーシ）を設置し、その後、等間隔に並んで海面を手で叩きながら泳いで袋網の方に魚群を追い込んでいく。しかし、この最初の追込みでは、袖網と海底の間にできたわずかな隙間から魚群が逃げてしまって、捕獲は失敗に終わった。続いて七時二〇分過ぎに大きな魚群を見つけ、大急ぎで網を設置し、七時三〇分に魚群の追い込みにかかり（口絵18―B）、七時三六分に袋網を舟に引き上げた（口絵18

―C)。早朝とはいえ、夏場に冷蔵施設のない舟の上に長く魚を置くことができないため、八時前にはいったん捕獲したシクーを陸揚げし、分配作業に入った(口絵18―D・E)。その時、すでに大漁を聞きつけた村人が集まっていた。訪れた人には一斤《きん》(六〇〇グラム)程度は振舞われる。漁獲されたシクーは、漁に参加した人全員に、役割に関係なく等分される。分け前を「タマーシ」というが、舟の持ち主には「プニダマーシ」(舟に対する分け前)、網の持ち主には「アミダマーシ」(網に対する分け前)といって、それぞれ一人前余計に分配される。

分配を終え、腹ごしらえをしたあと、午前九時すぎに二度目の漁にでかけた。すでに潮はだいぶ退いていていて、集落の前のイノーはかなり浅くなっている。われわれの舟は岸から数百メートル離れた深いところでシクーの群れを探索したが群れは見つからない。一時間後、船着場のほうから「浅場にシクーの群れがいる、来い」という手招きがあった。水深五〇センチにも満たないほどに潮が退いた村前の海に舟を移動し、そこで二度目の大きな群れを捕獲するのに成功した。大きなカマス三袋を漁獲した。この日の備瀬のシクーの水揚げは、「シクシキ」をおこなう三つのグループ全体で総量三トン余に及び、五年ぶりの大漁であった。

イユーマキ

イユーマキは「魚《うお》巻き」を意味し、礁嶺(ピシ)をマット状に被覆している藻類を食べに満ち潮に乗って上ってくる魚の群を、数人の漁師が網で巻き獲る漁である。(6) この網漁は、近年では漁獲量が減少し、商業的漁獲としての重要性は低下しているといわれている。それでも、備瀬の漁師たちは、このイユーマキに対して特別の思いを抱いている。この網漁で最も多く捕獲される魚種は、ミナミイスズミ（方名＝シジャーグヮー）、イスズミ（方名＝マットゥー）、テンジクイサキ（方名＝カベラー）で、これらイスズミ科の魚（口絵11）は沖縄では一般に値段の安い魚に属するが、備瀬では村人に最も好まれ、高値で売買され、お汁、塩煮にして美味しい魚だといわれる。

イユーマキについて語る漁師たちの話は尽きることがない［渡久地 2010a］。「この網漁は追い込み漁ではありません。追い込み漁は、片一方に袋網を置いて、その網に魚を追い込みますが、イユーマキでは網を引っ張って魚を巻き込んでいきます。最終的には網を狭めていく。起伏やサンゴがあると網が引っかかるから、この網漁はピシのなかでも『イタビシ』（註——第一〇章の写真10—3参照）とよばれる平らな場所でないとできません」。「この漁は、年中できるが、九月頃が一番いい。時間帯は夕方がベストです。できれば曇天《どんてん》のほうがよい。イスズミ科は警戒心の強い魚で、天気がよく明るいとなかなか上がってきません。一方、雨降りだと、雨滴で海面が乱されて魚群が見えなくなるから、魚を巻けません」。「テングハギ（方名＝チヌマン）も、満ち潮にピシの上に群をなして上がってきます。これが大当たりすれば、何百斤も獲れますよ。旧暦五月頃には、産卵期を迎えたヒメジ科（方名＝ハターシ）もたくさん捕獲されます」。

このイユーマキという網漁をめぐる漁師たちの話は、多く獲れた過去を現在形として語っているのかもしれない。ともあれ、その語りからは、漁場の地形、漁の時期や時間帯、天候、魚の産卵時期など、サンゴ礁の海との関係のなかで培われた漁師たちの漁場知識の一端が垣間見られるのは確かだ。

シミアミ

「シミアミ」の「シミ」は「潜る」を意味する。備瀬では、礁嶺の外側の礁斜面を「パー」とよんでいるが、シミアミは、現在パーでおこなわれる唯一の網漁である。水深六〜七メートルの深みに高さ五〜六尺（一・五〜一・八メートル）、長さ約三〇メートルの三枚網を設置し、退き潮時に浅いところで餌を食べている魚の群れを、深みに逃げる魚の習性を生かして、網のほうに追い込んでいく漁法である。網を設置する深みを「サガイジュー」（「下がった場所」を意味する）、魚が餌を食べている浅場を「ケージュー」（「喰う場所」）という。網は、魚の逃げる方向を考慮して、溝状や湾状のサンゴ礁の微地形を巧みに利用して設置される。以前は、五、六人でおこなう漁であったが、現在この網漁を営んでいる漁師は単独でおこなっている。いわゆる「一人追い込み漁[7]」である。漁の時期は夏場（五〜九月）で、おもにブダイ科が漁獲される。

3　備瀬漁師の一年

ここで、備瀬漁師が付けた漁業日誌をもとに、漁師の一年の漁撈活動について記すことにしたい。備瀬には、前述のとおり、「漁師の家」が一六軒あることになっているが、二〇一〇年の国勢調査によれば漁業従事者は四人に過ぎない（因みに、農業二七人、建設業四七人、宿泊・飲食業四〇人である）。しかも

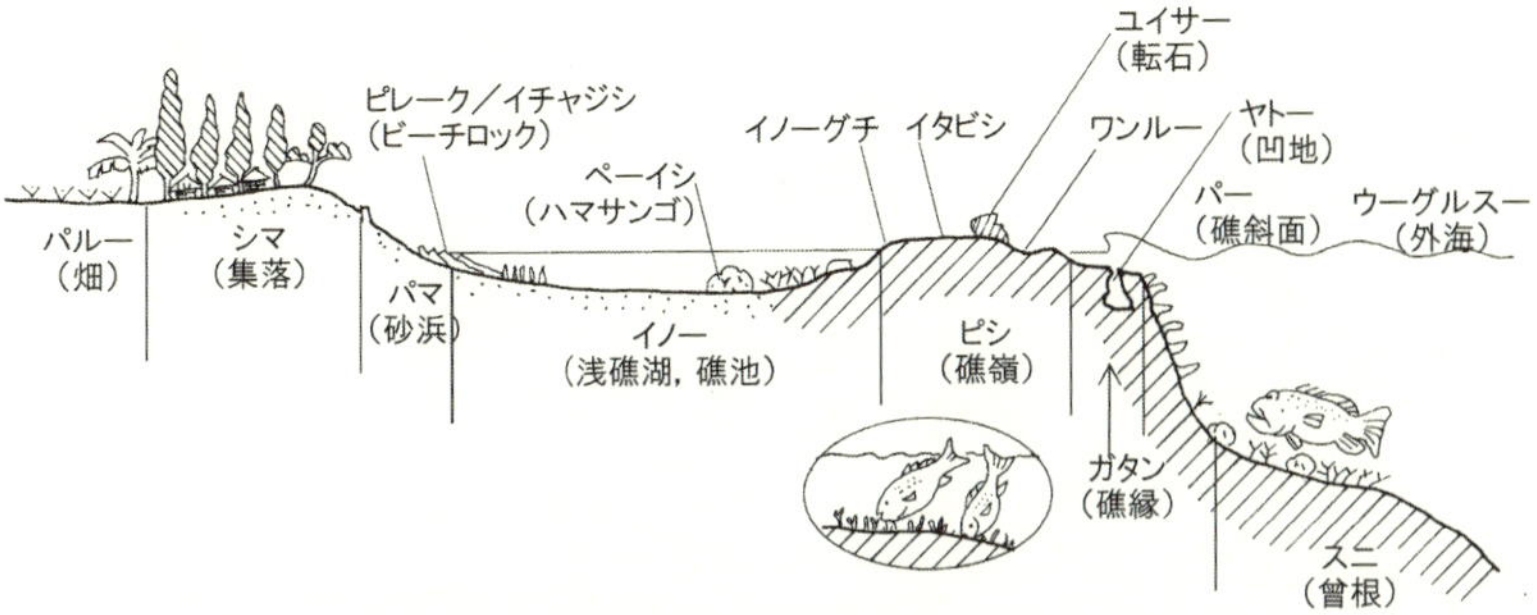

図 2-2　備瀬サンゴ礁地形の民俗分類［渡久地 2010］

彼らは漁のみで生計を立てているのではなく、建設業などにも時たま従事する。「漁師の家」というのは、かつて家の主《あるじ》が漁業にたずさわってきた家を指していて、備瀬では漁業者が減少してきたことを示している。

浅礁湖でモズク養殖業を営む漁師もいるが、漁業日誌を見せてもらった二人の漁師——いずれも一九六〇年生で、以下「漁師A」「漁師B」と記す——は、サンゴ礁で潜水漁（採貝、タコ獲り、追い込み網漁）や釣り漁をおこなっている。漁場であるサンゴ礁を、彼らは大きく「イノー」「ピシ」「パー」の三つに呼び分けている。イノーは浅礁湖、ピシは礁嶺、パーは礁嶺の外側の礁斜面である（図2—2）。

漁師Aは、船外機付きの〇・五トンの舟を使用し、素潜りで漁をおこない、おもにタコ、シャコガイ、マガキガイを漁獲している。夏季はパーに出かける回数が多く、それ以外（特に冬季）はイノーで漁をすることが多い（図2—3）。他方、漁師Bは、船外機付きの〇・五トンの舟を使用し、「潜り」（素潜りによるタコの捕獲と、チョウセンサザエやシャコガイ、マガキガイなどの採貝）、「シミアミ」（魚

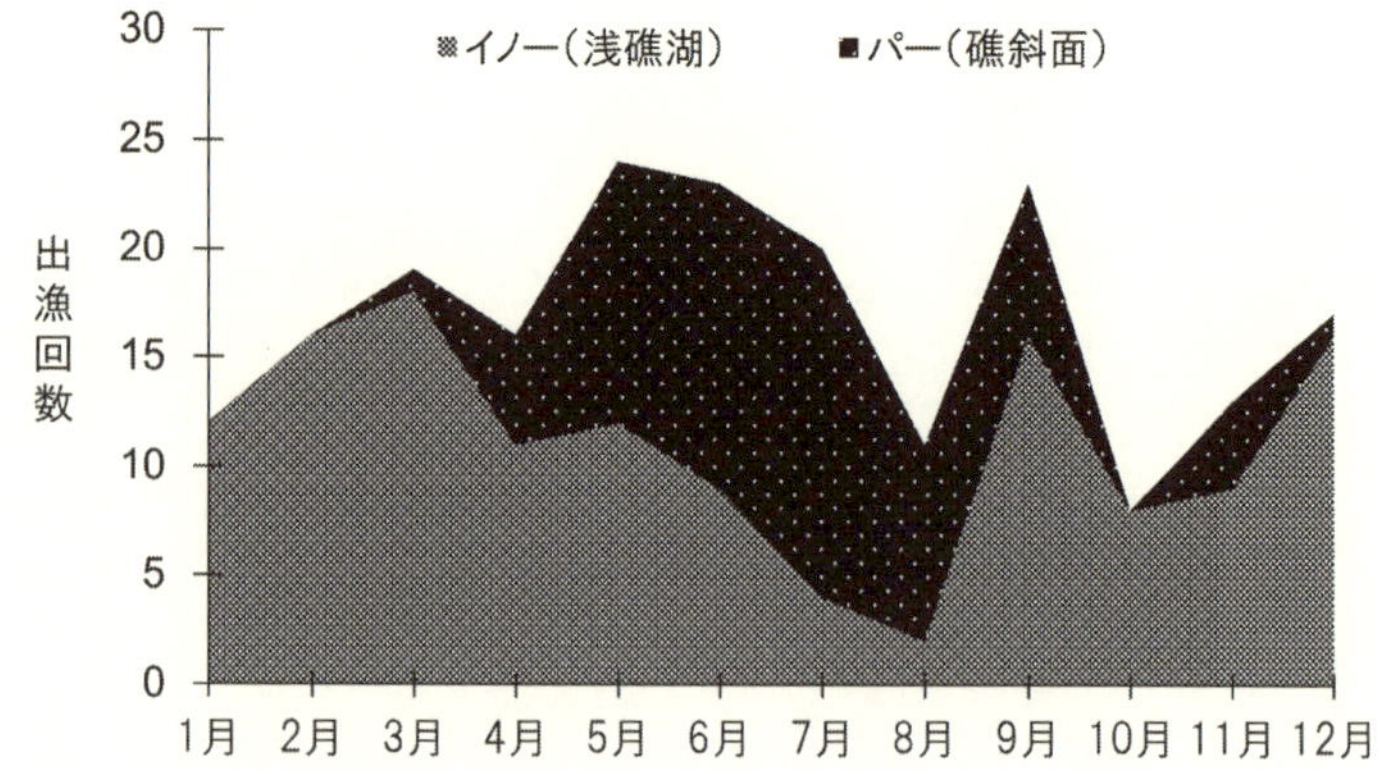

図 2-3　漁師 A の 2013 年の出漁日数(漁業日誌より作成)[橋本 2015]

類の漁獲)、「夜釣り」(魚類の漁獲)など複数の漁法を季節ごとに組み合わせている(図2―4)。

漁業日誌から二〇一三年の出漁日数をカウントすると、漁師Aは一八五日、漁師Bは一四九日であった。いずれも、全国の一トン未満漁船の平均出漁日数(一二二日)を上回っている。この高い出漁日数は、サンゴ礁漁場の環境特性と関係している。すなわち、外海側に位置する礁斜面が少々荒れていても、風速九メートル以下であれば、堤防状の礁嶺の内側の浅礁湖は比較的静穏であり、そこで漁ができるからである[橋本 2015]。

漁業日誌には、その日の天気と風向、出かけた漁場(地名)、用いた漁法、漁獲物の種類と数量のほかに、漁獲物の販売先と金額、集落の行事なども簡潔に記されている。また、わずかではあるが、漁師Aの日誌には「フクギの花が咲いた」「フクギの花が落ち始める」「セミ鳴く」などという生物暦も記されている。これは一見、漁とは関係ないように思えるのだが、じつは聞き書きによれば、フクギの

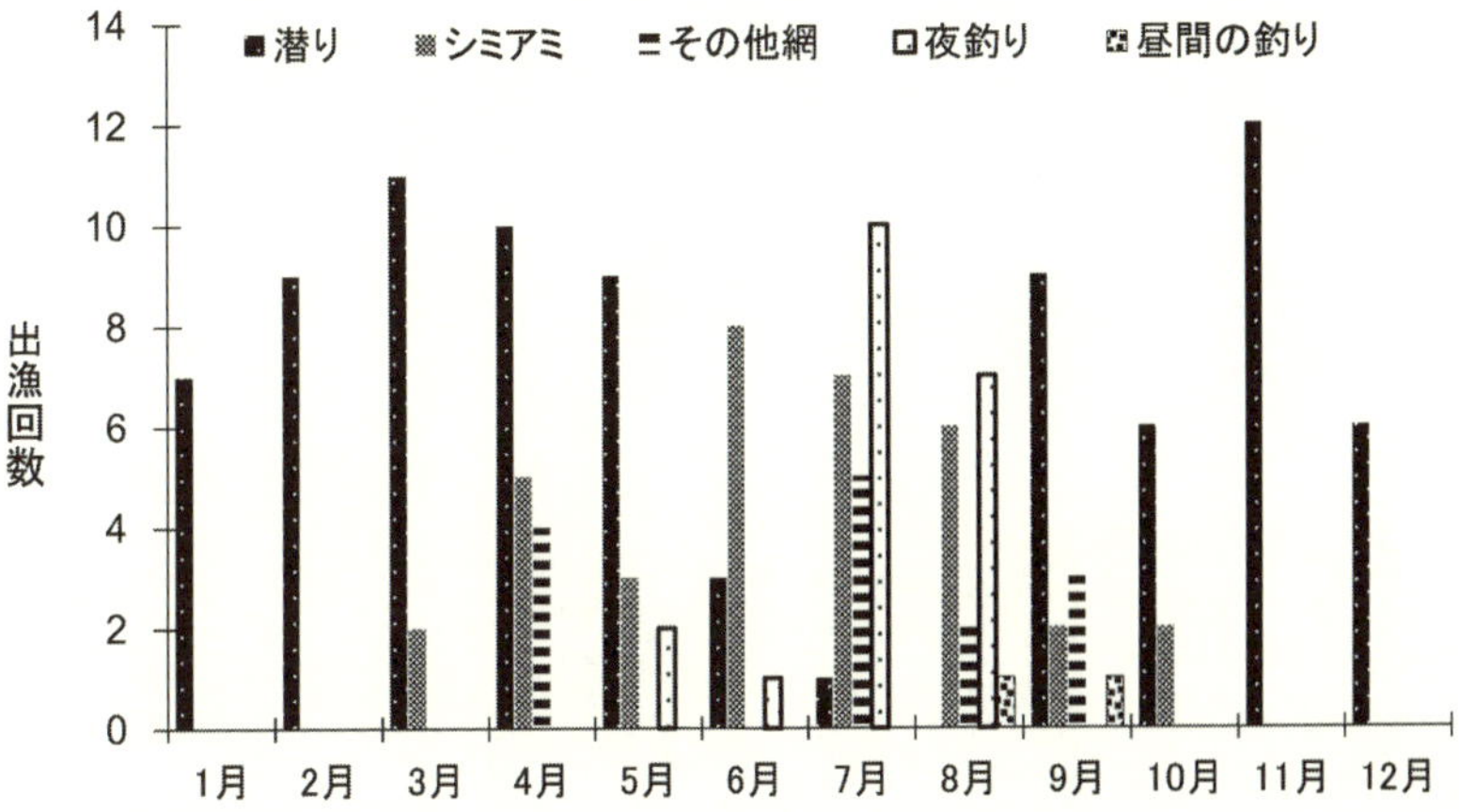

図 2-4　漁師 B の 2013 年の月別漁法別出漁回数（漁業日誌より作成）［橋本 2015］

花の咲く頃に海水の冷たさが緩み、花の落ちる頃から海水温が暖かくなっていくといわれ、陸上の植物から海の自然の変化を読み取っているのである。

一方、漁師Bの日誌には、余白に出漁した漁場の略図が描かれ、その上にタコを捕獲した地点が印《しる》されている。第一章で述べたように、ある一つのタコ穴からタコを捕獲しても、しばらくするとまた別のタコがその穴を住処にするから、タコ穴は「貯金箱」「財産」のようなものである。そのため、タコを漁獲する漁師は、自分がタコを獲ったタコ穴の場所をしっかりと記憶する必要がある。タコを獲った地点を漁業日誌に線画で記録することによって、漁場知識がより確かな形で記憶されていくことになる。その意味で、漁場知識の形成は意識的な営みであるといえるのだ。

漁師Bは、魚類・タコ・チョウセンサザエ・マガキガイ・シャコガイなどを漁獲しているが、主要な漁獲対象は前三者である。図2―5は、漁師Bの二〇一三年の魚類・タコ・チョウセンサザエの月別漁獲量を集計したグラフである。四月〜八月は、網漁と釣り漁による魚類の漁獲、九月〜六月は「潜り」によるタコの捕獲とチョウセンサザエの採貝をおこなったことがわかる。二〇一三年は台風の影響で、一〇月の出漁日数（前掲図2—4）と漁獲量が少なかったが、図からは全体として、漁師Bが一年をとおして複数の漁法と捕獲対象を時期ごとに変えながら、ある一定の漁獲を確保する戦略がとられていることが読みとれる。

漁師Bに「シミアミ」という網漁は受け継がれているものの、備瀬では「多様な網漁」はもはや過去のものになってしまったといわざるをえない。その原因は、漁業従事者の減少と大きく関係しているであろう。前掲の表2—1の網漁に要する人員をみると、一人で営まれる網漁は少なく、過半が五人以上の人員を必要とする網漁である。漁業従事者が減少した今日、備瀬の専業漁業者がとりうる網漁はかなり限定されてしまっている。そのことは、市川の言葉を借りていい直せば、漁師が選択しうる「漁法の可能性」［市川 1978:529］は、漁場ではなく漁業者の減少によって狭められている、といえるであろう。

備瀬の漁師たちの漁についての語りに耳を傾けていて強く感じるのは、多様な網漁をもって漁師たちによって生きられたサンゴ礁の海に対して彼らが限りない愛着と誇りをもち続けていることである。サンゴ礁の外縁部を「パー」とよぶことはすでに述べたが、その外海で三〇〜四〇人もの人々によって組織された「パージナー」という壮大な網漁が最後におこなわれたのは四半世紀以上も前になるといわれるが、その網漁を経験した漁師たちは、それを昨日のことのようにありありと語る。サレービチという網漁が、生業でも自給的漁獲でもなく、村人を束ねる一種の伝統行事にかたちを変えたとはいえ、連綿

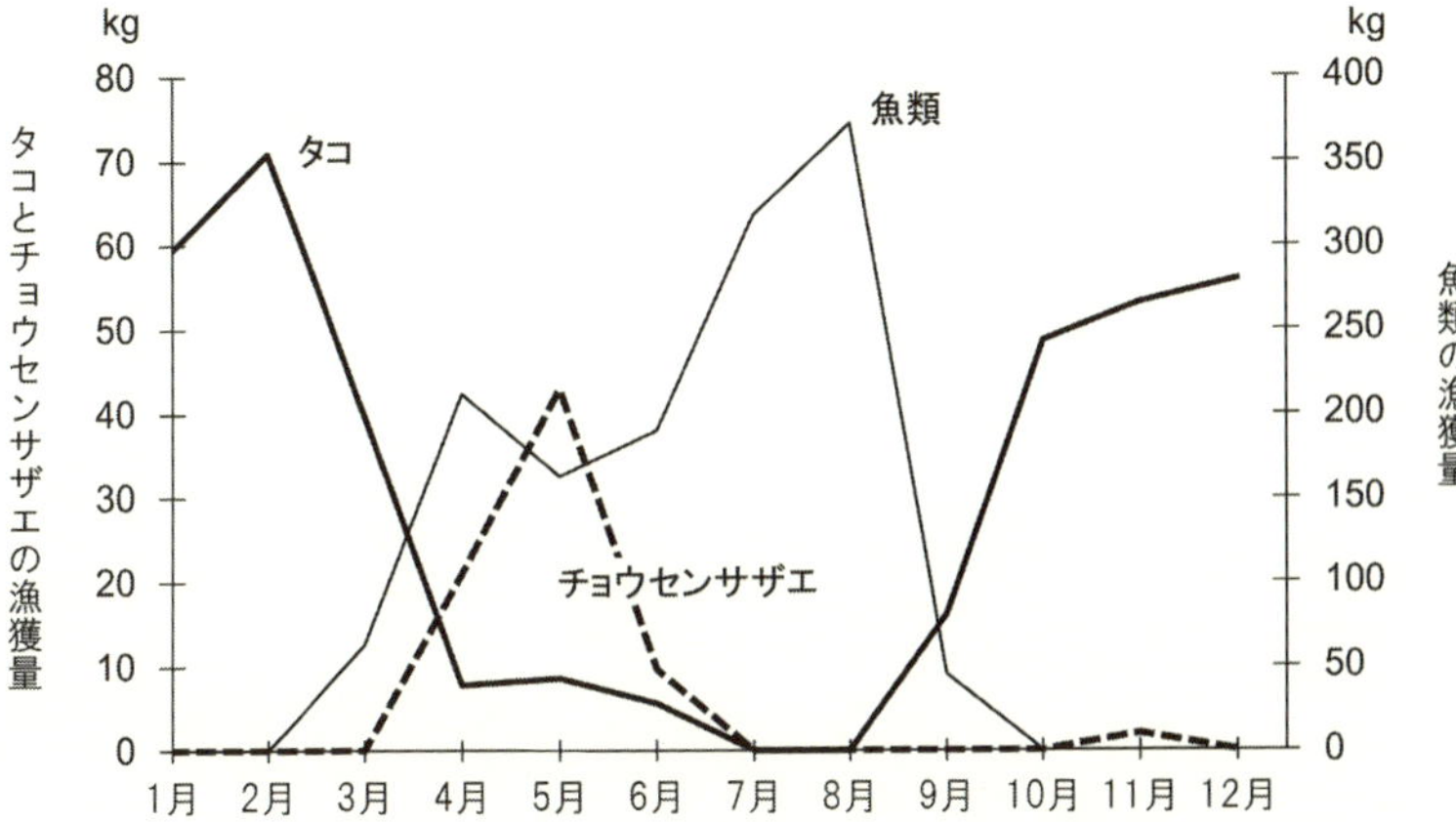

図 2-5　漁師 B の 2013 年の主要漁獲物の月別漁獲量（漁業日誌より作成）

と継承され専業漁師も積極的にこれに参加していることも、網漁に対する強い思いの表れである、と思われる。「イユーマキ」によって漁獲されるイスズミ科の魚を筆頭に、備瀬には魚食の伝統も受け継がれている。イスズミ科が大漁に獲れたときは、いまでも集落のマイクでアナウンスされる。イスズミをお汁にするときは、魚の内臓（腸）も入れられる［渡久地 2010a］。

　備瀬のサンゴ礁の海はそれだけでも美しいが、漁師の姿、漁の風景がその海に魅力を添えている。食文化を含む漁撈文化の記録、その文化の新たなかたちでの継承は、奄美・沖縄の多くの沿岸集落の課題の一つであるように思われる。

註

（1）「サンゴ礁の海」は、備瀬周辺のサンゴ礁の海を中心とするが、仲田栄松著『備瀬史』によれば、「ウプウミアッチャー」（「深い海で漁をする人々」を意味する）または「ウプウミシンカ」(「深い海の仲間」を意味する)とよばれる、サンゴ礁の外海側(礁斜面)の深場で網漁をするグループは、時には(たとえば旧盆前などには)、サバニを漕いで伊江島や伊是名島、伊平屋島まで出かけ、その島のサンゴ礁で網漁を営なむこともあったという[仲田 1990：216-217]。

(2)この一〇種類の追い込み網漁のなかには「ウルワイ」が含まれている。「ウルワイ」については第一章の図1―2を参照されたい。

(3)この一七種類の網漁のなかには、備瀬で「ジジーリワイ」とよばれる漁(他地域で「ウルワイ」とよばれる漁に相当する)が含まれていない。

(4)この「サレービチ」は、フィジーなど太平洋島嶼部のサンゴ礁域で広くみられる、ヤシ葉を連ねてラグーン内で魚を追い込んで捕獲する漁と原理的に類似している。

(5)現在、サレービチでは大きな漁獲はほとんど期待できなくなっているが、『備瀬史』によれば、昭和一五年頃には、サレービチを営む「組」(グループ)が備瀬に二つあったという[仲田 1990：217]。

(6)備瀬で「イユーマキ」と称する網漁は、よび名は地域によって異なるものの、沖縄各地でみられる。久高島でイスズミ科やテングハギを捕獲する「ヌブイユまき」[寺嶋 1977：184-186]、大神島でブダイ科やイスズミ科を漁獲する「ウプイズトゥイ」[市川 1978：513]、国頭村楚洲でミナミイスズミやテングハギを獲る「マービウミ」または「マービチヌマン」[金城 2011：40-47]、国頭村奥ではテンジクイサキ、アオブダイ、テングハギなどを捕獲する「タチイユマキ」[高橋・渡久地 2016：80-81]、石垣島白保のイスズミを獲る「巻き網漁」[古谷 2011：88-96]、『石垣市史』に記された「ピーマキイアン」または「ミーマキ」[石垣市史編集委員会 1994：619]などである。

(7)「一人追い込み漁」については、本部《もとぶ》町字健堅《けんけん》の漁師の仲村善栄氏に聞き書きしてまとめた本『沖縄のウミンチュー―一人追い込み漁に生きる』(仲村 2003)が参考になる。

第三章　地名に埋め込まれた漁場知識——南城市知念

クルムアウ公国の地図をよく眺めると、……奇妙で不思議な名前がいろいろと書き込まれているのが見つかる。……広大な森林に分け入るとき、ある種の基準線や方向の指標となるよう、森のなんの変哲もない場所に付けられた呼び名である。（シュティフター／磯崎康太郎訳『書き込みのある樅の木』松籟社、二〇〇八年、一四七頁）

いまから四〇年前の一九七六年六月に、南城市知念《ちねん》志喜屋《しきや》の漁師の手によって自らの漁場の地名図が作られた。その地名図は「志喜屋海面図」といい、図を作製した漁師・大田徳盛氏の著書『うむたらんあしが——過去随意』［大田 2002］に縮小し収録されている。私は、縁あって、この地名図の原図をご遺族のご厚意によって分析する機会を与えられた[1]。

「志喜屋海面図」（以下、「地名図」という）は、図3—1に示す範囲をカヴァーしている。地名図は、縦六〇センチ×横一七五センチで、空中写真をトレースした線描をベースマップにして、その上に几帳面な文字で一九五の地名が書き込まれている。図3—2は、その地名図の一部分である。地名図を作った

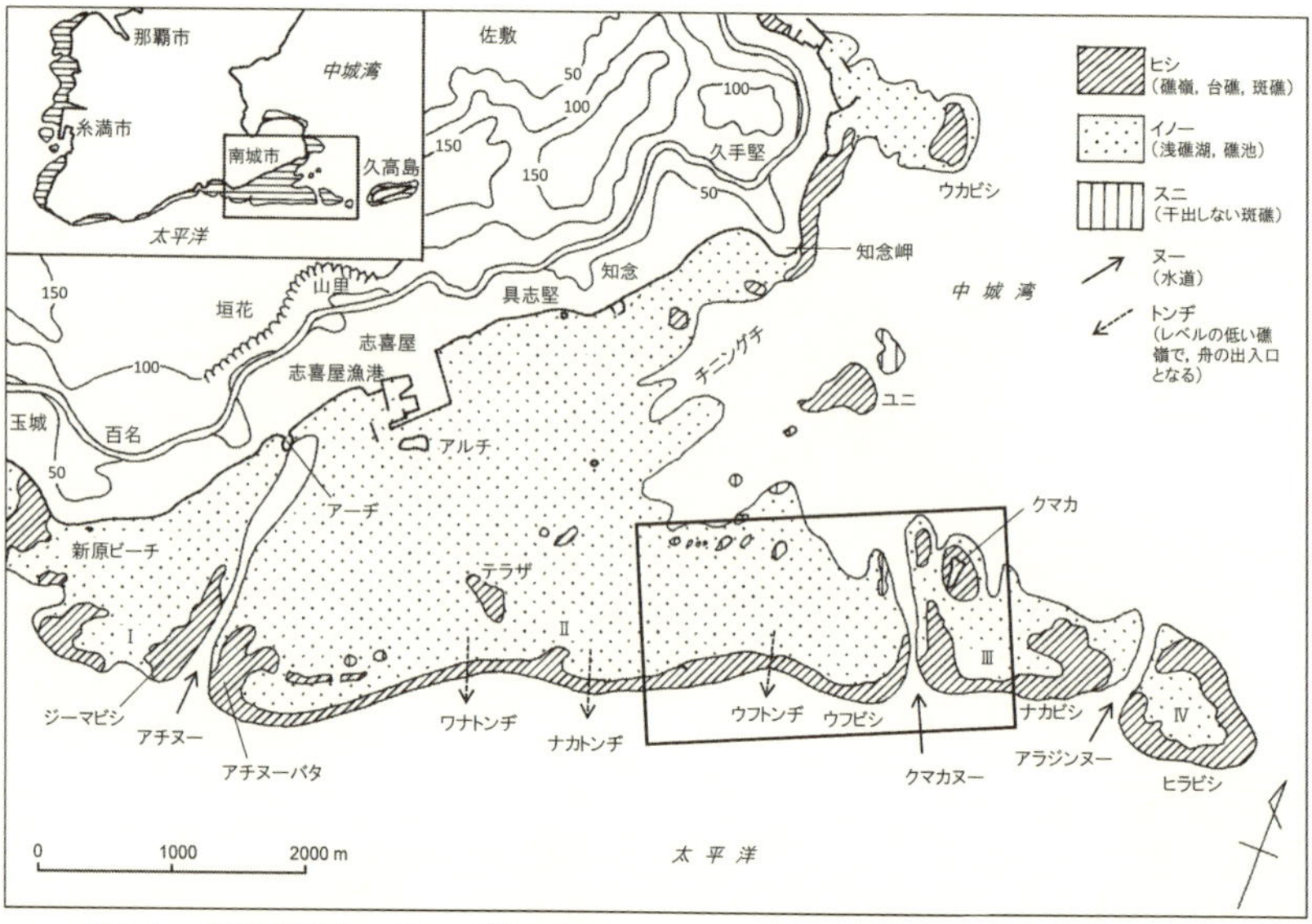

図 3-1　南城市知念のサンゴ礁の概要
外枠は「地名図」の範囲。図中の太い枠は，図 3-2 の範囲

のは大田氏であるが、図には「協力者」として漁師ら八名（明治生まれ四名、大正生まれ三名、昭和初期生まれ一名）の名前も記されている。

本章では、この地名図に記されたサンゴ礁地名を手がかりにして、漁師らの漁場認識の一端を明らかにしたい。漁場認識の解明には、地名の語構成を明らかにする必要があるが、「地名図」には、地名番号と地名のみが記されていて、地名の語意や、地名のつけられた場所の説明は与えられていない。地名の語意がわからなければ、語構成は明らかにできない。そのため、地名図の分析の前に、地名の語意について漁師から聞き取り調査をおこなう必要があった。漁師の漁場認識を動態的に把握するには、漁撈活動についての聞き取りや参与観察が求められるが、これは今後の課題として、本章では地名語彙の語構成の

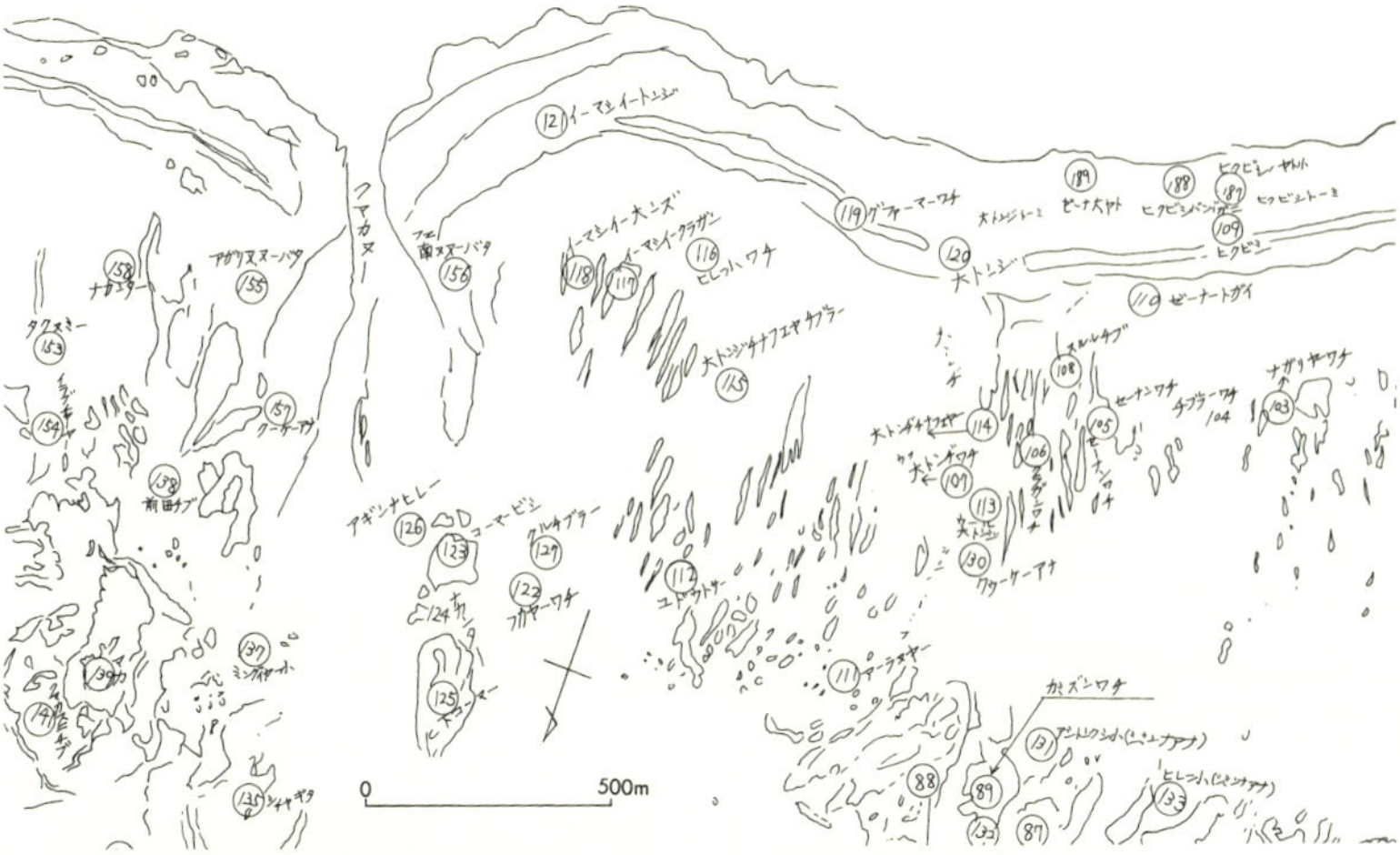

図 3-2　大田徳盛氏作製の「地名図」の一部
この部分図の範囲は図 3-1 の小さな四角の部分。「地名図」は南を上にして作製されている。なお，図中の方位とスケールは著者による。

分析表（章末の付表）を作成し、この表から読み取ることのできることがらを報告するにとどめる。

1　地名語彙の解明

地名の構成

固有名詞たる地名は、例外はあるが、基本語[2]として普通名詞を含みもっている。つまり多くの地名は、《地名（固有名詞）＝接頭辞＋基本語（普通名詞）》という構成をとる。たとえば、前掲の図3―1のなかの〈ヒラビシ〉〈ナカビシ〉〈ウフビシ〉を例にとると、傍線を施した「ビシ」が基本語である。「ヒラ」「ナカ」「ウフ」はそれぞれ「平たい」「真ん中の」「大きい」を意味する接頭辞である。

むろん例外はあるが、ある土地（海）につ

けられている地名、とりわけ微細地名[3]は、何世代にもわたってその土地（海）とかかわって生きてきた人々が授けた地名である。サンゴ礁地名は、そのサンゴ礁の海を漁場として利用してきた人々――このなかには非専業漁師が含まれるが、本章では一括して「漁師」とよぶ――が与えた地名である。ある土地（海）に対してよび名を与えるという行為（命名行為）には、その土地（海）にむけられた人々の眼差し、環境認識が反映するであろう。それゆえ、地名を手がかりにして、漁師のサンゴ礁漁場認識の一端が明らかにできると考えられる。

漁師への聞き取り

地名を手がかりにして、漁師のサンゴ礁漁場認識を明らかにするためには、前述のとおり、地名を構成する接頭辞と基本語の意味を解し、地名のつけられた場所の自然環境を把握していなければならない。「地名図」には一九五のサンゴ礁の海の地名が記されているが、そこから得られる情報は、①地名の位置、②地名語彙、③ベースマップの線描から読み取れる地形の概略である。「地名図」には、地名を構成する基本語の大部分は地形語であるが、これまで奄美・沖縄でサンゴ礁地形の民俗分類やサンゴ礁地名を調査してきた私にとっても初めて目にする地形語が少なからず含まれていた。その地形語の意味を解き明かすために、空中写真による地形の判読とともに、南城市のサンゴ礁で長年漁を営んできた、このサンゴ礁を熟知している漁師への聞き取り調査をおこなった。聞き取り調査の過程で、「地名図」には記載されていない六つの新たな地名を採集した。「地名図」に記載されている一九五の地名と合わせて、合計二〇一の地名語彙について語構成を調べた。

2　南城市のサンゴ礁地形の特徴

サンゴ礁地形の概観

地名語彙の分析の前に、南城市知念のサンゴ礁の特徴について簡単に触れておきたい。

沖縄島のサンゴ礁の幅——汀線から礁嶺の外縁までの距離——の平均値は約四七〇メートルであるが［目崎ほか 1977］、南城市では一～四キロメートルに及んでいる（字新原で約一キロメートル、字志喜屋で約二キロメートル、字具志堅で約二・五キロメートル、字久手堅で約四キロメートル）。そのため、遠く沖合に礁嶺が横たわり、その内側には広大な浅礁湖が広がっている。

奥武島から久高島の手前まで伸びるサンゴ礁には、「ヌー」（澪）とよばれる明瞭な切れ目——浅礁湖を切る水道（channel）——があり、西から〈アチヌー〉〈クマカヌー〉〈アラジンヌー〉という地名がつけられている。この三つの水道によって、サンゴ礁が四分割される。この四つのサンゴ礁は、前掲の図3—1において、西からⅠ、Ⅱ、Ⅲ、Ⅳと番号を付してある。Ⅰの東端は〈ジーマビシ〉、Ⅱの東端付近は〈ウフビシ〉、Ⅲは〈ナカビシ〉、Ⅳは〈ヒラビシ〉とよばれている。(4) 地名図を作製した大田氏の集落（字志喜屋）の前には、右の四つのなかで最大のサンゴ礁（Ⅱ）が広がっていて、志喜屋漁師の主要な活動の舞台となっている。そのサンゴ礁（Ⅱ）——〈アチヌー〉から〈クマカヌー〉までの間——の外海側にはおよそ五キロメートルにわたって礁嶺が連続する。これは沖縄島で最も長い礁嶺の一つであるが、その礁嶺には周辺より少し低まったところが三ヵ所あり、西から〈ワナトンヂ〉〈ナカトンヂ〉〈ウフトンヂ〉とよばれ、満潮時には舟の出入口となっている。

〈クマカ〉の西を通り知念岬の方角に伸びる深い水道〈クマカヌー〉の奥には、〈ユニ〉とよばれる短径約四〇〇メートルの台礁（platform reef）が位置する。この台礁と知念岬の間は〈チニングチ〉とよばれる幅広い深い水道である。知念岬の北方約一・五キロメートルには〈ウカビシ〉という南北約五〇〇メートル、東西約二五〇メートルの、干潮時に干出する台礁があり、その上に小さい洲島（sand cay）が載っている。

多様な微地形

志喜屋の前面に広がる広大な浅礁湖（イノー）は、陸上から眺めると単調な景観である（口絵20）。しかし、場所によって水深が異なる浅礁湖のなかには、さまざまな微地形がみられる（口絵19）。浅礁湖のなかには、「ヒシ」とよばれ大潮の干潮時に干上がる岩盤からなる地形的高まり（斑礁）、「スニ」（曾根）とよばれ干上がることのない地形的な高まり（暗礁）、「チブル」または「チブラー」（頭）とよばれハマサンゴなどがつくるサンゴ頭、また「クムイ」（小堀）や「チブ」（壷）とよばれる凹地、潮流の方向にサンゴ群集が配列してつくる筋状の高まり、「ンズ」（溝）、「ワチ」（割）とよばれるサンゴ群集間の溝状地形、さらに「ヒレ」「ヒレー」（平）とよばれる岩盤からなる平たい地形、渚付近にあって満潮時に隠れ干潮時に顕れる「グフ」とよばれる穴の多いゴツゴツした岩場、などじつに多様である。さらに、「アナ」（穴）とよばれる、追込み網漁に利用される湾状または溝状の地形もある。

浅礁湖と外海とを分かつ、干潮時に干上がる堤防状の地形（礁嶺）は「ヒシ」という。そのヒシがイノーの方に岬状に突き出した部分を「サチ」（崎）または「トゥガイ」（尖）という。ヒシの上には、場所によって「ユイサ」（寄石）とよばれる岩塊が転がっている。ヒシのすぐ前面（外海側）の傾斜部分は「ハーアガヤー」、ヒシ前面のやや幅広い平滑な面を「トーミ」、ヒシが低まった部分は前述のとおり、「トンヂ」という。礁縁部にみられる深い凹地（residual pool）は「ヤト」とよばれる。

3　地名語彙の分析

地名類型

既述のとおり、地名の大部分は（A）「接頭辞＋基本語」という構成をとる。たとえば、〈テラザチブ〉は「テラザ」が接頭辞で「チブ」が基本語である。むろん例外もあり、（B）基本語が欠落（消失）している地名も少なくない。〈テラザ〉〈ミーチャー〉という地名は、それぞれ「チブル」「ヒシ」が省かれていると考えられる。逆に、（C）接頭辞を欠き基本語のみで地名を成している場合もまれにある。〈チブラー〉という地名はその典型的な例である。さらに、（D）接頭辞を二つもつ地名もある。〈イビンヤーナガチブ〉は、「イビンヤー」と「ナガ」のいずれも接頭辞であり、地名の語意は「イセエビの住処になって

表 3-1　類型ごとの地名数と比率

地名類型	事例	地名数	%
A　接頭辞＋基本語	テラザチブ	134	66.6
B　基本語を欠落した地名	テラザ，ミーチャー	21	10.4
C　接頭辞を欠落した地名	チブラー	6	3.0
D　接頭辞を２つもつ地名	イビンヤーナガチブ	24	11.9
語構成が明らかでない地名	アルチ，アーヂ	16	8.0
合計		201	100

下線部分は基本語

表 3-2　未詳語を含む地名の数

未詳部分	事例	地名数
語全体が未詳（語構成が不明）	アルチ，アーヂ	16
基本語のみが未詳	アミイリヤーグサ，ウイクンサー	6
接頭辞のみが未詳	タキンチヤワチ，コーマビシ	26
計		48

下線部分は基本語

いる／長い／凹地」となる。以上の四タイプ（A～D）の地名数とその割合を表3―1にまとめた。地名語全体の意味が未詳のため語構成が明らかでない地名は一六あった。南城市のサンゴ礁地名の大半が「接頭辞＋基本語」という基本形である。

未詳語を含む地名は表3―2のとおりである。上記のとおり、地名語全体の意味が未詳の地名は一六、接頭辞は明らかであるが基本語が未詳な地名六、逆に基本語は明らかであるが接頭辞が未詳の地名二六である。地名語のなかに部分的にでも未詳語を含む地名は四八（全体のおよそ四分の一）である。

基本語

奄美・沖縄のサンゴ礁地名の基本語は大半が地形語である。南城市のサンゴ礁地名でも、多様な地形語彙（口絵19）が地名の基本語を構成していることが多い。いくつか例示するとつぎのようになる。〈ハチーグフ〉の「グフ」、〈テラザクビル〉の「ク

表 3-3　地名の基本語になっている地形語

方名	漢字（意味）	地形学用語，または地形の説明	数	%
ワチ	割	サンゴ群集間などの溝状地形	13	6.5
アナ	穴	凹地	12	6.0
スニ	曾根	（干出しない）斑礁，暗礁	11	5.5
ヒシ	干瀬	礁嶺／浅礁湖内の干出する斑礁	11	5.5
チブル／チブラー／チブラーイシ	頭，頭石	サンゴ頭，キノコ岩	10	5.5
チブ	壺	凹地	9	4.5
ヒレ／ヒレー	平	岩盤からなる平坦地	9	4.5
ヤト	（深い凹地）	礁嶺前面にある深い凹地	7	3.5
トーミ	（平滑地）	礁嶺前面の一段下がった平滑な面	6	3.0
ギタ	（崖）	台礁や斑礁側面などの急斜面	5	2.5
トンヂ	飛出	礁嶺が低まったところ	5	2.5
クムイ	小堀	凹地	4	2.0
ヌー	澪	水道	3	1.5
グフ	—	満潮時に隠れ干潮時に顕れる岩	3	1.5
サチ	崎	礁嶺から浅礁湖に岬状に伸びる地形	3	1.5
イシ／イサー	石	岩塊，サンゴ塊	2	1.0
クチ	口	水道／外水道	2	1.0
ワリミ	割目	溝状地形	2	1.0
スニサガイ	曽根下り	礁池内の傾斜地	2	1.0
ヌーバタ	澪端	水道脇の岩盤	2	1.0
その他		（註）	10	5.0
計		—	131	66.0

（註）「その他」の地形語として「イノー」，「クビル」（括れ），「ヤナ」，「ユイサ」（寄石），「トゥガイ」（尖），「ガマ」（洞），「シ」（瀬・石），「ンズ」（溝），「タマイ」（湾曲），「ハーアガヤ」などがある。

ビル」、〈クワチンギタ〉の「ギタ」、〈モミヤマクブヌヤヒレ〉の「ヒレ」、〈ヤナーラトーミ〉の「トーミ」、〈ウルーワチ〉の「ワチ」、〈ワナトンヂ〉の「トンヂ」など。二〇一地名のうち、地形語が基本語に明示されている地名は、表3―3に示すように六六・〇％にも及んでいる。つまり、全体の三分の二の地名のなかに地形語が組み入れられているわけで、地名を知っているということは、サンゴ礁地形にかんする「知識」をもっていることを意味する。この点については、伊良部島佐良浜《さらはま》の素

表3-4　「ヤー」地名一覧

地名	接頭辞	接頭辞の意味
ウルーマクブンヤー	ウルーマクブ - ン	シロクラベラの仲間
マクブヌヤー（註）	マクブ - ヌ	シロクラベラ
ビタローヤ	ビタロー	ロクセンフエダイ
ミーラヌヤー	ミーラ - ヌ	小型のエイ
アガチャーヤー	アガチャー	イロブダイ（?）
サバヌヤー	サバ - ヌ	サメ
アーラヌヤー	アーラ - ヌ	クエ、マハタ、ヤイトハタなど
アカビラヤー	アカビラ	未詳
シルイユヌヤー	シルイユ - ヌ	シロダイなどフエフキダイ科
ナカムチャガヤー	ナカムチャガ	未詳
イラブチャーヤー	イラブチャー	ブダイ科
ナカトンヂチニマルヌヤ	ナカトンヂ／チニマル	周辺地名／テングハギ

「ヌ」「ン」は，「～の」を意味する。（註）〈マクブヌヤー〉は同じ地名が２つある。

潜り漁師の漁場認識の研究において高橋そよも指摘している[高橋 2004：111]。

　地形語以外の基本語として、「ヤー」が最も多く一三地名を数える。「ヤー」は「家（住処）」を意味するが、「ヤー」を基本語にもつ地名では、その接頭辞は未詳語（二地名）を除いてすべてが海洋生物である（表3―4）。ただし、〈ナカトンヂチニマルヌヤ〉は、接頭辞が二つあり（二重になっていて）、一つは〈ナカトンヂ〉という周辺地名、もう一つが「チニマル」という魚名である。

　また、〈コーチャフニイザシイリー〉のように、「フニイザシイリー」「フニンザシイリ」「フニイリンザシ」など「舟の出し入れ」「舟の入れ出し」を意味する基本語をもつ地名が五つある。その他に、「暗所」を意味する「クラガン」、「藻場」を意味する「モーミーヤー」、「穴、場所」を意味する「ミー」、「タコ穴、秘密の漁のポイント[5]」意味する「アデク」などがある。「ヌ」「ン」は、「～の」を意味する。

表 3-5　接頭辞の種類

	事例	語構成	数	%	備考
1. 周辺地名	テラザクビル	テラザ・括れ	42	20.9	「陸上地名」を含まない
2. 海洋生物	ススルチブ	キビナゴ・壺	34	16.9	魚類 23，サンゴ 5，エビ 2
3. サイズ	ウフズニ	大きい・曾根	23	11.4	大 8，小 15
4. 位置関係	メービシ	前・干瀬	12	6.0	上中下 8，内外 2，前後 2
5. 形状	イビンヤーナガチブ	エビの住処・長・壺	11	5.5	長短，平たいなど
6. 漁撈活動	アミイリヤーチブ	網を入れる・壺	8	4.0	
7. 屋号・人名	メーダチブ	前田・壺	7	3.5	
8. 陸上地名	シケヤヌスニグヮー	志喜屋・曽根・小	7	3.5	「グヮー」は指小辞
9. 性状	クラガマー	暗い・洞	7	3.5	
10. 方位	アガリヌヌーバタ	東の・澪端	5	2.5	南 3，東 2
11. 色彩	シラチブル	白い・サンゴ頭	5	2.5	黒 3，赤 1，白 1
12. 潮・波	ナガリヤーワチ	（潮が）流れる・割	4	2.0	
13. 地形	スニチブ	曾根・壺	3	1.5	
14. 動詞	イチフチャー	息吹く・（基本語欠落）	2	1.0	
15. 数詞	ミーチャー	三つの・（基本語欠落）	2	1.0	
16. その他	ヤマトクチグヮー	倭口小	2	1.0	遠隔地名，道具
小計	―	―	174	86.6	
未詳	―	―	31	15.4	
欠落	―	―	8	4.0	
語構成未詳	―	―	17	8.5	
全地名数			201	100	

下線は接頭辞（または指小辞）を意味する。1 つの地名に 2 つの接頭辞（接尾辞）をもつケースがあるため，接頭辞の合計は全地名数より多くなっている。「未詳」のなかには，「屋号・人名」と思われるものが 7 つ，「海洋生物」と思われるものが 4 つ含まれる。「屋号・人名」と「海洋生物」の数字は表示した数字より大きい可能性が高い。

接頭辞　地名を構成する接頭辞（表3―5）のなかで、最も多いのは「周辺地名」であり、これは南城市のサンゴ礁地名の大きな特徴であり、第4節で詳述する。

二番目に多いのが「海洋生物」で、これはサンゴ礁地名の特色の一つであるが、南城市では特にその比率が高い。「海洋生物」を接頭辞とする地名の基本語は、前掲表3―4に示した「ヤー」（家＝住処）が最多（二三地名）であるが、他に「ヒレ／ヒレー＝平」（三地名）、「チブ＝壺」（二地名）、「ワチ＝割」（二地名）、および「サチ＝崎」「スニ

＝曽根」「アナ＝穴」「ミー＝穴」「ヌー＝澪」「ヤト＝深い窪地」（各一地名）となり、凸地形よりも凹地形が目立つ。

三番目の「サイズ」では、「大きい」を意味する「ウフ」が八地名、「小さい」を意味する「グヮー」が一五地名である。「グヮー」は、英語の starlet、islet、booklet など、名詞につける指小辞 '-let' に相当する琉球語独特の基本語である。

そのあとに、四番目の「位置関係」、五番目の「形状」が続く。

六番目に多い「漁撈活動」はサンゴ礁地名に特徴的な接頭辞である。そのような地名として〈アミイリヤーチブ〉（網を入れる壺）、〈ウミナガサチヌシミンナアナ〉（海長崎の潜み縄漁をする穴）、〈ユドウトサー〉（網を四度移動する〔基本語欠落〕）、〈ウフトンヂチナフェアナ〉（ウフトンヂの縄延をする穴）、〈ハンブンガキー〉（網を半分掛ける〔基本語欠落〕）などがあり、網漁や延縄漁にちなむ地名が多い（以上、傍線部分が接頭辞。以下同様）。

七番目の「屋号・人名」は、その地名のついた漁場とのかかわりの深い漁師の苗字または屋号と思われる。八番目の「陸上地名」を接頭辞にもつ地名とは、たとえば〈シケヤヌスニグヮー〉（志喜屋の小さな曾根）のように、陸上地名をサンゴ礁の海に延長して命名された地名である。南城市のサンゴ礁地名においては、後ほど具体的にみるように、接頭辞に「陸上地名」を用いている地名は比較的少ない。

4 「周辺地名」を用いた命名法

接頭辞「陸上地名」と「周辺地名」

前節で触れたように、南城市のサンゴ礁地名では、「陸上地名」を接頭辞とする地名は比較的少なく、「周辺地名」を接頭辞とする地名は最も多く全体の二〇・九%を占める（前掲表3—5）。サンゴ礁地名（海の地名）において、接頭辞として「陸上地名」を用いた地名とは、陸上の地名を海に延長して命名された地名である。一方「周辺地名」を接頭辞にもつ地名とは、陸上ではなくサンゴ礁の海のなかにある別の地名（周辺地名）を接頭辞とする地名である（図3—3）。

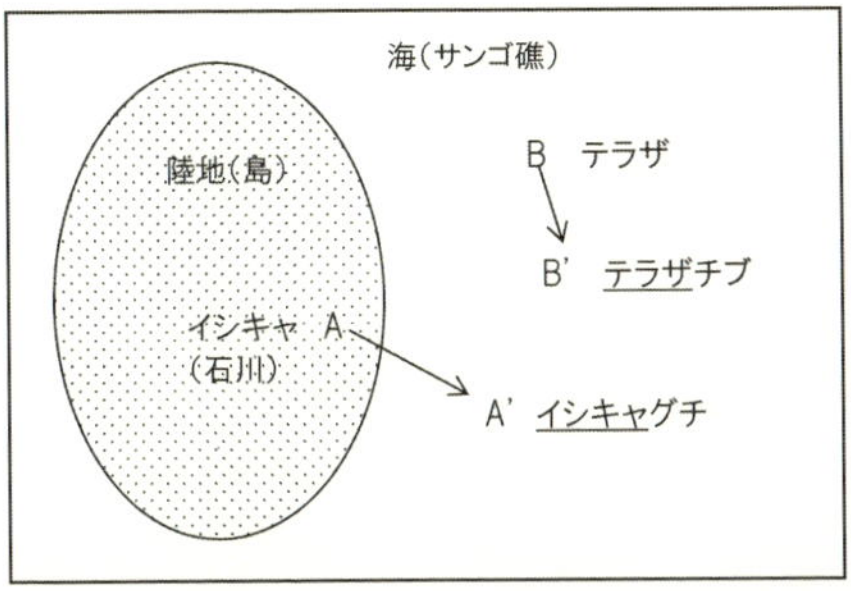

図 3-3 「陸上地名」と「周辺地名」を接頭辞とする地名
A' はAという「陸上地名」を接頭辞とする地名。B' はBというサンゴ礁内の別地名（「周辺地名」）を接頭辞にもつ地名である。A，A' は大和村東部の地名，B，B' は南城市の地名。

比較参考までに述べると、久高島のサンゴ礁地名一五四のなかに「陸上地名」を接頭辞とする地名が四二（二七・三%）、「周辺地名」を接頭辞にもつ地名は七（四・五%）である。[6] 奄美大島大和村東部では、一一六のサンゴ礁地名のうち、「陸上地名」を接頭辞にもつ地名が一七（一四・七%）、「周辺地名」を接頭辞とする地名は一二[7]（一〇・三%）である［渡久地 2011a］。久高島と奄美大島大和村のサンゴ礁は幅が狭く、いずれも広いところで三〇〇メートル程度にすぎない。狭いサンゴ礁においては、サンゴ礁の地名は陸上地名を延長するかたちで命名することが比較的容易であると考えられる。

南城市のサンゴ礁地名においては、なぜ接頭辞に「周辺地名」が多く、「陸上地名」が少ないのであろうか。それは、2節で述べた南城市のサンゴ礁の特徴と大きく関係していると考えられる。すなわち、南城市のサンゴ礁幅は数キロメートルに及び、ヒシ（礁嶺）の内側には広大なイノー（礁池、浅礁湖）が広がっていて、そこには多様な微地形がみられる。海岸近くの地名では、陸上の地名を海に延長して命名することができる。たとえば、志喜屋漁港の近くにある満潮時に水面下に隠れ干潮時に顕れる岩につけられた地名〈ハチーグフ〉では、陸上地名〈ハチー（鉢嶺）〉が接頭辞となっている。海岸から遠く離れたところでは、陸上地名を海に延長して命名することは難しくなると考えられる。「陸上地名」を接頭辞とする七地名のうち、海岸から遠く離れた地名は、志喜屋沖合の礁嶺にある〈ワナトンヂ〉のみである。「ワナ」は垣花《かきのはな》の旧称である。

「結節地名」と「分岐地名」

幅広いサンゴ礁の海においては、陸上地名を延長するかたちで地名を生成するには限界がある。そこでは、海のなかの別の地名すなわち周辺地名を起点として（周辺地名から延長されて）名づけが施されているケースが少なくない。

図3―4（a）は、志喜屋の南東に位置する〈テラザ〉という地名と、「テラザ」を接頭辞とする地

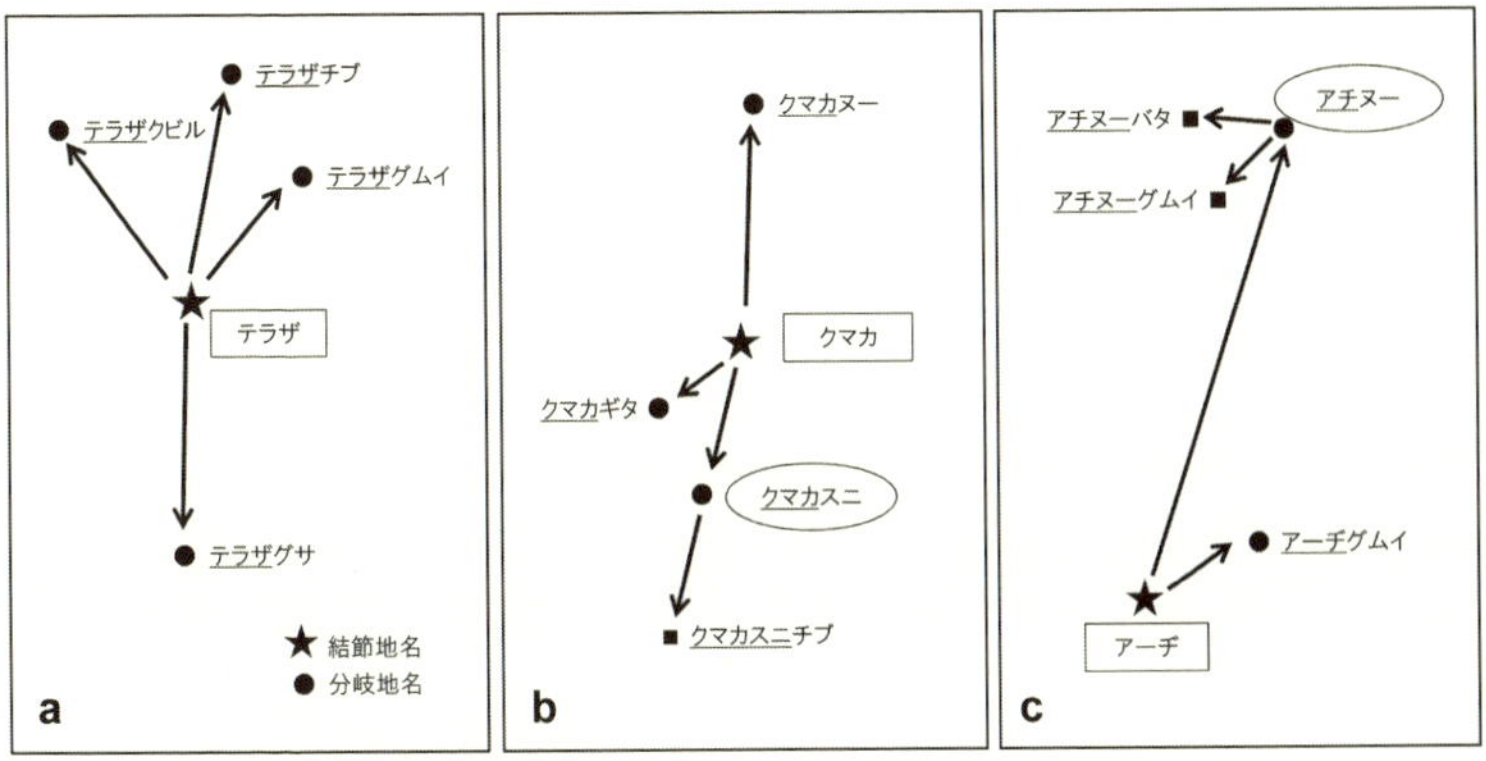

図 3-4　結節地名と分岐地名
a：〈テラザ〉と〈テラザ〉を接頭辞とする地名。〈テラザ〉を「結節地名」，それ以外を「分岐地名」と仮称する。
b：〈クマカ〉と〈クマカ〉という周辺地名を接頭辞とする地名。
c：分岐地名であり結節地名でもある〈アチヌー〉
〈テラザ〉〈クマカ〉〈アチヌー〉の位置は図 3-1 を参照。

名群〈テラザグサ〉〈テラザグムイ〉〈テラザチブ〉〈テラザクビル〉の関係を表した図である。この場合、ほかの地名の起点となり、それら地名を結節している〈テラザ〉を、本章では「結節地名」(nodal place-nane) と仮称する。それに対して「テラザ」という周辺地名を接頭辞にもつ地名を〈テラザ〉の「分岐地名」(branched place-name) と仮称する。

図3―4(b)は、知念岬の南東にある台礁の上の小島〈クマカ〉と、〈クマカ〉を接頭辞にもつ地名である。〈クマカギタ〉と〈クマカヌー〉の接頭辞は周辺地名〈クマカ〉である。〈クマカスニチブ〉の接頭辞は〈クマカスニ〉である。じつは、大田氏が作製した「地名図」には〈クマカスニ〉は記載されていない。〈クマカスニチブ〉という地名がある以上、地名の構造上、〈クマカスニ〉がなければならない。そこで、漁師

に「〈クマカ〉の近くに〈クマカスニ〉という地名はないか」とたずねたら、「それは〈クマカ〉周辺浅瀬だ」という答えが返ってきたのであった。

「地名図」には〈ヒラビシ〉が記載されてないが、「ヒラビシ」を接頭辞とする地名〈ヒラビシクークェーアナ〉と〈ヒラビシアガリンカヤー〉がある以上、〈ヒラビシ〉がなければならない。この〈ヒラビシ〉も地名図を整理したうえで漁師への聞き取りの過程で新たに採集された地名である。〈イーマシイークラガン〉〈イーマシイーウフンズ〉〈イーマシイートンヂ〉は、いずれも接頭辞が「イーマシイー」であり、〈イーマシイー〉という地名があってもよさそうだが、聞き取り調査からそのような地名は採集することができなかった。

図3―4(c)は、志喜屋の南にある小島〈アーヂ〉とその周辺の地名である。〈アーヂ〉の前面(南方)には、イノーの中を走り外海まで伸びる一筋の水道――「ヌー」(澪)――がある。その水道を〈アチヌー〉という。聞き取り調査によれば、〈アチヌー〉は〈アーヂヌー〉ともよばれている。〈アチヌー〉の接頭辞「アチ」は「アーヂ」が転訛したものである。したがって、〈アチヌー〉と〈アーヂグムイ〉は〈アーヂ〉の分岐地名である。

〈アーヂ〉から〈アチヌー〉が分岐し、さらにその〈アチヌー〉から〈アチヌーグムイ〉と〈アチヌーバタ〉が分岐している。それゆえ、〈アチヌー〉は〈アーヂ〉の分岐地名であると同時に、〈アチヌーグムイ〉と〈アチヌーバタ〉の結節地名でもある。つまり、ここでは地名が二段階に分岐・派生している。じつは、図3―4(b)においても、〈クマカ〉→〈クマカスニ〉→〈クマカスニチブ〉と、地名が二段階に分岐しているのである。地名が二段階に分岐するケースは、ほかにもう一つある。すなわち、〈ウフトンヂ〉→〈ウフトンヂチナフェアナ〉→〈ウフトンヂチナフェアナチブラー〉である。二段階に分岐する地名を図式的に表すと、A→AB→ABCという構造をなしている（傍線部分が接頭辞）。この場合、ABを二次地名、ABCを三次地名と仮称すると、全地名のうち、二次地名三六、三次地名は四である。四次地名はない。

結節地名は全部で一七あるが、そのうち三つ以上の分岐地名を有する結節地名は、〈テラザ〉、〈ゼーナ〉、〈クマカ〉、〈ナカトンヂ〉、〈ヒクビシ〉の五個である。さらにそのなかで〈テラザ〉は、図3―4（a）でみたとおり、四つの分岐地名をもつ。五個以上の分岐地名をもつ結節地名はない。

地名（place-name）とは、一定の広がりをもつ空間において、人々によって意味づけされた特定の場所（place）に施された名前（name）である。広大なサンゴ礁空間のなかで、多くの意味づけされた場所に名称を授けていく方法（命名法）の一つとして「結節地名」と「分岐地名」がある――南城市のサンゴ礁地名の接頭辞として「周辺地名」が最多（二〇・九％）であるのは、以上のように理解してよいであろう。

空間認識・意味づけ・「知識」の獲得

ところで、前掲の図3―4は、ケヴィン・リンチの『都市のイメージ』に掲載された図〔リンチ／丹下・富田訳 1968〕、あるいはR・G・ゴリッジのメンタルマップの形成プロセスにかんするアンカー・ポイント理論（anchor point theory）を説明した概念図〔Golledge 1978〕を想起させる。図3―4の星印を付

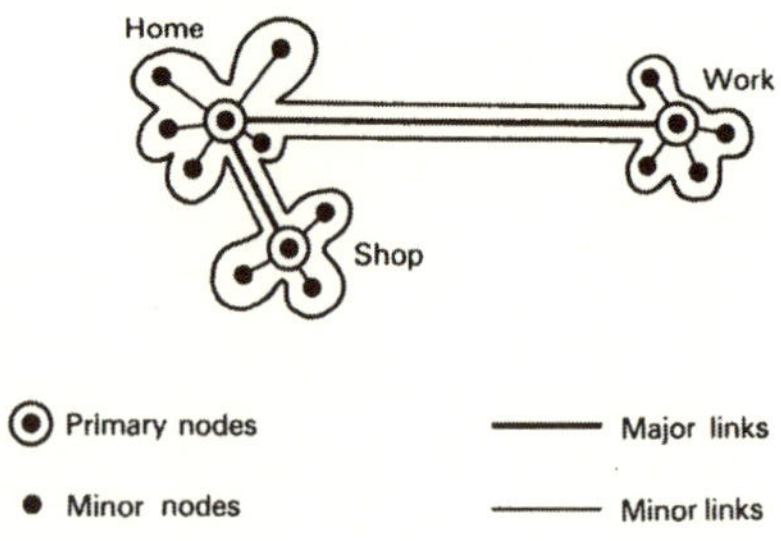

図3-5　ゴリッジのアンカーポイント理論（Golledge 1978：79 より）

した「結節地名」は、リンチの図では、都市のなかの広場（square）や駅、道路の交差点やロータリーに相当し、それらは「都市のイメージ」における「ノード」（nodes）をなしている。ゴリッジの図（図3―5）でいえば、自宅（home）、職場（work）、商店レクリエーション地区（shop）などの「結節点」に対応する。

広大なサンゴ礁空間において漁師たちが漁場という環境を認識して、ある特定の場所に意味を見出し、地名を付与していく行為と、都市生活者が日々の行動において都市空間を認識して「都市のイメージ」を形成していく過程や、「メンタルマップ」を豊かにしていくプロセスは、空間のなかで諸事象の「知識」を獲得していくという点で、共通しているといえよう。

5　地名に記憶された漁場知識

宮古諸島池間島の漁師、伊良波富蔵氏（故人）が作製した「八重干瀬《ヤビジ》絵図」は、サンゴ礁漁場の地名を漁師自身の手で記録したものとして知られている。「日刊宮古」の記事によると、「八重干瀬絵図」（原図）が作られたのは一九七六年一月である。それには四三地名が書き込まれているという。伊良波氏亡き後、郷土史家の前泊徳正氏によって、地名数は、古老の話をもとに九八にまで増やされた〔日刊宮古1982、南島地名研究センター 1983〕。

大田徳盛氏が南城市知念のサンゴ礁地名図（「志喜屋海面図」）を作製したのは一九七六年六月である。その時、大田氏は「八重干瀬絵図」を知ることはおそらくなかったと思われる。なぜなら、「八重干瀬絵図」が「日刊宮古」に報じられたのは一九八二年五月であるからだ。

沖縄でサンゴ礁地名の研究が活況を呈するのは一九八〇年代であることを考えると[8]（第一一章参照）、一九五地名を書き込んだ南城市知念の「地名図」は、「八重干瀬絵図」とともに沖縄の漁師が作った、最も古い時期のサンゴ礁地名図であり、稀有といってよい。

南城市知念の「地名図」には、線描のベースマップの上に地名が記されているだけで、それ以外の説明や解説は一切ない。しかし、その海で活躍していた当時の熟練漁師たちにとっては、それだけで十分であったと思われる。地名を構成する基本語（多くは方言地形語）の意味もほとんどの熟練漁師が知っていたにちがいない。それはあまりにも自明過ぎる知識であっただろう。「地名図」のなかのある一つの地名を耳にすれば、その地名の与えられた場所の位置、その場所の環境——地形・底質・潮流・水温など——、そしてその場所でよく獲れる海洋生物やよく用いられる漁法など、漁場にかかわる膨大な知識が咄嗟に脳裏を横切ったに相違ない[9]。

知念は現在でもサンゴ礁における漁業が比較的盛んな地域である。モズク養殖漁業、追込み網漁、潜水銛突き漁などを営む漁師が多い。しかし、「地名図」が作られた一九七六年当時に比較すれば、サンゴ礁の微地形を巧みに利用した網漁など、さまざまな漁撈活動は、間違いなく減少している。人とサンゴ礁とのかかわりは少なからず変化し、その間にサンゴ礁漁場にかかわる知識の一部が失われたことは間違いない。

しかし、「地名図」が無かったと仮定してみるとどうだろうか。たとえば地形語彙にかんして、「地名図」が無いまったくの白紙の状態で、現在の志喜屋漁師に聞き取り調査をして、口絵19ならびに表3―3に示した多様な地形語彙を採集できたとは考えにくい。「地名図」を手がかりにして、聞き取り調査を重ねたからこそ、豊かな地形語彙は掬い取れたといえる。

かつて熟練漁師たちにとって自明であったサンゴ礁漁場知識を、「地名図」の力を借りて、可能な限り蘇らせること――逆に言えば「地名図」にふたたび命を吹き込む作業――これが著者に科せられた課題である。その課題を切り開くには、漁撈活動についての聞き書き、漁撈活動の参与観察が不可欠である。願わくは、これまで受け継がれてきたサンゴ礁漁場にかかわる知識と技を若い漁師たちに継承していく方法論を漁師たちとの協働で探究していければ幸いである。

本章で明らかにし得たことは、漁師たちの漁場認識のほんの一端に過ぎず、しかもスタティックな分析にとどまっている。漁師たちの漁場認識の全体像をよりダイナミックに描くことを今後の目標にしたい。

註

（1）「地名図」を作成した大田徳盛氏からその分析を託されたのは西銘史則氏（沖縄環境分析センター所長）であるが、大田氏の死後、西銘氏はこの地名図の分析について私に相談してきた。大田氏のご遺族の了解を得て地名図の分析を進めることになったが、地名語彙の意味について漁師への聞き取り調査を西銘氏と一緒におこなった。

（2）本章の元になった論考［渡久地・西銘 2013］では、「語基」としたが、本書では「基本語」という用語を使用することにする。

（3）このような地名は、小さい場所につけられているため「微細地名（micro-place-name）」とよぶ［柴田 1978：260-365］。また地図に記載されないという意味で「不記載地名」ともいう［井上 1979：30］。

（4）〈ヒラビシ〉〈ナカビシ〉〈ウフビシ〉の三つの地名は、「地名図」には記載されてなく、筆者が漁師への聞き取りの過程で新たに採集した地名である（付表の凡例を参照）。なお、〈ヒラビシ〉〈ナカビシ〉〈ウフビシ〉は、久高島では、それぞれ〈ペーンシ（南干瀬）〉、〈シムナカンシ（下中干瀬）〉、〈ハガマイビシ〉とよばれている［渡久地・高田 1991：3］。

（5）「アデク」は、地域によって「アディク」「アジフ」「アズィキ」「アリク」などとよばれるが、これまでの報告ではいずれも「タコ（蛸）穴」を意味するが［西銘 2000：102、渡久地 2011b：163 など］、南城市字志喜屋では、タコ穴に限らず他言しない「自分だけの秘密の漁のポイント」を意味するという。それゆえ、「アデク」を基本語とする地名は極めて稀である。その意味で、〈カマアデク〉という地名（付表 150 番）は、タコ穴など秘密にされるポイントがなぜ地名化するのか、という興味深い問題を含んでいる。

（6）高田普久男・渡久地健（未発表資料）による。

（7）この一二（一〇・三％）のなかには海岸地名が含まれる。サンゴ礁の海の地名だけに限定すれば、その割合はもっと小さくなる。

（8）奄美・沖縄において、一定のまとまりをもったサンゴ礁地名の記録・研究は、現在およそ三〇地点に及び、そのうち一九八〇年代に公表された研究が一四で半数を占めている。

（9）高橋そよは、宮古島市佐良浜における研究から、「漁場の地名を知っているということは、その位置のみならず、その海底の状態や生息する生物などの特定の場所に関する多彩な民俗知識をも理解しているといいかえることができる」と述べている［高橋 2014：111］。

付表「志喜屋海面図」の分析表

凡例

1. 基本語の音と接頭辞の音の両方に「未詳」が入っている地名は，地名語全体の意味が未詳――したがって語構成も未詳――であることを意味する。
2. 地名欄の亀甲カッコ〔　〕は別称。丸カッコ（　）は，そこで営まれる網漁の種類。いずれも「志喜屋海面図」に記載されている。
3. 備考欄の「地名図」は「志喜屋海面図」を指す。
4. 番号欄のアルファベット（abcdef）は，聞き取り調査で新たに採集した地名である。
5. 枝番号（68-1 など）は，「志喜屋海面図」に番号が打たれてない地名である。
6. 備考欄の「結節地名（→ 17，21，23，a)」は，地名番号 17，21，23，a の結節地名であることを意味する。
7. 備考欄の「分岐地名（← 18)」は，地名番号 18 からの分岐・派生した地名であることを意味する。
8. 基本語の漢字欄のカッコ（　）は，当てる漢字がない場合で，語意を表す。

番号	地名	基本語		接頭辞（接尾辞）			備考
		音	漢字	音	意味	分類	
1	ハチーグフ	グフ	―	ハチー	鉢嶺	陸上地名	字山里のハケイ - トマイ（鉢嶺泊）の前面にあった岩。志喜屋漁港建設で消失。グフは満潮時に隠れ干潮時に顕れる岩
2	ティーチグフ	グフ	―	ティーチ	一つ	数詞	志喜屋漁港建設で消失

3	マカルーグフ	グフ	—	マカルー	未詳	（人名？）	
4	アルチ	未詳	—	未詳	—	—	国土地理院発行の 1/2.5 万地形図で「アドチ島」，1/5 万地形図で「アドキ島」
5	フニイリンザシ	フニイリンザシ	舟入出	欠落	—	—	舟の出入り口という「機能」が地名となっている　→ 41，45，48，180
6	カラスイシ	イシ	石	カラス	烏？	（鳥類？）	地名図では「カラス石」。志喜屋漁港建設で消失
7	アカイサー	イサー	石	アカ	赤	色彩	
8	アミイリヤーチブ	チブ	壺	アミイリヤー	網を入れる	漁撈活動	チブ（壺）は凹地
9	アミイリヤーグサ	グサ	未詳	アミイリヤー	網を入れる	漁撈活動	
10	スニサガイ	スニサガイ	曾根下い	欠落？	—	—	スニサガイは，急に深くなる部分。12 と同名
11	ウルーマクブンヤー	ヤー	家（住処）	ウルーマクブ - ン	ウルーマクブの	魚類	ウルーマクブはベラ科であるが種名は未詳
12	スニサガイ（シミンナアナ）	スニサガイ	曾根下い	欠落？	—	—	シミンナアナは，素潜りで追い込み漁のできる深くないところ　→ アギンナアナ（43 の備考）
13	ウイクンサー	クンサー	未詳	ウイ	上	位置（上・下）	
14	シチャクンサー	クンサー	未詳	シチャ	下	位置（上・下）	
15	クルイサースニ	スニ	曾根	クルイサー	黒石	色彩	スニ（曾根）は多義的な語であるが（渡久地 2006b），この場合，イノー（礁池）内の斑礁を指す。ヒシは干上がるが，スニは干上がらない
16	マクブヌヤー	ヤー	家（住処）	マクブ - ヌ	マクブの	魚類	マクブはシロクラベラ（ベラ科）。36 と同名
17	テラザグサ	グサ	未詳	テラザ	テラザ	周辺地名	分岐地名（← 18）

番号	地名	基本語		接頭辞（接尾辞）			備考
		音	漢字	音	意味	分類	
18	テラザ	欠落（ヒシ?)	―（干瀬）	テラザ	テラザ（マガキガイ）	巻貝	干潮時に干上がる礁池内の岩盤（ヒシ）。ティラザ（和名＝マガキガイ）が多く採れる場所だといわれる。結節地名（→ 17，21，23，a）
19	ナカダンミー	未詳	―	未詳	―	―	
20	ミーチャー	欠落（チブル？）	―（頭）	ミーチャー	三つ	数詞	テラザ（18）の東にある三つのサンゴ塊
21	テラザクビル	クビル	括れ	テラザ	テラザ	周辺地名	分岐地名（← 18）。テラザ（18）の南に位置。クビルは括れた溝状の地形
22	チンシィウサリヤー	未詳	―	未詳	―	―	
23	テラザチブ	チブ	壺	テラザ	テラザ	周辺地名	分岐地名（← 18）
24	ヤナグヮー	ヤナ	（岩場）	グヮー	小さい	サイズ（大・小）	ヤナはゴツゴツした岩場
a	テラザグムイ	クムイ	小堀	テラザ	テラザ	周辺地名	分岐地名（← 18）。クムイは凹地。
25	シラチブル	チブル	頭	シラ	白い	色彩	チブル，チブラー（→ 30）は塊状ハマサンゴなどがつくるサンゴ頭。地名図では「白チブル」
26	ムルチブル	チブル	頭	ムル	ムルの	魚類	タマタ(32)東方に位置。ムルはムルータマンのこと。三浦［2012：56-57］によれば，タテシマフエフキ，シモフリフエフキ（フエフキダイ科）である
27	チブルグヮースニ	スニ	曾根	チブル / グヮー	サンゴ頭 / 小	造礁サンゴ / サイズ（大・小）	
28	テルビシ	ヒシ	干瀬	未詳	―	―	テラザ（18）の北東に位置

29	シケヤスニグヮー	スニ	曾根	シケヤ / グヮー	志喜屋 / 小	陸上地名 / サイズ（大・小）	
30	マクブヌヤチブラー	チブラー	頭	マクブヌヤ	マクブの住処	魚類	「マクブ（和名＝シロクラベラ）の住処になっているサンゴ頭」。→ 25
31	クヮチンギタ	ギタ	（崖）	クヮチン	クヮチンの	屋号	ギタは急崖を意味する。クヮチングヮーという屋号が字具志堅にある
32	タマタ	未詳	—	未詳	—	—	国土地理院発行の地形図で「タマタ島」
33	ヂーインカヤーチブラー	チブラー	頭	ヂーインカ - ヤー	ヂーインカ（未詳）の住処	（海洋生物？）	
34	ハユービシ	ヒシ	干瀬	ハユー	未詳	（魚類？）	ヒシは，この場合，イノー内の地形的高まりで，干出する
35	フカヌスニ	スニ	曾根	フカ - ヌ	外の	位置（内・外）	
36	マクブヌヤー	ヤー	家（住処）	マクブ - ヌ	マクブの	魚類	マクブはシロクラベラ（ベラ科），→ 16 と同名
37	アーヂグムイ	クムイ	小堀	アーヂ	アーヂ	周辺地名	分岐地名（← 38）。別名「サバグムイ」（筆者らの聞き取り）
38	アーヂ	未詳	—	未詳	—	—	国土地理院発行の地形図で「アージ島」。結節地名（→ 37，43）
39	チヂミ	未詳	—	未詳	—	—	
40	ビタローヤ	ヤ	家（住処）	ビタロー	ビタローの	魚類	ビタローはロクセンフエダイ（フエダイ科）
41	フニンザシイリ	フニンザシイリ	舟出入	欠落	—	—	→ 5，45
42	アチヌーグムイ	クムイ	小堀	アチヌー	アチヌーの	周辺地名	分岐地名（← 43）

番号	地名	基本語		接頭辞（接尾辞）			備考
		音	漢字	音	意味	分類	
43	アチヌー（アギンナアナ）	ヌー	澪（みお）	アチ	アーヂ	周辺地名	分岐地名(← 38)。アチ＝アーヂ。「アーヂヌー」ともいう。結節地名（→ 42, 44）。アギンナアナは，縄だけで魚を追い込んでいく深いところ　→ シミンナアナ（12 の備考）
44	アチヌーバタ	バタ	端	アチヌー	アチヌーの	周辺地名	分岐地名（← 43）。別名「ヒートゥビサー」（聞き取り調査）
45	フニンザシイリ	フニンザシイリ	舟出入	欠落	—	—	→ 5，41，48
46	モミヤマクブヌヤヒレ	ヒレ	平	モミヤ - マクブヌヤ	藻の生える / マクブの住処	海藻 / 魚類	ヒレ（ヒレー，ビレー）は平らなところ。地名の意味は「藻の生えているシロクラベラの住処になっている平らなところ」となる
47	ナカイノー	イノー	—	ナカ	中	位置（上・中・下）	イノーは礁池または浅礁湖。数少ないイノー地名の一つ
48	コーチャフニイザシイリー	フニイザシイリー	舟出入	コーチャ	未詳	—	メービシ（51）を横断する細い切れ目。→ 5，41，45，180
49	コーチャーチブ	チブ	壺	コーチャー	未詳	—	コーチャフニイザシイリー（48）の内側の深み
50	イシバヤトイズニ	スニ	曾根	イシバヤトイ	未詳	—	岩盤からなる地形的高まり
51	メービシ	ヒシ	干瀬	メー	手前の	位置（前・後）	二重になったヒシの，手前（イノー内）のほうのヒシ。ヒシは，この場合，外海に面する堤防状の地形（通常のヒシ）に並行して伸びるイノー内の地形である
52	テービシヌウチ	ウチ	内	テービシ - ヌ	二重の干瀬	地形	テービシは二つの（二重の）干瀬を意味する。テービシヌウチは，二つの干瀬に挟まれた部分を指す

53	ヤナーラ	未詳	—	未詳	—	—	結節地名（→ 54，55）。地名の付された場所はヒシ（礁嶺）の低まったところ
54	ヤナーラグヮー	未詳	—	グヮー	小	サイズ（大・小）	分岐地名（← 53）。地名の付された場所はヒシ（礁嶺）の低まったところ
55	ヤナーラトーミ	トーミ	（平滑地）	ヤナーラ	ヤナーラの	周辺地名	分岐地名（← 53）。トーミはヒシ（礁嶺）前面（外海側）の滑らかな平坦地（地形語）
56	ウフドーミヌユイサ	ユイサ	寄石	ウフドーミ - ヌ	ウフドーミの	周辺地名	分岐地名（← 57）。ユイサはヒシ（礁嶺）上の転石
57	ウフドーミ	トーミ	（平滑地）	ウフ	大きい	サイズ（大・小）	結節地名（→ 56，178）
58	イビンヤーナガサチ	サチ	崎	イビンヤー / ナガ	エビの住処 / 長い	海洋生物 / 形状（長・短）	サチは，この場合，ヒシ（礁嶺）の内側に伸びる筋状の地形的高まり
59	クラガマー	ガマー	（洞）	クラ	暗い	性状（明・暗）	礁嶺背後の枝サンゴ密集帯に位置する
60	ブーラーワチ	ワチ	割	ブーラー	ブーラーの	魚類	ブーラーはキツネブダイ（ブダイ科）。ワチは溝状の地形
61	ブーラーズニ	スニ	曾根	ブーラー	ブーラーの	魚類	
62	ブーラーアナ	アナ	穴	ブーラー	ブーラーの	魚類	
63	ウルー	欠落	—	ウルー	枝サンゴ	造礁サンゴ	結節地名（→ 64）。この場所には枝サンゴが密集する
64	ウルーワチ	ワチ	割	ウルー	ウルー	周辺地名	分岐地名（← 63）
65	タキンチヤワチ	ワチ	割	タキンチヤ	未詳	—	スニ（岩盤からなる高まり）の間の広々とした砂床
66	ウフンダンメーグヮーアナ	アナ	穴	ウフンダンメーグヮー	大田前小	屋号	

番号	地名	基本語		接頭辞（接尾辞）			備考
		音	漢字	音	意味	分類	
67	イビンヤーナガチブ	チブ	壺	イビンヤー / ナガ	エビの住処 / 長い	海洋生物 / 形状（長・短）	地名の意味は「エビの住処になっている長い穴」
68	ワナトンヂ	トンヂ	飛出	ワナ	ワナ	陸上地名	結節地名(→ 68-1)。トンヂは，ヒシ(礁嶺）のレベルが低く舟の出入口になるところ。ワナは垣花の旧称「和名磐原」に由来か？　本部半島北部（新里）にワナグチという水道名あり
68-1	ワナトンヂトーミ	トーミ	（平滑地）	ワナトンヂ	ワナトンヂ	周辺地名	分岐地名（← 68）。「地名図」に番号が打たれていない
69	アナガマー	未詳	—	未詳	—	—	
70	ミイバルチブラーイシ	チブラーイシ	頭石	ミイバル	新原	陸上地名	チブラーイシは，下部が波の侵食によって括れたキノコ岩
71	ヤマトクチグヮー	クチ	口	ヤマト / グヮー	倭 / 小	地名 / サイズ（大・小）	字新原の前面にある，やや深い広々としたヒシ（礁嶺）の切れ目。那覇港に「倭口」という水路がある
72	ジーマビシ	ヒシ	干瀬	ジーマ	（儀間？）	（屋号？）	字新原前面に位置するヒシ（礁嶺）。アチヌー（43）の西脇をなす
73	ジーマチブ	チブ	壺	ジーマ	（儀間？）	（屋号？）	別名「ジーマイノー」（聞き取り調査による）。ヒシ（礁嶺）背後の深い（3 ～ 5 m）広々とした凹地
74	チニングチヌウルーチナフェアナ	アナ	穴	チニングチヌ - ウルーチナフェ	知念口の / ウルーチナフェ	周辺地名 / 漁撈活動	分岐地名（← b)。ウルーチナフェはさらにウルー（枝サンゴ）とチナフェ（延縄）に分解できるかもしれない
b	チニングチ	クチ	口	チニン	知念	陸上地名	結節地名（→ 74）
75	ムルシマビシ	ヒシ	干瀬	ムルシマ	ムルシマ	陸上地名	知念岬南に位置するムルシマ港の前面にある礁嶺
76	アカヌカサー	未詳	—	未詳	—	—	

77	カーミヌクビ（アギンナアナ）	欠落	—	カーミヌクビ	亀の首	海洋生物	
78	ユニ	欠落（ヒシ?）	—（干瀬）	ユニ	砂地	底質	知念岬沖合の台礁。ユニ（砂地）という地名にもかかわらず砂地ではない。砂は失われたのか？
79	ウミナガサチ	サチ	崎（先端）	ウミ/ナガ	海/長	形状（長・短）	知念岬沖合の台礁。ユニ（78）よりレベルがやや低いが，白波が立つ。地名の語意のとおり，干潮時に知念岬から眺めれば，海にある（サンゴ礁の）長い崎（岬）に見える
80	ウミナガサチヌシミンナアナ	アナ	穴	ウミナガサチ - ヌ/シミンナ	ウミナガサキの/素潜り縄	周辺地名/漁撈活動	分岐地名（← 79）。ウミナガサチ（79）の内側（北西側）の間の水路（水深 5 m 以上）
81	トバヤー（アギンナアナ）	未詳	—	未詳	—	—	タマタ（32）西，ユニ（78）の南西にある深いイノー内にある干出しない斑礁
82	ナカモーラクラガン	クラガン	暗所	ナカモーラ	ナカモーラ	周辺地名	分岐地名（← 83）。イノー（礁池）の中に位置する
83	ナカモーラ	未詳	—	未詳	—	—	知念港の南東に位置。イノー内の暗礁間の砂地
84	クルチブル	チブル	頭	クル	黒	色彩	イノー内のサンゴ頭
85	ミーラヌヤー	ヤー	家（住処）	ミーラ - ヌ	ミーラの	魚類	ミーラ（またはミーラー）は小型のエイ
86	ウフンダングヮースニ	スニ	曾根	ウフンダングヮー	大田小	屋号	地名図に「大田小スニ」。タマタ（32）東方の班礁
87	フェフリヤー	欠落（ヒシ?）	—（干瀬）	フェ/フリヤー	南の/（波の）折れる	方位（南）/海況（波）	分岐地名（← 88）。フリヤー（88）の南側に位置する，白波が立つ斑礁

番号	地名	基本語		接頭辞（接尾辞）			備考
		音	漢字	音	意味	分類	
88	フリヤー	欠落（ヒシ?）	―（干瀬）	フリヤー	（波の）折れる場所	海況（波）	結節地名（→ 87，90）。知念岬沖合にある白波の立つ浅い班礁
89	カミズンワチ	ワチ	割	カミズン	未詳	（屋号？）	フリヤー（88）とフェフリヤー（87）の狭間にある狭い深い水路
90	シチャフリヤー	欠落（ヒシ?）	―（干瀬）	シチャ / フリヤー	下の / フリヤー	位置（上・下）	分岐地名(← 88)。班礁。フリヤー(88)やフェフリヤー（87）よりレベルが低い（水深が深い）
91	ウフズニ	スニ	曽根	ウフ	大きい	サイズ（大・小）	やや深い班礁
92	ヤコーギタグヮー	ギタ	（崖）	ヤコー / グヮー	未詳 / 小	―/ サイズ（大・小）	ウフズニ（91）の南隣に位置する班礁
93	カサナーズニ	スニ	曽根	カサナー	未詳	―	地名図には未記載。位置未詳
94	アガチャーヤー	ヤー	家（住処）	アガチャー	イロブダイ？	魚類	イノー内の微細地名
95	ナガシ	シ	瀬，石	ナガ	長	長さ（長・短）	ヒシ寄りのイノーの中にある筋状の地形的高まり。高まりの下は溝状地形
96	イチフチャー	欠落	―	イチフチャー	息吹き	動詞	ナガシ（95）の南側の溝状地形。地名の語意は「息を吹く」「息を荒げる」で，苦しい追込み漁の様子を彷彿させる
97	ナカワラー（シミンナアナ）	欠落（チブル？）	―（頭）	ナカワラー？	中が割れた（中が無い）	性状	聞き取りから判断すると，真ん中が無いサンゴ頭で，マイクロアトールであると思われる
98	サバヌヤー	ヤー	家（住処）	サバ - ヌ	サメの	魚類	
99	カマンタービレー	ヒレー	平	カマンター	イトマキエイ科	魚類	
100	チヂフガー	欠落	―（頭）	チヂフガー	頂が空洞の	性状	ナカワラー（97）と同様のマイクロアトールであると思われる

101	チブラー	チブラー	頭	欠落	—	—	「チブラー（サンゴ頭）の多い場所」の意味か
102	ガーラワチ	ワチ	割	ガーラ	シマアジなど（アジ科）	魚類	ワチは，隙間，割れを意味し，舟の通れる水路。この場合は，サンゴ頭，サンゴ群集の狭間（溝状地形）
103	ナガリヤーワチ	ワチ	割	ナガリヤー	流れのある	潮流	102 と同じ地形
104	チブラーワチ	ワチ	割	チブラー	サンゴ頭	造礁サンゴ	分岐地名（← 101）。102 と同じ地形。広々としてやや深い。底にハマサンゴがある
105	ゼーナヌワチ	ワチ	割	ゼーナ - ヌ	ゼーナの	周辺地名	分岐地名（← 108）
106	クラガンワチ	ワチ	割	クラガン	暗所	性状	地名の場所を空中写真で見る限り「暗い深み」ではない
107	ウフトンヂワチ	ワチ	割	ウフトンヂ	ウフトンヂ	周辺地名	分岐地名（← 120）。ウフトンヂ (120) の内側に位置する幅広い砂床
108	スルルチブ	チブ	壺	スルル	キビナゴ	魚類	凹地
	〔ゼーナ〕	未詳	—	未詳	—	—	結節地名（→ 105，110，189）。ゼーナは屋号（瀬名）か？
109	ヒクビシ	ヒシ	干瀬	ヒク	低い	高さ（高・低）	ヒシ（礁嶺）。結節地名（→ 109-1，187，188）
109-1	ヒクビシトーミ	トーミ	（平滑地）	ヒクビシ	ヒクビシ	周辺地名	分岐地名（← 109）。ヒクビシ（109）前面（外海側）の平坦面
110	ゼーナトガイ	トガイ	尖り	ゼーナ	ゼーナ	周辺地名	分岐地名（← 108）。トガイは，この場合，ヒシ（礁嶺）内側の地形的高まり
111	アーラヌヤー	ヤー	家（住処）	アーラ - ヌ	アーラの	魚類	アーラ（アーラミーバイ）はクエ，マハタ，ヤイトハタなど（ハタ科）
112	ユドウトサー	欠落	—	ユドウトサー	四度移す	漁撈活動	網を四度移動し追込み網漁をする場所。「ニドゥウトサー（二度移す）」という地名もあるというが，位置は未確認

番号	地名	基本語		接頭辞（接尾辞）			備考
		音	漢字	音	意味	分類	
113	ウルーウフトンヂ	トンヂ	飛出	ウルー / ウフ	枝サンゴ / 大	造礁サンゴ / サイズ（大・小）	ここはヒシの低まった部分（通常のトンヂ）ではなく，サンゴ群集間の広々とした溝状の砂床である
114	ウフトンヂチナフェアナ	アナ	穴	ウフトンヂ / チナフェ	ウフトンヂ / 綱延（延縄）	周辺地名 / 漁撈活動	分岐地名（← 120）。結節地名（→ 115）。ウフトンヂワチ（107）付近の延縄をする砂床
115	ウフトンヂチナフェアナチブラー	チブラー	頭	ウフトンヂ / チナフェアナ	ウフトンヂ / チナフェアナの	周辺地名 / 漁撈活動	分岐地名（← 114）
116	ヒレグヮーワチ	ワチ	割	ヒレ / グヮー	平 / 小	形状 / サイズ	
117	イーマシイークラガン	クラガン	暗所	イーマシイー	未詳	—	117，118，121 の接頭辞をなす「イーマシイー」という地名があってもよいが未確認
118	イーマシイーウフンズ	ンズ	溝	イーマシイー / ウフ	未詳 / 大	—/ サイズ（大・小）	ンズは溝状の地形。サンゴ群集間の広々とした溝状地形
119	グファーマーワチ	ワチ	割	グファーマー	未詳	—	溝状の砂床
120	ウフトンヂ	トンヂ	飛出	ウフ	大	サイズ（大・小）	結節地名（→ 107，114，115，120-1）。ヒシ（礁嶺）の高さが低いところ
120-1	ウフトンヂトーミ	トーミ	（平滑地）	ウフトンヂ	ウフトンヂ	周辺地名	分岐地名（← 120）
121	イーマシイートンヂ	トンヂ	飛出	イーマシイー	未詳	—	ヒシ（礁嶺）の低まったところ
122	フカヤーワチ	ワチ	割	フカヤー	深所	水深（浅・深）	深所（水深 100 m 以上）に棲む魚に「フカヤービタロー」という魚がある。和名はハナフエダイ

123	コーマビシ	ヒシ	干瀬	コーマ	未詳	—	結節地名（→ 125）。クマカヌー（155-1）西脇の岩盤
124	ナカンター	欠落（ヒシ?）	—（干瀬）	ナカンター	真ん中の	位置（上・中・下）	コーマビシ（123）とシチャコーマ（125）の中間に位置する。158 と同名
125	シチャコーマ	欠落（ヒシ）	—（干瀬）	シチャ / コーマ	下 / 未詳	位置（上・下）/ 周辺地名	分岐地名（← 123）。クマカヌー（155-1）西脇の岩盤で，コーマビシ（123）の内隣（北西）に位置する
126	アギンナヒレー	ヒレー	平	アギンナ	（安慶名？）	（屋号？）	クマカヌー（155-1）の内側，南脇に位置する岩盤
127	クルチブラー	チブラー	頭	クル	黒	色彩	黒いサンゴ頭
128	モーミーヤー	欠落	—	モーミーヤー	藻が生える	海藻	
129	ハマヒザアナ	アナ	穴	ハマヒザ	浜比嘉	（屋号？）	地名図に「浜比嘉アナ」。穴は深み，凹地
130	クークェーアナ（シミンナアナ）	アナ	穴	クークェー	未詳	—	アガリヌヌーバタ（155）にある小凹地。157 と同名
131	アシトンクシグヮー（シミンナアナ）	欠落	—	アシトンクシグヮー	安里後小	屋号	カミズンワチ（89）の南脇にある凹地
132	カミズンヒレー（シミンナアナ）	ヒレー	平	カミズン	未詳	—	カミズンワチ（89）の南脇にある岩盤
133	ヒレーグヮー	ヒレー	平	グヮー	小	サイズ（大・小）	斑礁間の平らな袋状地形
134	アカビラヤー〔カマンタービレ〕	ヤー ヒレ	家（住処） 平	アカビラ カマンター	未詳 イトマキエイ科	（魚類？） 魚類	砂床内のサンゴ頭
135	シチャギタ	ギタ	（崖）	シチャ	下	位置（上・下）	結節地名（→ 136）。クマカ（139）南隣の班礁

番号	地名	基本語		接頭辞（接尾辞）			備考
		音	漢字	音	意味	分類	
136	シチャギタヌヒレー	ヒレー	平	シチャギタ - ヌ	シチャギタの	周辺地名	分岐地名（← 135）。シチャギタ（135）西脇の深い砂床
137	ミングィヤーグヮ	欠落	—	ミングィヤーグァ	濁った / 小	性状 / サイズ（大・小）	クマカ（139）の南。地名の語意は「濁った所」
138	メーダチブ	チブ	壺	メーダ	前田	屋号・人名	クマカ（139）東脇の凹地状砂床
139	クマカ	欠落	—（島）	クマカ	細かい，小さい？	サイズ（大・小）	結節地名（→ c，142）。国土地理院発行の 1/2.5 万地形図で「クマカ島」，1/5 万地形図で「コマカ島」。小さい島の意？
140	チリーグヮー	チリー	未詳	グヮー	小	サイズ（大・小）	
141	クマカスニチブ	チブ	壺	クマカスニ	クマカスニ	周辺地名	分岐地名（← c）
c	クマカスニ	スニ	曽根	クマカ	クマカ	周辺地名	分岐地名（← 139）。結節地名（→ 141）。クマカ（139）を載せる礁（岩盤）
142	クマカギタ	ギタ	（崖）	クマカ	クマカ	周辺地名	分岐地名（← 139）。クマカ（139）北側の海中の急崖
143	ワリミ	ワリミ	割れ目	欠落	—	—	クマカギタ（142）とシルイユヌヤー（145）の間の砂床。144 と同名
144	ワリミ（シミンナアナ）	ワリミ	割れ目	欠落	—	—	クマカギタ（142）直下の砂床。143 と同名
145	シルイユヌヤー	ヤー	家（住処）	シルイユ - ヌ	フエフキダイ科の	魚類	シルイユはメイチダイ・シロダイ・サザナミダイなど（フエフキダイ科）
146	カマイチヂリヤー	欠落	—	カマ / イチヂリヤー	神谷 / 息切れる	屋号 / 動詞	
147	チブラーグヮー	チブラー	頭	グヮー	小	サイズ（大・小）	クマカ（139）北方の砂床のサンゴ頭

148	ナカムチャガヤー	ヤー	家（住処）	ナカムチャ - ガ	未詳	（魚類？）	
149	スニチブ	チブ	壺	スニ	曾根	地形	ナカビシ（e）の上にある凹地。接頭辞のスニは，この場合，台礁を意味する
150	カマアデク	アデク	（タコ穴，秘密の漁場）	カマ	神谷	屋号	地名図では「神谷アデク」。アデクは，奄美・沖縄では一般にタコ穴を意味するが，志喜屋ではタコ穴に限らず，自分だけの秘密の漁のポイント
151	ハンブンガキー	欠落	—	ハンブンガキー	（網を）半分掛ける	漁撈活動	網漁をするとき網を全部掛けずに半分を利用することがあるという
152	アカヌカサー	未詳	—	未詳	—	—	クマカ（139）東の礁上に位置
153	タクヌミー	ミー	穴，場所	タク - ヌ	タコの	海洋生物	クマカ（139）東の礁上に位置
154	イラブチャーヤー	ヤー	家（住処）	イラブチャー	ブダイ科	魚類	スニチブ（149）の西方に位置。急崖
155	アガリヌヌーバタ	ヌーバタ	澪端	アガリ - ヌ	東の	方位（東）	
155-1	クマカヌー	ヌー	澪	クマカ	クマカ	周辺地名	分岐地名（← 139）
156	フェヌヌーバタ	ヌーバタ	澪端	フェヌ	南の	方位（南）	
157	クークェーアナ	アナ	穴	クークェー	未詳	—	130 と同名
158	ナカンター	未詳	—	未詳	—	—	124 と同名
159	アラジンヌーヒレー（アギンナアナ）	ヒレー	平	アラジンヌー	アラジンヌー	周辺地名	分岐地名（← 161）
160	アラジンヌーフェギタ	ギタ	（崖）	アラジンヌー / フェ	アラジンヌー / 南	周辺地名 / 方位（南）	分岐地名（← 161）
161	アラジンヌー	ヌー	澪	アラジン	未詳	—	

番号	地名	基本語		接頭辞（接尾辞）			備考
		音	漢字	音	意味	分類	
162	ヒラビシクークェーアナ	アナ	穴	ヒラビシ/クークェー	ヒラビシ/未詳	周辺地名/—	分岐地名（← d）
d	ヒラビシ	ヒシ	干瀬	ヒラ	平たい	形状	結節地名（→ 162，163）。久高島での呼び名は「ペーンシ（南干瀬）」である［渡久地・高田 1991：3］
e	ナカビシ	ヒシ	干瀬	ナカ	中	位置	アラジンヌー（161）とクマカヌー（155-1）の間の台礁。久高島での呼称は「シムナカンシ（下中干瀬）」である［渡久地・高田 1991：3］
f	ウフビシ	ヒシ	干瀬	ウフ	大	サイズ（大・小）	クマカヌー（155-1）の南のサンゴ礁。久高島での呼び名は「ハガマイヒシ」である［渡久地・高田 1991：3］
163	ヒラビシアガリンカヤー	欠落？	—	ヒラビシ/アガリ-ンカヤー	ヒラビシ/東向かいの	周辺地名/方位（東）	分岐地名(← d)。ヒラビシ(d)の西端，アラジンヌーに面した部分
164	ンザレー	未詳	—	未詳	—	—	知念岬とウカビシ（166）の間の水道
165	ウカビシモーミーヤー	モーミーヤー	藻場	ウカビシ	ウカビシ	周辺地名	分岐地名（← 166）
166	ウカビシ	ヒシ	干瀬	ウカ	浮かぶ（干上がる）	性状	結節地名（→ 165，172）。知念岬北東に位置する，洲島を頂く台礁。
167	ハマヒザアナ	アナ	穴	ハマヒザ	浜比嘉	人名・屋号？	ウカビシ（166）北西の班礁にある溝状の砂床
168	アザマヌメースニ	スニ	曾根	アザマ-ヌ/メー	安座真の/前の	陸上地名/位置（前・後）	スニは，この場合，小規模な円い班礁。周辺は水深 5 m 前後の砂床
169	ウカビシシルハマクシアナ	アナ	穴	ウカビシシルハマ/クシ	ウカビシ白浜/背後		地名の語意は「ウカビシ白浜の背後にある穴」。ウカビシ（166）東側の礁斜面下の谷状地形。

170	スーグチアナグヮー	アナ	穴	スーグチ／グヮー	潮口／小	潮／サイズ（大・小）	スーグチは波打際[堀 1982:17 参照]。知念海洋レジャーセンター東の裾礁の礁斜面下部
171	アザマスーグヮー	スー	澪	アザマ／グヮー	安座真／小	陸上地名／サイズ（大・小）	
172	ウカビヒレー	ヒレー	平	ウカビ〔シ〕	ウカビ〔シ〕	周辺地名	分岐地名（← 166）。ウカビシ（166）とその南西隣の暗礁（斑礁）との間の袋状砂床
173	テンチヤナガサチ	サチ	崎	テンチヤ／ナガ	未詳／長い	—／形状（長・短）	「テンチヤ」を接頭辞とする地名（173, 174, 181, 182）が4つあるので，テンチヤという地名があってもよさそうだが，未確認。サキは，この場合，ヒシ（礁嶺）がイノー（礁池）側に突き出た部分。→トガイ（110 ゼーナトガイ）
174	テンチヤタマイ	タマイ	湾曲	テンチヤ	未詳	—	
175	ナカトンヂ	トンヂ	飛出	ナカ	中	位置（上・中・下）	結節地名（→ 175-1, 183, 184）
175-1	ナカトンヂトーミ	トーミ	（平滑地）	ナカトンヂ	ナカトンヂ	周辺地名	分岐地名（← 175）
176	ナカブリ	未詳	—	未詳	—	—	ヒシ（礁嶺）上に位置する
177	ブルブル						ヒシ（礁嶺）上に位置する
178	ウフドーミハーアガヤ	ハーアガヤ	（浅瀬）	ウフドーミ	ウフドーミ	周辺地名	ハーアガヤは，聞き取りによれば，「浅瀬」を意味する。当該地名は，ヒシ（礁嶺）に位置する。分岐地名（← 57）
179	イビンヤヌナガヤト	ヤト	（凹地）	イビンヤ-ヌ／ナガ	エビの住処の／長い	海洋生物／形状（長・短）	ヤトは礁縁部の深い窪地
180	フニイリンサシイリー	フニイリンサシイリー	舟入出入	矢落	—	—	→ 5

番号	地名	基本語		接頭辞（接尾辞）			備考
		音	漢字	音	意味	分類	
181	テンチヤナガヤト	ヤト	（凹地）	テンチヤ / ナガ	未詳 / 長	—/ 形状（長短）	→ 173
182	テンチヤウフヤト	ヤト	（凹地）	テンチヤ / ウフ	未詳 / 大	—/ 形状（大・小）	→ 173
183	ナカトンヂチニマルヌヤ	ヤ	家（住処）	ナカトンヂ / チニマル - ヌ	ナカトンヂ / テングハギの	周辺地名 / 魚類	分岐地名（← 175）。チニマル（＝チヌマン）はテングハギ（ニザダイ科）
184	ナカトンヂウフヤト	ヤト	（凹地）	ナカトンヂ / ウフ	ナカトンヂ / 大	周辺地名 / サイズ（大・小）	分岐地名（← 175）
185	ウルマーヤ	マーヤ	未詳	ウル	枝サンゴ	造礁サンゴ	礁縁部に位置する
186	チヂフガトミヤト	ヤト	（凹地）	チヂフガ / トミ	チヂフガー / 平滑地	周辺地名 / 地形	分岐地名（← 100）。チヂフガトミという地名の存在の可能性も否定できない。
187	ヒクビシヌヤトグヮー	ヤト	（凹地）	ヒクビシ / グヮー	ヒクビシ / 小	周辺地名 / サイズ（大・小）	分岐地名（← 109）
188	ヒクビシバンゾーガニ	欠落？	—	ヒクビシ / バンゾーガニ	ヒクビシ / 番匠金	周辺地名 / 道具	分岐地名（← 109）。バンゾーガニ（番匠金）は大工金＝曲尺（かねじゃく）を意味することから推察すると，当の地名は定規のような細い真直ぐな形状をした礁嶺を表現していると思われる
189	ゼーナウフヤト	ヤト	（凹地）	ゼーナ / ウフ	ゼーナ / 大	周辺地名 / サイズ（大・小）	分岐地名（← 108）
190	チヂグムイ	クムイ	小堀	チヂ	頂？	形態？（頂・底）	周辺に，「チヂ」の付く地名が 2 つある（186 チヂフガトミヤト，100 チヂフガー）

第四章　地形・生物・漁撈——「カタマ」という微地形をめぐって

精緻な自然科学的知識や分析概念・方法とはまったく別次元の場で、生活の知恵として育まれてきた民俗知識が、自然科学に重要な示唆や新しい発見をもたらす可能性がある。（秋道智彌著『海洋民族学——海のナチュラリストたち』東京大学出版会、一九九五年、一〇五頁）

中琉球（奄美諸島と沖縄諸島）には、漁師たちが「カタマ」——地域によっては「ハタマ」または「ハターマ」など——と呼んでいる方名がある。(1) 以下において、これらの方名を総称する場合には、「カタマ系」と記すことにする。また、誤解の生じない範囲で、単に「カタマ」と記すことがある。このカタマ系の方名が指示する地形は、その多くが礁前面(2)に位置する円形ないし楕円形の凹地であり、底には礫《れき》が敷き詰められている（口絵22）。このサンゴ礁微地形は、追い込み網漁などの重要な漁場となってきた。

カタマという方名について、私はサンゴ礁地形の民俗分類にかんする先行研究をもとに、簡単な注釈を加えたが［渡久地 2011b：153-156］、実地調査を踏まえて、カタマ系の地形の全体像を把握し、漁場としての生物地形学的な評価を試みた研究はない。カタマをめぐるこれまでの記述［渡久地 2010a, 2010b

など」は、漁師からの聞き書きの段階にとどまっている。また従来のサンゴ礁地形学において、カタマが指示する微地形を明確に認識している研究はきわめて少なく、したがってその微地形に対する地形学用語も与えられていない。

本章では、奄美・沖縄で数多く刊行されている地域誌（市町村史や字誌《あざし》）と民俗誌のなかの海辺の記述を渉猟してカタマ系の方名の地理的分布を明らかにしたうえで、奄美大島大和《やまと》村のサンゴ礁において、カタマの地形・底質・生物調査と、漁撈活動にかんする聞き取り調査を踏まえ、「地形―底質―生物―漁撈」の関係性の内実を生物地形学的観点から考察する。調査地として大和村を選定した理由は、私が大和村をフィールドとしてきたためでもあるが、最大の理由は、大和村にカタマが比較的多く分布し、なおかつ長年サンゴ礁で漁をし、これらカタマを知悉《ちしつ》している現役の漁師がいるためである。調査は、二〇一五年の夏に実施した。

1　先行研究にみるカタマ系が指示する地形

カタマ系方名（民俗語）が指示する地形

私が「カタマ」という方名に初めて出あったのは二〇〇七年の夏、奄美大島大和村においてであった［渡久地 2009：77］。その後、沖縄島本部《もとぶ》町備瀬《びせ》では「ハターマ」という方名を採集した［渡久地 2010a：18-19］。そこで、サンゴ礁地形の民俗分類にかんする先行研究ならびに地域誌、民俗誌などを渉猟した結果、

表4-1　カタマ系の方名が記載された主要文献（渡久地ほか［2016：3］を簡略化）

文献	地域	方名	方名の説明	指示する地形
甲東哲［1955：41］	沖永良部島	ハタマ	「珊瑚礁内にあって，底が深海に続いている穴」	礁嶺上の凹地
堀信行［1980：211］ 堀信行［1982：18］	与論島	ハタマ	「外側礁原の縁溝部分を指示する。赤崎では沖側が狭くなる場合にハタマ，一様に開いている場合にワリと区別していた。」	縁溝
地域計画研究所［1980：10］	読谷村	カタマ	「〔縁溝は〕ワリ（割），ンジュ（溝）と呼ばれる。宇座ではカタマとも呼ばれる。」	縁溝（一部、湾状凹地）
渡名喜村［1983：993］	渡名喜島	カタマ	「リーフの切れ目で深さが干潮時で三，四尋」	縁溝
座間味村史編集委員会［1989：610］	座間味村	カタマ	「イフ（引用者注――礁嶺を指すと思われる）の周辺に形成されている湾状の深み。」	礁前面の湾状凹地
渡久地［2009：77］	大和村	カタマ	空中写真に青白く写っている部分で，底には，テーブルサンゴの扁平礫が敷き詰められている。	礁前面の湾状凹地
渡久地［2010a：18-19］	本部町字備瀬	ハターマ	パー（礁斜面）にあって広っぱみたいになっているところ。底は石が敷き詰められている。	礁前面の湾状凹地
渡久地［2011b：167］	奄美市根瀬部	カタマ	礁斜面下に広がる砂床	礁斜面下の砂床
渡久地ほか［2016］	伊平屋島（島尻）	ハタマー	礁前面に位置する湾状凹地	礁前面の湾状凹地

中琉球にカタマ系の方名が広く分布することが明らかになった。発行順に整理すると表4―1のようになる。

甲東哲［1955］以外は、カタマ系の方名が指示する地形は、いずれも礁前面に位置するが、その形状にかんしては若干の相異がみられる。堀信行［1980］と地域計画研究所［1980］は、カタマ系が縁溝《えんこう》（grooves）を指すと明記している。ただし、堀は与論島の

「赤崎では沖側が狭くなる場合にハタマ、一様に開いている場合にワリと区別していた」〔堀 1982：18〕と述べている。また、渡名喜《となき》村〔1983〕におけるカタマも縁溝を指していると思われる。一方、座間味《ざまみ》村史編集委員会〔1989〕、渡久地〔2009：2010a〕は、カタマ系は礁前面の湾状の凹地であるとしている。さらに、渡久地〔2011b〕は、奄美市根瀬部《ねせぶ》のカタマ(3)は、礁斜面下部の砂床を指示すると報告している。甲〔1955〕の沖永良部《おきのえらぶ》島のハタマがどのような地形を指示するか断定できないが、「珊瑚礁内にあって、底が深海に続いている穴」という説明から、外海につながった礁嶺上の深い凹地（surge opening）、すなわち多くの地域で「ヤト」などと呼ばれる地形であると思われる。

このようにみていくと、カタマ系の方名が指示する地形は、①縁溝、②礁前面の凹地、③礁斜面下部の砂床、④礁嶺上の外海に通じた凹地、の四種類の地形になり、カタマ系は多義的・包括的な語である。

カタマ系地名が指示する場所の地形

従来の海域地名調査をみると、カタマ系の方名を基本語にもつ地名（カタマ系地名）が、読谷《よみたん》村、渡名《とな》喜《き》島、伊平屋《いへや》島、恩納《おんな》村、座間味《ざまみ》村、久米島、本部町備瀬、大和村において報告されている。

読谷村には多くのカタマ地名が見られる〔地域計画研究所 1980：33-39〕。列挙するとつぎのとおり一四を数え、そのほとんどが宇座《うざ》に分布する。①ヤナノカタマ（楚辺《そべ》）、②ヤナノカタマノアガリ（楚辺）、③カタマグァー（宇座）、④アカシノカタマ（宇座）、⑤ナガリノカタマ（宇座）、⑥ニシンケーノカタマ（宇座）、⑦ミーグァーガタマ（宇座）、⑧ハニジャーガタマ（宇座）、⑨イラブチガタマ（宇座）、⑩タカヒシノカタマ（宇座）、⑪ニバンガタマ（宇座）、⑫イチバンガタマ（宇座）、⑬カタマグァー（宇座）、⑭カタマグァー（宇座）。なお、③⑬⑭は同名である。これらのカタマ地名を与えられた場所の地形を、地域計画研究所［1980］に掲載されている地名図（地形分類図）で見ると、礁前面に位置する凹地（一部、湾状凹地）ないし溝状地形である。

渡名喜島の東側のサンゴ礁には〈クラガタマー〉〈ウーガタマ〉〈グンダガタマ〉という三つのカタマ地名がある［渡名喜村 1983：926-929］。いずれも礁縁付近に位置するが、示された地名分布図（地形図）からは、カタマの形状は知りえない。

伊平屋島［2004：96］には、伊平屋島南端・島尻《しまじり》集落の漁師らが網漁を営む漁場の地名（七一地名）が示されている。そのなかに、①ウフガタマ、②ヤールヌハタマ、③アサガタマ、④ウフガタマ、⑤ウフガタマ、⑥ナハシヌハタマという六つのカタマ地名（ハタマ地名）が含まれている。なお、①④⑤は同名である。空中写真による地形判読（一部の海域における潜水調査を実施）によれば、いずれも礁前面に位置する凹地（一部、湾状凹地）である。

恩納村博物館［2013：21-26］には、恩納村のサンゴ礁地名（一八四地名）が掲載されている。そのなかに、〈谷茶《たんちゃ》ビシ〉とよばれる谷茶集落の前面の礁嶺の外海側に〈イチャグヮーガタマ〉という地名がある。それは、空中写真判読によれば、凹地である。

座間味村には海岸を含むサンゴ礁地名が約二五〇ある［座間味村史編集委員会 1989：620-625］。そのなかに、〈ソーシガタマ〉（安室《あむろ》島）と〈ジチガタマ〉（屋嘉比《やかび》島）が見出せる。地名は小縮尺の地図に示されているため、その正確な位置を知ることができない。また、地名の解説が与えられていないので、この二つのカタマ地名は、いずれも礁前面または礁縁に位置すると思われるが、その地名が指示する地形は残念ながら判別できない。

仲村昌尚著『久米島の地名と民俗』［仲村 1992］には、海岸を含む海域地名が約三五五記載されている。それによると、一部が離水サンゴ礁である久米島北西海岸に〈ヌヌガタマ〉と〈アセーラガタマ〉という地名が見出せる。ヌヌガタマについて、「満潮時は水面下になって深みがあり、青黒く見えるが、干潮になると池の形になる所」［仲村 1992：484］と記されている。「池の形」という表現は、ヌヌガタマが凹地であることを示唆する。

本部町備瀬には、詳細な位置を特定することはできていないが、備瀬集落の北東のサンゴ礁には〈マルガタマ〉〈オオグムイガタマー〉というカタマ地名があるという。いずれも大きな屋敷ぐらいの広さがあり、後者はやや深いという［渡久地 2010a：18-19］。

渡久地［2010b、2011a］は、奄美大島大和村で、〈マツガタマ〉〈ヤスケガタマ〉という二つのカタマ地名を記載している。その後、漁師を伴った漁船による調査によって、新たに〈オヤゴガタマ〉〈クサズィガタマ〉〈イシキャガタマ〉〈クィジンガタマ〉〈ブーグチガタマ〉〈タチガミカタマ〉の六つのカタマ地名を採集した。これら八つのカタマはいずれも礁前面に位置する凹地である。

以上のカタマ地名が指示する場所の地形をみると、読谷村のカタマ地名は、凹地と溝状地形の双方が認められるが、その他の地域のカタマ地名はその多くが凹地である、あるいは地名の解説文は、カタマが凹地であることを示唆している。

方名が指示する地形の多義性について

カタマ系の方名が指示する地形は多義的であるのに対して、カタマ系地名が指示する地形の多くが凹地である。なぜ、このようなちがいが生じるのであろうか。カタマ系の方名が指示する地形のもつ多義性は尊重されなければならない。また、多義性を単純に「曖昧さ」と解釈してはならないだろう。しかし、カタマ系の方名が指示する地形の聞き取り調査の方法によっては、得られる結果にちがいが生じることは十分に考えられる。話者を伴った現地調査なのか、地形図や空中写真を用いた聞き取り調査なのか、によって得られる情報の精度は当然ちがってくるであろう。地形図は縮尺が大きいほど、空中写真は白黒よりもカラーのほうが、より精確な成果が期待できる。また、調査する側が有するサンゴ礁地形にかんする知識量も調査結果に影響するであろう。逆に話者の属性も無視できない［堀 1980］。話者が、たとえば漁師なのか否か、外海で釣り漁をする漁師かサンゴ礁で網漁をする漁師なのか、若い漁師かそれとも熟練漁師か、という話者のちがいは、調査結果に大きく影響するであろう。さらにいえば、カタマは、サンゴ礁の内側（礁原）ではなく、礁嶺の外側に位置し、容易に近づくことができない。このことも、調査の精度に影響するであろう。したがって、方名が指示する地形の多義性を尊重しなければならないものの、カタマ系の聞き取り調査では、サンゴ礁の内側の方名の調査よりも、「曖昧さ」が生じやすいといえるであろう。

一方、カタマ系地名（固有名詞）が指示する地形は、カタマ系の方名（普通名詞）が指示する地形に比べて、収斂度が高い（多義性が小さい）。これは、地名が具体的な場所を指示する固有名詞であり、「多少の呼称の変化はあっても、かなり長い期間にわたって継続する性質をもつ」こと［千葉 1994：21］、すなわち、地名の安定性と関係しているであろう。それゆえ、地名から得られる地形情報は、方名から得られるそれよりも確かであるのかもしれない。

カタマ系方名の言語地図

ところで、カタマ系地名の分布はカタマ系の方名の分布にとって何を意味するであろうか。たとえば、『久米島の地名と民俗』［仲村 1992］には、二つのカタマ地名が記載されているが、残念ながらサンゴ礁地形の民俗分類（方名）は示されてない。しかしながら、久米島にある二つのカタマ地名――カタマという方名（地形語）を含みもつ地名――は、カタマ系の方名が久米島にあること（少なくとも、かつてあったこと）を示している。

こうして、サンゴ礁の民俗分類にかんする研究やサンゴ礁地名調査などから得られるカタマ系の方名の分布をまとめた言語地図を図4―1に示す。カタマ系の方名は、北は奄美大島から南は座間味村や久米島までほぼ連続的に分布する。ただし、沖縄島東海岸と沖縄島東側の島々からは現在のところ報告されていない。奄美大島から徳之島までは「カタマ」（katama）である（ただし、加計呂麻島は「カタマウチ」）。沖永良部島、与論島、本部町備瀬は「ハタマ」または「ハターマ」（hatana または hata:ma）となり、語頭

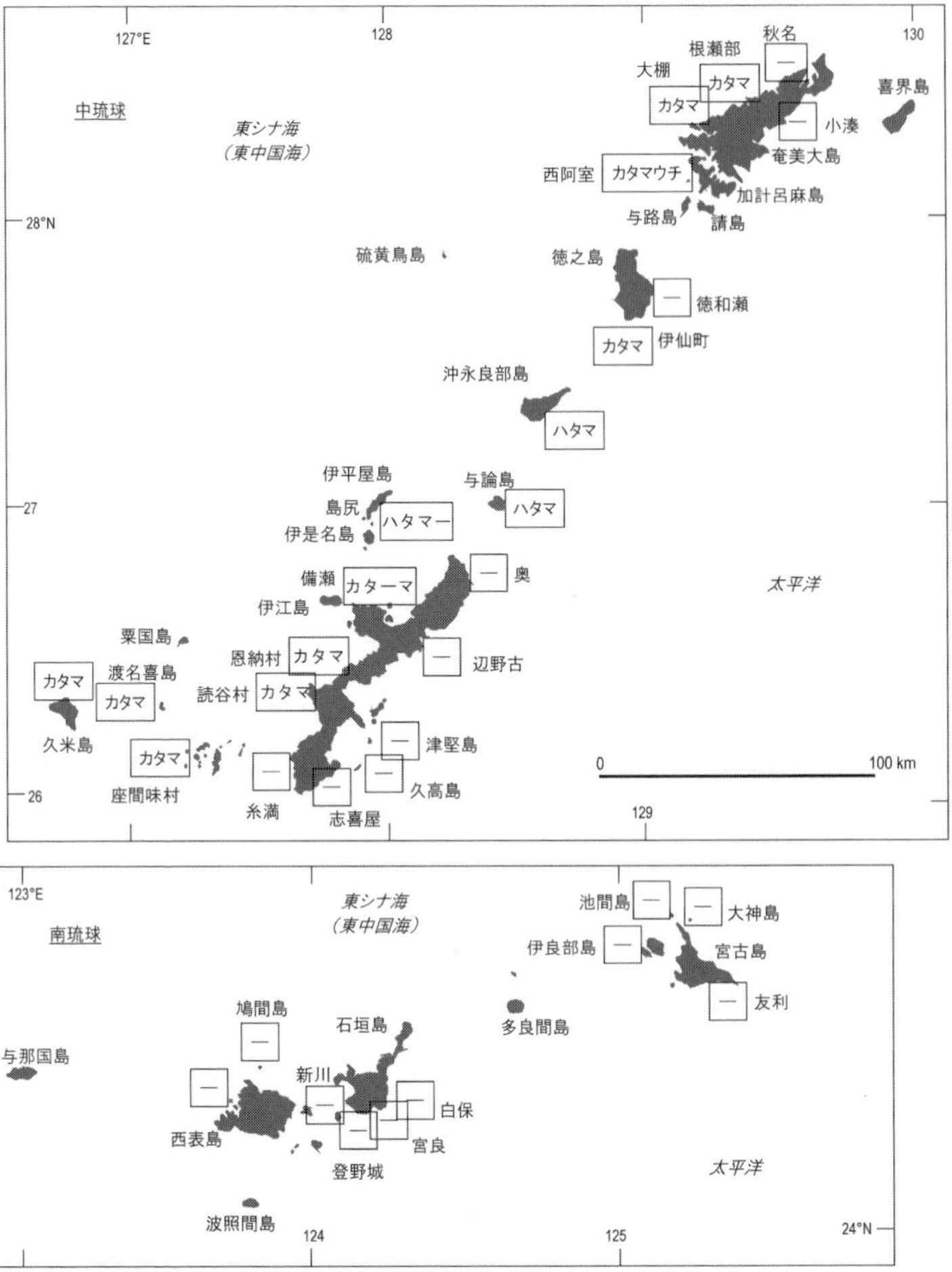

図 4-1 カタマ系の言語地図。図中の「—」は，語彙調査がなされているが，カタマ系が採集されてないことを表す。渡久地ほか［2015］のポスター発表を改定。

が k 音ではなく h 音である。伊平屋島（島尻）では、「ハタマ」を基本語にしている地名が二つあり（ヤールヌハタマ、ナハシヌハタマ）、残る四つの地名は「カタマ」を基本語としていて、言語的な揺れが認められる。このように、ハタマまたはハターマ（h 音）は中琉球の中央部に分布する。恩納村以南では再び「カタマ」（k 音）になる。そして、南琉球（宮古諸島と八重山諸島）にはカタマ系は分布しない。

2　奄美大島大和村のカタマの地形・底質・生物および漁撈活動

第一章の図1―4（二二頁）には、一九七七年国土地理院撮影のカラー空中写真の実体視によって作成した、大和村のオヤゴハナ（親子崎）から大金久に至る海域のサンゴ礁地形学図を掲げたが、このなかに、八つのカタマの分布を示した。礁嶺（reef crest）の前面には比高三メートル程度の「クィシィウトゥシ」とよばれる小崖があり、さらにその前面には水深四～七メートル程度の、外海側に緩やかに傾斜した「ナダラ」と呼ばれる緩斜面（礁前面 reef front）が広がっている（写真4―1）。カタマは、その緩斜面の上の礁嶺寄りに位置する。

カタマの平面形は、円形ないし楕円形に近い形である。カタマ底は、緩斜面（ナダラ）より三メートル程度低く、水深はおよそ四～七メートル程度である（図4―2）。カタマは完全に閉じた凹地ではなく、「ウィー［wiː］」または「ワリ」（割）とよばれる細い縁溝によって外海とつながっている（口絵21～23）。

カタマ底には、一面、扁平礫が敷き詰められている（口絵22）。扁平礫は、その大部分が、大和村大棚で「ナ

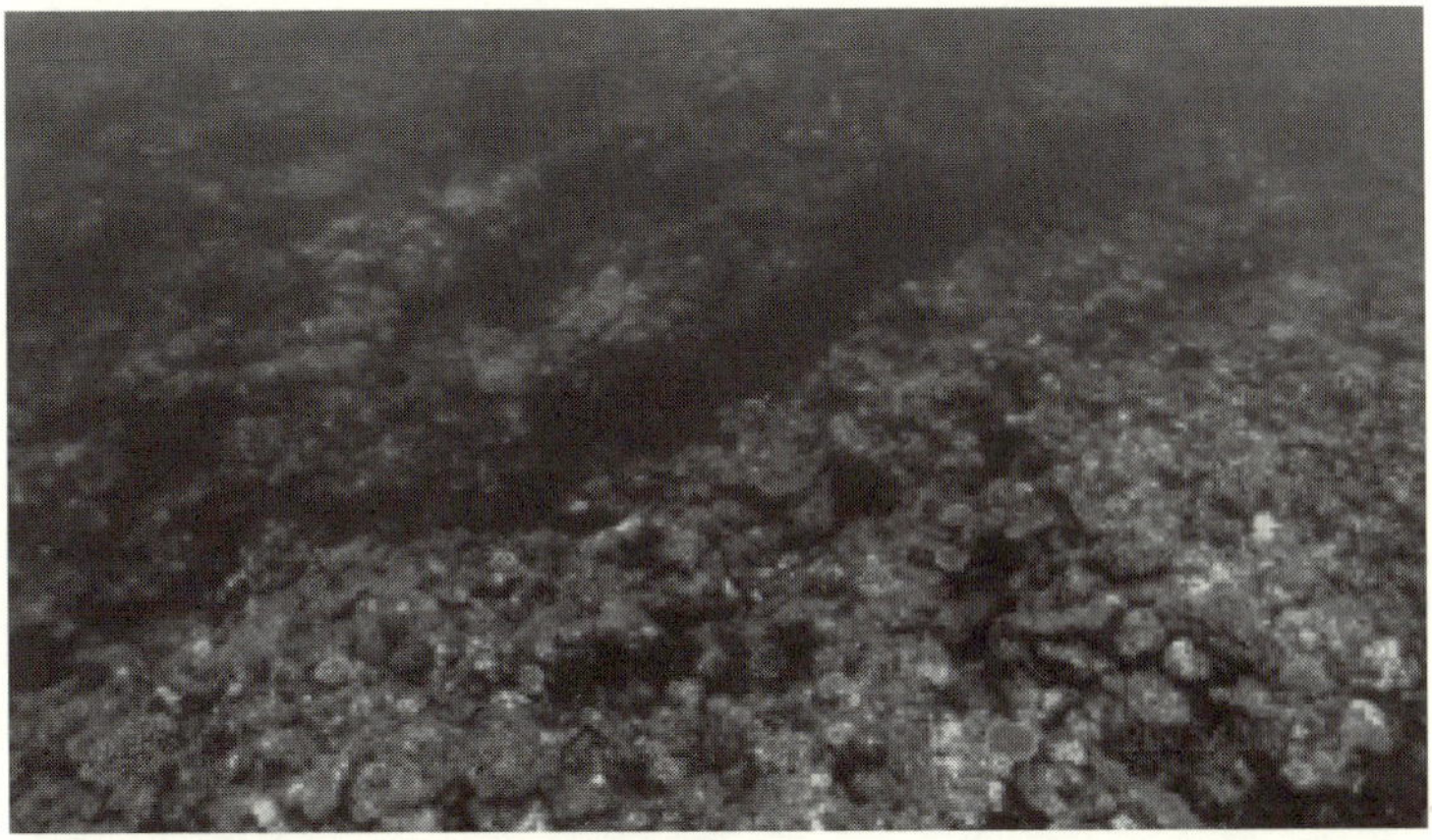

写真 4-1　大和村のナダラ（2015 年 8 月）

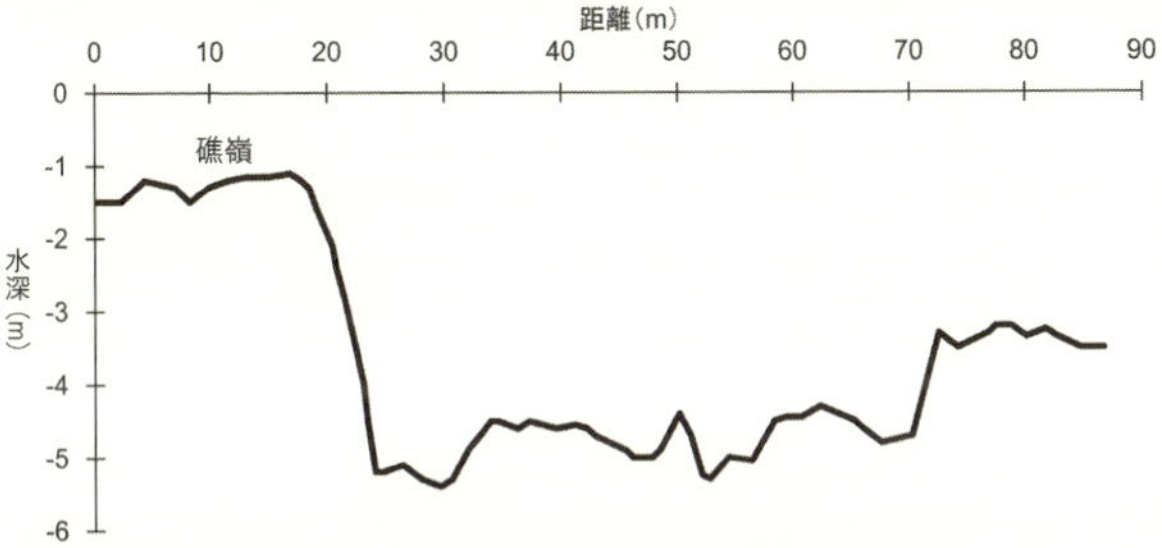

図 4-2　ヤスケガタマの縦断面図（中井達郎氏作成）

バイシ」（茸石）または「ヒラナバ」（平茸）とよばれる卓状ミドリイシ（tabular *Acropora*、いわゆるテーブルサンゴ）由来である。礫の大きさ（長径）は、五センチから三〇センチの範囲である。[5]

カタマ底の扁平礫の裏側や礫の下からは、小型の自由性の甲殻類、海綿類、コケムシ類、ホヤ類などの固着性の動物種の生息が確認できた[6]。扁平礫の表面には、全般的に大型海藻類は乏しいが（ただし、微細藻類がマット状に生えている）、タチガミガタマなどでは、部分的にウスユキウチワなどが付着していた。またカタマでは、フエダイ科、ブダイ科、ヒメジ科、スズメダイ科などの魚類が観察された。

大和村大棚の漁師によれば、カタマではかつて、五月から八月にかけて、「アミスクェ」（網付ける」を意味する）と呼ばれる追い込み網漁が盛んに営まれ、また一年を通じて「トホクワシ」（「トホ」はタコ、「クワシ」は「釣と呼ばれるタコ釣り漁(7)がおこなわれたという。そして、カタマ底の扁平礫は、集落の屋敷囲いの石垣にも使われたという。

3　マイクロハビタットとしてのカタマの重要性

漁撈を成立させるカタマの生態的特徴

前述のように、大和村ではカタマは追い込み網漁やタコ漁の重要な漁場である。本部町備瀬では、かつてはハターマで、イソフエフキなどの夜釣りがおこなわれた。また、ブダイ類などの魚類を捕獲する「チナカキエー」(8)（綱掛け）と呼ばれる追い込み漁もおこなわれたという［渡久地 2010a：19］。伊平屋村島尻のカタマでは、スズメダイ科などを捕獲する追い込み網漁が三月頃を中心に、現在でもおこなわれている。読谷村宇座のカタマは、網入れ場所となった［宇座誌編集委員会 1974］。

カタマが追い込み網漁の重要な漁場になる理由は、地形的にみて追い込み漁がしやすいこと、魚類が集まる場所であることが指摘できる。前述のとおり、カタマは細長い縁溝によって外海とつながっている。その縁溝を伝ってカタマのなかに集まった魚群を捕獲するには、魚の逃げ道である縁溝に網を設置し、その網に魚群を追い込むことによって魚を捕獲することができる。
一見、生物に乏しい環境に見えるにもかかわらず、カタマに魚が集まってくる理由はなぜだろうか。前述したとおり、カタマ底には扁平礫が敷き詰められている。大和村大棚、本部町備瀬、伊平屋村島尻での聞き取り調査を総合すると、旧暦四月以降になると、イソフエフキなどの魚類が、鼻先でカタマ底に敷き詰められている小さい礫を返し、礫下や礫裏に生息する甲殻類などの小動物を捕食するという。ワモンダコも甲殻類を捕食するため、カタマにやってくるという。

『南島雑話』に記された記録が意味すること

ところで、海底の礫と魚類の関係について、今から一三〇年以上も前に記された興味深い記録がある。それは、一八八〇～八五年に、薩摩藩士・名越《なごや》左源太が遠島中の奄美大島での見聞をまとめた記録、いわゆる『南島雑話』のなかに記された「ウチベヱと云へる漁猟」[9]である。

四月より八月比《ころ》までの間、ウチベヱと云へる漁猟あり。七尋《ひろ》、八尋これある海底に、魚の付たる跡ある時、夜出て舟の双方に碇《いかり》を入れかゝり、釣ヨマ（引用者註――釣り糸）をながして釣《つる》なり。能《よ》き跡を見出せば、過分に釣る猟なりと云。其の七、八尋の海底に魚の付《つき》たる跡いかにして知るやと問へば、茶碗位の石返してあると云。其《その》返してあるは如何《いか》にして知るやと問へば、今日返したる石は赤しと云。其夜出れば過分に釣るなり。二、三日跡（引用者註――「跡」は「前」を意味する）に返

したるは白しと云。其時になれば、石は返してありとも遅し。〔國分・恵良 1984a：142〕

この記録にはカタマという語は出てこないが、四月から八月頃までの間、水深一〇メートル余の海底で、魚が茶碗大の石を返すことが述べられている。四～八月という時期は、前述の大和村における聞き取り調査で得られたカタマにおける追い込み網漁の漁期とほぼ一致する。(10) 魚によって石が返されたことは石の色から判ると記されている。すなわち、赤い石は返されて間もない石であるという。この「赤い石」については、転石に付着する各種生物の体色であると考えられる。転石の裏側に付着生育する石灰藻類には赤色のものが多く、また、海綿類、コケムシ類、ホヤ類などの固着性の動物種にも赤色の体色を有する種が多種知られている〔藤田 2016〕。この礫裏の小生物については、大和村におけるカタマ底の礫の調査からも確認された。返された石が、二、三日後には白くなるのは、石についていた藻類や小動物が魚によって捕食され、あるいは死んでしまって、白色化したためだと思われる。

生物多様性の宝庫、礫質環境

ところで、カタマと呼ばれる場の環境の大きな特徴の一つとして、すでに述べたように、海底一面にサンゴ礫が敷き詰められている点が挙げられる。それは一種の転石帯であり、サンゴや海藻などに乏しく、一見しただけでは、豊かな漁場とは思えないような環境である。

しかし、藤田喜久らによれば、「ガレ場」とよばれる礫質環境から、セソコヒメウミシダ（棘皮動物門：

ウミユリ綱）、ガレバヒシガニ（節足動物門：十脚目）、カワリエビジャコの一種（節足動物門：十脚目）などの新種や希少種が発見されている［Kim and Fujita 2004; Komatsu and Takeda 2009; Obuchi *et al*, 2009, 2010］。それらの種は、形態的にも生態的にもガレ場環境に適応的であることが指摘されている［藤田 2016］。このように、「ガレ場環境」がサンゴ礁の種多様性を支える重要なマイクロハビタットであることが、近年になってようやく明らかになりつつある。

サンゴ礁地形学における礁前面の凹地の認識

これまで述べてきたように、カタマは、礁前面に位置し、細い縁溝によって外海とつながっている凹地で、底には扁平礫が敷き詰められている、という際立った特徴を備えた地形である。しかしながら、従来のサンゴ礁地形学において、この凹地が十分に認識されてきたとはいえない。それゆえ、カタマに対応する地形学用語は見当たらない。

管見によれば、琉球列島のサンゴ礁において、カタマに対応する凹地をはっきりと認識し記述している研究は菅浩伸の研究［Kan 1995］が唯一であると思われる。その研究は、久米島のサンゴ礁の礁縁部（reef edge）と礁斜面（reef slope）をフィールドにして、台風時における堆積物（礫と砂）の移動距離を測定し、移動距離が堆積物の粒径、堆積物の置かれた水深や微地形とどのような関係にあるかを考察している。この研究には、水深約八メートルの礁縁に、カタマに対応する凹地がはっきりと示されている。同様な凹地は水深一二メートルと一六メートルにもある。それらの凹地は、直径五メートル以下の「小凹地」(small depression)と、それ以上の「広い凹地」(extensive depression)に分けられており、台風時には礁縁部の広い凹地で礫の移動が激しく起こることが示されている。しかしながら凹地に対する地形学用語は提唱されていない。

南琉球に分布しないカタマ系

ところで、すでに述べたように、カタマ系方名は中琉球にだけ分布し、南琉球(宮古諸島と八重山諸島)には分布しない。しかしながら、藤田喜久氏(沖縄県立芸術大学准教授)による潜水調査からサンゴ円礫が堆積した礁前面の凹地は、宮古諸島でも確認されている。また菅浩伸氏(九州大学大学院教授)のマルチビーム測深調査や、私の石垣島新川漁師からの聞き取り調査によって、石垣島にカタマに相当する地形が確認されている。つまり、中琉球において漁師らが「カタマ」と呼ぶ地形は南琉球にも分布することがわかるが、その地形に対する方名が南琉球にはない。

ところで、市川光雄は、宮古諸島の大神《おおがみ》島の漁撈活動にかんする研究において、大神島の漁師が海底を構成する礫の大きさなどによって海底を七つに分類していることを記述している[市川 1978:509]。ただし、底質(海底の礫)と漁撈との関係については触れていない。一方、高橋そよは、伊良部島における素潜り漁師の漁場認識の研究において、漁師らが識別している八種類の海底の名称と底質について言及している。八種類の底質のなかで、「ビーガイ・ナカ」と呼ばれる海底は、手のひら大の礫が敷き詰められた海底である。このビーガイ・ナカの礫の大きさは、上述の大和村のカタマの礫とほぼ同じサイズと考えられる。サンゴ礁で素潜り漁を営む漁師の環境認識をメンタルマップ分析から明らかにした高橋は、漁師がビーガイ・ナカと呼ばれる礫が堆積する海底を、ゴマハギやクログチニザなどの藻食性の魚類が多種生息する場として認識し、追い込み漁などの漁場として重要視していることを指摘している〔高橋 2004：109〕。

宮古諸島の漁師らが底質を細かく呼び分けていることについては、漁撈活動の機能的側面から調査する必要があるが、おそらく底質と結びついた小動物、これを捕食する魚類や頭足類などがあり、漁撈活動と無関係ではないと思われる。宮古諸島では、カタマ系の方名こそないものの、海底の民俗分類において礫質環境ははっきりと認識されていて、それが中琉球の事例と同様に、魚類したがって漁撈活動（漁場）との関係性を示唆しているといえるだろう。

4 地形─底質─生物─漁撈

中琉球の漁師たちが「カタマ」「ハタマ」などと呼ぶ地形は、その多くが礁前面の礁嶺寄りに位置する凹地である。それは縁溝によって外海とつながっている。底には、周辺の緩斜面や後方の礁嶺から供給されたと考えられるサンゴ礫が敷き詰められている。奄美大島大和村のカタマは、その多くが水深五〜七メートル付近に分布する。カタマ底の礫は、直径五〜三〇センチ（大半は一〇〜二〇センチ）の卓状ミドリイシ由来の扁平の円礫である。礫下や礫裏には、甲殻類を中心とした小動物が観察された。聞き取り調査や、『南島雑話』のなかの記録、また魚の消化管内容物の調査などから判断して、フエダイ科などの魚類が小さい礫を鼻先で返して、礫下や礫裏の小動物を捕食していると考えられる。

カタマというサンゴ礁の微地形においては、「地形（凹地）―底質（円礫）―生物（甲殻類などの小動物）―小動物を捕食する魚類やタコ類―それを捕獲するヒトによる漁撈（網漁・釣り漁・タコ漁）」という関係性が成立している。聞き取り調査によれば、カタマにおける網漁と釣り漁は、五月から八月にかけておこなわれる。追い込み網漁は、カタマの地形をうまく利用し、昼間におこなわれる。一方、釣り漁は、『南島雑話』でも、地域誌の記録でも夜釣りが中心である。

近年、海洋生物学において、礫質環境がサンゴ礁の種多様性を支える重要なマイクロハビタットであること、特にサンゴ礫環境がサンゴ礁海域の魚種の餌場として重要な機能を果たしていることが示唆されている。中琉球の漁師たちは、『南島雑話』に記録された一三〇年以上も前から、そのようなサンゴ礫環境が小動物の生息場所であることを経験的に知悉していた。このように、漁師たちは、ガレ場環境である「カタマ」を生物多様性を支える重要なマイクロハビタットとして、何世代も超えて識別し、命名し、そこを漁場として利用してきた。

今後のサンゴ礁保全においては、カタマなどの礫質環境が小動物の重要な生息場所であるという認識を深め、サンゴや藻場の保全に主眼を置いた従来の保全策を総体的に捉え直す必要があるだろう。

註

（1）方名とは「動・植物に限らず、あらゆる名詞について、それぞれの土地の伝統社会において用いられる名称」である［松井 1983：19］

（2）礁嶺の外海側の部分にかんするサンゴ礁地形学の用語（reef edge; reef front; reef slope; fore reef）は、研究者（文献）によって、包含する範囲にちがいがある。本章でいう「礁前面（reef front）」は、礁嶺（reef crest）を含まず、礁嶺の外海側の部分のなかでも比較的浅い（一〇メートル以浅）緩斜面の部分を指し、その外側に位置する比較的勾配の大きい礁斜面（reef slope）を含まないものとする。

（3）根瀬部の「カタマ」（砂地）は、『西古見集落誌』［西古見慰霊碑建立実行委員会 1994：225］にみえる、瀬戸内町西古見の地形語「カタワ」（礁嶺外側の砂地）と同義であるかもしれない。

（4）二重の礁嶺は、ニューカレドニア、マイヨット、グレートバリアリーフなどでも知られている［Hopley, 2011: 325-326］。

（5）この礫サイズは、菅浩伸が久米島の礁前面の凹地で計測した値（五～三〇センチ）と一致する［Kan 1995］。

（6）カタマ底の生物については、二〇一六年九月に、共同研究者の藤田喜久氏（沖縄県立芸術大学）と水山克氏（琉球大学理学部大学院生）によって詳細な調査がなされ多くの生物が採取されたが、現在分析中である。

（7）タコ釣り漁は、鉛でカニの形をした錘《おもり》を拵え、それにタコの足のような形をした先の尖った八本の針の付いたルアーをタコのいる海底に下ろし、タコがそれを抱いたときに釣り上げる漁である［渡久地 2009：81-83］。

（8）チナカキエー（綱掛け）とは、袖網ではなく、脅し紐（スルシカー）を付けた綱で魚を追い込んでいく漁法。

（9）『西古見集落誌』に、「ウチヴェ」という夜間の釣り漁——礁嶺に立って、外海側に釣り糸を投げ入れてハタ科やフエフキダイ科などを釣る漁の記述がみえる［西古見慰霊碑建立実行委員会 1994：225］。

（10）大和村以外でも、本部町備瀬で漁師の漁業日誌から漁師の一年の漁法の月別変化を分析した橋本花織によれば、礁前面でおこなわれる夜釣りは五～八月の四ヶ月に限られている［橋本 2015］。

第五章　正保国絵図に描写されたサンゴ礁と港

港は非常に美しい場所である。入江はさんご礁で囲まれ、水は湖のように滑らかであった。（ダーウィン／島地威雄訳『ビーグル号航海記（下）』岩波文庫、一九六一年、六八頁）

国絵図は、江戸幕府が諸国大名に命じて作成・提出させた手書きの大型彩色地図である。国絵図については川村博忠の著書『国絵図』に詳しい〔川村 1990〕。国絵図のうち、琉球（奄美諸島・沖縄諸島・宮古諸島・八重山諸島）の部分を本章では「琉球国絵図」[1]とよぶことにするが、その琉球国絵図にかんしては金城善が詳解している〔金城 1992、金城 2005〕。幕府の国絵図調製事業は慶長・寛永・正保・元禄・天保の五度にわたっておこなわれたが、琉球国絵図の調進は、慶長一四年（一六〇九）の島津の琉球侵攻以後であり、正保国絵図が最初である。

一九九二年に沖縄県教育委員会から刊行された『琉球国絵図史料集 第一集――正保国絵図及び関連史料』〔琉球国絵図史料集編集委員会・沖縄県教育庁文化課 1992〕は、カラー印刷によって正保琉球国絵図のディテールを示し、また絵図中に記された文字のすべてを翻刻（活字化）している。その意味で、この資料集は、重要な絵画資料の全貌を広く一般に開くという意義深い事業の最初の成果である。サンゴ礁研究に携わってきた私は、この『琉球国絵図史料集』に接して衝撃を受けたが、その理由は、鮮やかなサンゴ礁の絵画表現（図像資料）のみならず、絵図中に小書《こがき》で示された湊や水路、湾、サンゴ礁などにかんする詳細な記述（文字資料）ゆえであった。

正保国絵図に書き込まれた海岸語彙（用語）と数値データについては、サンゴ礁地形学の観点から分析したことがあるが［Mezaki and Toguchi 2006］、本章では、①正保国絵図のサンゴ礁表現、②「湊」「入江」「泊」等とよばれる港湾の状況について考察する。また、③サンゴ礁にかかわる数値についても、前稿［Mezaki and Toguchi 2006］以後の分析を踏まえて、新たな角度から再検討を加える。すなわち、前稿で試みた文字資料（数値データ）の分析のみでは考察し得なかった点について、絵画資料の検討によって再考する。

1　豊かな海辺情報

正保国絵図には、内陸部の情報量を凌駕していると思われるほど、海辺についての詳細な記載がみられる。詳細な海辺情報を生んだ背景には正保国絵図の作製指針が関係している。正保国絵図において特筆すべきは、はじめて詳細な作製基準が示され、国絵図様式の全国的な統一が図られた点である［川村 1990：73］。まず、縮尺が「六寸一里」すなわち地図上の六寸（一八・二センチ）が実際の地上の一里（三・

九キロメートル）という縮尺、つまり二万一、六〇〇分の一に統一された。この縮尺は、今日広く一般に利用されている国土地理院発行の二万五千分の一地形図よりも大縮尺である。また、幕府は各国の絵図元（国絵図調製を担当する大名）へ絵図作製の基準条目二通、つまり「国絵図可仕立覚」（一三ヵ条）と「絵図書付候海辺之覚」（一七ヵ条）を示した。前者は城絵図・国絵図・郷村知行高帳の作製要領で、後者は湊と海辺の註記（小書）要領を示した細則的基準である［川村 1990：79-85］。

「絵図書付候海辺之覚」の一部を示すとつぎのような内容である。

一、この湊、岸ふかく船かかり自由
一、この湊、少しあらいそに候へども、船かかり自由
一、この湊、遠浅にて船いれかね候
一、この湊、南風の時分は船かかりあしく候
一、船道、水底にはへ（引用者註――「はへ」は暗礁）これ在るところ書きつけ候こと
一、他国のみなとは海上道のり、書きつけのこと
一、この所、左右に岩これ在ること
一、遠浅、岩つづきのこと
一、右、書きつけのほか、船道あしきところ候はば、残らず書きつけ候こと

つまり、船の出入りと停泊繋留にかかわる湊の深・浅、風向きによる入港・停泊（着船）の可否、水路および港内における暗礁・岩の有無、他の港までの道のり、などを明記するように指示している。国元では、この絵図指針に従って下絵（伺絵図）を作製し、これを江戸に運んで絵図編集の指揮者・井上政重（大目付）の内見を仰ぎ修正の指示を受けた。たとえば、広島藩では正保二年（一六四五）に下絵を江戸に運び、細かな手直しの指示を受けているが、そのなかに、海中の暗礁は見えるように描写すること、という達しがみられる［川村 1990：90］。このように調製された正保国絵図は、豊かな海辺情報の記載を生むことになった。

熱帯海域に浮かぶ奄美・沖縄の島々は、一部の海岸を除いて、日本本土にはないサンゴ礁によって囲繞されるため、琉球国絵図はサンゴ礁の描写・記述という点で、他藩の国絵図にはない特徴を備えている。

2　絵図に描かれたサンゴ礁の表現

サンゴ礁を描いた世界最初の地図

西洋人によるサンゴ礁海域の航海は、一五世紀末以降である。しかし、サンゴ礁地域の地図にサンゴ礁が描かれるのはそれよりもだいぶ後のことである。たとえば、ジェームズ・クック（James Cook）の第一回太平洋探検調査（一七六八～七一年）の記録［増田訳 2004a］のなかに収録されているタヒチ島を描

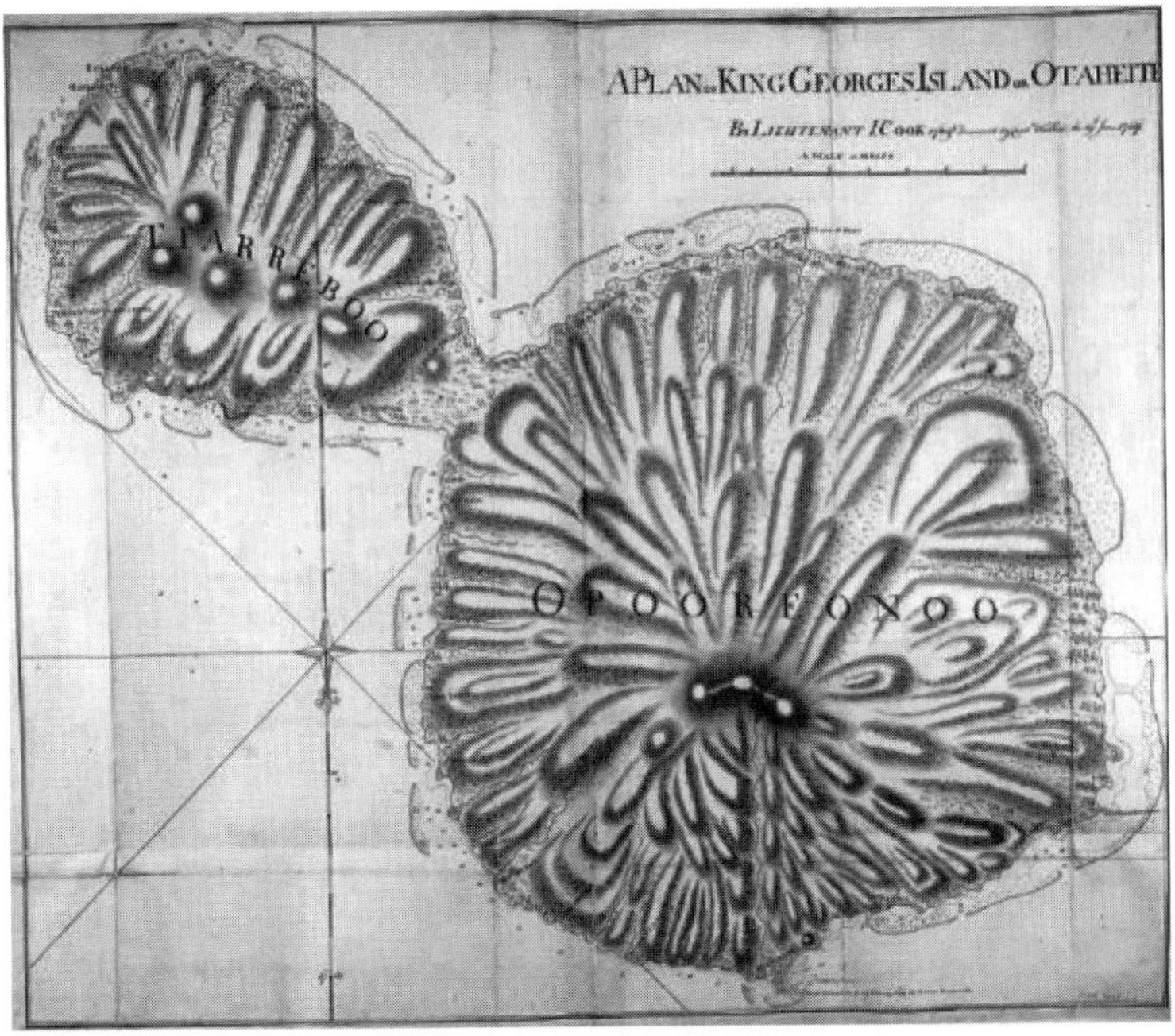

図 5-1　『クック太平洋探検』所載のタヒチ島を描いた地図「キング・ジョージ島またはオタヘイテの平面図」。地図は，上が南。地図名下のスケールは 8 マイル（12.8 km）。

いた地図「キング・ジョージ島またはオタヘイテの平面図」（A Plan of King George's Island or Otaheite）には、島を縁どるサンゴ礁が表現されている（図5―1）。礁縁部は線描で描かれ、礁原は点描（ドット表現）で表され、また礁の切れ目（水道 channel）や礁湖《ラグーン》も描写されている。サンゴ礁を描いた地図は、西洋人のサンゴ礁海域への探検調査航海の過程で、サンゴ礁知識の一つの集積手段および結果として、または航海上の必要性から、いわば「水路図」として、作製されてきた。

　こうしたサンゴ礁の地理的知識の蓄積はやがて、チャールズ・ダーウィン（Charles Darwin）によってまとめあげられ、その著書『サンゴ礁の構造と分布』［Darwin 1842］のなかに掲載されることになる地球規模でのサンゴ礁分布図の作製の礎となる［Spalding *et al.* 2001 : 79］。

　このように、西洋人によってサンゴ礁も描いた地図が作成されるのは、正保琉球国絵図（一六四五〜四九）より一世紀以上も後のことであり、それゆえ正保国絵図はサンゴ礁を描いた世界最古の地図である可能性が高い［Mezaki and Toguchi 2006］。

　以下、その正保琉球国絵図におけるサンゴ礁表現、港の記述、小書として地図に記載された数値の精度について検討したい。

サンゴ礁の表現

　サンゴ礁は、日本では琉球列島と小笠原諸島にしか分布しない。ゆえに、サンゴ礁は、絵図基準「絵図書付候海辺之覚」を定めた江戸幕府の眼中にはなかったであろう。サンゴ礁は、「海辺之覚」に書かれた「はへ」（暗礁）「岩」「遠浅、岩つづき」に該当するかもしれないが、しかしサンゴ礁の規模（面的広がり）や形状は、暗礁や岩などとは大きく異なっている。薩摩から派遣され実地調査に従事した調査員や、絵図を描いた絵師は、そのサンゴ礁の描写（記述と表現）に大いに苦心したにちがいない。

　絵図作成のための実地調査は、「琉球国絵図」（奄美諸島）が正保二年（一六四五）、「琉球国悪鬼納絵図」（沖縄島と周辺諸島）が正保三年（一六四六）、「琉球国八山《マヽ》絵図」（宮古諸島と八重山諸島）が正保三〜四年（一六四六〜四七）に実施されている［金城 1992:14-16］。これら三つの国絵図を註（1）で記したように、本章では「琉球国絵図」（広義）と総称する。正保琉球国絵図におけるサンゴ礁表現を比較すると、狭義の「琉球国絵図」（奄美諸島）と、他の二つ（「琉球国悪鬼納絵図」「琉球国八山絵図」）との間には大きなちがいが認められる。「琉球国絵図」に描かれた奄美諸島のサンゴ礁は、海岸線に並行する小島（または岩）の連なりとして表現されている（図5―2a）。それは、日本庭園の「飛石《とびいし》」の連なりにみえるから、このような表現パターンを「飛石表現」とよぶことにする。一方、沖縄諸島以南（「琉球国悪鬼納絵図」「琉球国八山絵図」）では、サンゴ礁は黒い点々（ドット）として描かれている。[2] そして、それは一条の点線ではなく幅のある点の帯をなし、しかも海岸線から離れている。帯の幅と、海岸線から帯までの距離は、場所的に変化がみられる。現在のサンゴ礁分布図［目崎ほか1977など］と照合すると、点々パターンの幅は礁嶺《しょうれい》（リーフ）の幅を、パターンまでの距離は海岸から礁嶺までの距離を、それぞれ表現していると考えられる。沖縄緒島以南にみられる、このようなサンゴ礁表現を「ドット表現」と呼ぶことにする（図5―2b）。

しかし、絵図を注意深くみていくと、沖縄島には「ドット表現」以外のサンゴ礁表現があることに気づく。すなわち、沖縄島の読谷村残波岬（国絵図では「おにし崎」）から糸満市喜屋武岬（「きやん崎」）に至る沖縄島中南部の西海岸、および喜屋武岬から八重瀬町奥武島（「あふ嶋」）までの島尻南東海岸などのサンゴ礁は「ドット表現」ではなく、若干淡白ではあるが陸地の色と同じ茶系の帯として表現されている。この「陸的表現」のせいで、絵図を一見しただけでは、これらの海岸にはサンゴ礁がないかのようにみえる。また、豊見城地先の瀬長島（「せなが嶋」）などは、陸地のなかの孤立丘のようにみえる（図5―2c）。

沖縄島中南部の西海岸および島尻南東海岸において、サンゴ礁はなぜ「陸地」のように描かれたのであろうか。沖縄島中南部のサンゴ礁は、レベル（水準）が相対的に高く（つまり浅く）、大潮でなくとも干潮時には干上がることが多い。特に八重瀬町具志頭海岸などでは、完新世（一万年前〜現在）のサンゴ礁の一部は隆起・離水し陸化し［河名 1988：108-109］、海岸寄りの礁原の一部には芝が生えている（写真5―1）。そこでは、干潮時に干上がったサンゴ礁は「陸的」景観を呈する。この地域のサンゴ礁の景観的特徴が、「陸的表現」を生んだ要因の一つであると考えられる。しかし、レベルの高いサンゴ礁（礁原）のすべてが必ずしも「陸的表現」となっているわけではない。たとえば久米島の西部と北海岸などはレベルの高い礁原（一部、離水礁＝陸地）であるにもかかわらず、「陸的表現」ではなく「ドット表現」である。それゆえ、サンゴ礁表現の地域的差異を生じさせている背景には、サンゴ礁地形の地域的差異以外に、実地調査を担当した調査員および／あるいは絵図作成に携わった絵師が、地域ごとに異なっていた可能性もあるのかもしれない。

サンゴ礁のもう一つの特徴的な表現として、宮古島の北方に位置する八重干瀬の描写がある（図5―2d）。それは「ドット表現」をベースにしつつも、その上に「白波」模様を重ねた絵画表現であり、興味ぶかい(3)。

港の記述内容

正保国絵図の内容上の特色は、陸上交通とともに海上交通にかかわる小書（註記）の詳細さにある［川村 1990:114］。港に付された小書は、だいたいつぎのような書き方である。奄美諸島・喜界島の「わん泊」

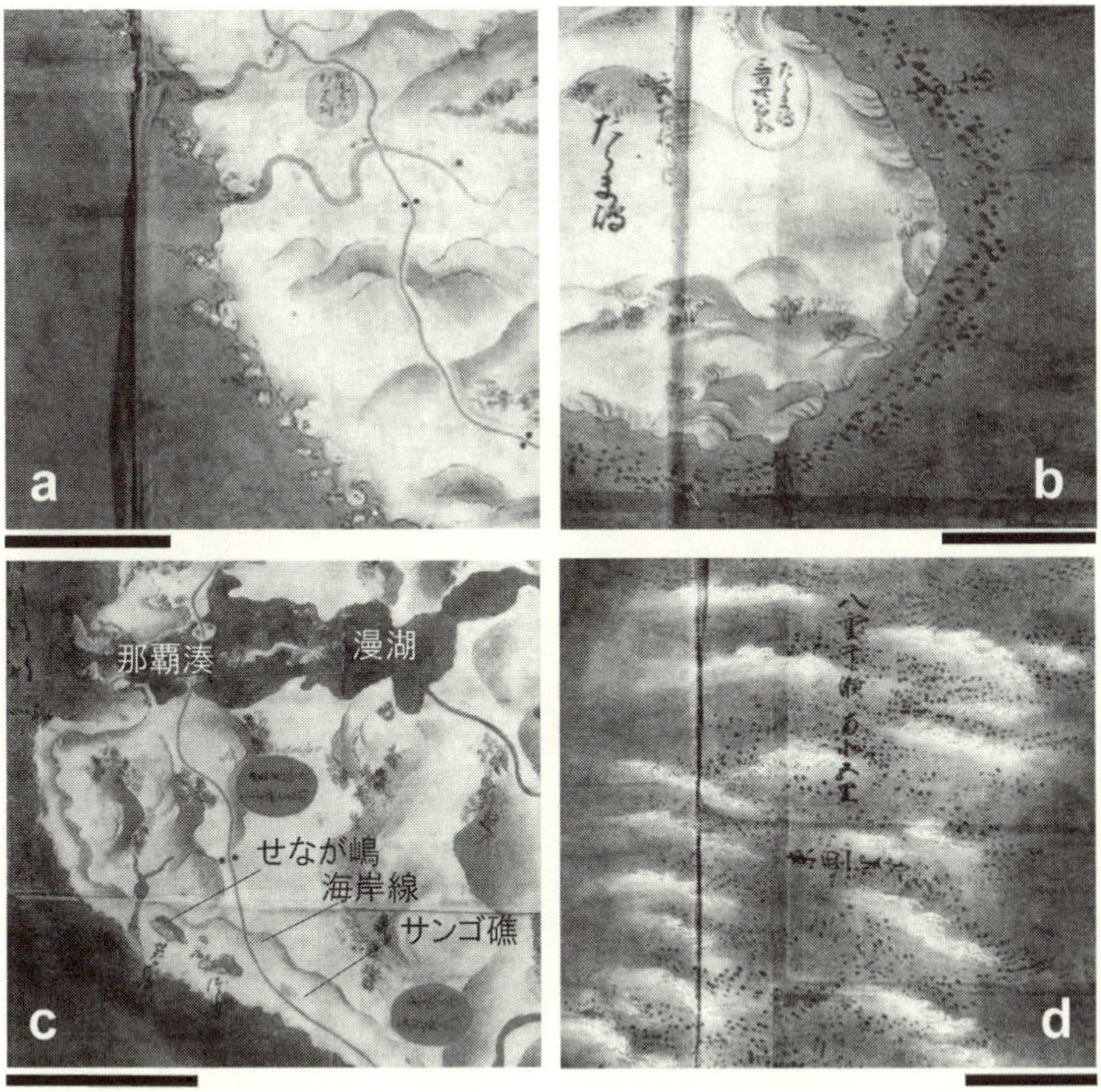

図 5-2　サンゴ礁表現の 4 パターン

a 飛石表現（徳之島伊仙町阿権海岸）

b ドット表現（多良間島）

c 陸的表現（豊見城市瀬長島付近）

d ドット＋白波（宮古・八重干瀬）

各図（abcd）の下部に示したバー（横棒）の長さは約半里（約 1950 m）

図の上がほぼ北である。

については、「此わん泊湊入一町半広さ一町深さ四尋瀬有之故大船出入不自由北風西風之時船かゝり不成」と記され、「わん泊」は、入（奥行）一町半（一六四メートル）、広さ（幅）一町（一〇九メートル）、深さ四尋（六メートル）で、瀬（サンゴ礁）があるため大型船の出入りができない、北風と西風の時には船の停泊ができない、という内容である。

　このような小書をもとに、奄美から八重山まで、港の規模と着船条件について、表5―1にまとめた。表には、国絵図の単位（里・町・間・尋）をすべてメートルに換算して表示した。艘数は「大船」の着船（入港、停泊・繋留）可能数である。たとえば運天湊では「大船五六拾艘程繋ル」と記されている。(4)「大船」という表現は、明治期の水路誌にもみられるが、外洋を航行する大型船というほどの意味に解しておきたい。(5)

　この一覧表からつぎのことが読みとれる。港の規模を艘数でみると、奄美・沖縄で最大の港は奄美大島焼内《やきうち》湊で二〇〇艘を数える。これに次いで、沖縄島運天湊（五〇～六〇艘）、奄美大島ふかいか浦湊（三〇艘）、沖縄島那覇湊（三〇艘）、石垣島川平（二〇～三〇艘）、奄美大島名瀬ノ湊（一四～一五艘）、西表島外離《ふかぱなり》船繋り場（一四～一五艘）が続く。那覇湊と運天港以外は、いずれも山地・丘陵地の卓越する「高島」地域に立地する港で、しかも多くはリアス海岸の奥行きのある深い湾入部に位置している。リアス（湾）の奥にはサンゴ礁は形成されにくい。焼内湊は南西諸島最大のリアスの一つである。那覇湊は、沖縄島南部における最大の流域面積をほこる国場川（四三・〇六平方キロメートル）が流入する奥行のある入江、エスチュアリー(6)（三角江）の一角に位置し、港の入口はサンゴ礁の切れ目（水道 channel）を形成している［渡

写真 5-1　八重瀬町具志頭海岸のサンゴ礁（礁原）（2006 年 5 月）

久地 2007〕。正保琉球国絵図からもわかるが、港の内側（漫湖《まんこ》）はかつて広い面積をほこった（前掲図5―2c参照）。那覇港に「大船」が三〇艘しか停泊できないのは一見不思議に思えるが、長年にわたって農耕地の広がる広大な流域内から運ばれてきた土砂でエスチュアリーの一部（漫湖）が埋まり水深が浅くなっていたためである、と考えられよう。明治六年（一八七三）日本海軍水路寮作成の「大琉球那覇港之図」をみると、漫湖には土砂が広く堆積し、奥武山《おうのやま》の北と南に各一本の細い水路（澪）が走るにすぎない[7]。漫湖は、当時すでに、喫水の大きい大型船を停泊できる十分な水深がなかったのであろう。

一方、琉球石灰岩の島すなわち「低島」（喜界島・沖永良部島・与論島・宮古島）や、高島であっても海岸部に広く琉球石灰岩の分布する地域（徳之島や、運天港のある本部半島北部）に立地する港は、入港・

記載された港の状況

着船条件
瀬有之故大船出入不自由，北風西風之時船かゝり不成
南風に船繋ニ不自由
西風北風の時船繋り不自由
東風に船かゝり不成
東風北風之時船繋り不成
何風に而も自由
南風に船かゝり不成
大船出入不自由
南風之時船繋り不成
水底惣岩船繋り不自由，西風之時船繋り不成
水底はへにて船繋り不自由，西風北風ノ時船繋り不成
水底惣はへにて船繋り不自由，西風北風ノ時船繋り不成
何風に而も船繋り自由
何風に而も船繋り不自由
東風南風西風之時船かゝり不成
東風南風之時湊口船入事不成，湊内何風ニテモ船繋り自由
左右水底はへ有，船出入不自由
何風に而も船かゝり自由
船かゝり不自由
西風ニ船繋悪シ
何風にても船繋自由

その際，里＝3,900m，町＝109 m，間＝1.8 m，尋＝1.5 m

停泊の条件がよくない。表5—1に記した着船条件をみれば、喜界島のわん泊は「瀬有」、徳之島の和にや泊は「水底惣岩」、沖永良部島の和泊は「水底はへ」、与論島のあがさ泊は「水底惣はへ」とあり、深くない港には部分的に岩や暗礁（サンゴ礁）があり、大型船の入港・停泊を阻んでいることを記している。(8) このように、港の規模と着船条件は、島の地形（高島／低島）やサンゴ礁地形と深く関係している。

3 国絵図の精度

図5—3は、異なる三枚の地図をもとに作った沖縄島と周辺諸島の輪郭《シルエット》である。中央（b）が現代の地図（国土地理院発行の地勢図）である。ただし、糸満市西崎などサンゴ礁の埋立地は取り除いてある。左（a）は正保琉球国絵図、右（c）は『ペリー艦隊日本遠征記』（一八五六年）所載の地図［ペリーほか

表 5-1　正保琉球国絵図に

島名	港名	港の規模			
		奥行（m）	幅（m）	深さ（m）	艘数[a]
喜界島	わん泊	164	109	6	—
奄美大島	ふかいか浦湊（龍郷湾奥）	3,270	436	20	30
	名瀬ノ湊	1,308	545	12[b]	14～15
	大和馬場湊（大和浜）	545	327	18[b]	5～6
	住用湊	327	217	12	7～8
	焼内湊	12,000	3,270	45	200
	西之古見湊	90	54	45	4～5
徳之島	伊ノ川	45	36	17	—
	秋徳湊（亀徳港）	109	109	8	3
	和にや泊（平戸野港）	109	36	8	—
沖永良部島	和泊	236	290	9[b]	—
与論島	あがさ泊（赤佐港）	218	327	4.5[b]	—
沖縄島	運天湊	6,843	218	30	50～60
	によは入江（渡久地港）	—	—	7.5	—
	大湾入江（比謝川河口）	109	109	4.5	5～6
	那覇湊	1,308	127	5.3	30
久米島	まちや入江（真謝港）	109	109	—	—
	兼城湊	109	90	12	4～5
宮古島	はり水浜（漲水港）	—	—	—	—
石垣島	川平	654	109	18	20～30
西表島	外離船繫り場	436	654	12	14～15

奥行・幅・深さは、国絵図で用いられている単位をメートル（m）に置き換えた。
として算定した。「—」は記載がないことを意味する。

[a] 艘数は，「大船」の着船（停泊）可能数。

[b] 干潮時の水深であることを明記していることを意味する。

1997〕である。正保琉球国絵図の海岸線（輪郭）は、ペリー艦隊日本遠征記所載の地図以上に、現代の地図に近い。岬と湾入部が強調される傾向にあり、また本部半島南部や国頭の太平洋側など一部の輪郭が不正確な部分はあるものの、全体的に沖縄島の外形、周辺の島々の位置関係などをよく捉えているといえる。

　それでは、港の奥行や幅、水深など、正保琉球国絵図のなかの小書に記された数値はどの程度の精度であろうか。いうまでもなく現在の港湾の多くは、国絵図作成当時のままではない。とりわけ近代以降におけるサンゴ礁の開削による拡張工事や浚渫によって、港の規模や水深は大きく変化した。そのため、国絵図に記された港湾の数値の精度を直接的に確かめることのできる港は少ない。

しかし、港湾以外のサンゴ礁の地形は、埋立地を除けば人為的改変をほとんど受けていない。むろんサンゴ礁地形が数百年で大きく変化することもない。このような、サンゴ礁地形が本来の自然の状態を保っている場所の数値については、空中写真の判読によって作られたサンゴ礁分布図、あるいは海図など、現代の地図類から得られる数値データと比較対照することによって、正保国絵図の精度を検証することができる。その精度が高ければ、港にかんする数値データの精度も高いと考えてよいであろう。

地形学的にみて、国絵図作成当時とほとんど変化のない場所のサンゴ礁幅（距離）ならびにサンゴ礁の自然の切れ目（水道）の幅について、国絵図に記載された数値と現代のサンゴ礁図や海図から得られる数値を比較対照したのが表5―2である。

与論島の東側には広大なサンゴ礁が広がっているが、国絵図では「此干瀬《ヒセ》（引用者註――サンゴ礁）赤崎ヨリ十七八町程出ル」と記されている。一七～一八町は一・八五～一・九六キロメートルである。赤崎からサンゴ礁の先端までの距離を現代の地図で計測すると約二キロメートルである。運天湊は国絵図に「廣さ弐町」と記されている。二町は二一八メートルである。「広さ」はおそらく水道幅であり、これを現代の地図（地形分類図）で計測すると約二〇〇メートルである。このようにみていくと、正保国絵図に記されたサンゴ礁にかんする数値データ（表5―2）は、後述する久米島の「まちや入江～おかミ崎」

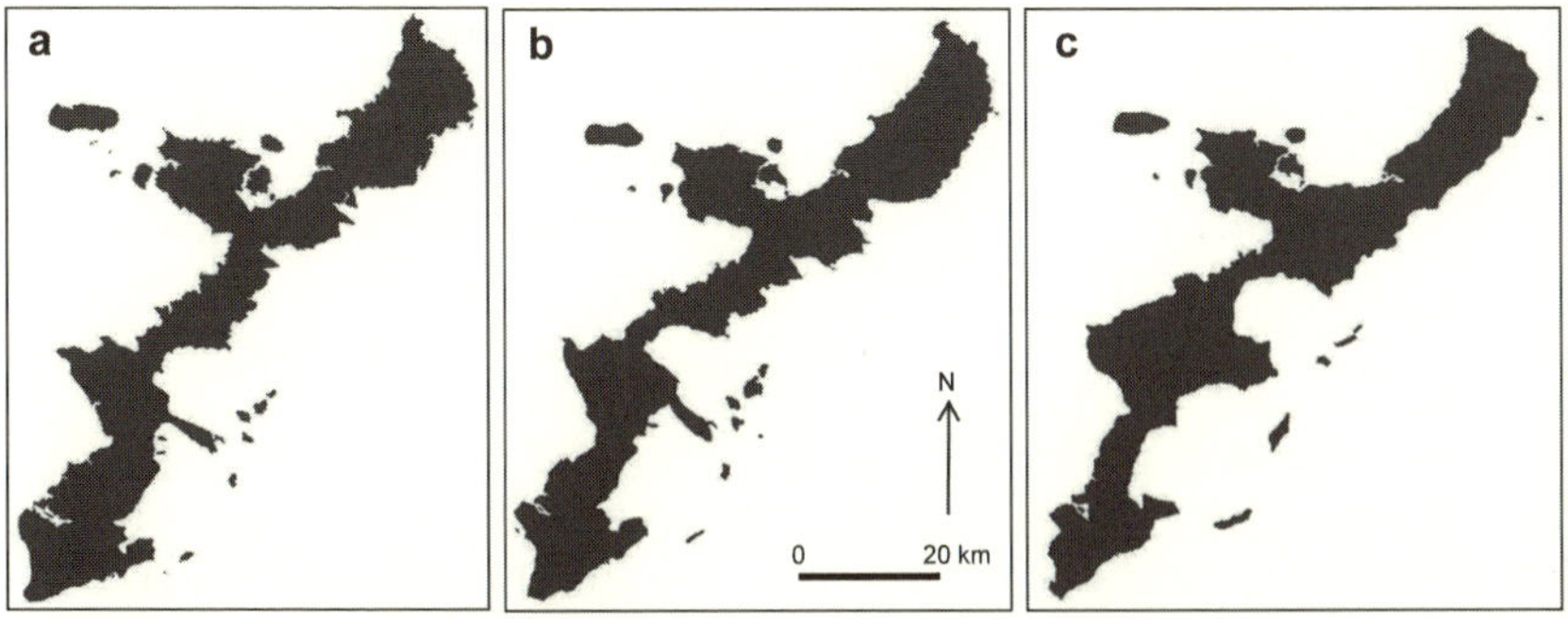

図 5-3　三つの沖縄島の輪郭
a 正保国絵図，b 現代の地図（地勢図），c『ペリー艦隊日本遠征記』所載の地図

表 5-2　正保琉球国絵図のサンゴ礁数値の精度の検討

場所	サンゴ礁地形の幅，長さ	絵図データ	現代の地図データ
赤崎（与論島）	サンゴ礁の幅（km）	1.85 〜 1.96	2
運天湊（今帰仁村）	水道幅（m）	218	200
によは入江（本部町渡久地港）	水道幅（m）	199	125
大湾入江（比謝川河口）	水道幅（m）	109	125
まちや入江〜おかミ崎（久米島，真謝港〜御神崎）	サンゴ礁の長さ（km）	27.3	16
兼城湊（久米島）	水道幅（m）	436	500
八重干瀬（宮古島）	東西の長さ（km）	20	10 〜 20
〃	南北の長さ（km）	6	5 〜 6
川平（石垣島）	水道幅（m）	67	50 〜 100
祖内―外離（西表島）	水道幅（m）	872	780

国絵図で用いられている単位（里・町・間）をメートル法（m，km）に置き換えた。その際，里＝ 3.9 km，町＝ 109 m，間＝ 1.8 m として算定した。

間のサンゴ礁の長さを別とすれば、全体的に精確であることがわかる。とりわけサンゴ礁の切れ目（水道）の幅は精度が高い。

久米島の東側には、広大なサンゴ礁が伸び広がっている。このサンゴ礁の東端は「おかミ崎」（御神崎）であるが、国絵図の小書には「まちや入江（引用者註――真謝港）ヨリおかミ崎迄七里」と記されている。七里は二七・三キロメートルである。しかし、現代の地形図でこの間の距離を計測すると約一六キロメートル（約四里）しかない。この、絵図中の小書にみられる大きな誤謬――現在の地図との隔たり――をどのように理解（解釈）すればよいだろうか。

国絵図調製の基準「国絵図可仕立覚」（一三ヵ条）には、「道矩六寸壱里ニいたし絵図ニ壱里山を書付壱里山無之所者三拾六町ニ間を想定絵図ニ壱里山書付之事」と記され、「一里山」の書付が指示されている［金城 1992：14］。国絵図では、主要道路が朱色の線で描かれ、一里ごとに「一里山」が朱色の道筋を挟む黒丸の二点で示されている（前掲の図5―2参照）。この道筋に示された二つの「一里山」間の距離（一里＝四キロメートル）を物差しにして、「まちや入江」（真謝港）と「おかミ崎」（御神崎）との間の距離を計測すると、三里余（一二キロメートル余）しかない。小書に記された「七里」（二七・三キロメートル）の半分以下である。

図5―4は、国絵図と現代の地図との比較対照である。これをみる限り、国絵図の地図そのものはそれほど不正確とはいえない。試みに久米島西端の西銘崎O（国絵図では「はんね浜」）―真泊P―御神崎Qの三点の位置関係（距離配分）を比較しても、国絵図と現代の地図との間に顕著な差はない。つま

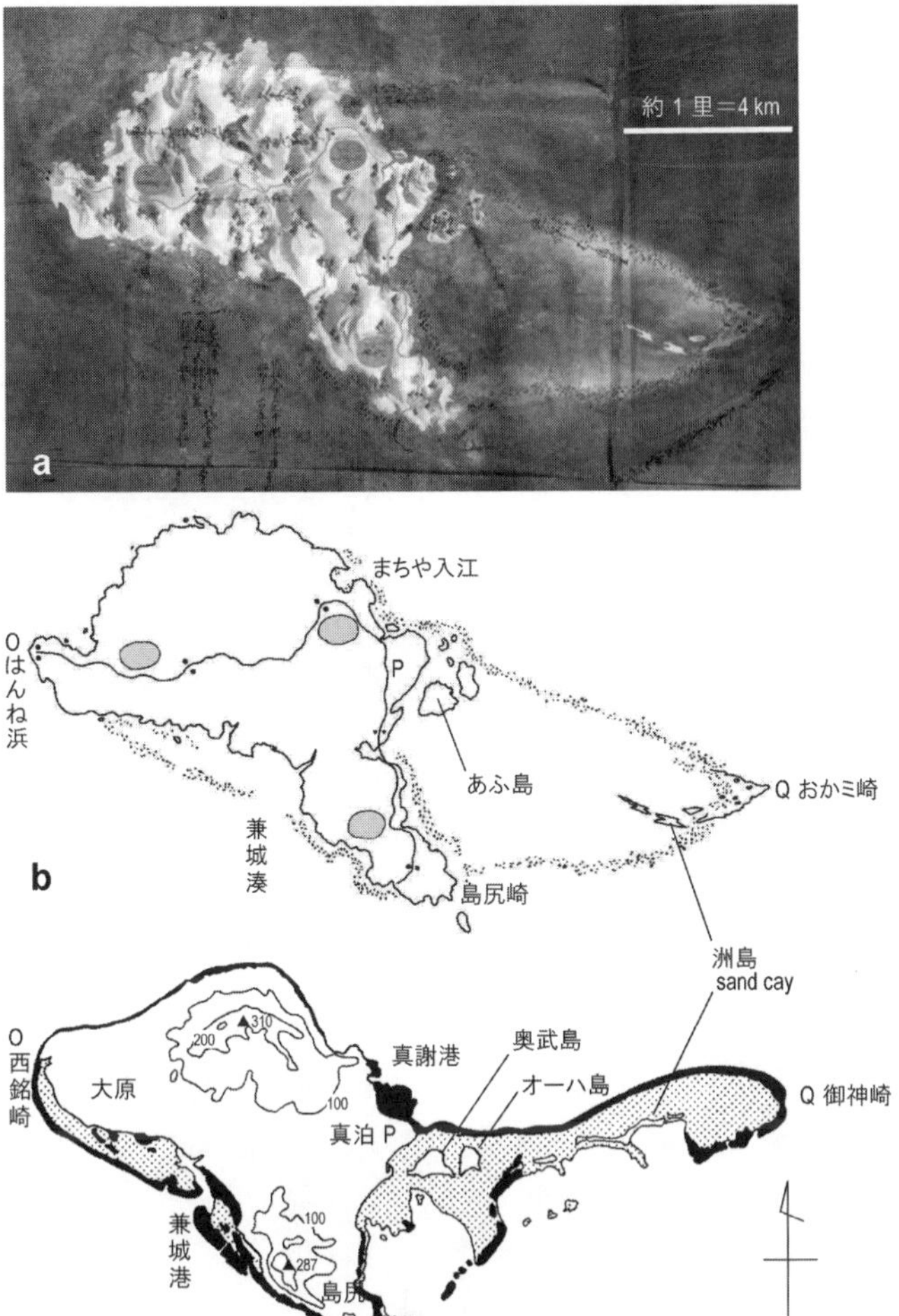

図 5-4　久米島のサンゴ礁

a 正保国絵図

b 正保国絵図の描き起こし図。OP/PQ=1.08

c 現代のサンゴ礁図［目崎ほか 1986 により作成］。OP/PQ=1.05

黒ベタは礁嶺および後方礁原，網点パターンは浅礁湖（礁池）および斑礁（パッチリーフ）を表す。

り、国絵図においてOP/PQ＝1.08であり、現代の地図においてはOP/PQ＝1.05である。したがって、真謝入江から御神崎までの距離（一六キロメートル）にかんして、国絵図の「文字資料」（小書の七里＝二八・三キロメートル）は現実（一六キロメートル）との間に大きな隔たりがあるが、それに比べて「絵画資料」（絵図）そのものは現代の地図との間にそれほど大きな差異があるわけではない。以上のことから、絵図中の小書に記された「まちや入江ヨリおかミ崎迄七里」は単純な誤記であるのかもしれない。なお、「まちや入江ヨリおかミ崎迄七里」という小記は、元禄国絵図、天保国絵図［琉球国絵図史料集編集委員会・沖縄県教育庁文化課 1993：1994］にそのまま踏襲されている。

ともあれ、国絵図は全体として精度の高い地図である。このように精度が比較的に高いことは、サンゴ礁においても、検地などで用いられる水縄（間縄）・間竿などを用いた伝統的な測量、測深が組織的に実施されたことを物語っている、といえよう。

なお、ついでに国絵図における久米島のサンゴ礁描写について二、三記しておきたい。国絵図の「まちや入江」の小書には「左右水底はへ有」と記されているが、それを表すために湊内には点々（ドット）が打たれ暗礁（サンゴ礁）が描かれている。大原海岸や島尻海岸の後方礁原（礁池内側＝海岸寄りの岩盤）や、島尻湾口のサンゴ礁も描かれている。しかし、北海岸の幅の狭い礁原（一部、離水礁）は描かれていない。久米島の東側から御神崎（国絵図では「おかミ崎」）まで東北東の方向に伸びるサンゴ礁は、国絵図ではやや右下がり（東南東の方向）になっていて、方位的なズレが生じている。この御神崎に伸びるサンゴ礁には、サンゴ砂が堆積してできた細長い島（洲島、sand cay）があるが［長谷川 1990］、国絵図はこの洲島を捉えている。

註

（1）ここで「琉球国絵図」（広義）というのは、奄美諸島を対象とする「琉球国絵図」（狭義）、沖縄諸島を範囲とする「琉球国悪鬼納絵図」、宮古諸島と八重山諸島を図示した「琉球国八山絵図」の三枚を指す。絵図の大きさは、「琉球国絵図」七・三×三・五メートル、「琉球国悪鬼納絵図」五・七×三・五メートル、「琉球国八山《ママ》絵図」六・三×三・四メートルである。畳（京間）が〇・九一×一・八二メートルであるから、国絵図がいかに大きいかが理解できよう。

（2）琉球国絵図は、元禄と天保年間にも作成されているが、元禄と天保の国絵図では、サンゴ礁は海の濃青地の上に「白い点々」として表現されている。

（3）琉球国絵図における白波模様（波縞）は、宮古・八重干瀬が唯一である。「絵図書付候海辺之覚」にはむろん「波」表現の指示はない。むしろ逆に、幕府担当者への問い合わせなどによって藩独自にまとめたと考えられる金沢藩の「国絵図書様之覚」では、海や川に波縞の模様を入れてはいけないことを確認している［川村 1990：85］。

（4）琉球国絵図史料集編集委員会・沖縄県教育庁文化課編［1992］の翻刻（六一頁）では「大船五六艘程繫ル」となっているが、カラー写真資料（五九頁）には「大船五六拾艘程繫ル」と記されている。翻刻は「拾」を落とすというミステイクを犯している。

（5）上里隆史は、諸史料の分析と、船にかんする先行研究の検討より、国絵図に記載された「大船」とは、馬艦船（二〇〇トン前後）よりも大きい、（数百トンの）「進貢船クラスの船舶が該当すると考えられる」という結論を導いている［上里 2011：7］。

（6）エスチュアリー（estuary 三角江）は、リアス海岸の湾（ria）が山地の尾根（岬）に挟まれる湾であるのとは対照的に、低平な台地（または小起伏丘陵地）において、海にラッパ状（三角形）に開いた奥行のある湾である。エスチユアリーに立地する港は、したがって、後背地（ヒンターランド）に恵まれている。
（7）島袋全発著『那覇変遷記』〔島袋 1930：27〕によれば、那覇港は尚敬王代の一七一七年に大規模な浚渫工事がおこなわれたといわれ、琉球王府時代から土砂流入による堆積があったことをうかがわせる。
（8）明治期水路誌でも、沖永良部島や喜界島、与論島など低島の港にかんして、サンゴ礁が発達し、大型船が入港できない浅い港の状況を記している〔渡久地・目崎 2005：136-137 および 本書第6章参照〕。

第六章　明治期水路誌にみる奄美の海岸地名とサンゴ礁

船長の視線は船が今近づいている島の上にじっと注がれている。白い波頭が一線はっきり珊瑚礁の所在を示している。その間にちょうど彼らの船を通すだけの間隙があることを彼は知っているのだ。（モーム／中野好夫訳『雨・赤毛――モーム短篇集Ⅰ』新潮文庫、一九五九年、一〇七頁）

鎖国下の江戸末期の頃から諸外国船が頻繁に琉球や日本の近海を航行し、そして測量をおこなっていた。幕末維新の開国後、明治政府は海軍の充実と水路測量の重要性を認識するようになる。一八六九年（明治二）に津の藩士であった和算学者・柳楢悦《やなぎならよし》らを水路測量の任務に当て、他方、一八六八年から八一年まで、イギリスの測量艦シルビア号に対して日本近海の測量を要請する。その間、柳はシルビア号から測量技術を習得し、一八七一年（明治四）には、測量艦「春日」の艦長として、その測量日誌を綴った「春日紀行」を著す。一八七三年（明治六）三月には、この「春日紀行」を抜粋して『北海道水路誌』（武富履貞編、水路部発行）が刊行される。これが国内を対象とする初の水路誌である［飯島 2004：117-119、宇多1956：190-195]。

一方、「南島」方面にかんしては、まず一八七三年（明治六）一月、柳はイギリス資料（*China Sea Pilot*）を抄訳し『台湾水路誌』を作成する。そして翌二月には、柳らを乗せた測量艦「大阪」が、沖縄に向けて出発し、山川港・口之永良部《くちのえらぶ》・一湊《いっそう》（屋久島）・名瀬・大島海峡・運天《うんてん》・那覇・慶良間《けらま》海峡・石垣を測量して七月帰還し、一一月には『南島水路誌』が刊行される。それと前後して、運天港海図（一八七三年八月）・八重山島全図（同年一一月）・石垣港海図（七四年二月）・慶良間海峡海図（同）・那覇港海図（同年四月）を完成させる［横山2001：320］。

これらの海図作成は、イギリス海軍がまとめた海図データなどを補足する形で、短期間での完成を余儀なくされるという状況があった。つまり、水路誌や海図の作成は、西郷従道《つぐみち》を将とする明治七年五月の台湾（当時は清国）出兵において、派兵軍を輸送する軍艦を長崎から台湾南部に派遣するために不可欠の要件だった。その背景には、明治四年に台湾南部に漂流した宮古島漁民（五四人）が先住民によって殺害されるという事件があった。明治政府は、清国にその賠償を求めたが拒否されたため、先住民を鎮圧するために出兵する必要があった［中西1972：6］。その『南島水路誌』（一八七三年＝明治六）のあと、これを補訂した『寰瀛《かんえい》水路誌』(1)（一八八六＝明治一九）、さらに修正を加えつつもやや簡略化した『日本水路誌』(2)（一八九四年＝明治二七）が刊行される。

ところで、この三水路誌は、奄美・沖縄の地名研究においてどのように取り扱われてきたのだろうか。三水路誌は、『角川日本地名大辞典（46鹿児島県／47沖縄県）』［角川日本地名大辞典編纂委員会1978/1986］の「参考図書目録」に掲載されず、また『日本歴史地名大系（47鹿児島県の地名／48沖縄県の地名）』〔平凡社地方資料センター 1998/2002〕の「文献解題」にも取り上げられていない[3]。管見の限り、地名研究において水路誌に最初に着目したのは、東恩納寛惇『南島風土記』であると思われる。那覇港「唐船口」「宮古口」「倭口」のなかに「水路誌」への言及がみられる〔東恩納 1950：69〕。

『南島風土記』以降では、目崎茂和が地名研究において水路誌に注目した〔目崎 1983〕。すなわち、琉球弧の呼称と地域区分の研究において、水路誌の地名表記を検討した。しかしながら、島レベルでの地名記述の分析を通して、水路誌のもつ地名研究における意義や、記述の視点、記載の特徴などについては、これまで考察されていない[4]。

そこで本章では、明治期の三水路誌のなかで記述内容が最も詳細である『寰瀛水路誌』を取り上げ、奄美諸島を事例に、地名の記述、海岸描写の特徴について、主として自然（地形）認識の観点から検討したい。

『寰瀛水路誌』は、奄美諸島について「群島中港湾ノ多キハ大島ヲ最トス故ニ九州南端ヨリ沖縄島ニ至ル船舶ハ唯大島ノ港湾ニ頼ル即チ其港湾ノ著シキモノヲ名瀬焼内《やきうち》及ヒ大島海峡内ノ諸港トス其他ノ諸島ニ至リテハ好良ノ錨地ニ乏シ」（七四四頁）と記し、奄美大島に重点を置いている。それゆえ、本章も奄美大島にウエイトを置くことになる。

右の引用文からわかるように、明治期水路誌は原則として漢字・カタカナ交じり文で記され、句読点がない。そこで以下の引用では、カタカナをひらがなに旧字を新字に変え、適宜、濁点と句読点を付した。また明らかな誤記(5)〔誤植〕は訂正した。さらに必要に応じて引用文中に亀甲括弧を設け、そのなかに星印〔*〕を付し簡単な注記を挿入した。なお、カタカナの振り仮名は水路誌に付されているものであり、ひらがなのルビは引用者が付した。

1　海岸地形の概観

水路誌の記述は、後述するように、湾・岬・岩礁など、海岸に重点が置かれている。(6)そこで、奄美諸島の海岸地形を概観することから始めよう。

奄美諸島は、奄美大島・加計呂麻《かけろま》島・与路《よろ》島・請《うけ》島〔以上四島を本章では「奄美」という〕・喜界《きかい》島・徳之島・沖永良部《おきのえらぶ》島・与論《よろん》島の主要八島からなる。(7)奄美と徳之島は山地性の高島《こうとう》、ほか三島はサンゴ礁起源の低島《ていとう》〔サンゴ島〕である。

奄美大島は、全面積の約九〇%を山地が占め、台地と低地は五%程度に過ぎない［目崎 1980 : 93］。まさに「山嶽崎嶇《けわし》樹木蔚蒼《うつそう》として平坦の地少なし」〔『寰瀛水路誌』七四五頁〕といえる。ただし「北部は稍々《やや》平坦」〔同〕である。

「今井埼より以西の海岸は高山の脚《あし》〔*山脚〕にして岩崖沙浜《がんがいさひん》相交はり、斗出《としゅつ》せる処は岩崖なれども、湾入する処は沙浜にして村落あり。又海岸に沿ふて石花《せっか》礁〔*サンゴ礁〕拡延せり」〔『日本水路誌』二七九頁〕。これは、入り組んだ奄美の海岸線の特徴〔リアス海岸〕を的確に表現している。湾と岬の向きは、山系や河川系、断層系に支配され、島の北東部では南北方向ないし北東—南西方向で、一方南西部では東西方向ないし北西—南東方向である〔目崎 1992：17〕。多くの湾・岬・小島・離れ岩がある奄美は、必然的に海岸地名が多くなる。

奄美諸島にはサンゴ礁が分布している。ただ、奄美においては、湾・海峡・島陰など遮蔽《しゃへい》的な海域ではサンゴ礁は欠如ないしは未発達である。開放的な海域であっても、南東海岸の一部など礫質の海岸ではサンゴ礁の発達がみられない〔板倉ほか 1999〕。喜界島は隆起が著しく、完新世サンゴ礁の大部分が離水（陸化）しているため〔大田ほか 1998〕、現成サンゴ礁の幅は狭く、おおかた一〇〇メートル以下である。徳之島のサンゴ礁幅は、大部分が三〇〇メートル未満であり、河川の流入する海岸にはサンゴ礁が形成されず水道をなし、松原・湾屋《わんや》・平土野《へとの》・亀津・亀徳・井之川・池間・山《さん》などの諸港が立地している。沖永良部島《いにょうぶ》は、田皆《たみな》崎周辺などサンゴ礁を欠く海岸もあるが、幅二〇〇メートル前後のサンゴ礁によって囲繞されている。与論島は、諸島中最もサンゴ礁の発達がよく、干瀬《ひし》（礁嶺《しょうれい》）の内側に広いイノー（浅礁湖、礁池《しょうち》）を抱え、東海岸では最大幅一六〇〇メートルに及んでいる〔中井 2007〕。

2　『寰瀛水路誌』に記載された奄美の地名

『寰瀛水路誌』（以下、単に「水路誌」という）に登場する奄美諸島の地名を表6—1に掲載した。参考までに、「正保国絵図」〔琉球国絵図史料編集委員会・沖縄県教育庁文化課 1992：24-41〕ならびに国土地理院発行

表 6-1 『寰瀛水路誌』所載の地名一覧（間切名，集落名を除く）

No.	『寰瀛水路誌』所載の地名	特記／＊註	正保国絵図	地形図
01a	**大島** **洋名「ハァーボール，アイランド」**	人口凡そ2万4千余。海岸概ね村落ありて耕作地多し。砂糖・簟（ゴザ）・芭蕉・苧・海人草・紬縞・材木・小麦・薯・椰子・蘇鉄・牛・馬等を産す。薪水は良好にして余贏あり。	大島	奄美大島
b	烏帽子嶽	高さ 1674 尺（≒ 507 m），現 322 m。	—	烏帽子岳
c	湯湾嶽	高さ 1859 尺 (≒ 563 m)，現 694 m。	—	湯湾岳
02a	**用岬　一名笠利岬**		かさり崎	笠利崎
b	イスロケン	高さ 76 尺（≒ 23 m），現 20 余 m。 ＊『日本水路誌』で「トンバラ岩」と表記。	とのはら	トンバラ岩
03a	**津代湾**		—	笠利湾
b	蒲生埼		かまふ崎	蒲生崎
c	大久呂埼　一名今井埼		大くろ崎	今井崎
d	梵論瀬埼		—	梵論瀬崎
e	武運埼		—	武運崎
04a	**名瀬港　一名大熊港**		名瀬ノ湊	名瀬港
b	摺子埼		—	摺子崎
c	立神岩		—	立神
d	焼島		—	山羊島
05a	**大和浜**		大和馬場湊	大和浜 （思勝湾）
b	宮古埼		都崎	宮古崎
c	鳥埼　一名宇津埼	＊「一名宇津埼」は誤り。宇津埼は鳥埼の西方にある崎。	鳥崎	親川崎
06a	**焼内湾　洋名「ハンコック」**		焼内湊	焼内湾
b	倉木埼		くらき崎	クラキ鼻
07a	**枝手久島**		いたてく嶋	枝手久島
b	戸久良埼		とぐら崎	トグラ崎
c	伊佐登	田畑ありと雖も人家無し。		

08a	**宇検港**		—	(宇検)
b	前平山	＊「港の東隅」に位置。高さ 1000 尺（≒ 303 m）。		
09	**蘆検澳**		—	(芦検)
10a	**田検澳**		—	(田検)
b	川内川		—	河内川
11	**きや木埼 洋名フォルチューン角**		こほれん崎	キャギ崎
12	**部連澳**		—	(部連)
13	**屋屯埼 洋名「アウター」角**		やとん崎	屋鈍崎
14a	**曽津高埼**		そつかうの おかミ（とのはら）	曽津高崎
b	蘆検埼	田検澳の東方約四鏈（≒ 740 m）。		
c	円柱角			
d	さる浜埼　洋名ラヴァ角			
15a	**南東岸**			
b	ねくれ埼		ねくれ	皆津崎
c	喜界小島		—	トビラ島
d	住用川		(住用湊)	住用川
e	市埼		おかミ崎	市崎
16	**大島海峡　洋名ポルポイス海峡**		—	大島海峡
17a	**西古見浦**		西之古見湊	(西古見)
b	西古見岬	曽津高埼の南東約 1 里 6 鏈（≒ 5.1 k m）。	ゑらふ瀬	
18	**管屯浦**		—	(菅鈍)
19	**花天浦**		—	(花天)
20a	**久慈浦**		—	久慈湾

No.	『寰瀛水路誌』所載の地名	特記／＊註	正保国絵図	地形図
b	古志浦		（こし村）	（古志）
c	弓ノ浦		—	（伊目）
d	池ノ浦		—	（浦）
e	蛤埼		あふねの崎	浜グリ崎
21a	**篠川埼　一名あたんき埼**	海峡の最狭部たり，5 鏈（≒ 925 m）。	あだんけ崎	阿丹花崎
b	鳥瀬埼		通り瀬	小場尻
c	由井小島		ゆい小島	—
22	**蘆屋浦**	＊場所特定できず。		
23a	**加計呂麻島　或ハ佳奇呂麻島**		かけろま島	加計呂麻島
b	江仁屋離（家仁屋離）	高さ 267 尺（≒ 81 m），現 72 m。	ゑにや	江仁屋離島
c	和連	高さ 116 尺（≒ 35 m），現 51 m。	われ瀬	破瀬
d	須古茂離	高さ 484 尺 (147 m)，現 152 m。	すこもはなれ	須古茂離
e	夕離		こは嶋	夕離
24a	**芝浦　洋名「ビンスネッス」湾**	英艦『ビンスネッス』号此の湾に錨泊せり。	—	（芝）
b	深浦		—	
25	**薩川湾**	海峡中最濶なる一大湾なり。	—	薩川湾
26	**与路島**	高さ 1200 尺（≒ 364 m），現 297 m。	よろノ島	与路島
27a	**請島**	高さ 1353 尺（≒ 410 m），現 398 m。	うけの島	請島
b	はみや（洋名 中央岩）		—	ハンミャ島
28	**サンドン列岩** 一名「マセドアン」列岩	最も高きものは海面上 30 尺（≒ 91 m）。		
29a	**喜界島**	二港ありと雖も礁石環列して甚だ狭隘なるが故に汽船を入るべからず。筵席の産質及び砂糖の品位は諸群島中の最たり。高さ 864 尺（≒ 262 m）。	鬼界島	喜界島
b	川嶺			
30	**日耳曼敦礁**			
31	**マルシュ礁**			
32	**ヘスパー島**			

33a	**徳之島**	戸数凡そ 4780，人口凡そ 13980。物産は甘蔗及び黒砂糖。	徳之島	徳之島
b	神之浜埼　洋称「オトチノ」岬		井ノ川崎	神之嶺崎
c	太田布埼		犬たぶ崎	犬田布岬
d	黒角（ブラック，ポイント）			
e	金見埼		かなみ崎	金見崎
f	「小嶼」(英図「トクシマ，ウトセ)	高さ 166 尺（≒ 50 m），現約 30 m。	とのはら	トンバラ岩
34	**鳥島　一名黒島又硫黄山**	島内戸数 20 余，人口凡そ 240。		硫黄鳥島
35a	**沖ノ永良部島**	南峯高さ 687 尺（≒ 208 m），現 24.1 m。 島内戸数凡そ 2350，人口凡そ 7540。甘蔗，永良部鰻の物産あり，又黒砂唐を産する。	永良部島	沖永良部島
b	和泊港		和泊	(和泊)
36a	**与論島　英図ノ「ヨリ」島**	島内戸数凡そ 700，人口凡そ 2340。四周殆ど礁脈囲繞す。北側及び東側付近に於ては海中に列入すること最も遠し。	与論島	与論島
b	赤佐港		あがさ泊	(赤佐)

ゴチック体は，水路誌の立項地名。「地形図」は国土地理院発行の２万５千分の１地形図。「正保国絵図」「地形図」欄の括弧（　）内の地名は，水路誌の地名に対応する地名ではなく，関連する陸上の地名（集落名など）である。11 の正保国絵図に縦書きされている「こほれん崎」は「ぼれん崎」の誤記と考えられる。

の二万五千分の一地形図に記載された該当地名も併載した。表中、ゴチック体は水路誌において項目立てされた地名（立項地名）である。それ以外の地名は、立項地名の記述のなかに登場する地名である。立項地名は、「大島」「南東岸」を含めて三六（うち奄美が二七）である。立項地名の記述のなかで言及されている地名を含めた全地名数——ただし集落名と間切名を除く[(8)]——は八二である。そのうち、奄美の地名が六四である。この六四の地名のうちで場所を確定できた五八地名を図6—1にプロットした。

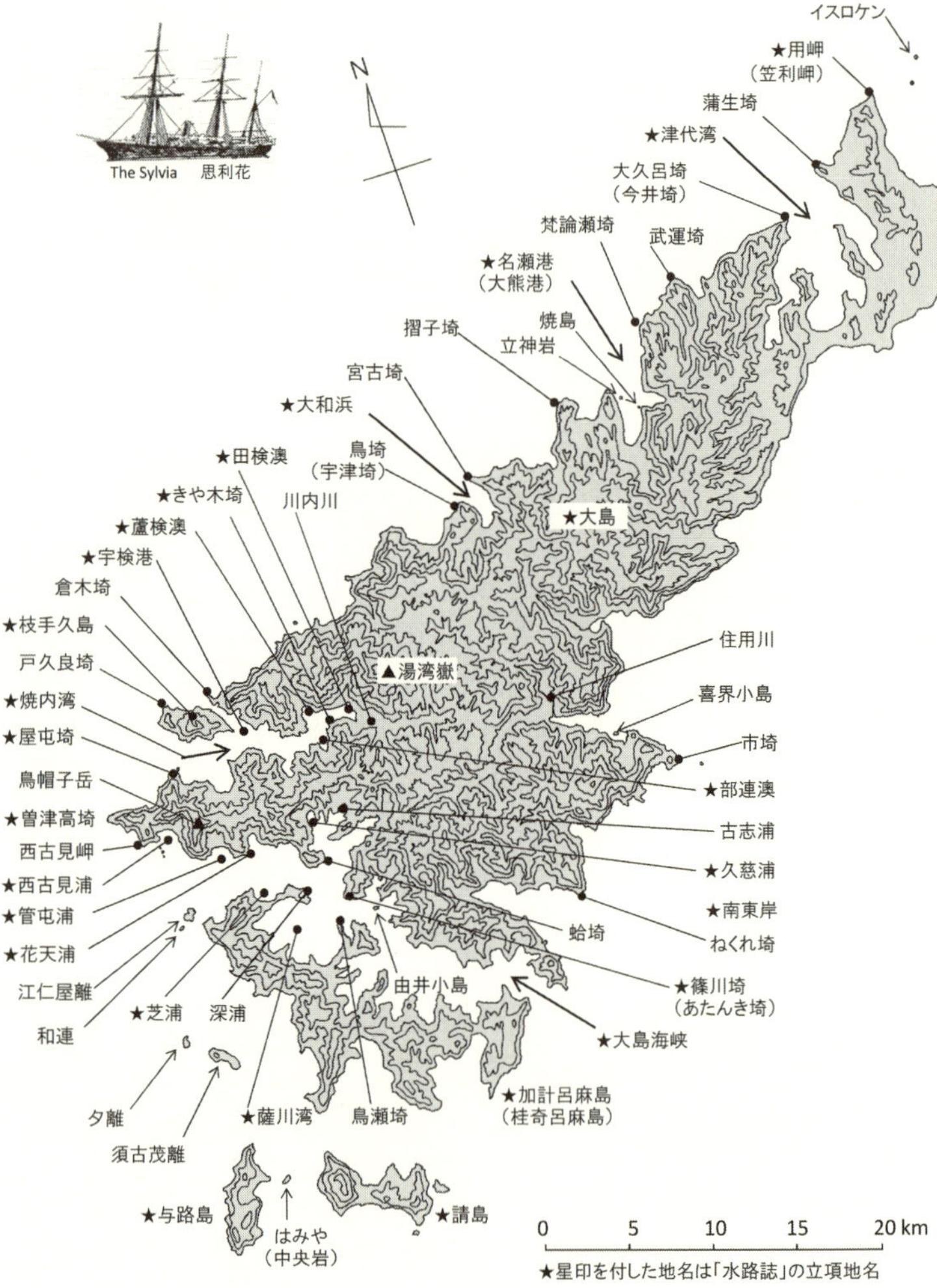

図 6-1　『寰瀛水路誌』に記載された奄美の地名
（註）久慈浦と古志浦の間にある「弓ノ浦」「池ノ浦」は本図にプロットされていない。図 6-3 を参照。

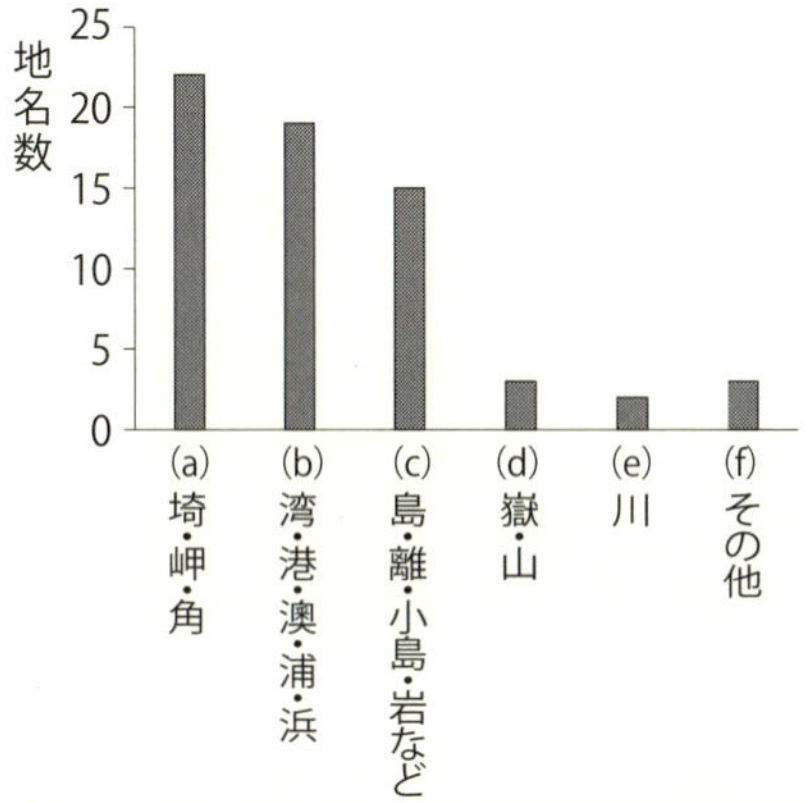

図6-2　『寰瀛水路誌』に登場する奄美の種類別地名数

奄美の二七の立項地名のなかで、「湾」「港」「澳《おう》」「浦」「海峡」など湾入部が一五（「大和浜」を入れると一六）で約五五％を占めている。これは、錨地（寄港地）を重視する水路誌の性格上当然ともいえる。二番目に多い立項地名は「埼」「岬」の五（一九％）である。

ところが、表6―1に掲げた奄美の六四地名（01a〜27b）を分類し、その種類別地名数を示すと図6―2になる。これは上記の立項地名とは異なり、（a）「埼・岬・角」地名が最多となり、（b）「湾・港・澳・浦・浜」地名は二番目に位置し、（c）「島・離《はなれ》・小島・岩」地名がこれに続くという結果になっている（なお、「浜」地名は「大和浜」であるが、実質的には港である）。その理由はつぎのように理解することができよう。前述のとおり、（b）は錨地であり、水路誌において最重要地名ではあるが、しかしリアス海岸の奄美では、湾入部の両側には埼が位置し、また海岸には小島・岩が多く分布し、錨地である湾に至る水路（航路）の記述において、これら埼・小島・岩への言及は不可避である。すなわち、「埼」などは「湾」への入口に当たり、航路上の目印をなす場合が少なくなく、また（c）の「小島・岩」などはリアス海岸を彩る地形であるが、航海者にとっては目印あるいは危険物として看過できない重要な地形である。

水路誌は、このように「海岸地名集」とみることもでき、海岸の記述に主眼が置かれている。以下、奄美を中心に、水路誌の地名と海岸描写の特徴について、具体的にみていくことにしよう。

3　海岸地名とその記述

複雑な湾の描写

リアス海岸をなす奄美では、湾の両側にはたいてい崎が位置している。さらに、大きな湾の内部に小さな崎があり、湾が複数の小湾に分割されている、というケースもある。奄美大島の北東部にある津代湾（表6—1の03a＝笠利湾）の記述を引用しよう。

「此湾は用ノ岬の南西約三里半にありて、湾門は蒲生埼《がもう》を東角とし、大久呂埼《おおくろ》（一名、今井埼）を西角とし、北西に開向《ママ》す。湾首（＊湾奥）より両陸舌《りくぜつ》斗出《としゅつ》して湾の奥部を三分す」（七四八頁）。

「東角（西角）」とは湾の東側（西側）の岬を意味する。「陸舌」は湾内の細長い岬である。湾首に細長い岬が二つあり、これが湾を三分割しているというのである。つまり、大きな湾のなかに小湾が三つ含まれているさまをうまく説明している。

もう一つ、久慈浦（20a）の記述を、長いが引用しよう。「最好の一内澳《ないおう》にして、内に泊地あり。一錨を以て繋泊するも二船を入るに足れりとす。此処水深十尋《ひろ》及び十二尋にして、海底は砕壊せる石花《せっか》（＊サンゴ）及び泥礫《でいれき》より成り、錨爪《いかりづめ》を受くること牢《ろう》なり。但し其外澳《がいおう》は陸地左右より斗出して東西両側をなし。而して澳首《おうしゅ》又小斗《と》出角《しゅっかく》ありて四小内澳《ないおう》をなす。其西部は即ち此浦〔*久慈浦〕にして、（中略）其東部は古志浦にして最も広く、（中略）又中部の二澳は甚だ狭窄《きょうさく》にして西を弓ノ浦、東を池ノ浦と曰ひ」（七五七〜七五八頁）。

これを図解すれば図6―3のようになる。図解は平面図であるが、しかし水路誌における湾の記述（海岸描写）は、俯瞰的な視線ではなく、また湾の内側、浜辺（集落）から眺める海景でもなく、それは湾の外側から湾内に向かう「動く視線」が捉えた移り変わる景観描写であるといえよう。つまり、外海（東シナ海）から内海（大島海峡）に進入してきた船がまず大きな湾を捉え、やがて、その中に左右二つの岬（蛤岬とA）を認め、その一つ（A）が大きな湾を東西二分していることを知る。さらに、二分された湾の西側の湾奥に進むと、湾首に三つの小さな岬（小斗出角）を見出し、湾奥が四分割されていることに気づく。その「四小内澳」の西端が久慈浦である、という描写内容である。

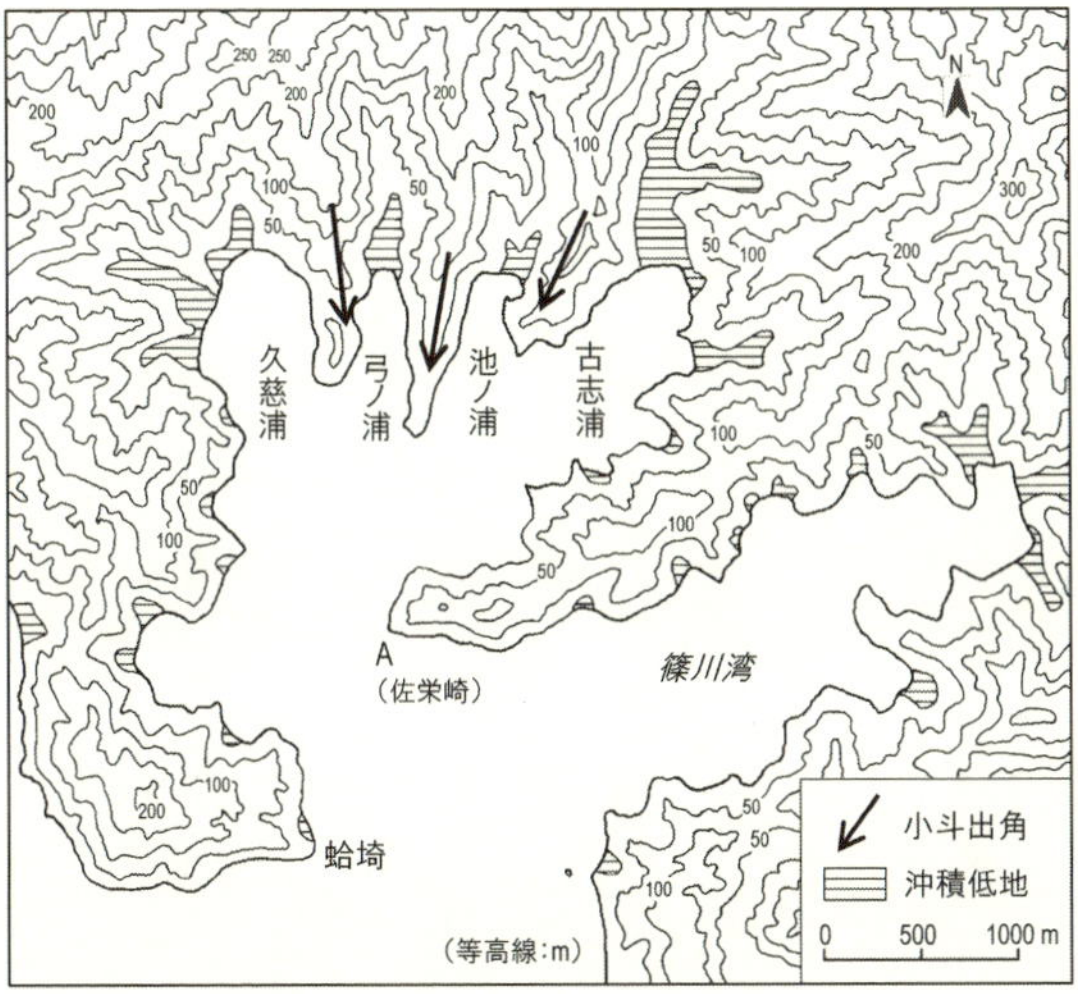

図 6-3　「久慈浦」の図解

類似の記述は薩川湾（25）でもみられる。「海峡中最濶なる一大湾なり。湾首は三斗出角を以て四小澳をなす。而して其の西湾の一湾は薩川村之《これ》に瀕し澳内錨地あり」（七六〇頁）。

湾入部を表す語彙――湾／港／澳／浦

右の三つの引用文（津代湾・久慈浦・薩川湾）から、湾入部ならびに突出部を表現する、独特の用語法を見出すことができる。まず、湾入部では「湾（港）／澳《おう》／小澳／浦」の使い分けである。また、「入江」を意味する澳は「内澳／外澳」に区別される。湾は、澳や浦より広い。「湾」地名は、図6―1と表6―1からわかるように、比較的広い湾入部であり、津代湾（03a）・焼内湾（06a）・薩川湾（25）の三つに限られる。また、「港」地名は、名瀬港（04a）と宇検港（08a）の二つである。大きな「湾」の中にある小湾の地名は「澳／浦」地名である（田検澳・蘆検澳・部連澳／芝浦・久慈浦・西古見浦など）。「澳／浦」の区別は何によってなされているかは明らかでないが、少なくとも湾入部の規模ではない。

湾入部に対する水路誌による新たな名づけ

水路誌では、錨地たる湾入部とそこに至るルート、つまり「水路」が記述（description＝「誌」）の中心をなす。具体的な場所（places）の記述には、固有名たる地名（place-names）が不可欠である。名瀬港（04a）、大和浜（05a）、焼内湾（06a）、西古見浦（17a）は、すでに「正保国絵図」にも登場する地名である（ただし、国絵図では、地名の基本語は「湊」である）。ところが、蘆検澳（09）、田検澳（10a）、部連澳（12）などの「澳」地名のすべて、また管屯《くだどん》浦（18）など「浦」地名の多くは、国絵図において、対応する地名が見出せないことから判断して、水路誌によって新たに命名された地名であるのかもしれない。
国絵図には、不思議なことに、突出部（埼）に授けられた地名の夥しい数とは対照的に、湾入部に与えられた地名があまりにも少ない(9)。奄美では、湾奥の低地に村が位置していることが多いから、集落前面の海（＝湾）に対してあえて名づけを施す必要性はなかったのかもしれない。ところが、湾入部を重視する水路誌は、湾を無名のままにはできず、小湾に対して、集落名を接頭辞に、「澳」や「浦」を基本語にして、新たにネーミングをおこなった、と考えられる。

突出部を表す語彙——埼／内角／外角／陸舌／斗出角

一方、突出部は、固有名詞（地名）としては蒲生埼・宮古埼など「埼」が最も多いが、それらを指示する一般名詞としては既述のとおり「埼」のほかに、「内（外）角」「陸舌」「斗出角」という馴染みの薄い語が用いられている。つまり、突出部に対する一般名として、「埼／内角／外角／陸舌／斗出角」の使い分け、用語法が認められる。「内角」「外角」は湾口などに位置する突出部に、「陸舌」「斗出角」は湾首（湾奥）にある突出部に使用されている。「埼」以外は、いずれも水路誌独特の用語と考えられる。

埼の描写

「埼」地名の描写例として、用ノ岬、屋屯《やどん》埼、曽津高《そっこう》埼の記述を紹介しよう。用岬（02a）は、「大島の北東端をなし（中略）但し笠利間切《まぎり》と島地と相連《つらな》る処は狭窄《きょうさく》の一低頸地《ていけいち》（＊低地でくびれた土地）たるを以て、其方位〔＊岬の方位〕より之《これ》を望むときは恰《あたか》も二島の如し」（七四七頁）と記し、海上から島（笠利半島）に向けられた視線を示している。

屋屯埼（13）は、「此埼は湾口の西側の内角をなし（中略）西方より此埼を望むときは顕著なる円錐形の峯にして、恰も一島の如き観を呈す」（七五二〜七五三頁）と記述され、ここでも海上から眺める海岸の描写となっている。屋屯埼は、国絵図にも「やとん崎」と記され、先端に岩が描かれている。

つぎに、曽津高埼（14a）。「此埼は湾口西側の外角にして、船舶の之に近づく者は其北側に山崖の一大崩《くずれ》跡あるを以て之を識別し得べし。但し此埼は恰も赤色石崖《せきがい》〔＊赤色の海崖〕の観を呈す。而して其附近には多岩嶼《がんしょ》あれども、甚だ小なるを以て之に接近するにあらざれば視認するを得ず」（七五三頁）。曽津高埼は、焼内湾の入口南側の岬であり、同時に大島海峡（16）の西口北側の岬であり、水路誌上重要な目標地点である。この岬は、北側にある「一大崩跡」で識別できること、また「赤色石崖の観」を呈することを記し、岬の特徴を描出している。同時に、付近には多くの見落としやすい小さい岩があることに注意を喚起している。

小島・岩を表す語彙——島／嶼／小嶼／岩／小岩

奄美には、リアス海岸ゆえに、付随する小島や岩が多い。そのうち水路誌に登場する一〇地名（＝固有名詞）をみると、地名を構成する基本語は、「島」（焼島）、「小島」（夕離、喜界小島、由井小島）、「離《はなれ》」（江《え》仁屋《にや》離、須古茂《すこも》離、夕離）、「岩」（立神岩）、基本語なし（イスロケン、和連、はみや）となる。一方、これら小島や岩を指示する際に用いられる一般名は、「嶼」（須古茂離）、「小嶼」（須古茂離、喜界小島、江仁屋離、和連）、「岩／露岩」（焼島、立神岩、イスロケン）、「小岩」（はみや）である。つまり、水路誌では、「島／嶼／小嶼／岩／小岩」という使い分けがみられる。

これら小島・岩の描写では、経緯度または相対的位置関係、海抜高度などが明記されていることが多い。たとえば、つぎのように――。「〔＊加計呂麻〕島の北西端附近二鏈[10]〔＊約三七〇メートル〕に江仁屋離〔一に家仁屋離に作る〕なる一小嶼あり、其高さ二百六十七尺。此嶼の北西微西〔＊北西と西北西の中間〕約七鏈〔＊約一三〇〇メートル〕に和連なる一小嶼あり、其高さ一百十六尺なり。此二嶼の中間に一蕩岩《とうがん》〔＊離れ岩〕あり。又島の西岸の中央即ち須古茂村の浜を距《へだた》る約二里に一嶼あり、須古茂離と曰《い》ふ。其の高さ四百八十四尺。此嶼の西約半里に一小嶼あり、又夕離と曰ふ」（七五九頁）。そして、これら離れ小島・離れ岩と陸地との間の通行可能性についての特別の言及がみられる。たとえば、名瀬港の入口には立神とよばれる離れ岩（写真6―1）があるが、水路誌では「立神岩は礁脈〔＊サンゴ礁〕に依て浜岸と連接す」（七四九頁）と記し、島と岩の間はサンゴ礁があって通航できないことを暗示している。また、「焼内湾」において、「〔＊焼内湾の〕湾門に枝手久《えだてく》島ありて、倉木《くらき》埼と此島の間は航通

写真 6-1　名瀬港入口にある立神　(2007 年 12 月)

するに能はず。而して湾口の西側の第二角なる屋屯埼と此島との間を航門とす」（七五〇頁）と記している。倉木埼と枝手久島の間が通航できない理由は、サンゴ礁が一面広がっているためである（口絵24）。つまり、障害物としてのサンゴ礁に注意を向けられている。

サンゴ礁の描写

陽光を受けて浅黄《あさぎ》色に光るサンゴ礁も、このように、航海者にとっては恐怖の対象、航行上危険な地形である(11)。水路誌では、それゆえにサンゴ礁に対して特別の注意が払われる。水路誌は、サンゴを「石《せっ》花《か》」、サンゴ礁を「石花礁」と表記している。サンゴ礁が長く連なっているさまを表現する場合には「礁脈」が用いられる。また、「石花礁」のほかに「浅礁《せんしょう》」（暗礁、またはサンゴ礁）、「石花堆《たい》」（暗礁）、「沙《さ》堆《たい》」（サンゴ礁の上に砂礫の堆積でできた洲）、「岩灘《いわなだ》」（サンゴ礁、時に海面上に露出した岩や小島の連なり）、「礁石」（リーフロック、離水礁）という語も見られる（なお、括弧内は筆者の語釈を示す）。

典型的な高島でリアス海岸をなす奄美では、小島や岩の間に横たわるサンゴ礁などを特別に記述しているが、比較的平滑な海岸線を示し島のほぼ全周をサンゴ礁が縁どっている他の島々では、サンゴ礁描写は違ったものになる。まず徳之島（33a）において、「〔＊神之浜埼の〕南方附近に亀津村あり、本島の治所なり。該礁脈の入口は皆竿《さお》を樹《た》て目標となす。而して其以外四鏈〔＊約七四〇メートル〕を距れば海底礫質にして水深三十尋より四十尋〔＊約五〇～七〇メートル〕に至る」（七六五頁）と記されている。亀津港はサンゴ礁の切れ目（水道）に立地し、港の入口には水道の位置の目印となる竿が立てられている。そこから七四〇メートル沖合いは海底が礫質で水深五〇〜七〇メートルで（安全で）ある、と言っている。

沖永良部島・和泊港（35b）は、「其大《ひろ》さ約東西三鏈半（＊約六五〇メートル）、南北三鏈（＊約五五〇メートル）にして、港口南東に向かひ、海底浅礁多く、僅かに一条の狭路を通すに過ぎずと云ふ」（七六六—七六七頁）と記している。

与論島（36a）では、「島周殆ど礁脈囲繞す。而して北側及び東側附近に於ては其海中に列入する（＊外洋側に広がる）こと最も遠し。島の西辺に赤佐《アカサ》港あり、大船を容《い》るゝ能はず」（七六七頁）と述べ、広大なサンゴ礁と、同時に大型船が入港できない低島（サンゴ島）の浅い港の特徴を描いている。

既述のとおり、喜界島（29a）は完新世の離水礁が海岸線を構成している。水路誌につぎのような記述がある。「此島に二港ありと雖《いえど》も、礁石（＊リーフロック、離水礁）環列して、甚だ狭隘なるが故に、汽船を入るべからず」（七六二頁）。

4　ヤーヌスとしてのサンゴ礁、あるいはサンゴ礁の両義性

明治期水路誌を読んでいると、前章の正保国絵図をながめているときと同様に、私たちはサンゴ礁が奄美・沖縄の交通史において果たしてきた役割を、ネガティブに捉えてしまいがちである。たしかにサンゴ礁は航海者にとって危険な障害物である。

オーストラリア東部のグレートバリアリーフに座礁して悪戦苦闘したジェームズ・クックは、『太平

洋探検 第一回航海』のなかで、一七七〇年八月一六日の日誌につぎのように記している。「われわれがいままですり抜けてきたすべての危険は、この岩礁に打ち上げられることにくらべればものの数ではなかった。船は一瞬にして粉々に砕け去ったであろう。／ここで述べている岩礁は、ヨーロッパではほとんど知られぬ種類のものである。」〔増田訳 2004b：211-212〕。

しかし、同じ『第一回航海』のつぎの日誌を読むとき、サンゴ礁が「危険な障害物」というのは、盾の半面といった意味で正しいにすぎない、ということに気づくことになる。

「この港は、面積いっぱいに利用すれば、なん隻の船でもまったく安全に収容することができる。それは、港が、島のこちら側〔東側〕に沿いほとんど全体にわたってひろがり、**サンゴ礁で外海から守られているから**であった」〔増田訳 2004a：216、ゴチは引用者による〕。「ウリエテアとオタハ〔タハア島〕は、お互いに近接しており、どちらも**サンゴ礁でとりかこまれている**。〔中略〕このサンゴ礁によって、いくつかの良港がつくられている。それらへの入口は狭いけれども、船がひとたびなかにはいってしまえば、なにものもそれに害をなすことはできない」〔増田訳 2004a：226、ゴチは引用者による〕。

右の二つの記述は一七八九年七月二五日と八月九日の日誌であるが、島を取り巻くサンゴ礁が外海の荒波から港を守っていること、サンゴ礁によって良港がつくられていることを表明している。

この記述は、沖縄のいくつかの港にも当てはまるであろう。たとえば那覇港にはかつて「倭口《やまとぐち》」「唐《とう》船口《せんぐち》」「宮古口《みやこぐち》」という三つの船の出入口があったが、これらの口は海岸を縁どる裾礁（fringing reefs）や沖合に独立して分布する台礁（platform reefs）の狭間にあり、唐船口以外は狭い水路であった。なかんずく倭口は難所であった。理由は、入口が狭く、しかも水路内部に暗礁があったからである［渡久地 2007 : 6］。倭口について、『南島水路誌』は「決して艟艦《しようかん》の航路と為《な》す可《べか》らず」（一五頁）と書き、『寰瀛水路誌』は「土地不熟の者は決して通すべからざるの水道たり」（七八四頁）と記している。しかしながら港の中は袋状をなし、周辺の「サンゴ礁で外海から守られている」。また、白瀬川の河口部に立地する久米島兼城湊は、正保国絵図には「大船四五艘程繋ル／何風に而も船かゝり自由」と記され、港の規模は大きくないが、どの風でも着船ができた。外海から湊に入るとき、サンゴ礁（礁嶺）の切れ目を通り、緩やかなS字型をした水道を通っていくが（第5章の図5—4c参照）、港内は「サンゴ礁によってとりかこまれている」。

内側に礁湖（ラグーン）や礁池を抱えるサンゴ礁におけるリ嶺（リーフ）の切れ目、または河口部におけるサンゴ礁の切れ目——そこはサンゴ礁が欠如している——は、船にとって、ことのほか重要である。その意味で、サンゴ礁は「航行の障害物／防波堤」あるいは「座礁の危険性／安全な停泊場所」という、相反するふたつの側面をもっていると理解すべきであろう。サンゴ礁は二つの顔をもつ「ヤーヌス」なのだ。

註

（1）『寰瀛水路誌』は、柳楢悦によって企画され、海軍水路局（海上保安庁水路部の前身）から明治一四〜二六年に刊行、一八巻に及ぶ。柳は明治一一年の欧米諸国の水路事業視察の際に千冊余の水路誌を購入したが、寰瀛水路誌の大半は、英国版水路誌の和訳である［川合 1997 : 242、山下 2005 : 249-253］。奄美諸島は、明治一九年三月刊行された第一巻下「第十編 州南諸島」に含まれる。「州南諸島」は南西諸島を指す。なお「寰瀛」は、山下［2005：253, 297］によれば、「世界の海」（「寰」が世界、「瀛」が大海）を意味する。

（2）『日本水路誌』（巻二）では、奄美大島は、「笠利埼」から始まった記述が「大和浜湾」で終わり、「前記の外に係る大島及其属島嶼の記事は他日をまって記す所あるべし」とあり、未完である。

（3）三水路誌は、文献解題や文献目録には掲載されていないが、地名項目（たとえば、『角川日本地名大辞典』の「南西諸島」）では言及されている。

（4）ただし、尖閣諸島領有問題を扱った評論、たとえば、井上［1972：74］などに水路誌が引用されている。

（5）明らかな誤記（誤植）の例として、門室→阿室《あむろ》、伊古民→伊古茂《いこも》、菅屯→管屯《くだとん》（以上、集落名）、東大→東方、加ク→如ク、などがある。

（6）地名以外に、水路誌では「添備品」が重要な記述をなす。水・薪・食物の調達可能性、主要産物の記述が見られる。たとえば、焼内湾沿岸の村々では、「多量の添備品を得るに難く、唯少量の家禽、雞卵《けいらん》、野羊《やぎ》、及び豕《ぶた》を得べきのみ」（七五四頁）と記している。その他、表6―1の「特記」を参照。

（7）『寰瀛水路誌』では、火山島の〔硫黄〕鳥島を「奄美群島」に含めている。

（8）『寰瀛水路誌』には約五〇集落が登場するが、その多くは「湾首に〇〇村あり」と記すのみで、説明はほとんど与えられていない。ただ、つぎの村（集落）には戸数／人口の概数が記されている。西古見（110／460）・管屯《くだとん》（100／450）・花天《けてん》（50／160）・久慈（130／550）・古志《こし》（110／350）・篠川（90／310）・阿室釜《あむろがま》（50／100）・古名瀬《こなぜ》（40／100）・阿鉄《あでつ》（90／410）。

（9）この問題は、人々の土地に対する命名行為のありかたや、空間認識を理解する上での重要なテーマと考えられる。今後の研究課題としたい。

（10）一鏈《れん》＝一〇〇ファゾム（尋）＝〇・一海里＝一八三メートル。

（11）ホール／春名訳［1986］『朝鮮・琉球航海記』につぎのような記述がある。「サンゴ礁は、少なくとも水路に詳しくない余所者にとっては、通りぬけることのできない障壁である」（一六五頁）、「（サンゴ礁の）縁が断崖状になっているために、水深の変化による危険を予知するより先に船の舳《へさき》がぶつかってしまう」（一五四頁）。

第七章　南島歌謡に謡われたサンゴ礁地形と海洋生物

八重山は「詩の国、歌の島」と言われるように、民謡・芸能の宝庫です。八重山の歌謡の特徴には、まず第一に自然に対する観察力や情感に長《た》けている点が挙げられます。（波照間永吉監修『新編沖縄の文学』沖縄時事出版、二〇〇三年、五二頁）

奄美・沖縄の島々で謡い継がれてきた歌謡のなかには、植物や動物など生活の身近なところにある自然物が多く謡《うた》われている。山里純一は、膨大な数量の八重山歌謡を渉猟し、植物と動物が歌のなかでどのように謡われているかを詳細に論述した［山里 2000、山里 2008］。八重山歌謡のなかには海辺の生き物の生態を活写したユンタ(1)がある。たとえば石垣島の歌謡「網張《アンパルヌ》のミダガーマゆんた」には一五種のカニが登場するが、海洋生物学者の大島廣はその著『ナマコとウニ』のなかで、一五種のカニについて生物学的な詳細な記述をおこない、種名の同定を試みた［大島 1962 : 15-36］。その後、その一五種のカニ類の種名同定について、平田義浩らが再検討した［平田ほか 1973 : 131-132］。

本章では、サンゴ礁の地形と海洋生物、また、人々が生物を採集・捕獲する姿が南島歌謡のなかでどのように描写されているかを、八重山・黒島歌謡「ペンガントゥレー節」を中心に考察したい。

1　南島歌謡のなかのサンゴ礁地形と海洋生物

サンゴ礁の地形と生物を謡った歌

奄美・沖縄のサンゴ礁は、「ヒシ」とよばれる礁嶺《しょうれい》（または前方礁原《ぜんぽうしょうげん》）と、その内側に広がり干潮時にも海水を湛えた「イノー」（浅礁湖《せんしょうこ》または礁池《しょうち》）から構成される[2]。

角川書店刊『南島歌謡大成』（全5巻）をひもとくと、「ヒシ」と「イノー」を詠《よ》んだ歌謡が少なくない。

つぎの歌謡は、恩納間切《おんなまぎり》（現・恩納村）の「六月御祭」のウムイである[3]［外間・玉城 1980：380-381］。

（原歌）	（訳）
にらいやわいもの	ニライ親物
かないやわいもの	カナヤ親物
しぶくだら	（未詳語）
やいくだあら	（未詳語）
えのなげえん	**イノー**沿いに

ひしなげえん　　**干瀬**《ヒシ》沿いに
つぃけてたばうれ　　着けてください

この歌謡には、「イノー」と「干瀬」が対語《ついご》となって詠まれているが、海洋生物は登場しない。

サンゴ礁海域の魚類の生態の一面を見事にとらえて詠んだ歌謡としては、つぎに抄出する久志《くし》間切（現・名護《なご》市）の「六月御祭のオモイ」がある［外間・玉城 1980：355。ただし、訳語を一部変え、和名を挿入した］。

（原歌）	（訳）
あかじにや	アカジン（スジアラ）は
ちョいあすべ	一人遊び
まくぼいよ	マクブ魚《いゆ》（シロクラベラ）は
しまァやァど	巣廻りをする魚
たまみよや	タマン魚（ハマフエフキ）は
ちりのいよ	連れの魚（群をつくる魚）

地形と海洋生物を同時に詠んだ歌謡

首里《しゅり》王府が沖縄島を中心に島々村々に伝わる歌謡を集めて編纂した『おもろさうし』のなかには、サンゴ礁の地形と海洋生物を同時に詠んだ歌謡がある。たとえば、巻一一（六五〇番）に、つぎの歌謡が収録されている［外間 2000：433-434］。

一　こまかの澪《みお》に
　　おれ 見物《みもん》
又《また》　久高《くだか》の澪《みお》に
又　ざん網《あみ》 結《むす》び降《お》ろちへ
又　亀網《かめあみ》 結《むす》び降《お》ろちへ
又　ざん 百込《ひやくこ》めて
又　亀《かめ》 百込《ひやくこ》めて
又　ざん 百捕《ひやくと》りやり
又　亀《かめ》 百捕《ひやくと》りやり
又　沖膾《おきなます》 せゝと
又　辺端膾《へたなます》 せゝと
又　手楫《てかぢ》 選《ゑら》で 乗《の》せて
又　沖走《おきは》い立《た》ての 競《いそ》いて
又　干瀬走《ひせは》い立《た》ての 競《いそ》いて

外間守善は、この歌の大意をつぎのように解している。「こまか島の澪と久高島の澪に、網降ろしをするのが見事である。ざん網、亀網を結び降ろして、ざんを百、亀を百も追い込めて、ざんを百、亀を百も捕って、沖膾、辺端膾にしようと、漕ぎ手たちを選んで乗せて、沖走い立て、干瀬走い立てが競って進む様の見事さよ」〔外間 2000：433〕。

「ざん」はジュゴンである。豊漁予祝《よしゆく》的で呪術的ともいうべきこの歌謡には、ジュゴンとウミガメの追い込み網漁が活写されている。追い込み網漁のおこなわれる場所（漁場）は、「こまか澪」と「久高澪」である。「澪」は、現在の南城市知念《ちねん》の漁師たちの言葉（方名）では「ヌー」といい、「イノー」のなかを溝状に走り外海に通じる溝状地形、すなわちサンゴ礁の切れ目、水道《すいどう》である。南城市知念の広大なサンゴ礁には、「アチヌー」「クマカヌー」「アラジンヌー」という地名をつけられた三つの大きな水道があり（第三章の図3―1参照）、『おもろさうし』のなかの「こまかの澪」は、現在の知念漁師たちに継承されている「クマカヌー」であり、「久高の澪」は、確証はないが、おそらく久高島に最も近い「アラジンヌー」であろう。

この歌謡には、地形語彙として「ヌー」（澪）のほかに「干瀬」が詠まれている。「干瀬」は現在の知念漁師の言葉でも「ヒシ」である。なお、「沖膾《なます》」の対語をなしている「辺端《へた》膾」の「辺端」は岸辺を意味する（第九章参照）。この「辺端」を含めると、この歌謡に出てくる地形語は三つとなる。海洋生物はジュゴンとウミガメ[4]の二種である。

『おもろさうし』を含めて南島歌謡において、一つの歌に謡われるサンゴ礁の地形や生物の種類は、多くの場合、数個程度にすぎない。しかし、前述の「網張《アンパルヌ》のミダガーマゆんた」など八重山歌謡では、一篇のなかに多くの海辺の生物が詠まれている歌がある。黒島歌謡「ペンガントゥレー節」もその一つであり、この歌には生物のみならず、漁場としてのサンゴ礁地形も多く詠まれている。

2 八重山歌謡「ペンガントゥレー節」

歌詞と先行研究

八重山歌謡「ペンガントゥレー節」は、「ヒヤンガントゥレー節」あるいは「ひやんかんふし」「ペンガントゥリ」ともいうが、小離島・黒島の村々の男女が野生生物を採集・捕獲する姿を生きいきと描写した歌謡として人口に膾炙《かいしゃ》している。歌詞は、採集者によって微妙な相違がある。つぎに掲げる「ペンガントゥレー節」は喜舎場［1967］をベースにしつつも筆者によって若干の変更を施したものであるが、たとえば「前《マイ》ヌ干瀬《ピー》ヌ」（02節）は、喜舎場［1967］では「前《マイ》ヌ干瀬《ピシ》ヌ」である。また、「マケー口ヌ」（11）は、西村［1967：190］では「マキウチヌ（*mak*^{y}*iutsɨ nu*）」、外間・宮良［1981：479］では「まけい内の」、「山泊」（20）は外間・宮良［1981］では「山崎」である。

原歌の村名のルビは外間・宮良［1981：521］に収録されている黒島歌謡「親廻り節」の村名に振られたルビに従った。訳は、先行研究も参考にしながら、新たに試みたものである。波傍線を施した部分は場所（地形語または地名）、傍線は生物である。なお、訳における集落名のルビは、現在の呼び方を示した。

（番）	（節）	（原歌）	（訳）
一	01	宮里《メンザト》 女童《ミヤラビ》	宮里《みやざと》の女性たちは
	02	前《マイ》ヌ干瀬《ピー》ヌ	村前の干瀬（礁嶺《しょうれい》）の
	03	ペンガン 捕《トウ》レー	ペンガン（干瀬に棲むカニ類）を捕る
	04	マタン ビキリヤター	また、男性たちは
	05	干瀬《ピー》ヌ外《プカ》ヌ	干瀬ぬ外（礁前面、礁斜面）の
	06	フフムチ ウチィエ	フフムチ（ノコギリダイ）を釣る
二	07	仲本《ナカント》女童	仲本《なかもと》の女性たちは
	08	口端《フテイパタ》ヌ	口端（浅礁湖の端）の
	09	ミーガク 採《トウ》レー	ミーガク（海藻センナリヅタ）を採集する
	10	マタン ビキリヤター	また、男性たちは
	11	マケー口《フチイ》ヌ	マケー口（マケー干瀬の礁縁部）の
	12	ボーダ 巻《マ》ケー	ボーダ（キツネブダイ）を〔網で〕巻く
三	13	東筋《アリシン》女童	東筋《あがりすじ》の女性たちは
	14	ピナ崎《シキ》ヌ	ピナ崎（地名）の〔岩場にいる〕
	15	ギシクン クウシャ	ギシクン（二枚貝リュウキュウヒバリガイ、あるいはヘリ

四

16 マタン ビキリヤター

17 ユブサンヌ

18 イラブチィ 捕《トウ》レー

19 伊古村《イクムラ》女童

20 山泊《ヤマドウマリ》ヌ

21 シンナマ 掬《スク》エー

五

22 マタン ビキリヤター

23 野原《ヌバル》ムティヌ

24 マクガン 捕《トウ》レー

25 保里《フリ》村女童

26 北《ニシイ》ピザヌ

27 タマミナ 拾《プサ》ヤー

28 マタン ビキリヤター

29 スニズニヌ

30 イラブニ 捕《トウ》レー

トリアオリガイ）を壊し取る

また、男性たちは

ユブサン（未詳、小岩礁？）の

イラブチィ（ブダイ科の魚）を捕る

伊古《いこ》村の女性たちは

山泊（海岸地名）の

シンナマ（小魚ミナミキビナゴ、またはアミアイゴの稚魚）を掬う

また、男性たちは

野原（地名）一帯の

マクガン（ヤシガニ）を捕る

保里《ほり》村の女性たちは

北の海岸の

タマミナ（小巻貝ニシキウズガイ）を拾い集める

また、男性たちは

曾根（斑礁）の

イラブネ（エラブウミヘビ）を捕る

六

31　保慶《フキ》村女童　　保慶《ほけ》村の女性たちは
32　村ヌ後《クシイ》ヌ　　村の背後の
33　シンダミ拾《プ》サヤ　　シンダミ（カタツムリ）を拾う
34　マタン ビキリヤター　　また、男性たちは
35　西《イリ》ピザヌ　　西海岸〔の礁池〕の
36　フクルベー突《シィ》ケー　　フクルベー（カワハギ科の魚）を〔銛で〕突く

大島は、その著『ナマコとウニ』〔大島 1962:36〕において「網張《アンパル》のミダガーマゆんた」のほかに、「『湊節』、『山原《ばれー》ゆんた』、『黒島口説《くるしまぐっち》』、『ヒャンガン捕れ節』など、多少とも動物をうたった八重山民謡が幾つもあるけれど、割愛して筆をおく」と記し、「ペンガントゥレー節」にも注目していたことがわかる。

「ペンガントゥレー節」は、八重山の郷土史家・喜舎場永珣の著書『八重山民謡誌』にも収録され、詳細な註釈が施されている〔喜舎場 1967：252-256〕。生物学者の平田義浩らは、「ペンガントゥレー節」に登場する生物について種名の同定を試みている〔平田ほか 1973：133〕。また、海洋民族学者の西村朝日太郎は、沖縄の伝統的な漁法を扱った論考において、この黒島歌謡に詠まれた地形や地名、生物、漁法について詳細な註記を付し、この歌謡を手がかりにして、東南アジア、オセアニアにつながるサンゴ礁域の漁撈文化複合について考察している〔西村 1967〕。民俗学者の篠原徹は、「ペンガントゥレー節」の歌の構造を分析し、「黒島の六つの集落—男女の漁場—海産生物」という対応関係を一つの表に見事

に整理した〔篠原 1990:15〕。石垣博孝は、生物多様性と島人の暮らしという観点から、「アンパル(網張)ヌミダガーマ」とともに、この黒島歌謡を紹介している〔石垣 2006:51-54〕。また、山里〔2008:83〕は、この黒島歌謡は村ごとの男女がそれぞれ「得意とする漁獲」を謡った歌であると述べている。

このように、一篇の歌謡をめぐってさまざまな分野から研究されてきた歌謡はそれほど多くはないと思われる。しかし、歌に詠まれたサンゴ礁の地形や生物、漁撈活動について考察する余地がないわけではない。本章は、先行研究を踏まえながら、「ペンガントゥレー節」について、地理学の観点から再考する。

歌の構造と音数律

「ペンガントゥレー節」は、一番から六番まであり、それらが黒島の六つの村に対応している。すなわち歌は、一番「宮里」、二番「仲本」、三番「東筋」、四番「伊古」、五番「保里」、六番「保慶」という順に歌われる。この歌の流れ(時間)を地図(空間)にプロットすると反時計回りの円環を描く(図7―1)。ちなみに、村名が出てくる他の黒島歌謡をみると、わずかな例外はあるが、村が謡われる順序は、「ペンガントゥレー節」と同じ反時計回りの歌が多い(5)。

一~六番はそれぞれ六つの節からなり、各番は前半三節(女性)と後半三節(男性)に分かれ、第一節は村の女性たち、第二節は女性たちが生物を採集・捕獲する「場所」、第三節は女性たちによって採集・捕獲される「生物」、第四節は村の男性たち、第五節は男性たちが生物を捕獲する「場所」、第六節は男性たちによって捕獲される「生物」、である。

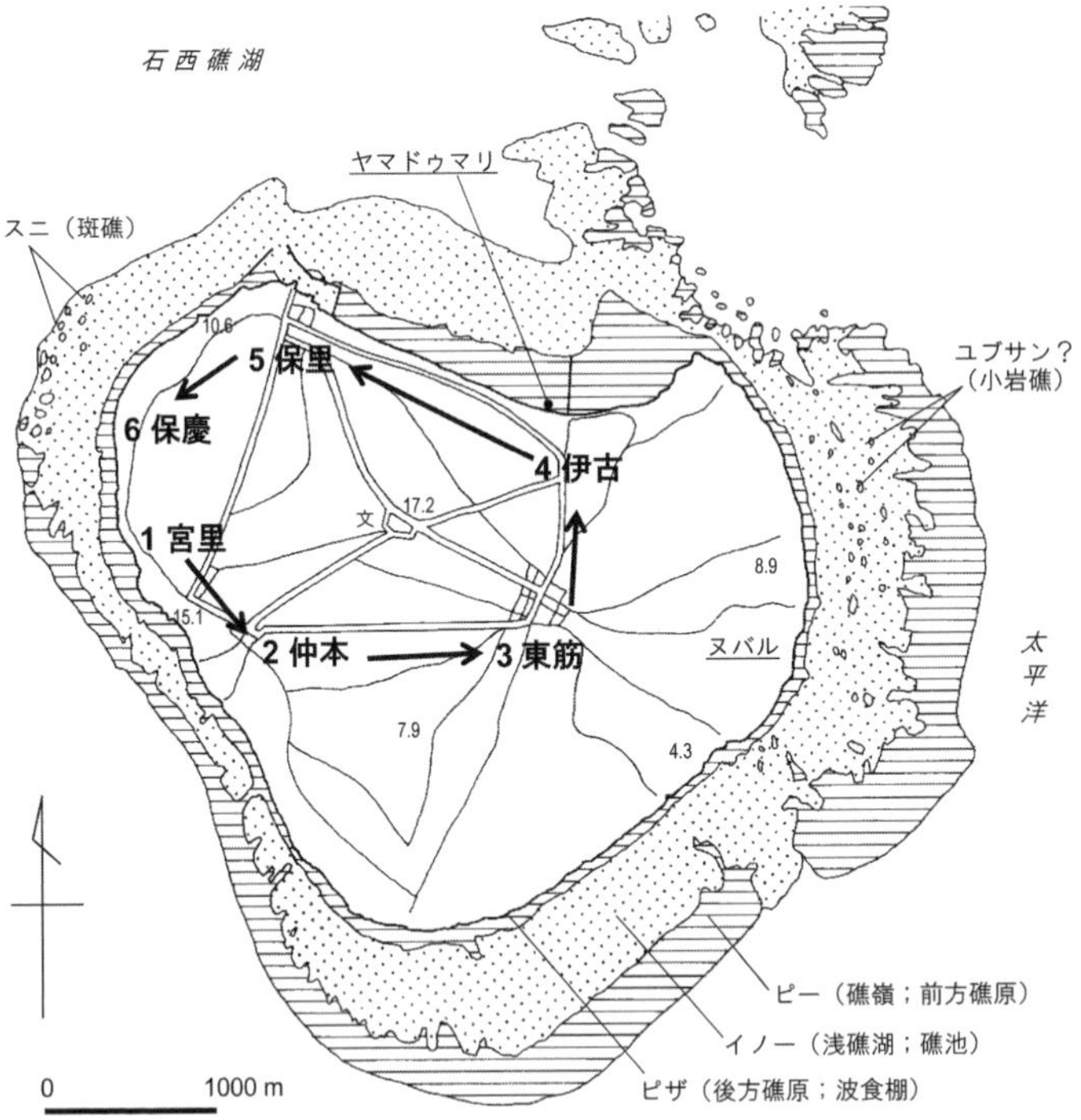

図 7-1　黒島の集落とサンゴ礁
「ペンガントゥレー節」は，1 番「宮里」から 6 番「保慶」まで矢印の方向に反時計回りに謡われる。図中の数字（10.6 など）は海抜高度（m）。サンゴ礁の地形分類は，航空写真実体視によって作成。下線の地名「ヤマドゥマリ」「ヌバル」は大山［1995：139］による。

先行研究では触れられてないが、「ペンガントゥレー節」の音数律は、各番が「八―五―七（女）／八―五―七（男）」である。そのため、四音の「宮里」（め・ん・ざ・と）などより二音少ない二音の「伊古」（い・く）、「保里」（ふ・り）、「保慶」（ふ・き）には二音の「村」（む・ら）を補って音数の調整が図られている。

3　漁撈活動の場所と採取・捕獲される生物

生物を採集・捕獲する「場所」

「ペンガントゥレー節」に謡われた、野生生物を採集・捕獲する「場所」をめぐる解釈には、研究者によって若干の相違がみられる。「場所」にかんする代表的な訳語を表7―1にまとめたが、解釈に大きな違いがあるのは、「口端《フチイパタ》」（08）、「マケー口《フチイ》」（11）、「ユブサン」（17）である。

「口端」（08）は、仲本の女性たちが海藻ミーガク（センナリヅタ）を採集する場所である。「口《フチイ》」は普通、外海に通じるサンゴ礁の切れ目（水道 channel）を指す地形語であるが、仲本集落にはサンゴ礁の切れ目はない（図7―1）。「口端」に対して、喜舎場［1967］は「入江周辺」、外間・宮良［1981］は「入江」という訳語を与えているが、仲本海岸には入江（湾入）はない。仲本の女性たちが採集するセンナリヅタは浅礁湖「イノー」のなかの岩場や砂礫地に生育する緑色のブドウのような房状の海藻である。いったい「口端」はどのような場所なのだろうか。

日本語の「口」には「物の端部、ヘリ」（『広辞苑』、岩波書店）という意味もある。奄美・沖縄の言葉で

表 7-1　主要な先行研究における「場所」の訳語

節	場所	喜舎場［1967］	平田ほか［1973］	西村［1967］	篠原［1990］
02	前ヌ干瀬	村前の珊瑚礁	前のピー	前の lagoon [a]	前のピー
05	干瀬ヌ外	礁外の深海	ピーの外	lagoon の外	後のピー
08	口端	入江の周辺	リーフ	淵の端	口端
11	マケー口 [b]	マケー干瀬の割目	牧の中	石干見の中 [b]	牧の中
14	ピナ崎	ヘナ崎	ピナシキ	ピーナサキ	ピナシキ
17	ユブサン	—	夜網業	ユブサン網	夜網業
20	山泊	山泊	山泊	伊古海岸の総称	山泊
23	野原ムティ	野原（の山林）	野原附近	野原の原野のあたり	野原
26	北ピザ [c]	北方の珊瑚礁	西海岸	西 [c] の fringing reef [d]	西海岸
29	スニズニ	そねぞねの漁場	—	海中の浅い岩礁	
32	村ヌ後	村の後方の畑	村の後	村の後	村の後
35	西ピザ	西方の礁上	西海岸	西の lagoon	西海岸

[a] lagoon は「礁湖」を意味する
[b] 西村（1967）では原歌が「マキィウチ *mak*^{y}*iutsi*」となっている
[c] 西村（1967）では原歌が「イリピザ *ir*^{y}*ip*^{y}*idza*」となっている
[d] fringing reef は「裾礁」を意味する

も、たとえば「波打ち際」を意味する「スーグチ」（潮口）、「シウチグチ」（潮打口）［堀 1980 : 207］にみられるように、「他と境をなしている際・場所を表す接尾語」［沖縄古語大辞典編集委員会 1995 : 245］としての「クチ（口）」がある。筆者は、本部町備瀬で「イノーグチ」[6]という語を採集したが、これは「ピシ」（干瀬＝礁嶺）の側から見たときの「ピシ」と「イノー」（浅礁湖、礁池）の境、「イノー」への降り口を指す方名である［渡久地 2010a : 11］。仲本集落の前面には、海岸に沿って岩盤（後方礁原）がありその前面に「イノー」が位置する（前掲図7—1）。おそらく「口端」は、後方礁原から「イノー」に入ったところ、すなわち海岸寄りの「イノー」の浅い部分を指すのであろう。

「マケー口」[11]に対して、喜舎場［1967］は「マケー干瀬の割目」、平田ほか［1973］と篠原［1990］は「牧の中」という訳語を与えている。西村［1967］が採集した歌では、「マケー口」が「マキウチ *mak*^{y}*iutsi*」になっていて、その訳語を「石干見 *makʸi* の中」としている。「石干見《いしひみ》」は、奄美・沖縄では「カチ」「カキ」「イユガチ」などとよばれる、「イノー」のなかに馬蹄形に石を積み上げて造った魚垣、フィッシュ・トラップを指す。西村〔1967：197〕は、「黒島には現在、石干見は存在しないが、古老の語るところによると、かつて東筋と伊古には存在していたという」と述べているが、「マケー口」――西村〔1967〕では「マキウチ」――は東筋でも伊古でもなく、仲本で詠まれているのである。そして「マケー口」は、仲本の男性たちがブダイ科の魚を網で巻き獲る場所であるから、「牧の中」「石干見の中」という解釈には、漁法の観点から難点があるように思われる。

私は、仲本の男性たちがボーダ（キツネブダイ）を網で巻き獲る場所であることに注目して、「マケー口」を、上げ潮時に魚群が海藻を食べに上がってくる「ピー」（礁嶺）の縁、すなわち礁縁部であると考えたい。表7―1には掲載してないが、外間・宮良〔1981：479〕では原歌が「まけい内」となっていて、その訳語を「マケー干瀬口」としている。前述したように「口」には「縁《へり》」「他との境界」という意味があるから、「干瀬《ヒシ》口」は「ヒシ」の縁すなわち礁縁部を指示すると解釈できる。『渡名喜村史（下巻）』に「ヒシグチ」の記述があり（第一二章参照）、それには「ピ（引用者註――干瀬すなわち礁嶺）と外洋との接点のやや浅い海」〔渡名喜村 1983：930〕という説明が与えられている。それはまさしく満ち潮に乗って魚群が海藻を食べに上ってくる礁縁部にほかならない。音数律からみて、「マケー干瀬口」では二音超過するため、「マケー口」とせざるを得なかったのであろう。

「ユブサン」（17）に対して、喜舎場〔1967〕は訳語を与えていない。一方、平田ほか〔1973〕と篠原〔1990〕

は「夜網業」という漢字を当て、西村［1967］は「ユブサン網」という訳語を与えている。「ユブサン」は東筋の男性たちが捕獲するブダイ科の魚と関係している。夜網業、ユブサン網はいかなる網漁なのかを平田ほか［1973］、西村［1967］、篠原［1990］は説明していない。歌の構造から考えると、「ユブサン」は漁法（網漁）ではなく生物を捕獲する「場所」（地形名あるいは地名）であると考えるのが自然であると思われるが、現段階、筆者には解釈し得ない。[7] なお、外間・宮良［1981：479］は、「ユブサン」に「ユブサン〈地名〉」という訳語を与えている。

奄美・沖縄では、「ニシ」は北の方位、「イリ」は西方である。「ニシピザ」(26)と「イリピザ」(35)の「ピザ」は、日本古語の「へた」（端）、沖縄古語「ヘタ、ピダ」（辺端）と同根の語で、海岸（特に岩石海岸）またはその前面の海、を意味する（第九章「ヘタ／ピザ考」参照）。

保里村で謡われる「スニズニ」(29)に対して、外間・宮良［1981：479］は「岩間岩間」、西村［1967］は「海中の浅い岩礁」としているが、他の研究は明確な訳語（説明）を与えていない。「スニズニ」は、「ヤマヤマ（山々）」や「シマジマ（島々）」と同じ畳語《じょうご》である。「スニ」（曽根《そね》）は海底の地形的高まりで、干潮時に干上がる浅いものから深海にあるものまで六タイプが知られているが（第一〇章の表10―2）、保里の「スニ」は浅礁湖にあり干潮時にも干上がらない斑礁《はんしょう》であると考えられる。そこだけが畳語になっている理由は、前述した音数律と関係している。すなわち「スニ　ヌ」では三音となり、五音にするために「スニズニ　ヌ」とし、音数の調整が図られている。「スニズニ」という畳語表現は、「スニ」が多く分布する様を表現することになるが、しかしまことに都合のよいことに、男性たちがエラブウミヘビを捕獲する保里の西方の浅礁湖には多くの「スニ」（斑礁）が分布しているのである（前掲図7—1）。

捕獲・採集される「生物」

各村の男女によって採集・捕獲される生物に対する先行研究の訳語は表7—2の通りである。歌題にもなっている「ペンガン」（03）について、喜舎場［1967］は和名を与えていない。篠原［1990］はカノコオウギガニとしている。平田ほか［1973］は「ペンガンはピーガン、すなわちリーフ（引用者註：ピー＝礁嶺）に棲息するカニを総称している。リーフにいて食用になるカニはイワオウギガニやカノコオウギガニ等」と記している。

「フフムチ」（06）を、平田ほか［1973］はメジナ、西村［1967］はスミクイウオ、篠原［1990］はイスズミとし、研究者間でまったく異なっている。加治工［1986：20］によると、ノコギリダイを鳩間島で「ムチイズ」（mutʃi-idzu）、波照間島で「フムチ」（fu-mutsï）とよばれることから、フフムチはフエフキダイ科のノコギリダイである可能性が高い。

「ギシクン」（15）について、喜舎場［1967］と西村［1967］は「牡蠣」としている。カキの仲間ならば、石灰岩などの岩礁に堅く固着しているイボタガキ科のオハグロガキであろう。しかし、オハグロガキは民間薬として用いられるが、日常的には採集されない。しかもその採集には金槌などが不可欠である。一方、篠原［1990］は「ザルガイの仲間」（引用者註——ザルガイ科）としているが、それは当たってないと思われる。なぜなら、ザルガイ科はサンゴ礁の砂地やアマモ場に生息し［久保・黒住 1995：188］、採

表 7-2　主要な先行研究における「生物」の訳語

節	生物	喜舎場［1967］	平田ほか［1973］	西村［1967］	篠原［1990］
03	ペンガン	ペン蟹	リーフに棲息するカニの総称	ペンガン	カノコオウギガ
06	フフムチ	黒鮭魚	メジナ	*Synagrops japonicas* [a]	イスズミ
09	ミーガク	海藻、石垣でンギフ	センナリヅタ	海草の一種	センナリズタ
12	ボーダ	俗称「ボーダ魚」	ブダイの一種	青い大きい魚	白色のブダイ
15	ギシクン	牡蠣	リュウキュウヒバリガイ	貝（牡蠣）	ザルガイの仲間
18	イラブチィ	ブダイ	ブダイの一種	魚名。ベラ科	青色ブダイ
21	シンナマ	キビナゴ	シーラー [b]	魚名	アイゴの幼魚
24	マクガン	椰子蟹	ヤシガニ	*Birgus latro* [c]	ヤシガニ
27	タマミナ	玉ミナ	ニシキウズガイ科の仲間	貝の一種	アマオブネ
30	イラブニ [d]	永良部鰻	イラブウナギ	*Laticauda semifasciata* [e]	青色ブダイ [d]
33	シンダミ	蝸牛	オキナワウスカワマイマイ	かたつむり	マイマイの仲間
36	フクルベー	フクルベー	カワハギ類の総称	*Monacanthus cirrhifer* [f]	モンガラカワハ

(a) 和名，スミクイウオ
(b)「シーラー」は，ミナミキビナゴの方名
(c) 和名，ヤシガニ
(d) 篠原［1990］では，原歌が「イラブチ」になっている
(e) 和名，エラブウミヘビ
(f) 和名，カワハギ。現在の学名は *Stephanolepis cirrhifer* である

集において、歌にあるように「壊し取る」必要はないからである。平田ほか［1973］は「ギシクン」をリュウキュウヒバリガイとしている。リュウキュウヒバリガイは礁上の岩盤に群生して付着する［久保・黒住 1995：155］。ところで、『渡名喜村史（下巻）』につぎのような記述がある。「小潮時でも干上がる珊瑚礁に群がっているギシクン（ヘリトリアオリ類）をむしり取って来た」［渡名喜村 1983：145］。このことから、「ギシクン」はマクガイ科のヘリトリアオリガイ［久保・黒住 1995：160］である可能性もあろう。潮干狩りにおける日常的な採集ということからすれば、「ギシクン」はリュウキュウヒバリガイかヘリトリアオリガイのいずれかであろう。

写真7-1　ニシキウズガイ。メッシュは1 cm

「シンナマ」㉑について、喜舎場［1967］は「キビナゴ」、平田ほか［1973］は「シーラー」、篠原［1990］は「アイゴの幼魚」としている。平田ほか［1973］は、シーラーは「カツオ釣りに使用する小魚」と記している。横井［1989：95］によれば「シーラー」は、ミナミキビナゴの方名である。

「タマミナ」㉗は、保里における聞き取りによれば、平田ほか［1973］のいうニシキウズガイ科の仲間、ニシキウズガイ（写真7—1）であり、篠原［1990］のいうアマオブネではないと思われる。

「フクルベー」㊱は、いわゆるモンガラカワハギ科と思われる。加治工［1986:8, 17］によれば、鳩間島で「フクラベ」〔Φukurabe〕は、モンガラカワハギ科のタスキモンガラとクラカケモンガラである。

4　「ペンガントゥレー節」に描写された漁撈活動

漁法

歌のなかの一二種類の生物は、「マクガン」㉔すなわちヤシガニと「シンダミ」㉝すなわちオキナワウスカワマイマイ以外は海洋生物であるから、「ペンガントゥレー節」は、サンゴ礁を漁場とする男女の漁撈活動をメインに謡った歌であるといえる。

生物を採集・捕獲する動詞は、「トゥレー（捕レー／採レー）」（03、09、18、24、30）だけではなく、採集・捕獲される生物によって「ウチィエ」（06）、「巻《マ》ケー」（12）、「クウシャ」（15）、「掬《スク》エー」（21）、「拾《プサ》ヤー」（33）、「突《シイ》ケー」（36）が択ばれている。この動詞表現についてはすでに西村［1967］が注目しているが、使い分けられた動詞から漁法を推察することができる。

「ウチィエ」（06）は「釣る」を意味する。たとえば本部《もとぶ》町備瀬《びせ》には「ハターマウチ」という表現があり、それは「ハターマ」（礁前面にある凹地）での釣り漁を意味する［渡久地 2010a：18］。宮里の男性たちがおこなう干瀬の外「ピーヌプカ」（礁前面、礁斜面）におけるフフムチ（ノコギリダイ）の漁獲は「釣り漁」によってなされることが読みとれる。

「巻ケー」（12）は、満ち潮に乗って「ピー」（礁嶺）に上がってきた魚群を数人で網をもって巻き獲ることを意味すると思われる。こうして魚を捕獲する網漁を、大神島で「ウプイズトゥイ」［市川 1978：513］、久高島で「ヌブユまき」［寺嶋 1977：184］、本部町備瀬で「イユーマキ（魚巻き）」［Toguchi 2010：65］、国頭村奥で「タチイユマキ」［高橋・渡久地 2016：80］といい、現在でもサンゴ礁漁撈活動における重要な漁法の一つである。[8] 仲本の男性たちによる「ボーダ」（キツネブダイ）の捕獲はこの巻き網漁によるのであろう。

「クウシャ」（15）は「起し取る」「壊し取る」を意味する。東筋の女性たちがピナ崎の海岸（岩礁）でギシクン（リュウキュウヒバリガイまたはヘリトリアオリガイ）を採集すると歌に謡われているが、鉄製のへラなどを使って根こそぎに壊し取るのであろう。

伊古の女性たちは、山泊海岸でシンナマ（ミナミキビナゴあるいはアミアイゴの稚魚）を掬い取るが、それには叉手網《さで》が用いられたのだろう。

そして、保慶の男性たちが西海岸でモンガラカワハギ科の魚を獲るのは、銛突き漁による。

漁場・生物とジェンダー

これまでの考察から各集落の男女の漁撈活動（集落―男女―漁場―漁法―生物）について整理すると、表7―3のようにまとめることができる。

漁法をみると、女性たちは「伊古」の山泊海岸（浅礁湖、礁池）で小魚を叉手網で掬い取ること以外は「採集」であり、使用される漁具もヘラなど、簡単な漁具であると推察される。そして女性たちの漁場は、歩いて漁のできるサンゴ礁の内側（後方礁原、浅い「イノー」、干潮時に干上がる「ピー」など）に限られる。採取される生物は、海藻、小巻貝、磯カニ、二枚貝、小魚で、動かないか動きの遅い底生の動植物（ベントス）が多い。

一方、男性たちの漁法は、歌から読み取れるものとして、釣り漁、巻き網漁、銛突き漁があげられ、漁場は「ピー」（礁嶺）の外側に位置する「ピーヌプカ」（礁前面、礁斜面）、「スニズニ」（斑礁）や、「ピー」の外縁部、「イノー」などである。漁獲される生物は、動きのある魚類（ネクトン）が大半を占める。以上の関係を簡略化して示すと、つぎのようになる。

表 7-3 「ペンガントゥレー節」に謡われた村別、男女別漁撈活動

集落	性	漁場（地形）	漁法	生物（和名）
宮里	女	前ヌ干瀬（礁嶺）	採集	ペンガン（カノコオウギガニなど）
	男	干瀬ヌ外（礁斜面）	釣り漁	フフムチ（ノコギリダイ）
仲本	女	口端（浅礁湖の端）	採集	ミーガク（海藻センナリヅタ）
	男	マケー口（礁縁部）	巻き網漁	ボーダ（キツネブダイ）
東筋	女	ピナ崎（岩礁）	採集	ギシクン（リュウキュウヒバリガイあるいはヘリトリアオリガイ）
	男	ユブサン（未詳）	（捕獲）	イラブチィ（ブダイ科の魚）
伊古	女	山泊海岸（浅礁湖）	叉手網漁	シンナマ（ミナミキビナゴあるいはアミアイゴの幼魚）
	男	野原一帯	（採集）	マクガン（ヤシガニ）
保里	女	北ピザ（岩礁）	採集	タマミナ（小巻貝ニシキウズガイ）
	男	スニズニ（斑礁）	（捕獲）*	イラブニ（エラブウミヘビ）
保慶	女	村ヌ後	—	シンダミ（オキナワウスカワマイマイ）
	男	西ピザ（海岸、イノー）	突き漁*	フクルベー（モンガラカワハギ科）

*印を付した漁法は「素潜り漁」に属する

女性—サンゴ礁の内側—ベントス
男性—サンゴ礁の外側—ネクトン

ヤシガニと男性

「ペンガントゥレー節」は、海洋生物を中心に謡っているとはいえ、陸上で捕獲・採集される「マクガン」（ヤシガニ）と「シンダミ」(9)（オキナワウスカワマイマイ）を看過することはできない。黒島のような全島琉球石灰岩からなる平たいサンゴ島には陸産の動物資源が少ないが、そのようななかにあってヤシガニは古くから島の暮らし（食文化）と深いかかわりをもってきた［藤田 2010］。そのことを黒島歌謡はわれわれに再認識させる。

黒島と同じ琉球石灰岩からなる低い平たい島である多良間島（宮古諸島）にはヤシガニが多く生息するが、藤田喜久は多良間島での聞き取り調査から、ヤシガニは「タンパク源としてよりは、嗜

好品として食べる」という島民の言葉を記している〔藤田 2010：47〕。サンゴ礁に取り巻かれた石灰岩の小離島では、動物性のタンパク源の多くを家畜や海産物に依存したであろうが、ヤシガニなどの陸棲生物も食（味覚）の多様性に寄与していたことがわかる。

ところで、「ペンガントゥレー節」においてヤシガニの捕獲がなぜ男性たちに担わされているのか。ヤシガニは見かけから想像される以上に逃げ足が速いが、それでも女性でも十分に捕獲できる。事実、多良間島では、ヤシガニ獲りには女性も加わっている。ヤシガニと男性の結びつきを解く鍵は、藤田のなかに記録されている多良間島での聞き書きが与えてくれているように思われる。「ヤシガニ獲りを男女で行って、そのまま夫婦になることもあった。ヤシガニ獲りを女性から男性に頼むのは、愛の告白と捉えることもあった。そのために男性はヤシガニのよく獲れる場所を知っておく必要があった。各自のヤシガニを獲るための『なわばり』（よく獲れる場所）があった」〔藤田 2010：47〕。

ともあれ、野生生物をめぐる民俗調査（聞き書き）は、生物を詠んだ歌謡を読み解くために重要な手掛かりを与えてくれる。

5　男女の漁獲場所と漁獲生物

音数律など一定の形式をもつ歌謡は、場景描写においておのずから制約を科せられている。音数に合わせて語（複合語）の一部が省略され、逆に「スニズニ」のように畳語表現になったりする。これが、

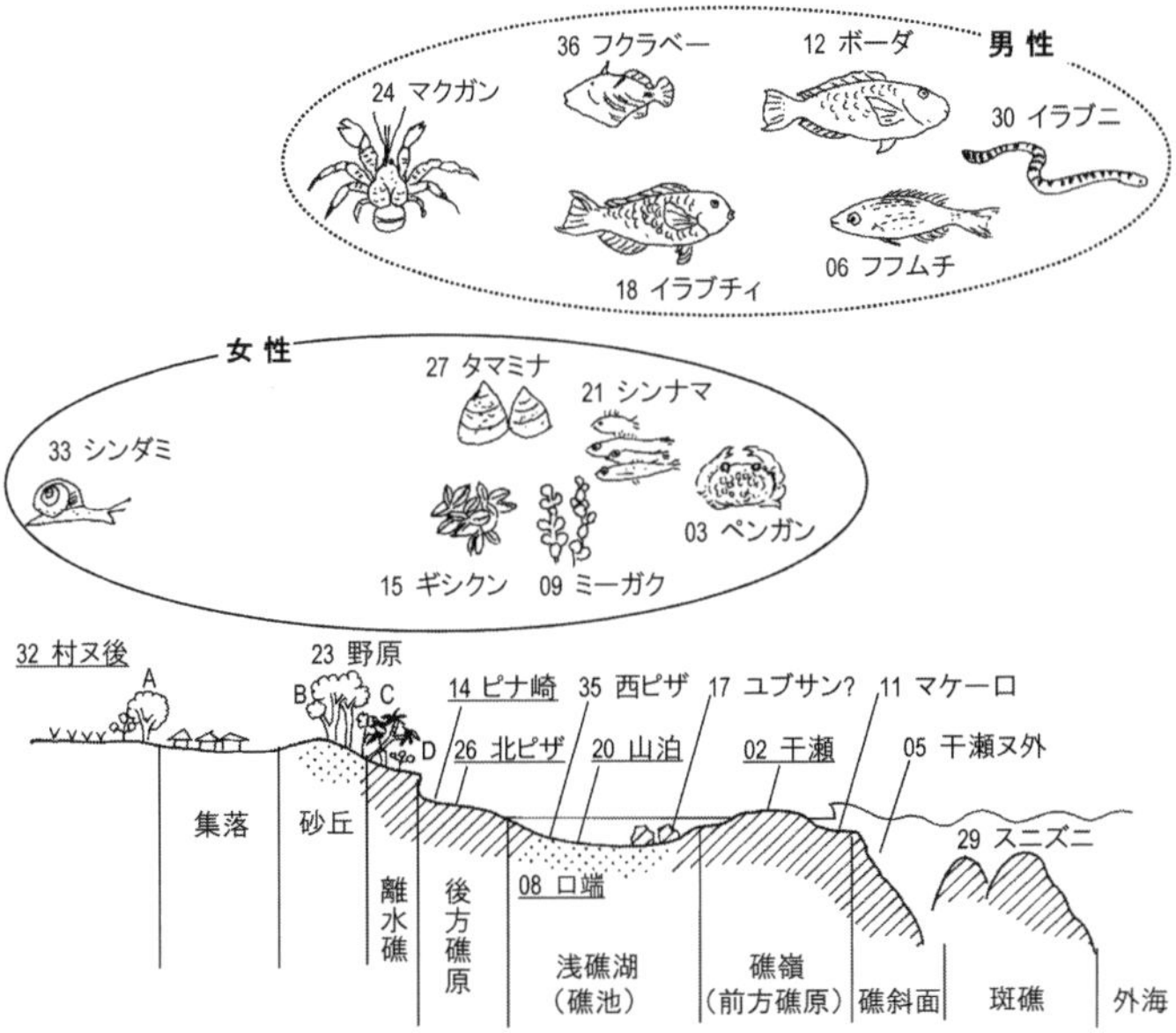

図7-2「ペンガントゥレー節」における採集・捕獲される「場所」と「生物」。数字は歌の節番。下線は女性の「場所」。「17. ユブサン」は漁場が未詳。植生は環境庁［1981］による。A：リュウキュウガキ―ナガミボチョウジ群落、B：ハスノハギリ群集、C：アダン―オオハマボウ群落、D：イソマツ―モクビャッコウ群落

歌のなかの語の解釈を難しくしていると考えられる。「ペンガントゥレー節」に詠まれた漁場語彙のなかには、本章で解釈を保留せざるを得ない語があるが、歌に描写された、黒島の村々の男女が生物を採集・捕獲する「場所」と、採集・捕獲される「生物」について図化を試みた（図7―2）。

陸棲のオキナワウスカワマイマイが詠まれている点は、「日本列島でカタツムリの仲間を常食に近い形で食べていた地域があったこと」［篠原 1990：12］を示唆しているかもしれない[10]。叙事的な歌謡が民俗的・地理的事象をストレートに説明するものではないが、し

かし島々で歌い継がれてきた歌謡は、地理的・民俗的事象から完全に自由ではないであろう。

南島歌謡には、奄美・沖縄の島々に暮らしてきた人々の生活の様子や、自然界に対する人々の認識や心性を知る手掛かりも隠されているかもしれない[11]。しかし、逆説的だが、自然を謡った歌、自然と人間のかかわりを詠んだ歌を読み解くには、実地調査を積み上げていく必要性を痛感させられる。今後の課題としたい。

註

（1）「ユンタ」は、外間［1981：650］によれば、「作業労働を主題とする叙事的歌謡」である。その語源は「誦（よ）み歌」であると考えられている。

（2）「ヒシ」は、地域によっては「ピシ」（久高島、本部町など）、「ピー」（八重山諸島）、「スィ」（奄美大島北部）、「クィシィ」（奄美大島大和村）などとよばれる。また、「イノー」は、宮古諸島では「イナウ」、奄美諸島では「エノ」または「イノ」などとよばれる。詳細は本書の第一〇章を参照されたい。

（3）「ウムイ」は、祭式などに謡われる沖縄諸島の歌謡。語義は「思い」で、共同体の共通の願望を表現した呪禱《じゅとう》的歌謡である［玉城 1983：318］。

（4）八重山歌謡でもザン（ジュゴン）とカメが対語になっている歌が少なくない［山里 2008：47］。ジュゴンとウミガメの同伴性については盛口［2003：135, 182］も触れている。

（5）たとえば、「親廻り節」［外間・宮良 1981：521］は「ペンガントレー節」とまったく同じ順に歌が進行する。「船越ゆんた」［同：443］と「いやり節」［同：520］はいずれも「宮里→仲本→東筋→保里」で反時計廻りではあるが、伊古と保慶が謡われない。時計回りでなく反時計回りであることに、何らかの意味があるか否かは、筆者にはわからない。

(6) 南島歌謡のなかには「イノー口」が「干瀬口」の対語として詠まれている歌が数篇ある［外間・玉城 1980：425, 430, 500 など］。

(7)『座間味村史（中巻）』に、「ユブサー」という語があり、「潮が引くと露出する海中の小岩。満潮時には見えないので航行する舟は注意した」と記されている［座間味村史編集委員会 1989：611］。黒島歌謡のなかの「ユブサン」がこの「ユブサー」と同系の語ならば、ユブサンは、浅礁湖（礁池）のなかのサンゴ頭（coral head）もしくは小岩礁であるのかもしれない。

(8) 古谷［2011：88-97］は、石垣島・白保において、満ち潮時に礁嶺（ピー）に上ってくる魚群を網で巻き獲る漁について詳述している。

(9) 外間・宮良［1981：479］では、「つんなみ」となっている。

(10) なお、『渡名喜村史』には、渡名喜島では「梅雨期の頃は原っぱにチンナミ（蝸牛）が無数にはい出てくるのを集め、水炊きして竹の針や魚のとげなどで肉を取り出して食べたらしい」と記されている［渡名喜村 1983：145］。また、佐喜真興英が自身の出身地、宜野湾村（市）新城《あらぐすく》の民俗をまとめた『シマの話』（原著、一九二五年）にも「島人は好んで蝸牛《かたつむり》を食べた」と記している［佐喜真 1982：275］。

(11) ただし、歌謡を手がかりにしてサンゴ礁の微地形に対する漁師たちの細やかな自然認識をさぐることには限界がある。その理由については渡久地［2011b：138-141］を参照されたい。

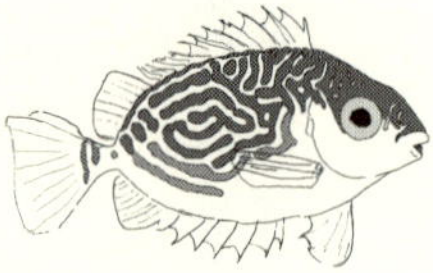

第八章　田中一村絵画にみる亜熱帯植物と熱帯魚

絵とはなんとむなしいのだろう。原物には感心しないのに、それを写し取り、似ているといって感心させられるのだから。（パスカル著／塩川徹也訳『パンセ（上）』岩波文庫、二〇一五年、五七頁）

本章は、日本画家・田中一村（一九〇八―七七）が奄美時代（一九五八―七七）に描いた植物景観画について論じた拙稿〔渡久地 2003〕を元にしている。内容的な変更は加えていないが、その論考を公表してから十数年が経過し、その後の一村研究を看過することはできないので、それについては註のかたちで言及した。またその後、作品名も一村の書簡や作品に付された添え状などの調査を踏まえて変更されたため、今回、作品名を展覧会図録『田中一村 新たなる全貌』〔松尾ほか 2010〕に従って改めた。奄美時代の一村は、海洋生物――そのほとんどはサンゴ礁海域に生息するリーフフィッシュ（coral reef fishes）である――に対しても熱い視線をむけていた。その海洋生物については、本章の終節に、短い文章を書き加えることにした。

1　問題認識

一九八五年に刊行された『NHK日曜美術館「黒潮の画譜」田中一村作品集』〔NHK出版 1985〕には、絵に描かれた主要な動植物の和名が、作品名の下にキャプションとして示されている。二〇〇一年の新版〔NHK出版 2001〕では、生物和名がさらにより詳しく補訂された(1)。この事実は、田中一村絵画における動植物の重要性が、一村が世に大きく紹介される当初から予想されていたこととはいえ、近年その重要性がよりはっきりと意識され増大したことを表しているように思われる。『作品集』(旧版)刊行の約一年後には、中野淳夫著『アダンの画帖　田中一村伝』〔中野 1986〕が刊行され、それ以後も、特に一九九〇年代後半以降、一村にかんする書物が相次いで刊行された〔比嘉 1989、小林 1996、加藤 1997、大矢 2001、湯原 2001〕。しかし、一村の絵画世界を構成する動植物を論じたモノグラフは未だに書かれていない。描かれた植物のみに焦点を当てた研究論文さえも、管見の限りでは見当たらない。

一村は動植物を深く研究した。「珍しい植物や鳥、蝶に出くわすと、必ず植物図鑑や昆虫図鑑などに当たって調べた」〔中野 1986：104〕。それゆえ、一村の作品研究には、動植物の研究、とりわけ植物についての考察は不可避であるといえる。むろん、従来の一村論において動植物についての考察や解釈がなかったわけではない。たとえば、絵に描かれた花や鳥の象徴性が論じられてきた〔山本 1990：69-70、小林 1996：111-112、湯原 2001：171-177〕。作品中の植物への部分的・断片的な言及は決して少なくない。

しかし、絵に描かれた植物を全体的に取り上げ、それらを体系的に整理・分析するという基礎的作業を踏まえて考察した研究はない。そのため、解明されないまま残された疑問点が少なくない。

たとえば、つぎのような素朴な質問があり得る。複数の植物で構成される一枚の作品には奄美の一年が表現されているのか否か。一枚の絵に描かれた複数の植物の開花期や結実期、生育場所に現実との整合性はあるのか否か。奄美の作品群に描かれた全植物に占める熱帯・亜熱帯の植物の割合はどのくらいか、などなど。これらの問いは、一村の絵に対する考え方、姿勢と実践、さらに自然観を問う問いと無縁ではないと思われる。

ところで、景観研究を学問的分野の一つとして伝統的に有する地理学において、特に一九七〇年代の人文主義的（あるいは現象学的）地理学の台頭以降、絵画作品を分析対象とする研究は、少ないながらも重要な一角を占めている［Lowenthal and Prince 1965, Appleton 1975, Rees 1976, Cosgrove and Daniels 1988, 山野 1998 など］。そこではたとえば、風景画を手がかりにして人間にとって居心地のよい場所（habitat）や、それぞれの土地に暮らす人々に伝統的に好まれてきた風景の探求、人々の環境認識（風景認識）の解明、風景画家の土地認識についての考察、地理的世界像の形成に与えた絵画表現の影響の究明、といった研究がみられる。そのような地理学において、田中一村の絵画作品に最初に注目した研究は、管見によれば、斎藤毅の論考［斉藤 1992］であるが、しかしそれは作品分析にまで十分に踏み込んだものではない。

本章では、以上のような問題認識と研究の状況を踏まえ、まず奄美の植物景観画に描かれた植物全体を取り上げ、それを整理・分析し、その一連の作品群の特徴を考察する。対象とする作品は、複数

表 8-1　分析対象とした田中一村作品群《奄美植物景観画》

略号	作品番号	作品名	制作年	サイズ（cm）
A	337	初夏の海に赤翡翠	昭和 37 年（1962）頃	152 × 58
B	338	枇榔樹の森に崑崙花	昭和 40 年代	150 × 73
C	339	奄美の郷に褄紅蝶	昭和 40 年代	155 × 74
D	341	桜躑躅と赤髭	昭和 40 年代	155 × 74
E	342	草花に蝶と蛾	昭和 40 年代	155 × 73
F	343	大赤啄木鳥と瑠璃懸巣	昭和 40 年代	155 × 74
G	346	枇榔と浜木綿	昭和 40 年代	155 × 73
H	347	枇榔樹の森に浅葱斑蝶	昭和 40 年代	154 × 70
I	348	榕樹に虎みゝづく	昭和 48 年（1973）以前	154 × 74
J	349	枇榔樹の森	昭和 48 年（1973）以前	154 × 74
K	351	不喰芋と蘇鐵	昭和 48 年（1973）以前	156 × 83
L	361	枇榔樹の森に赤翡翠	未完	152 × 57
M	363	白花と瑠璃懸巣	未完	155 × 74

作品番号は，『田中一村　新たなる全貌』［松尾ほか 2010］中の「田中一村作品目録」による。作品名・制作年・サイズは，『田中一村作品集［増補改訂版］』［NHK 出版 2013］による。ただし，サイズ（cm）は，小数点以下を四捨五入した。いずれも田中一村記念美術館蔵。

の植物から構成される縦長の一三作品（縦約一五〇～一五五センチ、横五七～八三センチの作品群）、すなわち「生涯の最後を飾る絵」（後述する一村書簡中のフレーズ）の完成を目指して一村が全エネルギーを注ぎ込んだ作品群を分析対象とする（表8―1）。

この一三作品全体を、本章では二重山括弧で括り《奄美植物景観画[2]》と表記した。植物の同定には、『田中一村作品集［新版］』［NHK出版 2001］が大いに役立った（ただし、一部変更を加えるともに、追加補足した）。和名の表記は主として片野田逸朗著『琉球弧・野山の花 from Amami』［片野田 1999］などによった。植物の開花期と結実期は、既存の琉球列島の植物にかんする文献（植物図鑑その他）および、沖縄島における筆者の調査によっている。こうして、まず植物にかんする一覧表を作成し分析のための基礎データとした。それをもとに、描かれた植物の、①開花期・結実期（＝時間軸）、②生態分布（＝環境軸）、③地理分布（＝地理軸）、という三つの軸を設定し、分析と考察をすすめる方法をとった。

すべての絵画作品は見る者にひとしく開かれた自立的存在である。絵に描かれた植物と実際の奄美のそれとを対比させる作業は、作品世界そのものの価値には何のかかわりもない。しかし、一村の、絵に取り組む姿勢・態度を明らかにする、あるいは一村の亜熱帯の植物的自然にむけられた眼差しを理解する、そして一村芸術が奄美・沖縄の人々に与えた衝撃と影響の本質の一端を知るためには、このような作業は避けて通れない。

2　奄美の植物的自然の概観

中琉球の北端に位置する奄美大島（以下、「奄美」という）は、琉球列島では沖縄島に次ぐ二番目に大きい島である。面積七一二平方キロメートル、最高海抜六九四・五メートル（湯湾岳）の山地性の高島である。地質は沖縄本島北部ヤンバルと類似するが、地形はやや異なっている。すなわち奄美は、丘陵地がきわめて少なく、大部分を山地が占め、島の北部の笠利半島を除くと、山地斜面が直接海岸まで迫る。地形構成をヤンバル（国頭村・大宜味村・東村）と対比すると、山地はヤンバルの三二％に対して奄美が八八％、丘陵地は五五％に対して七％、砂礫台地は八％に対して二％、低地は五％に対して三％となる。一村が一九年間暮らした谷底低地（有屋―浦上―大熊一帯の奥行きのある谷間）は、約六千年前以降、それまでの湾奥に背後の山地から侵食され浦上川と有屋川によって運ばれてきた土砂が三角州のように堆積してできた沖積低地である［目崎 1992：19］。背後の山地は中生代白亜紀（約一億年前）の名瀬層とよばれる頁岩《けつ》と砂岩などから構成される。

奄美（名瀬）は、琉球列島のなかで屋久島（年降水量四四七八ミリ）に次いで雨が多く、年降水量は二八三八ミリに達する（ちなみに那覇は二〇四一ミリである）。名瀬（観測地点は名瀬市街、標高三メートル）の年平均湿度は七四％で、東京の六五％、千葉の六九％に比較して高い。雨が多く湿度の高い谷底低地での日本画制作に、一村は細心の注意を払った。奄美は、年平均気温二一・六℃、暖かさの指数(3)は一八三で、亜熱帯気候に属する。

屋久島以南の亜熱帯の島々は、中生代～古第三紀の古い地質から構成される山地・丘陵地を主体とする高島と、サンゴ礁由来の第四紀琉球石灰岩からなる低島に大別される。奄美などの高島にはボチョウジ―スダジイ群団と総称される森林が、低島にはナガミボチョウジ―リュウキュウガキ群団の森林が発達する。琉球列島は亜熱帯常緑広葉樹林帯に属するが、その森林は林の上層をおおう樹種の多くが光沢のある葉をもつことから、照葉樹林ともよばれている。琉球列島の照葉樹林は、北の日本本土と南の台湾との狭間にあって、双方の影響を受けている。大野啓一によると、琉球列島の照葉樹林は、林床（低木・草本）は台湾と比較的似ていて南方的であるのに対して、林冠（高木・亜高木）は日本本土に似ていて北方的という不思議な状況を示している、という［大野 1997：81］。琉球列島の植生が面積規模の割には多様性に富んでいるのも、気候条件のほかに、このような地理的位置と無縁ではなかろう。琉球列島の面積は日本全体の約一％にすぎないが、植物は日本全体の約三九〇〇種に対して約一七〇〇種（約四四

%）が生育する〔伊藤 1995：46〕。奄美諸島には約一二五〇種が分布する〔片野田 1999：8〕。

奄美は、「海岸から山地まで常緑の植生におおわれており、年間を通じ常に何れかの花が咲いていて緑と花が絶えない」〔宮脇ほか 1974：12〕。また、谷に刻まれた複雑な地形を発達させ、「傾斜角・方位、海岸からの距離、水分条件など微地形的な違いや、人為的影響の加わり方など、立地条件」〔宮脇ほか 1974：12〕を反映した多彩な植物景観を示している。一村が暮らした低地の周辺や背後山地の植生は、大部分が人為的影響を受けた二次植生で、ギョクシンカ—スダジイ群集とリュウキュウマツ群落、ノボタン—ススキ群落が大半を占める。さらに、奄美・沖縄には、南との長い交流の歴史を通じて、多くの栽培植物が導入された。薩摩藩士・名越《なごや》左源太が一八五〇〜五五年の奄美遠島中にまとめた『南島雑話』〔国分・恵良 1984ab〕には、サガリバナ（久太理花、沢藤）、ヘゴ（ヘゴ）、ヒカゲヘゴ（綾貫衆・アヤヘゴ）、キキョウラン（桔梗蘭）など在来の野生植物とともに、リュウガン（龍眼肉）、レイシ（レイシ）、フトモモ（ホウトウ）、ジャスミン（茉莉花）、デイゴ（刺桐花）、サンダンカ（山丹花）、ブッソウゲ（不曽花）など、熱帯アジア原産の栽培植物が描写されている（括弧内は『南島雑話』における表記）。

一村は、このような温暖多雨で多様な植物的自然をもつ奄美に、一九五八年、五〇歳で移り住み、およそ一九年間、花や鳥、蝶、熱帯魚を描き続け、一村独得の植物景観画——山本和弘は「風景的花鳥画」〔山本 1990:68〕と表現している——を完成させ、日本の亜熱帯自然のなかに初めて「美」を発見した〔渡久地 2001：135〕。

3　《奄美植物景観画》を構成する植物

一覧表について

《奄美植物景観画》に描かれた植物を可能な限り一つ一つ取り出し、一覧表に整理したのが表8―2である。未詳植物一点を含む三八の植物名を、絵に現れる回数の多い順に列記した。これが《奄美植物景観画》に登場するほぼ全植物のリストである。ビロウが画面をおおいつくす「枇榔樹《びろう》の森」（J）と「枇榔樹《びろう》の森に崑崙花《こんろんか》」（B）において、ビロウの背後に薄くシルエットとして描かれた植物は種の同定ができず、これは一覧表に加えていない。カヤツリグサ科は種レベルの同定ができていない。「白花と瑠璃懸巣《るりかけす》（未完）」（M）に描かれたリュウキュウハギは、未完成作品中の植物ということもあって、種の同定は困難であるが、本章はNHK出版の『田中一村作品集［新版］』に従った。「未詳」の植物は、「枇榔樹の森に崑崙花」（B）と「枇榔樹の森に赤翡翠《あかしょうびん》」（L）の前景に葉と茎を描き、比較的大きく描かれているにもかかわらず、花を描いてないため、また影絵風の葉には葉脈がないために、種の同定ができていない。

表8―2におけるA～Mは、表8―1の作品名に付した略号と対応する。セル中の記号（黒丸など）の意味は表下に明記した。たとえば、「枇榔樹の森に浅葱斑蝶《あさぎまだら》」（H）は、ビロウ、コンロンカ、アオノクマタケラン、実をつけたムサシアブミ、アカミズキ、ギョクシンカ、赤い実をつけたボチョウジ、以

上七種の植物によって構成されていることを意味する。「奄美の郷《さと》に褄紅蝶《つまべに》」(C)の画面右上のパパイヤは花と実をつけている(花と実の両方を描いている場合は、表中では黒星印)。

表8—2の右半分には、植物の「開花期・結実期」「生態分布(立地環境)」「地理分布」を示した。ムサシアブミは一月~四月に花が咲き夏~秋に実をつける。ハマオモト(別名ハマユウ)の花は一年を通じて見られるが盛りは四月~九月の暖期である。サンゴシトウ(別名ヒシバデイゴ)は年二回開花する庭木である。

亜熱帯の四季

亜熱帯の奄美は季節変化が乏しく年中花が咲き乱れている、という表現は必ずしも正しくない。より正確には、長い夏、短い春と秋、冬がある、というべきであろう。気温の変化のほかに風、雨、湿度、光の変化が加わり、四季は顕れる。自然物と向き合う者にとって、その変化は明瞭に感受されるであろう。四月初めから梅雨入りの五月一〇日頃までが初夏。梅雨入り前とはいえ土を潤すほどの雨が時折降る。入梅は東京より一月《ひと》も早い。梅雨明けは六月二九日頃。梅雨明け後は本格的な夏が到来し、暑い日が一〇月上旬まで続く。その間、特に七月中旬から九月中旬までの間には台風が接近到来する。夏と秋の狭間には、サシバ(鷹)が南に渡り、小雨が降り、やがて「ミーニシ」とよばれる爽やかな北寄りの風が吹く。冬の入りは一二月初め、春の入りは二月終り頃である。

一年を通じていずれかの花が咲くにしても、春から初夏、梅雨の頃に咲く花が目立って多い。梅雨入り

描かれた植物リスト

開花期 ［＊結実期］	生態分布（立地環境）	地理分布
［＊ 7-11 月］	海岸〜山地谷あい	四国南部・九州以南
5-6 月	低地〜山地谷あい	種子島以南
5 月頃	山地林内（林床）	紀伊半島以南
1-4 月 ［＊夏 - 秋］	石灰岩地域の林床	関東以南
盛期：4-9 月	砂浜，畑周辺	房総半島以南
5-6 月	日当たりのよい林縁，川岸	奄美大島以南
6 月頃	低地〜山地の林内	九州中部以南
［＊冬］	山地林内，海岸林内	種子島以南
5-6 月	海岸崖地	宮崎県以南
5-6 月	山地の二次林内，林縁	奄美以南〜与那国島
×		
4-9 月	海岸〜海岸林の林縁	奄美大島以南
周年	（ブラジル原産）屋敷	栽培（熱帯・亜熱帯）
周年［＊周年］	（アフリカ原産）屋敷	栽培（熱帯・亜熱帯）
×	（インド，マレー半島原産）	栽培（熱帯・亜熱帯）
×	日当たりのよい乾燥地	関東以南（太平洋岸）
×	（アフリカ原産）集落内	栽培（熱帯・亜熱帯）
5-6 月／秋	屋敷（庭木）	栽培（熱帯・亜熱帯）
—	陰湿な林内	伊豆諸島，紀伊半島以南
—	山地林内の岩，樹幹	鹿児島県大隅半島以南
—	日当たりのよい湿った谷間，斜面	奄美大島以南
2-4 月	低地〜山地の林縁，川沿い	四国・九州以南
6-10 月	低地〜林縁の乾いた陽地	奄美大島以南
夏 - 秋	湿った土地（低地・林道沿・原野）	九州南部以南
夏 - 秋		（本州以南）
5-6 月	海岸〜低地，山地林縁	和歌山県以南
5-6 月	民家周辺，林縁	九州南部以南
4-6 月［＊ 5-7 月］	海岸〜やや内陸の岩場，崖	紀伊半島以南
5-6 月	民家周辺，山地林縁	九州南部以南
4 月頃	（インド原産）屋敷，山地（野生化）	種子島以南
×	海岸〜低地の陽地	種子島以南
5-7 月［＊ 6-8］	低地〜山地の林縁，集落内荒地	四国南部・九州南部以南
5-7 月［＊ 6-8］	海岸〜海岸林の林縁	千葉県／山形県以南
［＊夏 - 秋］	海岸〜山地の林縁	本州西部以南
—	路傍の岸壁，海岸の断崖	関東以南
5-9 月	（南中国〜インド原産）民家周辺	栽培（熱帯・亜熱帯）
5 月頃／ 10 月頃	（中国？原産）屋敷	栽培（奄美大島〜沖縄島）
5-10 月	（熱帯アフリカ原産）屋敷，野生化	栽培（熱帯・亜熱帯）

生態分布・地理分布は，主に片野田［1999］によったが，初島［1975］，初島・中島［1979］，池原［1979 〜 1989］なども参照した。植物名の同定にはＮＨＫ出版［2001］を参照にした。ただし，一部変更・補足した。開花期と結実期は，上記文献等，および筆者の調査による。

表 8-2　田中一村《奄美植物景観画》に

植物名	作品の略号　（表 8-1 と対応）												
	A	B	C	D	E	F	G	H	I	J	K	L	M
ビロウ	▲	▲	▲				■	▲		▲		▲	
コンロンカ		●						●		●		●	
アオノクマタケラン		●						●		●		●	
ムサシアブミ		●		●				■				●	
ハマオモト（ハマユウ）	●						●		●				
アカミズキ	●							●		●			
ギョクシンカ	●							●				●	
ボチョウジ（リュウキュウアオキ）		■						■					
ソテツ					●						●		
イジュ						●							●
未詳		▲										▲	
ミツバハマゴウ	●												
ブーゲンビレア			●										
パパイヤ			★										
コモチクジャクヤシ			▲										
アオノリュウゼツラン			▲										
クロトン（3 品種）			▲										
サンゴシトウ（ヒシバデイゴ）			●										
オオタニワタリ				▲									
アマモシシラン				▲									
ヒカゲヘゴ				▲									
サクラツツジ				●									
ノボタン					●								
オオアブラガヤ					●								
カヤツリグサ科					●								
ハマニンドウ					●								
ゲットウ					●								
キキョウラン					■								
クマタケラン						●							
フトモモ						●							
ガジュマル									▲				
クワズイモ											★		
ハマナタマメ											★		
ハスノハカズラ											■		
ホウライシダ											▲		
ヒギリ													●
リュウキュウハギ													●
オオバナチョウセンアサガオ													●

●花を描写，■果実を描写，★花と果実の双方を描写，▲葉・茎を描写（種子植物であっても，花・果実を描いていない，あるいはシダ植物で花と果実をつけない植物）。―：花・果実をつけないシダ植物。×：花・果実のいずれも描いてない場合。

の頃には、ゲットウ、クマタケラン、アオノクマタケラン、イジュ、コンロンカなどが一斉に花を咲かせる。房総半島まで分布するハマオモトは、奄美では冬季にも花を見ることができるが、咲き乱れるのは夏を中心に春から秋の間である。一方、一年を通して咲く花も少なくない。園芸植物のブーゲンビレアがそのよい例であるが、しかしこれにも周期性があり、一つの木が年中花をつけているわけではない。

4　《景観画》に描かれた植物の時季・生態分布・地理分布

時季分析

さて、ここで、《奄美植物景観画》の一枚一枚が示す絵の時季を問題にしたい。喜舎場直子はつぎのように記している。「一村は、咲く時も、咲く場所も違う草ばなを一つの画面に描いている。一つの絵の中に沖縄《ママ》の四季が納まっていると言うわけだ。奄美の杜④（引用者註——現在の作品名は「草花に蝶と蛾」）がいい例であろう。四、五月ごろ咲くノボタンとキキョウラン。七、八月の月桃と言う具合に」［喜舎場 1988：48］。また加藤邦彦は、奄美在住の研究家の協力も得ておこなったという調査の結果、一村の絵には「同時期には絶対に咲かない花が同一画面に描かれているということ」が判ったという［加藤 1997：105］。喜舎場の指摘は、具体的に作品を上げて開花期を提示していて——ただ、秋と冬の花が何であるかを示していないが——、一見、説得的であり啓発的でもある。いったい、《奄美植物景観画》の各作品には奄美の一年（四季）が納められているのか。この点をまず検証することから始めたい。

前掲の表8—2をもとに、三八の植物について開花期・結実期について、一月から一二月までの一年間の時間軸において整理した図を作成し、これを一三点の各作品にプロットしていけば、《奄美植物景観画》が「ないまぜにされた奄美の四季」なのか否かが判明するであろう。図8—1はこうして作図し

図8-1　作品の時季分析ダイアグラムの一例

たダイアグラムの一部である。紙数の都合、三作品のみ例示した。各図の左欄は作品に描かれた植物名、右欄の数字1〜12は月を表している。セルの中のパターンは、その列の植物の開花期あるいは結実期を表している（開花期と結実期は異なったパターンを用い、区別してある）。種子植物であっても花や果実を絵に描いてない場合（つまり、葉と茎のみを描いている場合）、また花をつけないシダ植物を描いている場合は、時季分析において考慮する必要がないため、セルは一月から一二月まですべてスラッシュで埋めてある。

「不喰芋《くわずいも》と蘇鐵《そてつ》」（K）から検討しよう（写真8―1）。絵のなかで、ソテツは花（雌雄）が描かれ、その開花期は五月〜六月である。クワズイモは、花と実が描かれ、開花期は五月〜七月、結実期は六月〜八月頃である。画面の下方に描かれたハマナタマメの花の盛りは六月〜七月で、ひと月後には鉈《なた》状の実（豆）をつける。上から垂れ下がるハスノハカズラは実をつけており、その結実期は秋〜夏。同じく画面上部に覗いているホウライシダは、シダ植物ゆえに花も実もつけないので、時季分析において考慮する必要がない。図8―1において、開花期および結実期が重なるのは六月である。したがって、この「不喰芋と蘇鐵」が示す時季は六月頃である、と判明する。絵は奄美の梅雨の頃、もしくは梅雨明けの頃（六月末）の植物景観である、といえる。絵は逆光で、濃緑のクワズイモやソテツの葉のあいだから見える薄灰の空は、一見した限りでは雲に厚くおおわれているように見えるが、じつは水平線の上に雲があるだけで、晴天である。しかし、薄灰の空（空気）は高い湿度を帯びているように感じられるから、絵の時季は、梅雨明けというよりも梅雨期の晴れ間といった雰囲気である。

写真8―2「奄美の郷に棲紅蝶」（C）では、ビロウ、コモチクジャクヤシ、アオノリュウゼツラン、

クロトンの四種の植物は、葉と茎が描かれ、花も実もつけてない。栽培植物のパパイヤは年中花も実も見ることができる。ブーゲンビレアも周年花を咲かせる。画面中央の赤い花、サンゴシトウは、梅雨の頃と秋、年二回の開花期がある庭木である。この絵の季節は、結局、五月～六月頃か一〇月～一一月頃のいずれかである、ということになる。ちなみに、サンゴシトウに羽を休めている二羽のツマベニチョウは周年出現するから、梅雨期か秋かの決め手にならない。ともあれ、この「奄美の郷に棲紅蝶」も植

写真 8-1 「不喰芋と蘇鐵」
出典：『田中一村作品集［増補改訂版］』（NHK 出版 2013）
個人蔵・田中一村記念美術館寄託 ©2016Hiroshi Niiyama

物構成に季節的齟齬《そご》を来たしていない。

サンダンカそれともボチョウジ？

同様に見ていくと、写真8―3「枇榔樹の森に浅葱斑蝶」(H)は、唯一ボチョウジ(別名リュウキュウアオキ)のみが時季的な齟齬を来たしていることがわかる。画面中ほど左にわずかに覗いているボチョウジを無視すれば、この絵の時季は五月と六月の狭間となる。なお、コンロンカに止まったアサギマダラは九月

写真 8-2 「奄美の郷に褄紅蝶」
出典：『田中一村作品集［増補改訂版］』(NHK 出版 2013) 田中一村記念美術館蔵 ©2016Hiroshi Niiyama

から翌年六月まで出現する。

ところで、私がボチョウジとした植物は、『田中一村作品集〔新版〕』では、サンダンカとしている。(4)サンダンカ(花の盛りは夏)であれば、この絵には季節的な食い違いは生じないのであるが、以下のような理由から私はこの植物をサンダンカと同じアカネ科に属するボチョウジであると考えている。その最大の理由は、花序(果序)にある。一村の色紙絵に、ベラ科の魚を描いた作品があるが、このサンゴ礁を棲みかとする熱帯魚に朱色の花が添えられている。その花には細長い筒状部があり、花序は散形花序

写真 8-3 「枇榔樹の森に浅葱斑蝶」
出典:『田中一村作品集［増補改訂版］』(NHK 出版 2013) 田中一村記念美術館蔵 ©2016Hiroshi Niiyama

であることから判断して、琉球三大名花の一つサンダンカである。(5) しかし、「枇榔樹の森に浅葱斑蝶」における問題の植物は、サンダンカの花序（口絵2）とは明らかに異なっている。しかも朱色は球形である。私は、朱色の部分を、サンダンカの「花」ではなく、奄美・沖縄の山地―丘陵地の標徴種たる低木、ボチョウジ（集散花序）の「果実」（口絵3）であると考えたい。同様に、「枇榔樹の森に崑崙花」（B）の左下角の植物も、私はボチョウジとみる。「枇榔樹の森に浅葱斑蝶」において、アオノクマタケランの白い花やコンロンカの黄色い小さな花をていねいに描いている一方で、サンダンカの花を球形に描くことは考えにくい。サンダンカはまれに実をつけるが、実の色は黒紫である。朱色の小さな植物をサンダンカ（花）とするか、それともボチョウジ（実）とみるかによっては、生態分布という環境軸を導入して《奄美植物景観画》を全体的に捉えるときに、まったく異なった結論に至るであろう。

「奄美十二ヶ月」について

さて、このようにして分析された《奄美植物景観画》一三作品の時季をまとめると表8―3のようになる。ボチョウジを絵の片隅に描き入れた「枇榔樹の森に浅葱斑蝶」と「枇榔樹の森に崑崙花」には齟齬がみられるが、しかし全体としては植物の時季にずれは少なく、多くは矛盾なく絵の時季を特定することができる。少なくとも、一枚の絵のなかに奄美の一年（四季）が収められているとはいえない。

サクラツツジを描いた「桜躑躅《さくらつつじ》と赤髭《あかひげ》」は二月～三月、わずか二種の植物のみで構成される「枇榔と浜木綿《はまゆう》」は七月～九月、開花期が年二回あるサンゴシトウを描き入れた「奄美の郷に褄紅蝶」は五月～

表 8-3　分析から得られた田中一村の作品群《奄美植物景観画》の時季

略号	作品名	植物数	時季	矛盾点
A	初夏の海に赤翡翠	5	6 月頃	なし
B	枇榔樹の森に崑崙花	6	（4 月頃？）	ボチョウジが齟齬
C	奄美の郷に褄紅蝶	7	5-6 月／ 10-11 月	なし
D	桜躑躅と赤髭	5	2-3 月頃	なし
E	草花に蝶と蛾	7	6 月頃	なし
F	大赤啄木鳥と瑠璃懸巣	3	5 月初め頃	なし
G	枇榔と浜木綿	2	7-9 月頃	なし
H	枇榔樹の森に浅葱斑蝶	7	（5 月終 -6 月初め頃？）	ボチョウジが齟齬
I	榕樹に虎みゝづく	2	4-9 月頃	なし
J	枇榔樹の森	4	5 月頃	なし
K	不喰芋と蘇鐵	5	6 月頃	なし
L	枇榔樹の森に赤翡翠	5	5 月初め頃	なし
M	白花と瑠璃懸巣	4	5-6 月頃	なし

六月か一〇月～一一月頃のいずれかとなるが、その他は四月から六月頃までの期間に集中している。言い換えれば、《奄美植物景観画》の大半は、奄美の初夏から梅雨期（盛夏手前）までの期間の、植物景観が中心をなしている。(6)

ところで、一村は一九五九年三月四日付の書簡につぎのように記している。「今私がこの島（引用者注──奄美）へ来て居るのは、……人生修行や絵の勉強に来て居るのでもありません。私のえかきとしての生涯の最後を飾る絵をかく為に来て居ることがはっきりしました。十月には奄美十二ヶ月が揃います」［脈発行所 1988:98-100］。ここで、その書簡に見える「奄美十二ヶ月」にふれておきたい。この、一村が奄美到着の三ヶ月後に中島義貞氏に宛てた書簡は二五〇〇字にも及ぶ手紙である。「奄美十二ヶ月」は、川村幾三氏宛ての短い書簡（同年三月一九日付）にも見え、それには「私は今、力作奄美十二ヶ月の、十二月一月分に着手して居ります」［脈発行所 1988：100］と記されている。中島氏宛ての長い手紙の一部を多くの一村論が引用しているものの、川村氏あての短い書簡への言及は少ない。加藤は「必ず描かれたと推察される『奄美十二カ月《ママ》』という十二枚の作品は、まだ発掘されていないか、一村が後に破棄してしまったか、あるいは紛失してしまっている」とみている〔加藤 1997：106〕。大矢鞆音は「『奄美十二ヶ月』という作品群が、どれとどれをさすのかはっきりしないが、現在残されている作品の中に、何点かはあるはずである」と述べている〔大矢 2001：214〕。この「奄美十二ヶ月」は、「奄美十二ヶ月の、十二月一月分に着手して居ります」という右に引いた書簡を素直に読めば、一二枚の作品群ということになろう。

本章のこれまでの分析結果から、「奄美十二ヶ月」の行方について結論を導きだすことはできないが、《奄美植物景観画》の作品群において植物の時季が初夏から梅雨期までに集中している事実は、月ごとに複数の植物で構成する一二枚の作品を奄美において作成することは容易ではないことを示唆している。それゆえ、「奄美十二ヶ月」は断念された可能性も否定できない[7]。しかし、千葉時代に襖絵「四季草花図」「四季花譜図」や天井画「薬草四十八種」を描いた一村にとって、同一テーマによる作品群（連作）は重要な表現形式であり、「奄美十二ヶ月」は断念されたにせよ、その構想と精神は《奄美植物景観画》に受け継がれている、ということはできよう。

《奄美植物景観画》の生態的環境

一村は咲く場所のちがう植物を一つの画面に描いているのだろうか。《奄美植物景観画》はどうであろうか。それを知るためには、作品中の植物を取り出し、生態分布の整合性をみていけばよい。作業は理論的にはそれでよいが、実際の検証はそれほど簡単にはいかない。その最大の理由は、表8―2に示した生態分布は代表的な主たる立地環境であり、人為的干渉を受けた植生（つまり遷移途上の植生）においては、分析は必ずしも容易ではない。いや、自然植生においても、台風など自然の攪乱があり、立地環境と植物分布はダイナミックに変化している。それゆえ、環境軸の分析には詳細な実地調査が不可欠となる。予察的ではあるが、《奄美植物景観画》の各作品を構成する植物の立地環境について考察すると、つぎのようになる。

まず、サクラツツジ、オオタニワタリ、ヒカゲヘゴ、ムサシアブミを描いた「桜躑躅と赤髭」は林内（比較的浅い林内）を描いており、植物の生態分布に齟齬はない。ビロウとハマオモトで構成される「枇榔と浜木綿」は海が間近に見えるから海辺の景観であり、植生の生態分布に齟齬はない。「草花に蝶と蛾」は、ノボタン、ゲットウ、ソテツ、カヤツリグサ科、キキョウランなど七種で構成され、ノボタン―ススキ群落のなかの明るい植生を示している。いずれの植物も日当たりのよい環境に生育する。この絵は《奄美植物景観画》のなかでは、「枇榔樹の森に浅葱斑蝶」「奄美の郷に褄紅蝶」と並んで最も多い七種の植物で構成されているが、生態的な齟齬を来たしていない。「榕樹《ようじゅ》に虎みゝづく」は、浜辺の風景、ガジュマルとハマオモトの二種で構成、生態分布に食い違いはない。

「不喰芋と蘇鐵」は、ソテツとクワズイモを描いた一村の代表作の一つ。離れ岩（立神）が水平線上に見える。注意深く観察すれば明らかであるが、海はすぐ近くにある。赤い実をつけ右方向に折れ曲がったクワズイモの花軸の下に、羽状のソテツの葉間から海岸が間近に見える。現在の奄美において、ソテツとクワズイモの生態的結びつきは必ずしも強くなく、両者が同一場所に見られることは少ないように思われる。しかし、一九七〇年代初めの調査成果である『名瀬市植生調査報告』は、ソテツ群落では「低木類の株と株の間隙にはススキとクワズイモなどが上層まで丈高く生育」している、と記述している〔宮脇ほか 1974：34-35〕。ハマナタマメも描き込まれた「不喰芋と蘇鐵」は海辺に近い植物景観であり、おそらくソテツ群落の一角を表現していると考えられる。よって、描かれた植物の間に生態的な矛盾はない。

「奄美の郷に棲紅蝶」は、背後に穀物を保管する高倉が描かれ、植物のほとんどが園芸植物。集落を彩る景観植物であり、各植物の立地環境の間に齟齬はない。「大赤啄木鳥《おおあかげら》と瑠璃懸巣《るりかけす》」は、ルリカケスなど二種の野鳥が描かれているから林内とみてよい。植物はフトモモ、イジュ、クマタケランであり、立地環境に矛盾はない。フトモモはインド原産の高木で、屋敷にも植栽され、果実は芳香を放ち甘味で生食されるが、奄美・沖縄などでは栽培より逸出し野生化している〔初島 1975：436〕。フトモモは、奄美方言では「フトー」「ホートー」などとよばれるが〔天野 1979：111〕、平凡社版『南島雑話2』〔國分・恵良 1984b：22〕には、二個の実をつけた小枝を描いた素描の上に「山中ニ多ク生ス　ホウトウ」と記されているから、すでに一八〇〇年代には山地に野生化していたことが窺い知れる。

「白花と瑠璃懸巣（未完）」では、山地の二次林内や林縁を主たる立地環境とするイジュが、栽培種であるオオバナチョウセンアサガオ、ヒギリ、リュウキュウハギと同居している。しかし、イジュは集落内にも見られる樹種であるので、生態分布における決定的な矛盾点とはいえない。

「枇榔樹の森に浅葱斑蝶」、「枇榔樹の森」、「枇榔樹の森に崑崙花」、および「枇榔樹の森に赤翡翠（未完）」は、いずれもビロウを背景とし、手前にコンロンカやアオノクマタケランなどが配置され、絵の構図と構成植物に共通性が認められる。コンロンカは低地の林縁、路傍などに見られる半蔓性の低木。アオノクマタケランは一般に山地林内（林床）に生育する。ビロウは、海岸部から山地谷あいまで幅広い立地を示す。したがって、コンロンカとビロウの併存はあるが、コンロンカとアオノクマタケランの併存は、あり得なくはないかもしれないが、一般的ではないと思われる。

比較的早い時期の一九六二年（昭和三七）頃に制作された「初夏の海に赤翡翠」は岩石海岸（磯）を描いており、アカミズキが気になる（アカミズキの一般的な生態分布は、日当たりのよい林縁や河岸である）。最終的な判断には詳細な現地踏査を必要とするが、「初夏の海に赤翡翠」のなかのアカミズキのみが生態分布においてわずかな矛盾点をなしているように思われる。しかしながら総体的にみれば、《奄美植物景観画》の作品群は、植物の生態分布に十分に配慮されている、といってよいであろう。

身近な植物景観

表8―2において、《奄美植物景観画》を構成する植物の生態分布を見渡して注目すべき点は、「山地林内」が意外と少ない点である。逆に「屋敷（栽培植物）」「海岸」「低地」などが目立つ。《奄美植物景観画》は、その大半が林縁、海岸、集落内、路傍の植物景観である。「桜躑躅と赤髭」と「大赤啄木鳥と瑠璃懸巣」の二作品のみが山地林内の景観を描いている。《奄美植物景観画》のほとんどは、亜熱帯

の奄美・沖縄の人々の多くが比較的身近に見ることのできる植物景観である。「不喰芋と蘇鐵」にしても、既述のとおり、間近に海辺が望まれる植物景観である。大矢が指摘するように、「海辺に見られる小さな繁みや群落は、部分アップすると広大な森の中のように思われがちだが、そうではない。その手前には明るい作者のポジションがあるのである」［大矢 2002：45］。「不喰芋と蘇鐵」は暗く重いが、それには、次節で述べる一村独特の絵の構図のほか、絵がやや仰角の視線で逆光になっていること、また空が灰色を帯びていること、などが関係しているといえよう。絵に描かれた植物が示す立地環境は、しかしながら、日当たりのよい海岸近くの陽地（明るい場所）である。

《奄美植物景観画》に描かれたすべての植物の地理分布

《奄美植物景観画》に描かれたすべての植物は奄美に自生する、あるいは栽培されている植物であるが、奄美以外にも分布する植物が多く含まれている。図8―2は、《奄美植物景観画》を構成する植物のうち「未詳」を除く三七種について、北から「照葉樹林北限」「ハマオモト線」「三宅線《みやけせん》」「渡瀬線《わたせせん》」という四つの生物地理学上の境界線との関連において、地理分布を示したものである。渡瀬線を北限とする植物が六種、三宅線を北限とする植物が一一種である。この二つを合わせた一七種が、種子島以南の亜熱帯から熱帯にかけて分布する植物である。つまり、熱帯・亜熱帯の植物が全体の四六％を占めている。残る二〇種（五四％）は本土でも見られる植物である（ハマオモト線を北限とする植物一四、照葉樹林を北限とする植物が六種である）。《奄美植物景観画》を構成する植物は「南国情趣豊か」な熱帯・亜熱帯の植

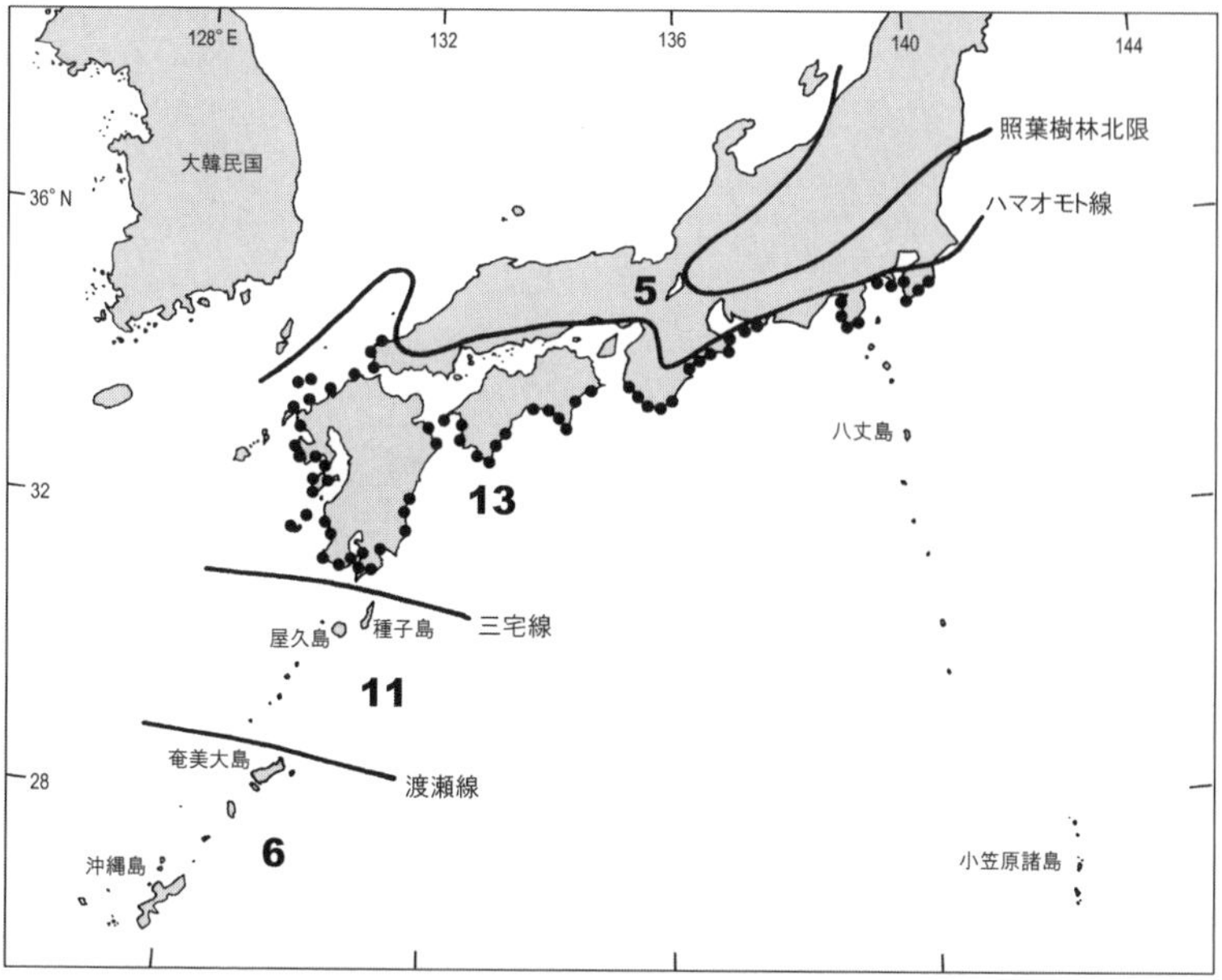

図 8-2 《奄美植物景観画》に描かれた植物の地理分布
黒丸（●）は，本州・四国・九州沿岸におけるハマオモトの分布。堀越・青木［1985：152］による。ハマオモト線：年最低気温の平均− 3.5℃の等温線

物ばかりではない。たとえば、ビロウ、サクラツツジは四国・九州にも生育し、アオノクマタケラン、キキョウランは紀伊半島でも見ることができる。ムサシアブミは関東にも自生し、ハマナタマメは太平洋岸では千葉県、日本海側では山形県まで分布する。ハマオモトは図8—2に示すように、その群生地が、黒潮が洗う日本の南岸沿いに、宮崎県日南海岸、高知県足摺岬、和歌山県白良《しらら》浜、三重県和具《わぐ》大島、愛知県伊良湖《いらご》と断続的に名高く連なり、北限は千葉県房総半島の太海《ふとみ》付近である。

表8—2からわかるように、一村が《奄美植物景観画》において最も多く描いた植物はビロウである。《奄

美植物景観画》の半数以上の七作品にビロウが描かれている。次いでコンロンカ、アオノクマタケラン、ムサシアブミが四作品に、ハマオモト、アカミズキ、ギョクシンカが三作品に登場する。絵に現れる頻度の高い、これら植物の地理分布をみると、亜熱帯以南に生育するのはコンロンカとアカミズキの二種にすぎない。

5 奄美植物景観画の特徴

アイディアルな景観

《奄美植物景観画》は、それを構成する植物の季節と生態分布において、ほんのわずかな矛盾点があるとはいえ、総体的にみれば、植物の開花期や結実期、立地環境を十分に考慮して作られているといってよい。その一枚一枚は、一村の書簡のなかの表現を借りると、「未知の風景、植物、動物を調査し、写生し……絵に構成」されている、といえる。《奄美植物景観画》は、単に一つ一つの植物を精細に観察しただけではなく、それぞれの植物相互の生態的（場所的）結びつきと季節（時間）、すなわち植物的自然（植物景観）を深く探求した上で制作された作品群である。自然生態を無視し、単に造形的な美しさだけを追及した絵画作品ではない。

しかし、《奄美植物景観画》はある特定の場所の植物景観を写しとったいわゆる景観図ではない。立神（離れ岩）が描かれている「不喰芋と蘇鐵」でさえ、立神の見えるある特定の場所からの眺めではない。

つまり《奄美植物景観画》は、植物を「調査し写生し」、それを植物的自然の法則（季節、生態）に則って「絵に構成」した、いわば複数の植物をアイディアルに綜合した植物景観画である。絵に構成された各植物は、多くの観察と写生のなかから最も相応しい形として選び択られたものである、といえよう。

《奄美植物景観画》がもつ「自然さ」の秘密

《奄美植物景観画》は亜熱帯奄美の植物自然を描いた絵であるが、しかし、その作品群を構成する植物が、熱帯・亜熱帯的な植物のみではないという事実、すなわち南方的な自然の要素だけをことさらに強調してないことは、つぎの二点において重要であると思われる。一点目は、植物景観画としての作品のもつ「自然さ」とかかわる。第2節の「奄美の植物的自然の概観」で述べたとおり、奄美の植生は北（日本本土）の温帯的な要素と南の熱帯的な要素から成り立っている［大野 1997:81］。亜熱帯といえども、奄美の植生には温帯の日本本土にも分布する植物が多く含まれている。《奄美植物景観画》は、奄美の植物自然を無理なく自然にとらえており、不自然な誇張がない。これは、一村の自然に対する眼差し、絵に対する考えかたという重要な一面を示しているといえよう。

二点目は、一村絵画の受容とかかわっている。すなわち、一村の芸術が奄美・沖縄の人々だけでなく、広く全国的な支持を得ているのは、一村の《奄美植物景観画》が、奄美の亜熱帯自然のもつ熱帯・亜熱帯的な植物要素と、同時に温帯的な植物要素をも多く取り入れた絵画であることと無縁ではないように思われる。

博物学的態度が生んだ植物景観画

「枇榔樹の森に浅葱斑蝶」（写真8―3）の右上に描き込まれたアカミズキは、絵を遠くから眺めると、あたかも星雲のように見えるが、近づいて見ると無数の微細な星形の花の集まりであることを知る。また、ビロウの葉縁には風によって痛みつけられたと思われる細かな痕跡がある。さらに、コンロンカの目に鮮やかな白い葉状の萼片《がくへん》には虫食い跡が認められる。ぴんと張りつめた一村の絵のもつ緊張感は、動植物の仔細な観察と精確な描写に支えられている。一村は、本草＝博物学の洗礼を受けた日本画（花鳥画）における写実の伝統を色濃く受け継いでいるといえる。

博物学的な眼差しと態度は、《奄美植物景観画》の最後に、一村芸術のなかで最も重要な作品の一つ、クワズイモを大きく描いた「不喰芋と蘇鐵」（写真8―1）を誕生させた。博物学的態度とは、自然物の徹底した観察にとどまらず、「自然に対し注がれた人間の尽きることのない興味と理解、そして何よりも深い愛着」［今橋 1995：9］、また未知の動植物に対する限りない好奇心、さらに桜や梅や牡丹の「美」という伝統的な美意識＝価値観に囚われない自由な眼差しでもあるだろう。しかし、奄美の自然のなかで、一村といえども、これを容易く手に入れたわけではないであろう。

クワズイモは、奄美・沖縄の人々に最も嫌われてきた植物の一つ。サトイモ科の多年草で、刈り取ってもすぐにまた芽を出し、葉を大きく広げる繁殖力旺盛な大型の雑草である。汁液には有毒成分が含まれ、皮膚に付着すると痒《かゆ》みを引き起こす。そのような有害な植物を絵の中心に据えた「不喰芋と蘇鐵」は、これまでの花鳥画の概念を大きく超越している。その作品が、具体的にいつ、何を契機に、どのように誕生したかは明らかでない。ただその絵の構想が、十数年にもわたって長く亜熱帯の植物自然を飽くことなく凝視し続けた末に、ある日突然一村のなかに芽生えたことだけはまちがいないであろう。(8)「不喰芋と蘇鐵」に描かれた、現実の景観は、奄美・沖縄の人々にとっては、最も見慣れた、ごくありふれた、しかし「美しさ」という概念から最も遠くかけ離れた自然の景色であった。

「見られることなく見る」身構え

《奄美植物景観画》には、大きく分けて二種類の、一村独特の構図が認められる。一つは、「枇榔樹の森に崑崙花」「桜躑躅と赤髭」「枇榔樹の森に浅葱斑蝶」「枇榔樹の森」「枇榔樹の森に赤翡翠(未完)」にみられる、前方が見通せない閉ざされた構図である。植物の陰から画面奥に望める明確な背景がない。隙間があっても、むこう側を眺望することができない。比嘉加津夫は、一村の絵に対して「重く暗い世界がたちこめているという雰囲気がある」[比嘉 1989:61]と表現しているが、その重圧感は、この眺望の効かない構図に起因しているであろう。

もう一つは、画面の一部(必ずしも絵の中心とは限らない)に穴が穿《うが》たれ、そこから前方の景色が眺望できる構図(「初夏の海に赤翡翠」「奄美の郷に褄紅蝶」「枇榔と浜木綿」「不喰芋と蘇鐵」)である。大矢が「手前の暗い繁みからかなたの明るい空間を透かし見る構図」[大矢 2002:44]と表現した構図である。(9)この構図の絵には、圧迫感が相対的に少ない。小林忠は、つぎのように書いている。「母親の胎内にもあるよう

写真 8-4　C. D. フリードリヒ「月を眺める男女」（1830-35）

な安らいだ気持で、木の枝を見上げ、草の間を見透かしたような画面こそが、一村ならではの絵画世界といえるだろう。（中略）海の水や岩や島が、遠くはるかに望み見られる。外界との交渉を絶って独り、居心地の良い安息の場を見出した老境の画伯の、孤絶の心境が、一見して華やかな装飾的画面から、誰にもしかと読みとれるはずである」［小林 1985：4-5］。

このような、むこう側を眺望できる構図をもつ絵は、たとえばドイツロマン派の画家、カスパール・D・フリードリヒ（一七七四―一八四〇）の「リューゲン島の白亜の海食崖」や「窓辺の女性」「月を眺める男女」（写真8―4）にも認められる。比喩的にいえば、一村の絵における眺望口が小さく穿たれた「穴」であるのに対して、フリードリヒのそれは大きく開かれた「窓」である、という違いはあっても、こちら側（画家の位置、あるいは後ろ姿で立つ男女の位置）からむこう側（絵の前方）が眺望できるが、逆にむこう側からはこちら側が見られない、という共通点が認められる。このような構図は、イギリスの地理学者J・アップルトンが多くの風景画から導き出した、眺望―

隠れが理論（prospect-refuge theory）の名で知られる、人間にとって最も落ち着きを感じる構図の一つである〔Appleton 1975, Appleton 1990〕。「見られることなく見る」（to see without being seen）という身構え[10]、防御の姿勢は、一村の絵では極端なかたちを示している。

6　一村の熱帯魚

描かれた熱帯魚の種数

奄美時代の一村は、千葉時代になかった新たなモチーフとして、サンゴ礁海域の生物――熱帯魚とイセエビ（以下、イセエビを含めて「熱帯魚」という）に熱い視線をむけた。熱帯魚を描いた本画（絹本着色・紙本着色）は一九七二年以降に描かれているが、一村の「熱帯魚」への関心は奄美移住の最初からみられた。一村は、一九五八年（昭和三三）一二月一三日に奄美に到着し、それから一週間後の一二月二〇日には、与論《よろん》島と沖永良部《おきのえらぶ》島に取材旅行に出かけている。一二月三〇日付の川村幾三氏あての書簡には、「翌朝もその次の朝も美麗な熱帯魚が手に入りましたのでその写生に忙しく、与論島三日間は充実した内容で御座いました」〔脈発行所 1988：95〕と記し、年が明けて一月二日付の岡田藤助氏あての書簡には、「美麗な魚の写生は十種に近くなりました」〔脈発行所 1988：99〕と書いている。

展覧会図録『田中一村 新たなる全貌』（以下『全貌』と略記する）所載の「田中一村作品目録」によれば、「熱帯魚」を描いた作品は、本画六点、色紙画六点、そして熱帯魚を描いた素描は、少なくとも一五点はある。

表 8-4　田中一村が描いた海洋生物（1）：　本画（絹本・紙本）ならびに色紙

作品番号	作品名	生物和名		
		図録「全貌」	作品集	本研究
352	熱帯魚	—	（不掲載）	マダラハタ
		—		モンツキハギ
		—		ミヤコハギ
		—		メガネクロハギ
353	クロトンと熱帯魚	—	（不掲載）	ムラサメモンガラ
		—		ブダイベラ
		—		ブチスズキベラ（雌）
354	熱帯魚三種	アオブダイ	アオブダイ	アオブダイ
		シマタレクチベラ	シマタレクチベラ	シマタレクチベラ
		スジブダイ	スジブダイ	スジブダイ
355	熱帯魚三種	—	アオブダイ	アオブダイ
		—	シマタレクチベラ	シマタレクチベラ
		—	スジブダイ	スジブダイ
356	海の幸	—	—	ゴシキエビ
		—	—	（魚類）同定できず
360	海老と熱帯魚	五色エビ	五色エビ	ゴシキエビ
		伊勢エビ	シマイセエビ	シマイセエビ
		ウマウズラハギ	ウマヅラハギ	ウマヅラハギ
		—	チョウチョウウオ	シタコダイ
		—	ミノカサゴ	ミノカサゴ
S208	緑魚	—	（不掲載）	アオブダイ
		—		オトメベラ？
S209	マダラハタとスジブダイ	マダラハタ	マダラハタ	マダラハタ
		スジブダイ	スジブダイ	スジブダイ
S210	魚三種	—	（不掲載）	コンゴウフグ
		—		（魚類）同定できず
		—		ムラサメモンガラ
S211	モンツキハギとブチスズキベラ	—	（不掲載）	ムラサメモンガラ
		—		ブチスズキベラ（雌）
S212	シマタレクチベラと山丹花	シマタレクチベラ	シマタレクチベラ	シマタレクチベラ
S210	熱帯魚（古稀一村）	—	（不掲載）	モンツキハギ
		—		ブチスズキベラ（雌）

図録「全貌」は，展覧会図録『田中一村　新たなる全貌』［松尾和子ほか 2010］
「作品集」は，『田中一村作品集［増補改訂版］』［NHK 出版 2013］
作品番号が「S」で始まる作品は色紙であることを意味する。
作品名は，「全貌」によった。
生物名の「—」は，生物和名が記されていないことを意味する。
生物名の「不掲載」は，「作品集」に当該作品が掲載されてないことを意味する。

表 8-5　田中一村が奄美で描いた海洋生物（2）：　素描（スケッチブック、写生図）

作品名	生物和名		
	図録「全貌」	作品集	本研究
スケッチブック（1）	—	（作品不掲載）	ハマダイ
スケッチブック（熱帯魚ほか）　全 29 頁	—		ロクセンフエダイ
	*ハージン	—　（註）	スジアラ
	*アカウルメ		クマザサハナムロ
	—		コンゴウフグ
	—		ゴマヒレキントン
	—		シリフリアイゴ
	—		ムラサキメモンガラ
	—		クロヒラアジ
	*エラブチ		キツネブダイ
写生図（五色海老）	五色海老	五色海老	ゴシキエビ
写生図（島伊勢海老）	島伊勢海老	（不掲載）	シマイセエビ
写生図（島伊勢海老）	島伊勢海老	（不掲載）	シマイセエビ
素描海老	（不掲載）	（不掲載）	シマイセエビ
写生図（スジブダイ，写真貼付）	スジブダイ	スジブダイ	スジブダイ
写生図（ブチスズキベラ，ブダイベラ）	ブチスズキベラ ブダイベラ	（不掲載）	ブチスズキベラ（雌） ブダイベラ
写生図（アヤメエビス，ヤマブキハタ）	アヤメエビス ヤマブキハタ	（不掲載）	アヤメエビス ベニスズキ
写生図（モンツキハギ，メガネクロハギ）	モンツキハギ メガネクロハギ	（不掲載）	モンツキハギ メガネクロハギ
写生図（ミヤコテング，チョウチョウウオ）	ミヤコテング チョウチョウウオ	ミヤコテング チョウチョウウオ	ミヤコテング ミゾレチョウチョウウオ
写生図（*ハージン，金目鯛ほか）	*ハージン	*ハージン	マダラハタ
スケッチブック残欠 7 枚のうち（魚）	—	（不掲載）	ニセカンランハギ
写生図（ハタ）	ハタ	（不掲載）	バラハタ
写生図（熱帯魚）	—	（不掲載）	シロクラベラ

素描は，図録『全貌』の「田中一村作品目録」に入れられていないので，作品番号がない。

*印を付した生物名は，和名ではなく奄美方言であることを意味する。

（註）「作品集」には，ハージン（スジアラ）の素描のみが掲載されている。

松尾知子によれば、一村は熱帯魚の「鮮やかな色彩には特に魅了されたとみえ、魚のスケッチには彩色を施したものや、色についての書き込みのあるものがことに多い」［松尾ほか 2010：283］と記している。死んだ魚は普通、鰭《ひれ》が折りたたまれているが、私がその熱帯魚に瞠目させられるのは、一村はつとめて鰭を伸ばして描いている点である。

二〇〇九年になって、ほぼ全二九ページにわたって彩色のある魚を中心とするスケッチブックも見出された［松尾ほか 2010：283］。このスケッチブックの一部が『全貌』に掲載されている。

奄美移住直後から大きな興味を寄せた熱帯魚を、一村は、どのくらい描いたのだろうか。『全貌』と『田中一村作品集［増補改訂版］』［NHK出版 2013］（以下、『作品集』と略記する）に掲載された本画と色紙、素描（スケッチブック、写生画）のなかの熱帯魚について種名の同定を試みた。同定には、『魚類図鑑――南日本の沿岸魚［改訂版］』［益田ほか 1980］や『日本産魚類生態大図鑑』［益田・小林 1994］などを用いた。『全貌』と『作品集』には、作品図版のキャプションとして、あるいは作品解説のなかで、生物和名が示されているが、完全ではない。私の調査結果を、表8―4と表8―5に示した。『全貌』には記されていない一五種ほどを新たに記載し、また『全貌』に記されている和名の一部を変更した。

画集と図録に掲載された作品という限定された調査ではあるが、私の調査結果によれば、一村が描いた熱帯魚の種数は、本画（六作品）で一六種（うち一種は種名同定できず）、色紙（六作品）で一〇種（うち一種が同定できず）、そして素描（一五点）では二五種であった。作品全体（本画・色紙・素描）でカウントすると、三四種という結果になった。

シマイセエビは三つの素描が残されているが、その他の熱帯魚については、同種を複数回スケッチすることをしていない。素描の多くは本画や色紙にとり入れられている。しかし本画または色紙に描かれているアオブダイ、シマタレクチベラ、ミノカサゴ、ミヤコハギは、素描のなかには見出せない。

動植物を一枚の作品に「構成」すること

一村絵画の大きな特徴の一つは、書簡のなかで自らが表明しているように、個々の自然物（動植物）を究めて、それらを一枚の絵画に「構成」することであった。R・リースは、「個々の現象を全体に綜合するという点で、風景画家と地理学者は似ている」［Rees 1979: 59］と述べているが、植物景観画を制作する一村にとって、「綜合」はとりわけ重要な課題であった。最近、図録などで公開された一村の《奄美植物景観画》の構想画は、そのことを如実に示している。

絵の「構成」は、熱帯魚ではどうであろうか。たとえば、「クロトンと熱帯魚」（一九七二―七三年頃）は、ブダイベラ、ブチスズキベラ、ムラサメモンガラが、観葉植物であるクロトンの木立のなかをあたかも泳いでいるかのように描かれている。比嘉加津夫は、「遊泳といっても、水槽の魚だ。いわば飼われている熱帯魚である」［比嘉 1989 : 133］と酷評しているが、私は、クロトンを水中の植物（海藻、海草）に見立てた絵として興味ぶかい作品だと思っている。陸上の植物と海の生きものの組み合わせには、遊び心も感じられるが、それ以上に、その絵は熱帯魚を主題にして一枚の絵を「構成」するという試みの一つであり、私は「クロトンと熱帯魚」に、一村の探求（模索）する姿を見る思いがする。一村は、水中で間近に熱帯魚を見ることはなかった。そのため、「クロトンと熱帯魚」は、比嘉が指摘するように、「生気は感じられない」〔比嘉 1989：133〕のかもしれない。熱帯魚をモチーフとした作品の制作は、「不喰芋と蘇鐵」を描き終え、《奄美植景観画》をほぼ完成させた一村にとって、新たな挑戦であったが、死によってそれが断たれた。

不思議なことに、一村の熱帯魚には、《奄美植物景観画》とは対照的に、南島の明るさ、祝祭のような華やかさを私は感じる。その絵には、翳りは少しもない。

「熱帯魚三種」について

一村には、漁師とその家族のいる小舟を撮った写真がある。浜辺に置かれた無人の小舟、浜から小舟を担ぎ下ろす人々、小舟を漕ぐ人々を描いた素描もある。海辺は一村にとって重要なトポスであった。じつは、一三点からなる《奄美植物景観画》のなかにも、海の見える絵が五点も含まれているのだ。山脚が海に迫り、低地や台地に乏しいという地勢的《トポロジカル》な特徴をもつ奄美大島は、「海が近い」島である。集落の多くが海辺に立地している。濃緑の植物と同時に、海辺・舟・漁師は、奄美の景観をかたちづくる重要な構成要素である。一村の熱帯魚は、そのような文脈のなかで理解されるべきであろう。

中野惇夫の不朽の名著『アダンの画帖 田中一村伝』には、「漁から帰ってきたサバニ風の板付き船の船底には、原色も鮮やかな熱帯魚が転がっていた。一村は色とりどりの熱帯魚たちに画心をそそられた。さっそく数匹を手に入れて宿に持ち帰り、写生に熱中した」〔中野 1986：98-99〕と書かれている。半農半漁の小村に生まれ育った私にとって、一村の「熱帯魚三種」（作品番号三五四、一九七三年作、縦四九センチ×横五六センチ、口絵1）は、子供の頃の海辺の情景を思い起こさせる作品である。漁を終えた舟が帰ってくる。漁師の妻がアルミ盥《たらい》をもって待っている。子供たちが舟に駆け寄る。舟底には、色鮮やかなブダイ科やハタ科の魚が敷き詰められている。それは魚のにおいのする風景である。

「熱帯魚三種」は、熱帯魚をモチーフとする一村のマスターピースである。その絵は、「クロトンと熱帯魚」より少し小さいが、存在感のある作品である。漁獲された魚は水中を離れ、すでに人間の世界に属している。それを水中に戻す必要も、遊泳させる必要もないのだ。クワズイモなどの植物の葉の上に置かれるのが漁獲された熱帯魚の、漁村における見慣れた、自然の姿である。

『田中一村作品集』（初版）のジャケットは、表を「不喰芋と蘇鐵」が、裏を「熱帯魚三種」が飾っている。いま、一村が描いたそのクワズイモと熱帯魚を初めて見たときの強烈な印象、画集を手にした時の記憶が蘇る。「熱帯魚三種」について、松尾は「色鮮やかな顔料の粒がキラキラと輝き、小さい画面が貴石のごとく美しい一枚である」［松尾ほか 2010：283］と記しているが、「熱帯魚三種」を見るとき、私は反射的に、祝日に供える伝統的なお菓子、沖縄で「コーグヮーシ」（糕菓子）とよばれる、魚を象った色鮮やかな落雁《らくがん》を思い起こす。松尾のいう「顔料の粒」は、私にとっては落雁の粉であったのだ。ともあれ、「熱帯魚三種」は、小品ながら美しい一枚だ。「熱帯魚三種」は、二点描いているから、一村自身にとっても自信作であったに相違ない。

子供の頃から見てきたブダイ科とベラ科の魚。しかし、一村の絵に出あうまでは、その魚が美しいと思うことはなかった。一村の「熱帯魚三種」によって、私はサンゴ礁の魚の美しさを初めて教えられたのだ。本章のエピグラムに、パスカルの言葉を引いたが、アリストテレスの『詩論』以来、現実（実物）とそれを描写した作品との関係についての思索は、西洋では同工異曲にくり返されてきた。山野正彦も指摘しているが〔山野 1998：193-196〕、オーストリアの作家シュティフター（一八〇五―六八）は、自然地理学から多大な影響を受けた。そのシュティフターも小説『晩夏』のなかで、「芸術によって創られた風景や花や人間を見るとき、それらのものが実物として我々の眼前にある場合より、親しい、甘美な感情を心の中に抱きます」〔シュティフター／藤村訳 2004：484〕と、登場人物に語らせている。パスカルの言葉同様、これは絵画――写しとられたもの、再現されたもの、表象、フィクション――を称賛した一文だ。「描かれた自然」（一村の熱帯魚）が美しいのは、画家（一村）が、その自然（熱帯魚）のなかに美を見出したからである。絵を見るとは、画家の目になることにほかならない。「熱帯魚三種」は、日本画にしては、重量感のある作品である。そして、生臭いサンゴ礁の魚に、馥郁《ふくいく》たる香りを放つヤコウカ（夜香花）の一枝を添えているのは心憎い。クワズイモと同じく、ブダイ科とベラの魚は、これまで「美しさ」という概念から遠い位置にあったのだが、一村によって、そのなかに「美」が見出され、絵画作品として私たちの前に提示された。『田中一村作品集』のジャケットの表と裏を飾る二つの作品は、一村芸術の重要な二つの顔、ヤーヌスである。

註

（1）二〇一三年に刊行された『田中一村作品集［増補改訂版］』［NHK出版 2013］でもさらに補訂された。

（2）旧稿［渡久地 2003］では《奄美の杜》としたが、その後、一村の作品名が変更されたため、再録にあたって《奄美植物景観画》に改めた。

（3）暖かさの指数は、生態学者の吉良竜夫が考案した積算温度で［吉良 1945］、平均気温が5℃を超える月をTとすると、(T—5℃) を一月から一二月まで積算した値で、それが一八〇から二四〇の範囲にある地域を亜熱帯と定義している。

（4）『田中一村作品集［増補改訂版］』［NHK出版 2013］でも、サンダンカのままである。

（5）『田中一村作品集［新版］』［NHK出版 1985］では、サンゴジュと記されていたが、『田中一村作品集［増補改訂版］』［NHK出版 2013］ではサンダンカと訂正された。

（6）なお、《奄美植物景観画》を中心とする一村作品の時季については、本章の元になった拙稿［渡久地 2003］の後に、大矢鞆音がその著『田中一村——豊饒の奄美』において独自に検討している［大矢 2004：209-215］。その検討結果は私のそれとほぼ同じである。

（7）「奄美十二ヶ月」にかんして、松尾知子はつぎのように記し、渡久地［2003］と同じく、断念したと考えている。「伝統的には、季節の風物を一月ずつに当てはめた和歌などの世界観があって、十二ヶ月の月次絵は成立する。そうした文脈のない奄美の風物を十二ヶ月の一月ずつに当てはめて構成することが難しく断念したのではないかと思うが、奄美十二ヶ月が、花鳥画連作では古来なじみの十二図というボリュームで構想されたのは間違いなかろう」［松尾ほか 2010：127］。

（8）「不喰芋と蘇鐵」の構想時期について、山西健夫は、最終的に筆が置かれたのが昭和四九年（一九七四）頃であるにしても、絵の構想は、紙に鉛筆で描かれた構想図（山西はその構想図を昭和四〇年代前半に描かれたと推察する）や、制作年が判明している作品などから判断して、昭和四〇年代の早い時期であると推察している［山西 2010：160］。詳細は、展覧会図録『田中一村　新たなる全貌』［松尾ほか 2010］の「第三章　奄美時代」（一六一頁）、「スケッチについて」（一九八頁）や同図録のなかの「作品解説」（一八五頁）などを参照されたい。

（9）その後、大矢鞆音は、その著『田中一村——豊饒の奄美』において、手前の暗い繁みから彼方の明るい空間を透かし見る視線を、「隈《くま》からの視線」と表現している［大矢 2004：233-238］。

（10）アップルトンの「眺望—隠れが理論」の形成において、大きな示唆を与えたコンラート・ローレンツ著『ソロモンの指輪——動物行動学入門』（原著：一九四九年）の第一二章「モラルと武器」に、次のような興味深いくだりがある。「やがて私たちは森の中の開けた草地に近づいた。……そこまできた私たちは、あらゆる野生の動物が、そして動物通やイノシシやヒョウや狩人や動物学者たちが、そうしたときにきっとするようにふるまった——つまり、いきなり草地へとびださずに、注意深くやぶの中からむこうをうかがったのである。こうすれば、自分の姿をかくしたまま相手の姿をみることができる。それは狩るものにとっても、狩られるものにとっても有利なことなのだ」（ローレンツ／日高敏隆訳 1987：213）。

第九章　ヘタ／ピザ考——地名をして語らしめよ

……岩の上に下ろした子に、亀太郎は「巻貝《びな》取り」や海のもののことを教えるのだった。……「ほら、みっちゃん、このよな長雨のくる梅雨どきのびなは、浮きびなちゅうて、三つ児でん採りやすか。はよ採れ、ほら」（石牟礼道子『椿の海の記』河出文庫、二〇一三年、二一一頁）

「小地名は方言語彙の中の固有名詞」である［安渓 2006］。固有名詞である地名は、例外はあるが、そのなかに普通名詞を含みもっている。たとえば奄美大島大和村国直《くになお》にある〈ワキヌハマ（脇の浜）〉という地名では、「ハマ」が普通名詞である。地名を構成する普通名詞に着目し、広域的に分布する同一地名、類似地名あるいは同系地名を、地名の指示する現場を踏まえて比較検討していけば、これまで未詳語とされてきた語に対して光をあてる、あるいは自明とされてきた語についても新たな解釈を与える可能性がでてくるかもしれない。私は、琉球諸島（沖縄県の島々）に広く分布する「スニ地名」について、地名の与えられた地形を類型化することによって、「スニ」という民俗語の多義性と共通性の提示を試みたことがあるが（本書第一〇章の表10—2、二四四—二四五頁参照）、本章は同じような立場に立って、サンゴ礁地域の海岸地名と実際の地形を照応させることで、海岸語彙の一つである「ヘタ」「ピザ」の意味する内容を考察する、ささやかな試みの一つである。

1 南島歌謡に詠まれた「ヘタ」と「ピザ」

『おもろさうし』の巻一一―六五〇番の歌謡は、沖縄島の南東部（現在の南城市）のサンゴ礁においてジュゴンとウミガメを捕獲する網漁を描いている（第七章第1節に全文掲載）。つぎはその歌謡の一部である。

ざん百捕りやり／亀百捕りやり／沖膾《なます》せゝと／**辺端**《へた》膾せゝと

ここで「沖」と対置されている「辺端」は、万葉集に「淡海の海辺多《へた》は人知る沖つ波」（一二―三〇二七）と歌われる、日本古語にもある「へた」と同じ語である。手許にある『新装改訂 新潮国語辞典 現代語・古語』（久松潜一監修）には、「へた〔端〕。①はし。へり。はた。②波うち際。海岸」とあり、『沖縄古語大辞典』も、「へだ〔辺端〕波打ち際。海岸近くの海のこと。（中略）宮古・八重山でピダ」と記し、語形欄に異表記として、「ひちや／ひざひざ／ひぢやひぢや」などを掲げている［沖縄古語大辞典編集委員会 1995：590］。『混効験集《こんこうけんしゆう》』にも「へた 海の端を云。和詞にもおなし」とみえる［池宮 1995：149］。

八重山諸島・黒島の歌謡「ペンガントゥレー節」（第七章第2節に全文掲載）の第五番に、つぎのように詠《よ》まれる「ピザ」も、右の『沖縄古語大辞典』の記述から判断して、「へた」と同系の語であろう。

保里《フリ》村女童《ミヤラビ》／北《ニシイ》**ピザ**ヌ／玉ミナ拾《プサ》ヤー

喜舎場永珣はその著『八重山民謡誌』において、「ピザ」に「珊瑚礁」という訳語を当てている［喜舎場 1967: 252-256］。同じ歌を西村朝日太郎も採集しているが、喜舎場における「北ピザ」が、西村では「*ir*^{y}*ip*^{y}*idza:*（引用者註——イリピザー）」となっていて、その訳語に「西の fringing reef（引用者註——裾礁）」を与えている［西村 1967］。

2　現実の海岸語彙と海岸地名

与論島と沖縄諸島のピジャ／ピザ／ピジャー／ヒジャー／ンタ

『おもろさうし』に登場する「へた」、黒島歌謡に詠まれている「ピザ」は海岸語彙の一つであることには相違ない。その「へた／ピザ」の語形変化（転訛）と考えられる「ピジャ」が、与論《よろん》島の海岸語彙のなかに見出せる。堀信行によると、与論島では、「ピジャ」は「ハマ」（砂浜）の前面に位置し、「ほぼミチシュ（満潮線）とピーシュ（干潮線）との間の、いわゆる潮間帯を主に指し、さらにピーシュのときに膝ぐらいまでの深さの範囲を指す」［堀 1980］という。

一方、これまで採集された海岸地名（固有名詞）のなかにも、「ピジャ」「ピザ」という語をもつ地名が見出せる。たとえば、久高島《くだか》に〈ピジャ〉または〈ピザ〉という地名がある。[1] これは、接頭辞を欠き、普通名詞が固有名詞化した地名であると考えられるが、久高島の南東部の後方礁原（岩盤からなる海岸寄りの礁原）につけられた呼称である。このサンゴ礁地名を、上原孝三は、『おもろさうし』にみえる「へた」と同義語であろう、と指摘している［上原 1985］。

『辺野古《へのこ》誌』［辺野古誌編纂委員会 1998：81-82, 107］には、〈ピジャー〉〈メーフヤピジャー〉〈フーカヨピジャー〉〈アセラーピジャー〉〈イーマツニピジャー〉という地名が採集されている。いずれも現在、名護市辺野古の米軍基地キャンプシュワーブ内にある。〈ピジャー〉は接頭辞を欠いた地名、〈メーフヤ（前大屋）ピジャー〉は屋号、〈フーカヨ（大嘉陽）ピジャー〉と〈イーマツニ（栄松根）ヒジャー〉は人名を接頭辞とする地名である。なお、〈イーマツニピジャー〉は海岸背後の小規模の沖積低地に、その他はすべて海岸の背後に、位置する。いずれも元は田または畑であったという。『辺野古誌』は「ピジャー」の意味を不詳」［辺野古誌編纂委員会 1998：73］としている。

堂前亮平の「東《ひがし》村の小地名」［堂前 1987］も、〈ヒジャー〉という海岸地名を拾っている。これは、辺野古の海岸地名〈ピジャー〉と同様に接頭辞を欠いた地名であろう。この地名は、有銘《ありめ》湾の内奥（北岸）に位置し背後に高さ約三〇メートルの海崖があり、名護層頁《けつ》岩からなる岩石海岸である。

新垣源勇によると、南城市の安座真《あざま》海岸には、〈ンタンチジ〉〈ンタク〉〈ワリンタ〉〈カマンタ〉〈チナンタ〉

〈ブリンタ〉など、「ンタ」のつく地名が多いという［新垣 1991］。新垣は、「ンタ」を『混効験集』にも出ている「へた」と原義が同じだと考え、つぎのように記している。「『へた』にある干瀬（引用者註――後方礁原）を『ンタ』といっている。『ンタ』は満潮のときはその姿を沈め、干潮のとき全形を現す、小規模の干瀬で、通常はヒタヒタとさざ波を立てている」［新垣 1991：58］。

宮古諸島のヒダ／ピダ／プ《ス》ダ

「海岸が砂浜でできているとハマと称する。宮古の池間島ではヒダという」（島袋 1992）。その池間島における堂前の地名調査によれば、全一二七の海岸地名のなかに、〈ツサラヒダ〉〈ヤマトゥバマヌヒダ〉〈トゥーイャーヌヒダ〉〈アウダヌヒダガマ〉〈アラッシッスゥヒダ〉〈イサラヒダ〉など、「ヒダ」を含みもつ地名が二六含まれる［堂前 1981］。そのほとんどが「砂浜」につけられた地名である。高橋そよの伊良部島佐良浜におけるサンゴ礁地形の民俗分類でも、「浜」は「ヒダ」になっている［高橋 2004］。

一方、宇都博一による宮古島友利におけるサンゴ礁民俗分類では、「海岸」を「プ《ス》ダ」といい、この「プ《ス》ダ」のなかに「シバナ」（ゴツゴツした離水礁）、「バー」（浅い入江）、「パナ／ダツ」（岬）、「パマ」（砂浜）が包含されるという［宇都 1993］。

渡久山章が採集した下地島の海岸地名のなかには、〈イサラピダ〉〈ナガピダ〉がある［渡久山 2006］。双方とも岩石海岸につけられた地名である。また、上原孝三（私信、二〇〇九年一月）によると、宮古島の海岸語彙のなかに「ヒダ／ピダ」という語があり、それは「海岸、波打ち際」を指すという。ただし、字西原では、「ピダ」は一般に岩の転がっている海岸を指し、「砂浜」の包含をはっきり言い表す場合には、「ハマ・ヒダ」と丁寧な言い方をする、という。

八重山諸島の「ピダ」

野本寛一は、その著『海岸環境民俗論』〔野本 1995〕において、石垣島の宮良《みやら》と白保《しらほ》で「ピダ」という語を採集している。その「ピダ」について、文字による説明を与えていないが、同書に掲載されている地形断面図をみると、宮良では「イタビサー」と呼ばれる後方礁原から「ピーウチ」と呼ばれる礁池に下る部分、白保では「ハマ」(砂浜)から礁池「ナカイノー」に下る部分を指示する。いずれも、前述の堀〔1980〕が記した与論島の「ピジャ」との類似性が指摘できる。

安渓遊地は、西表島では「砂浜は《ぱマナ》、海岸が岩場になっているところは《イセラー》と呼んでいる。(中略)岸辺を《ピダ》、沖を《ふカ》といっている」〔安渓 2007:12〕と記している。安渓遊地(私信、二〇〇八年九月)によれば、「ふカ」(沖)と対置される「ピダ」は、西表島西部では、「サンゴ礁が(十分に)発達せず、(外海の)荒波が岩の崖に直接打ち寄せるようなところ」を指し、地名として〈カシピダ〉(浦内川河口の西側)などがある、という。

以上の事例――与論島の「ピジャ」、久高島「ピジャ(ピザ)」、名護市辺野古の「ピジャー」、東村の「ヒジャー」、南城市の「ンタ」、宮古諸島の「ヒダ/ピダ/プ《ス》ダ」、八重山諸島の「ピダ」――は、南島歌謡に詠まれている「ヘタ／ピザ」と同系の語であると考えられ、「波打ち際・海岸・海辺」を指し示している、といってよかろう。後述するように、「波打ち際・海岸・海辺」には「浜」が包含される。ところが、私が採集した奄美大島の海岸語彙、海岸地名では、次節にみるように「ヒジャ」は「ハマ」(浜)とは明確に区別されている。

3　奄美大島の「ヒジャ」

ヒジャでの巻貝獲り

奄美市根瀬部《ねせぶ》で古老から聞いた話をまず紹介しよう。

「梅雨の頃[2]の産卵期にエガルがいっぱい岩の上に出てくる。隣集落・知名瀬《ちなせ》の〈ナガヒジャ〉にそれを獲《と》りに行ったときのことである。舟を仕立てて四人で出かけた。一人は舟で岸伝いに移動するが、岩場でエガルを獲る三人は舟を降りて歩く。普通ならその時季に、そのヒジャに行けば、エガルがたくさん獲れるのだが、その夜はエガルが全然おらん、私は不思議だと思ったよ。ちょっと待てよ、と岩を見たら、杖を付いたような丸い跡がぽつん、ぽつん、ぽつん、ぽつんとある。何かが歩いていた濡れた足跡。それを見てふと思った。昔から話には聞いていた、あれが歩いたらもう貝は一つもおらんよ、と。あはぁ、話に聞いていたあれかなぁと思ったけど、もうちょっと行ってみようかと思って、私は黙っておって、ほかの二人にはその話はせんで、一生懸命三人で歩いて行ったが、ついに、『どこまで行ってもエガルは一つもおらんよぉ』と言って、『よし、舟をもって来い、今日はもう貝は出ないから帰る』、そうしてその夜は帰って来た。ティル（籠）の半分は獲るだろうと思っていたが、一個も獲らないで帰って来た。それが今でも不思議です。」

エガルは、和名オオベッコウガサガイで、マアナゴウ（方名＝アナゴ、トコブシ、ハナンミャなど）とともに、波打ち際の岩と岩の隙間に潜む巻貝である（口絵7）。奄美では、エガル獲りをする光景をよく目にする。その巻貝獲りをする海岸こそが「ヒジャ」にほかならない［渡久地 2010b］。ヒジャは、砂岩や千枚岩などの古期岩類からなる巨礫（直径数十センチないし数メートル）が縁どる、歩きづらい岩石海岸である（写真9―1）。

右の話をうかがったあと、根瀬部を舞台とする、恵原義盛著『奄美生活誌』のなかの「奄美の海」の章節を再読して、つぎの文章に出合った。「アサリという漁は、貝獲りの代表的なものですが、浅蜊《あさり》や蛤《はまぐり》をとるような浜岸や潟などで、二枚貝を主とする漁ではなく、方言でクルヒザと称する所で、貝を探し見つけることの称です。クルヒザとは黒岸というべきか、砂浜のない黒い岩石が、海に面する磯伝い岸のことです」［恵原 1973：127、傍線は引用者］。「クルヒザ」の「ヒザ」は明らかに「ヒジャ」と同系の語である。クル（黒）が付加されるのには理由がある。すなわち、根瀬部海岸は、名瀬層を構成する頁岩（黒色千枚岩）であり［木崎 1985］、転石が黒いためであろう。しかも奄美大島では、黒い転石海岸である「ヒジャ」は、サンゴ砂を主体とする白い砂浜「ハマ」と好対照をなす。右の引用文で、「クルヒザ」は「浜岸、潟」と対置されている。

求哲次によれば、奄美市有良《あった》でも同様、「ヒジャ」は「岩塊が散在している」海岸を意味する［求 2007：63］。その有良集落の西側にある梵論瀬崎《ぼろせざき》の付根付近には「クマヒジャ」［求 2007：63, 72］という地名がある（写真9—2）。

写真 9-1　根瀬部の東部にある〈タスィカラヒジャ〉（2009 年 5 月）

写真 9-2　奄美市有良〈クマヒジャ〉（2009 年 5 月）

「ハマ」とは厳然と呼び分けられる「ヒジャ」

奄美大島の海岸は、北部の笠利《かさり》半島などの例外はあるが、ほとんどが出入りの多いリアス海岸である。岬は尾根の延長線上に位置する岩石海岸、湾入部は谷底低地あるいは浅い谷の前面に位置する砂浜海岸である。つまり、岬と湾が交互に繰り返すリアス海岸の奄美大島では、砂浜海岸と岩石海岸が交互に現れる。岩石海岸には、岬先端部を除けば、巨礫が転がっている（前掲の写真9―1、写真9―2）。大和村東部（国直《くになお》～大金久《おおがねく》）と奄美市根瀬部・知名瀬では、「ヒジャ」と「ハマ」とは厳然と区別される。その地形認識は、海岸地名に明瞭に現れている。砂浜には「ハマ地名」[3]が、転石（巨礫）の縁どる岩石海岸の多くには「ヒジャ地名」がつけられている。大和村の東部海岸において私が採集した一一六個の海岸地名のなかに一二個の「ヒジャ地名」が含まれる。[4]「ヒジャ地名」は、「ハマ地名」（一九個）、「スィ・ズィ（石・瀬）地名」（一八個）に次ぐ、三番目に多い海岸地名である［渡久地 2010b］。

第一章の図1―4（二二頁）で大和村の海岸地名を見ると、ハマ地名とヒジャ地名が、交互に現れているのがわかる。すなわち、東から、〈マツバマ〉―〈マツバマヌヒジャ〉―〈デンゴヌハマ〉―〈デンゴヌヒジャ〉―〈ナーバマ―ナーバマヌヒジャ〉―〈アルキバマ〉―〈アルキバマヌヒジャ〉となり、「ハマ」と「ヒジャ」が繰り返されている。

このように、奄美大島の大和村（東部）、奄美市の根瀬部・知名瀬・有良では、「ヒジャ」は転石海岸を意味し、「ハマ」（砂浜海岸）とは明確に呼び分けられている。そこでは、「ヒジャ」が「ハマ」を包含することはなく、両者は対置されている。

なお奄美には、右に述べた「ヒジャ」（転石海岸）とは異なったもう一つの「ヒジャ」があることを付記しておきたい。『奄美方言分類辞典 上巻』には、「hizja ヒジャ」の説明として、「〔ひだ（干田）近代〕海辺の耕地。奄美にはhizjaの地名が多い。現今海辺から多少遠ざかっている所も以前海の近かった場所であったことがその地名でわかる」〔長田・須山 1977：912〕と記しているが、なぜか、海岸語彙としての「ヒジャ」そのものに対する基本的な説明が与えられていない。ちなみに、「hama ハマ」については「〔はま（浜）上代〕浜。浜辺」〔長田・須山 1977：911〕と記されている。

また、金久正著『奄美に生きる日本古代文化』は、「ヒジャ」についてつぎのように記している。「海に迫る山頂の平斜地を部落部落では、ヒジャ（ヒダの訛、飯田、飛騨）と呼んでいる。ヒジャといえば、部落の人々が、耕作して唐芋その他の農作物を作ったり、ここで秣《まぐさ》を刈ったり、その周囲から焚物を拾ったりする場所であった。（中略）このヒジャなる地域へは、部落から通ずる山間の正規路というべきものはなく、磯伝いか、あるいは小舟で、ここに達せられるようになっている」〔金久 1963：239-240〕。さらに、『瀬戸内町誌（民俗編）』は、「ヒジャ」について「字から離れた海岸づたいの地域」という説明を与えている〔瀬戸内町町誌編集委員会 1977：60〕。

4 討論

「ヘタ／ピザ」は「ハマ」を包含するか？

1節で述べた（a）南島歌謡に詠まれた「ヘタ／ピザ」、2節で示した（b）与論島と琉球諸島で採集されている「ピジャ／ピザ／ピジャー／ヒジャー／ンタ／ピダ／ヒダ」、3節でみた（c）奄美大島の「ヒジャ」について、つぎのように要約できる。


——（a）（b）（c）は、これまでみてきたように、いずれも海岸語彙の一つである。

——（a）は、日本古語の「へた」（辺端）と同根であろう。

——（b）（c）は、音からみて（a）と同系の語であろう。

——（a）と（b）は地域的に重なり、語の継承を考えると、ほぼ同義語である。

——（c）は、「ハマ（浜）」とは厳密に類別される。つまり、「ハマ」を包含しない。


問題は、したがって、（a）（b）が「ハマ」を包含するか否かという点になる。「ハマ」を包含しないのであれば、（a）（b）（c）は一致し、いずれも岩石海岸（特に、転石海岸）ということになる。

オキ／ヘタ、ヘタ／ハマ

『沖縄古語大辞典』では「へた」の意味として「波打ち際、海岸近くの海」などがあげられている。『混効験集』には「へた　海の端を伝」とあり、宮良當壮の『八重山語彙 附八重山語総説』には「ピダ〔p'ida〕〔名〕渚。（竹富）」と記されている〔宮良 1930：209〕。「へた／ピザ」はともかく、その訳語の「波打ち際

＝海岸＝渚」には「ハマ」（浜）が包含される。[5]

しかし、奄美大島の「ヒジャ」には「ハマ」が含まれない。それゆえ、奄美大島の「ヒジャ」は「海岸」ではなく「岩石海岸（転石海岸）」としなければならない。奄美大島の「ヒジャ」と『おもろさうし』の「へた」や琉球諸島の「ピジャ」などの同系語との間には「海岸」という点では重なる部分があっても、両者の間には「ハマ」（浜）を包含するか否かという点でズレがみられるのも事実だ。この齟齬《そご》を解決するために、さしあたって、つぎの二つの考え方を提示しておきたい。図9―1は、その考え方の図解である。『おもろさうし』のなかで「へた膾」と「沖膾」が対句になっているから、[6]「ヘタ」と「オキ」（沖）を対置させ、同時に、「ヘタ」は「ハマ」を含みつつも「ハマ」と対立するかたちで図示した。

――（i）もともと「ハマ」（浜）と「ヘタ」（岩石海岸）があり、二つを包括する語はなかったが、「ヘタ」が「ハマ」を含む包括名（海岸）になった（図9―1、矢印（i））。この場合、「ヘタ」には広義と狭義があることになる。

――（ii）もともと、「ヘタ」は岩石海岸（転石海岸）を指す語ではなかったが、海岸を意味する「ヘタ」がなんらかの理由で岩石海岸のみを指す語になった（図9―1、矢印（ii））。「ヘタ」（辺端＝波打ち際）を強く意識させられる空間は、砂浜よりも岩石海岸であるのかもしれない。

古語辞典を引けばわかるように日本語の「はま」（浜）は、砂浜だけではなく岩石海岸を包含している。米地文夫らが指摘しているように、石川啄木の歌「東海の小島《こじま》の磯《いそ》の白砂《しらすな》に／われ泣きぬれて／蟹《かに》とたわむる」のなかの「磯」は「砂浜」を指している。「浜も磯も海岸の一般的呼称として用いられること

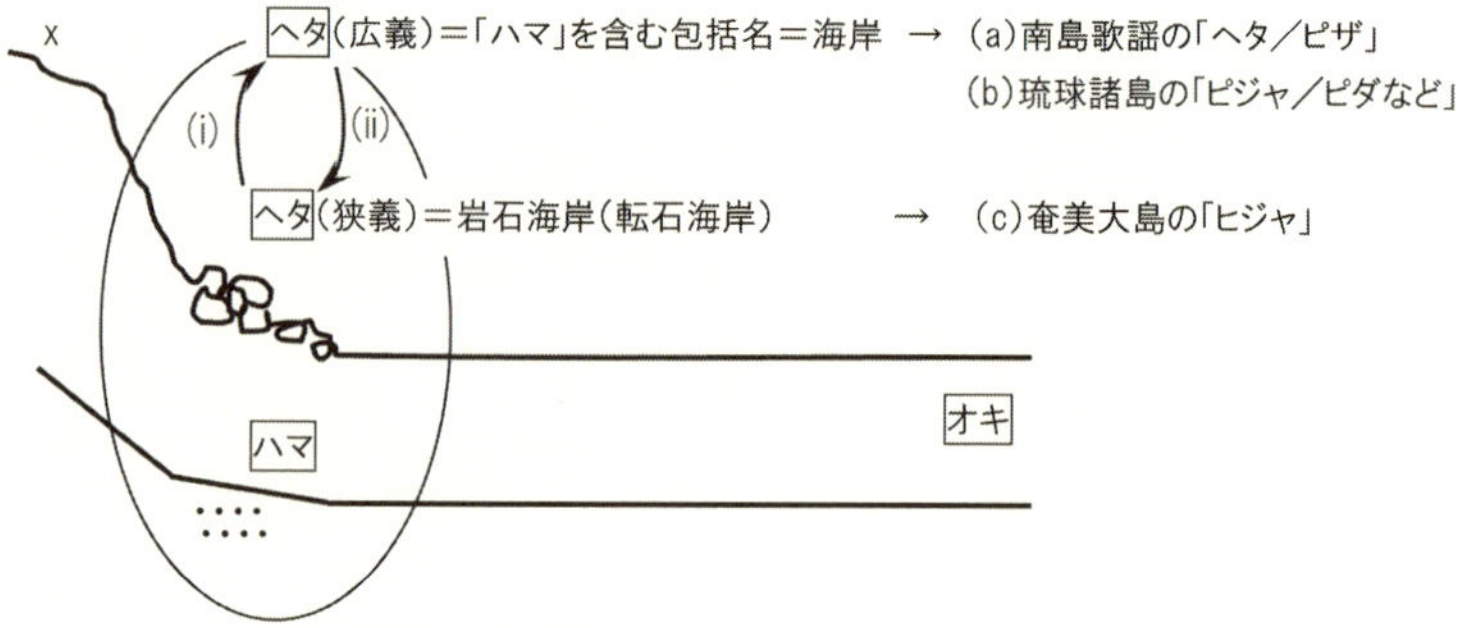

図9-1　「ヘタ」解釈のための概念図
Xは、金久［1963：239-240］に記されている「ヒジャ」が指示する場所

もあり、かつ海岸を二分するそれぞれのタイプを示す場合もある」［米地・今泉 1995：128］。奄美・沖縄の「へた／ピザ」も、海岸一般をさす場合と、岩石海岸のみを指示する場合とがあるように思われる。

地名からみたヘタ／ピザ

現段階では、上の二つの考え方（i）（ii）を論証することはできない。ただ、これまでの記述から、一つの結論として以下のことはいえそうである。

『おもろさうし』の「へた」は「波打ち際＝海岸＝渚」でよい。言い換えれば「磯＝岩石海岸」でも「浜＝砂浜海岸」でも差し支えない。黒島歌謡「ペンガントゥレー節」の「ピザ」（または「ピザー」）は、しかし、そういうわけにはいかないであろう。その理由は、「タマミナ」に隠されている。それについて説明しよう。

喜舎場［1967］、西村［1967］それぞれが、なぜ「ピザ」に「珊瑚礁」、「ピジャー」に「Fringing reef（引用者註――裾礁）」の訳語を当てたのかは明らかでない。黒島は離水サンゴ礁の島で、周囲を約五〇〇〜一〇〇〇メートルの幅広いサンゴ礁が取り巻いている。石西礁湖《せきせいしょうこ》に面する保里《ほり》付近ではサンゴ礁幅は約五〇〇メートルで、集落の東側は砂浜であるが、西側には断続的ながら岩石海岸があり転石も少なくない。「ピザ」がサンゴ礁海岸の一部であることは間違いないが、「珊瑚礁」「裾礁」ではあまりにも漠然としている。

第七章で述べたように、黒島の保里集落における私の聞き取りによれば、「タマミナ」はニシキウズガイである（写真7—1、一六二頁）。この小巻貝の棲息場所は「転石海岸」〔久保・黒住 1995:24-25〕である。「ハマ」（砂浜）にはニシキウズガイは棲息しない。ゆえに、「ペンガントゥレー節」の「ピザ」は、砂浜では都合が悪く、岩の転がる岩石海岸（転石海岸）である、と考えるのが自然である。

「ハマ」の前面に位置する与論島の「ピザ」、海岸の背後にある名護市辺野古の「ピジャー」地名、宮古島の「ヒダ／ピダ」、池間島の「ヒダ」、石垣島白保の「ピダ」は保留するにしても――ただ、宮古島の西原では「ハマ」を包含する場合は「ハマ・ピダ」という言い方をする点は注目すべきであるが――、その他の「ヘタ／ピザ」系の民俗語は、沖縄島南城市安座真海岸の「ンタ」、久高島の「ピザ」、宮古・下地島の「ピダ」、石垣島宮良の「ピダ」、西表島西部の「ピダ」は、いずれも岩石海岸である。そして、何よりも奄美大島に多く見出される「ヒジャ」は、「ハマ」とは厳然と区別されている。現在生きている民俗語（普通名詞）や、小地名（固有名詞）が示す「ヒジャ／ピジャ／ピダ」はほとんどが岩石海岸（転石海岸）である。逆に「ヘタ／ピザ」系に、はっきりと「砂浜」を指示する民俗語は、池間島の「ヒダ」と、池間島の開拓集落である伊良部島佐良浜の「ヒダ」以外には見出せない。

3節冒頭に掲げた「ヒジャ」での巻貝獲りの話は、私が二〇〇八年夏におこなった聞き書きの一部であるが、海岸語彙の一つである「ヒジャ」は、奄美大島の大和村や奄美市根瀬部などでは、「ハマ」と同じく日常の会話のなかでごく普通に使われる言葉である。その「ヒジャ」は「ハマ」とは厳然と呼び分けられる、転石に縁どられた岩石海岸を指す。特に大和村東部では「ヒジャ」地名がサンゴ礁（海域）を含む海岸地名全体の一〇％も占めている。そこでは、「ヒジャ」は消滅してない、海辺の暮らしのなかで息づく方言語彙の一つである。

このように、リアス海岸の奄美大島に生きる「ヒジャ」は、その源流を日本古語「へた」に遡るであろう。しかし、現在その語が指示する対象の範囲は、「ハマ」を含んでいない。それどころか、「ハマ」とは対照的である。その「ヒジャ」は、「奄美に生きる古典語」〔金久 1963：35〕という言い方もできるかもしれないが、古典語がそのまま現代に「生きた化石」のごとく在るのではなく、音韻変化（転訛）のみならず、語が指示する対象の範囲も、人々の自然（地形）認識とのかかわりのなかで、微妙に変化を遂げてきたのであろう。

ともあれ、地名（固有名詞）や、地名を構成する地形語（普通名詞）の原義を求める研究とともに、方言語彙の地域的差異と多様性（多義性）を記述し、人々の地形認識に降り立って考察する作業も求められているように思われる。そのためにも、「微細地名」「不記載地名」(7)を実地に採集し、自然と生活との関係において記録していくことが重要となるであろう。本章は、そのような作業の一事例の中間報告である。

註

（1）高田普久男・渡久地健「久高島のサンゴ礁地名」（未発表草稿）による。

（2）恵原［1973：132］では、エガル獲りは「梅雨上り頃が季で雨のないヤミ夜を利用する」と記されている。

（3）ただし、集落前面の砂浜には地名が授けられていない［渡久地 2010］。

（4）奄美市根瀬部・知名瀬で採集した四六個の海岸地名のなかには六個の「ヒジャ地名」が含まれる。

（5）自然地理学では、「海岸」は、「岩石海岸」と「砂浜海岸」に大別される。それぞれ「いそ（磯）」「はま（浜）」に対応する［荒巻 1971：5］。そのほか、「かた（潟）」という言葉がある。加藤［1999：2-3］は『日本の渚』の序に記している。「岬の突端には波のくだける荒磯《ありそ》が、外洋に面したなだらかな海岸線には白砂青松の砂浜が、入江の奥にはヨシ原にふちどられた干潟が形成されていた。変化しながら果てしなく続くその海岸の中で、岩がちの海岸は磯、砂や泥の海岸は浜と呼ばれることが多い」。

（6）トカラ列島では、「オキ」と「ヘタ（ナダ）」が対置される［五十嵐 1977：151］。稲垣［1973：67-68］によれば、口之島と中之島に〈ナガヘダ〉という海岸地名がある。

（7）小さな海岸地名などは、行政地名とは異なって、一般に地図に記載されることはない。また、文献にもほとんど登場しない。このような地名を、記載されないという意味で「不記載地名」といい、細かいという意味で「微細地名」という［井上 1979、柴田 1978］。

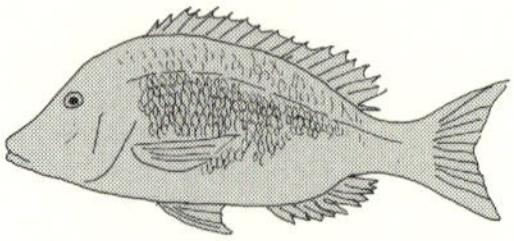

第一〇章　サンゴ礁地形をめぐる民俗分類の地域差

科学的地理学では、風景は従来、見る人、知覚する人とは切り離された、それ自体として物理的に存在するものだと考えられてきた。しかし、ものを見る、観察する人の存在なくして、自然像は成り立たない。（山野正彦著『ドイツ景観論の生成――フンボルトを中心に』古今書院、一九九八年、九頁）

サンゴ礁で漁をする漁師にとって、漁場知識は漁の技とともに漁の成果を大きく左右する最も重要な要件である。サンゴ礁資源を捕獲する漁師が有する漁場知識は、サンゴ礁生物学やサンゴ礁地形学などの「科学的知識」に対して、「民俗知識」（folk knowledge）とよばれる。第一章で述べたとおり、サンゴ礁漁場にかかわる民俗知識のなかで、サンゴ礁地形は最も基本的な知識に属し、それゆえ漁師たちは、サンゴ礁地形を細かく分類し独自の呼び名を与えている。「民俗分類」（folk taxonomy）とは、「科学的分類」に対比され、「それぞれの伝統社会の成員によって共有されている、彼ら固有の分類」〔松井 1983：34〕である。本章では、奄美諸島から八重山諸島まで、サンゴ礁地形の民俗分類にかんする基礎資料を提示するとともに、各地の民俗分類の比較を通して、漁師たちのサンゴ礁認識の特徴の一端を明らかにすることを目的とする。

1　漁師たちが構成するサンゴ礁の自然像を求めて

サンゴ礁は渚（海岸）から外海側に広がる「一連の自然」である。陸上から眺めるその地形は平坦で単調である（写真10―1）。しかし、この奄美・沖縄のサンゴ礁のなかに多くの地名がつけられていること、そして一連の自然のなかに節々を入れ地形が細かく分節され、よび分けられていることを知っている人は多くはないだろう（図10―1）。

写真10―1も図10―1も、サンゴ礁景観である。写真10―1が旅人のカメラによって切り取られたサンゴ礁の眺めであるのに対して、図10―1はサンゴ礁の海とかかわって生活してきた人々――そのなかには非専業漁師が含まれるが、以下単に「漁師」という――が描くサンゴ礁風景であるといえよう。中村和郎は、図10―1について、「そこに生活する人々が景観の単位を識別していたことを示すよい例である」［中村 1991：37］と記している。しかし、この図は漁師が作った図でない以上、厳密にいえば、漁師たちが「構成している」［山野 1998：3］と考えられる風景を、研究者が「聞き書き」によって得た情報をもとにして翻訳したもの、というべきかもしれない。

サンゴ礁研究者といえども、あるサンゴ礁地域（島）を初めて訪問する時点においては、海辺に立って彼が見るサンゴ礁の眺めは、旅人のそれとそれほど変らないであろう。しかし、そのサンゴ礁で漁を営む漁師との対話を重ねるうちに、それまで見えなかったサンゴ礁の「景観の単位」〔中村 1991：36〕が識別できるようになり、次第に「最小単位の結合パターン」〔中村 1991：36〕ともいうべき一つの新しいサンゴ礁風景が彼の前に立ち顕れてくるであろう。

本章は、民俗分類の考察から、漁民たちが構成す

写真 10-1　久高島東海岸〈イシキバマ〉のサンゴ礁
2014 年 6 月撮影

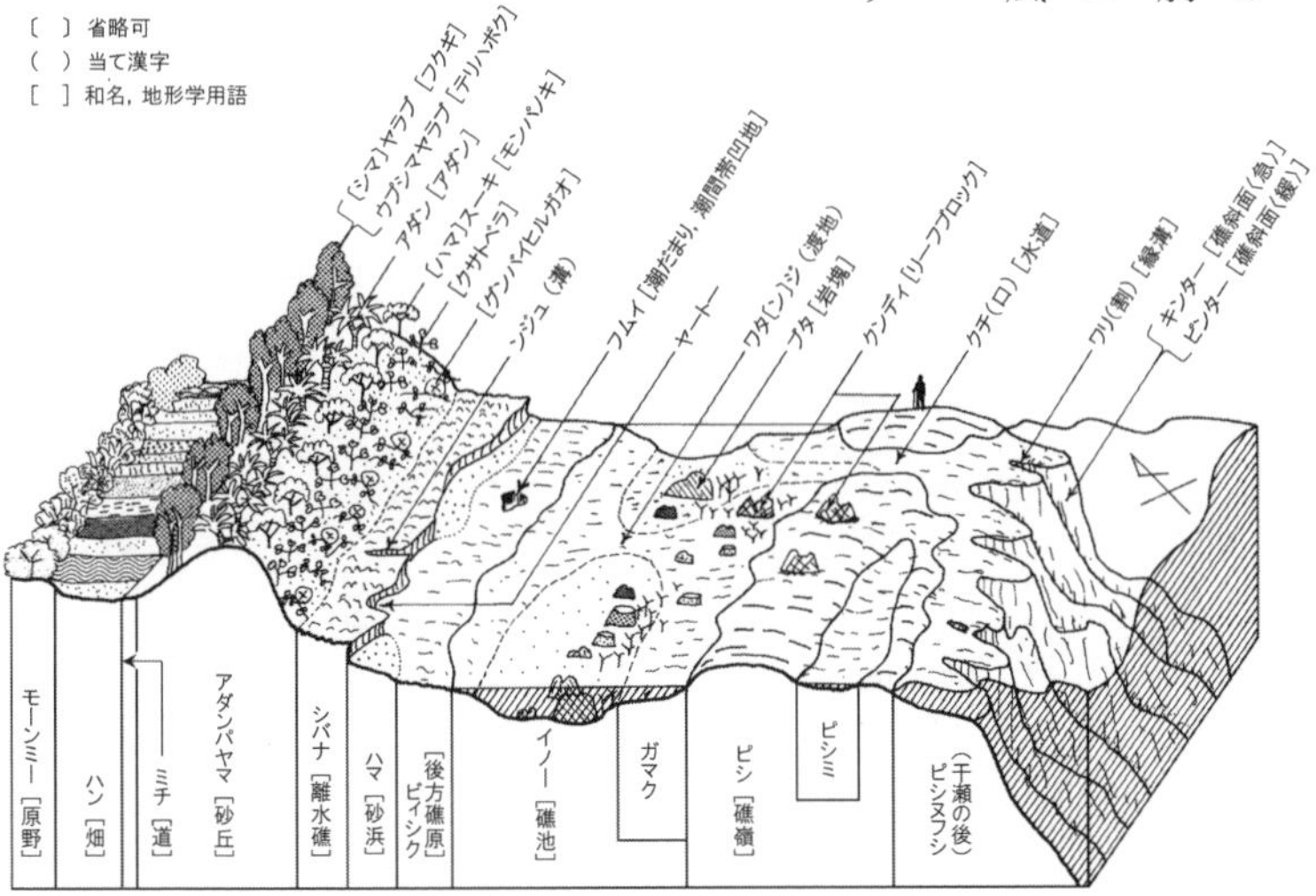

図 10-1　久高島東海岸のサンゴ礁模式図と方名［渡久地・高田 1991］。

るサンゴ礁の自然像を探求する試みである。風景（landscape）は地形（landform）と不可分の関係にある。風景の骨格は地形である。ある地域の漁師が構成するサンゴ礁の風景は、漁撈活動という営み（生業）のなかから構成された風景であるが、それはそれぞれの地域のサンゴ礁地形（環境）の特性（地域性）に大きく影響される。

サンゴ礁の微地形構成に地域的なバリエーションがある以上、民俗分類にかんする聞き書きが一定の成功を収めるためには——つまり漁師の語る自然の細部を理解し記述するためには——、聞き手が対象地域のサンゴ礁についての予備知識をそなえ、その海を実見していることが不可欠である。

2　奄美・沖縄のサンゴ礁地形の一般的特徴

「ヒシ」と「イノー」

すでに述べたように、奄美から八重山にいたる島々のサンゴ礁地形は決して同じではないが、民俗分類の記述のために、この地域のサンゴ礁地形の一般的な特徴について記し、簡単な水先案内をしておきたい。

（原歌）	（訳）
うくぬさちやなみあらさ	奥《おく》の崎は波荒さ

ひどぅのさちやいすあらさ　辺戸《へど》の崎（辺戸岬）は磯荒さ
ゆうどぅりがなゆりばどぅ　夕凪《なぎ》になればこそ
ひしなぎにくいいもり　**干瀬**《ヒシ》沿いにいらっしゃい
あさどぅりがなゆりばどぅ　朝凪になればこそ
いぬなぎにくいいもり　**イノー**沿いにいらっしゃい

これは、『南島歌謡大成Ⅰ 沖縄篇 上』より抄出した、国頭《くにがみ》村与那《よな》で豊漁・豊作を祈願する海神祭《ウンジャミ》に謡われた歌謡「ヒドゥヌサチ（辺戸の崎）」の一部である［外間・玉城 1980：457-458］。この歌謡のなかで詠《よ》まれている「ヒシ」は礁嶺《しょうれい》、「イノー」は礁池《しょうち》（あるいは浅礁湖）を意味する。「ヒシ」と「イノー」は、奄美・沖縄のサンゴ礁地形の最も基本的な構成要素（骨格）をなす。「ヒシ」の外海側は斜面をなし、深みに落ちていく。その斜面の上部は、鋸歯《きょし》状の地形があるため、地形学では「縁脚《えんきゃく》―縁溝《えんこう》系」（spur-groove system）とよばれることがある［河名 1987］。しかし本章では、その縁脚―縁溝系をも含めて、外海側の斜面全体を「礁斜面」とよぶことにする。礁池の内側には海岸（砂浜や岩石海岸）が位置する。つまり、巨視的にみれば、奄美・沖縄のサンゴ礁は、「海岸―礁池―礁嶺―礁斜面」という構成（配列）になる。

サンゴ礁地形は、波浪条件やサンゴ礁を載せている基盤（海底地形）などの環境条件によって、地域的、場所的バリエーションが認められる。一般的に、波の強い風上側や外洋側では礁嶺が発達するのに対して、波静かな風下側や内湾側では礁嶺の発達がみられない。礁嶺の内側には礁池を抱くことが多い。しかし風上側や外洋側でも、サンゴ礁を載せている海底地形が急勾配《こうばい》なところでは、サンゴ礁の幅が狭くなり、全面岩盤から成り礁池を欠く。したがって、サンゴ礁地形は、基本的に、①干瀬―イノー系、②干瀬型、③イノー型、の三タイプに分類されることになる〔目崎 1985、目崎・渡久地 1991〕。

サンゴ礁地形の微地形構成

サンゴ礁地形の基本的構成要素は、地形学ではさらに細分され、さまざまな用語が生み出されている。図10―2は、これまでの、サンゴ礁民俗分類の研究のなかに掲載されている図〔堀 1982、渡久地・高田 1991、目崎 1988、渡久地 2010a〕を参考にして作成した、奄美・沖縄の干瀬―イノー系の微地形構成を示したものである。これはある特定の場所のサンゴ礁地形断面図／平面図ではない。イノーを欠くサンゴ礁もあれば、後方礁原をもたないサンゴ礁も少なくない。したがって、図10―2は、代表的な「微地形」を寄せ集めて描いた理想的《アイディアル》なサンゴ礁地形構成であり、あくまでも民俗語の解説のための図解にすぎない。

3 サンゴ礁の基本的な地形をめぐる民俗語彙の比較

各地におけるサンゴ礁の民俗分類にかんする研究成果を、上に述べた地形配列に則して、表10―1に示した。全二九地点のうち、奄美諸島八地点（01竜郷《たつごう》町秋名《あきな》、02奄美市根瀬部《ねせぶ》、03大和《やまと》村大棚《おおだな》、04奄美市小湊《こみなと》、

05加計呂麻《かけろま》島西阿室《にしあむろ》、06徳之島町徳和瀬《とくわせ》、07伊仙《いせん》町面縄《おもなわ》、08与論《よろん》島）、沖縄諸島一一地点（09伊平屋《いへや》島島尻《しまじり》、10国頭村奥《おく》、11本部《もとぶ》町備瀬《びせ》、12名護市辺野古《へのこ》、13恩納《おんな》村、14読谷《よみたん》村、15南城市志喜屋《しきや》、16糸満、17津堅《つけん》島、18久高《くだか》島、19粟国《あぐに》島）、宮古諸島四地点（20池間《いけま》島、21大神《おおがみ》島、22宮古島友利《ともり》、23伊良部島佐良浜《さらはま》）、八重山諸島六地点（24白保《しらほ》、25宮良《みやら》、

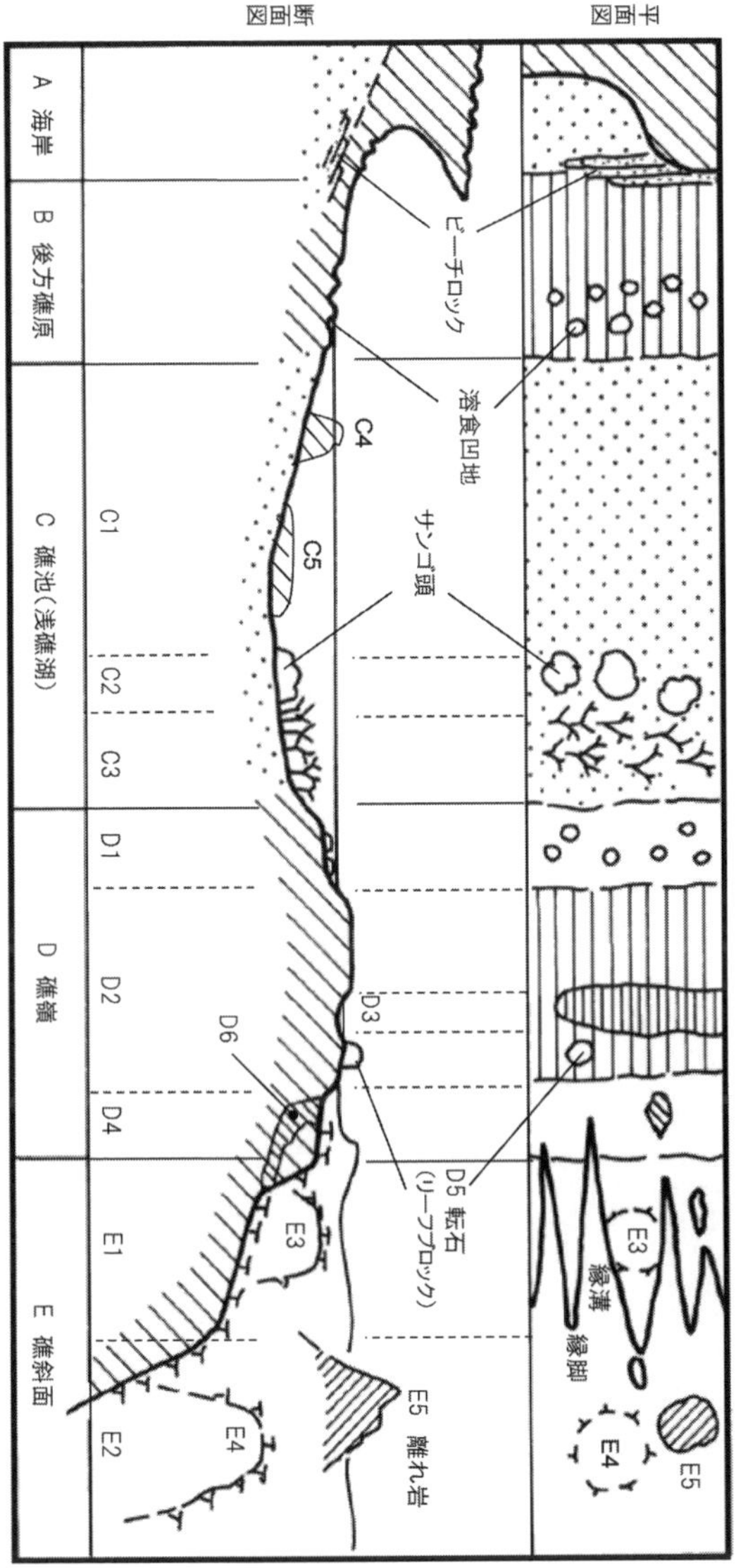

図10-2　奄美・沖縄のサンゴ礁模式図（平面と断面）と地形学用語

26登野城《とのしろ》、27新川《あらかわ》、28鳩間島《はとま》、29西表《いりおもて》島西部）である。なお、二九地点の位置は図10―3に示した。

表10―1をもとに、まずサンゴ礁地形の基本的構成要素（海岸―礁池―礁嶺―礁斜面）にかんする民俗語の地域的な比較を試みたい。

表 10-1 サンゴ礁地形の基本的構成要素にかんする方名の地域差　（地点は図 10-3 を参照）

地点	海岸	礁池（浅礁湖）	礁嶺	礁斜面	文献
01 秋名	ハマ／パマ	イノ／エノ	ターシ	（註 1）	山岡 1983
02 根瀬部	ハマ／ヒジャ	イノ	セ	セノソト	渡久地 2011b
03 大棚	ハマ／ヒジャ	イノ	クィシィ	（註 2）	渡久地 2010b
04 小湊		エノ	ヒシィ／セ		名島 2001
05 西阿室	ハマ	当該地形なし	スィー	（註 3）	渡久地 2011
06 徳和瀬	ハマ	イノナ	ヒシ	ヒシヌクシ	松山 2004
07 面縄	ハマ	イニョ／イニョンナー	スィー	（註 4）	渡久地ほか 2013
08 与論島	ハマ	イノウ	ピシパナ	パー	堀 1980
09 島尻	ハマ	イノー	メーシー	メーシーヌシチャ／ハンタ	渡久地 ほか，未発表
10 奥	パマ	イノー	ピシ	ピシプハ	高橋・渡久地 2016
11 備瀬	パマ	イノー	ピシ	パー	渡久地 2010
12 辺野古	パマ	イノー	ピシ	ピシンクサー／ピシプカ	島袋 1983
13 恩納村	ハマ	イノー	ヒシ	ヒシヌクシ	恩納村博物館　2013
14 読谷村	パーマ	イノウ	ヒシ	サガイ	地域計画研究所 1980
15 志喜屋	ハマ	イノー	ヒシ	マンタ	渡久地・西銘 2013

16 糸満	ハマ	イノー	ヒシ	ヒシンクシ	島袋 1983
17 津堅島	ハマ	イノー	ヒシ	ヒシンフシ	島袋 1983
18 久高島	ハマ	イノー	ピシ	ピシヌフシ	渡久地・高田 1991
19 粟国島	ハマ	イノー	フカピシ	フカウミ	野本 1995
20 池間島	ヒダ	イナー	ヒシ	ヒシヌフカ	島袋 1983
21 大神島		イナウ	ヒシ	(註 5)	市川 1978
22 友利	プスダ／パマ	イナウ	ピシ	ナガウ	宇都 1993
23 佐良浜	ピダ	イナウ	ピシノハナ	(註 6)	高橋 2004
24a 白保①	ハマ	イノー	ピー	ピーノフカ	目崎 1988
24b 白保②	ハマ	イノー	ピー	ピーブカ	野本 1995
25 宮良		ピーウチ	ピー	ピーヌフカ	野本 1995
26 登野城	ハマ	イノー	ピー	ゲーリグヮー	野本 1995
27a 新川①		イノー	ヒシ	アシ	口蔵 1977
27b 新川②	ハマ	イノー	ヒシ	フカヤー／ヒシクチ	琉球方言研究クラブ 2014
28 鳩間島	パマ	イノー	ピー	ピーヌクシ	加治工 1985
29 西表島西部	ぱマナ／ピダ	イノー	ピー	トゥー	安渓 2007

(註 1)　礁斜面全体を指す方名はないが，礁嶺側から「ウティシィ」「アサシ」「ウティシィ」と分節される。

(註 2)　礁斜面全体を指す方名はないが，礁嶺側から「クィシィウトゥシ」「ナダラ」「スニウトゥシ」と分節される。

(註 3)　礁斜面全体を指す方名はないが，礁嶺側から「テースィー」と「テースィーヌウトゥシ」に二分される。

(註 4)　礁斜面全体を指す方名はないが，急な礁斜面を「ハンタ」，緩やかな斜面を「トゥー」という。

(註 5)　礁斜面全体を指す方名はないが，礁嶺側から「アラバ」と「プカ」に二分される。

(註 6)　礁斜面全体を指す方名はないが，緩斜面を「アラハ」，急斜面を「ナガウ」，急崖を「ミバタ」とよび分けられる。

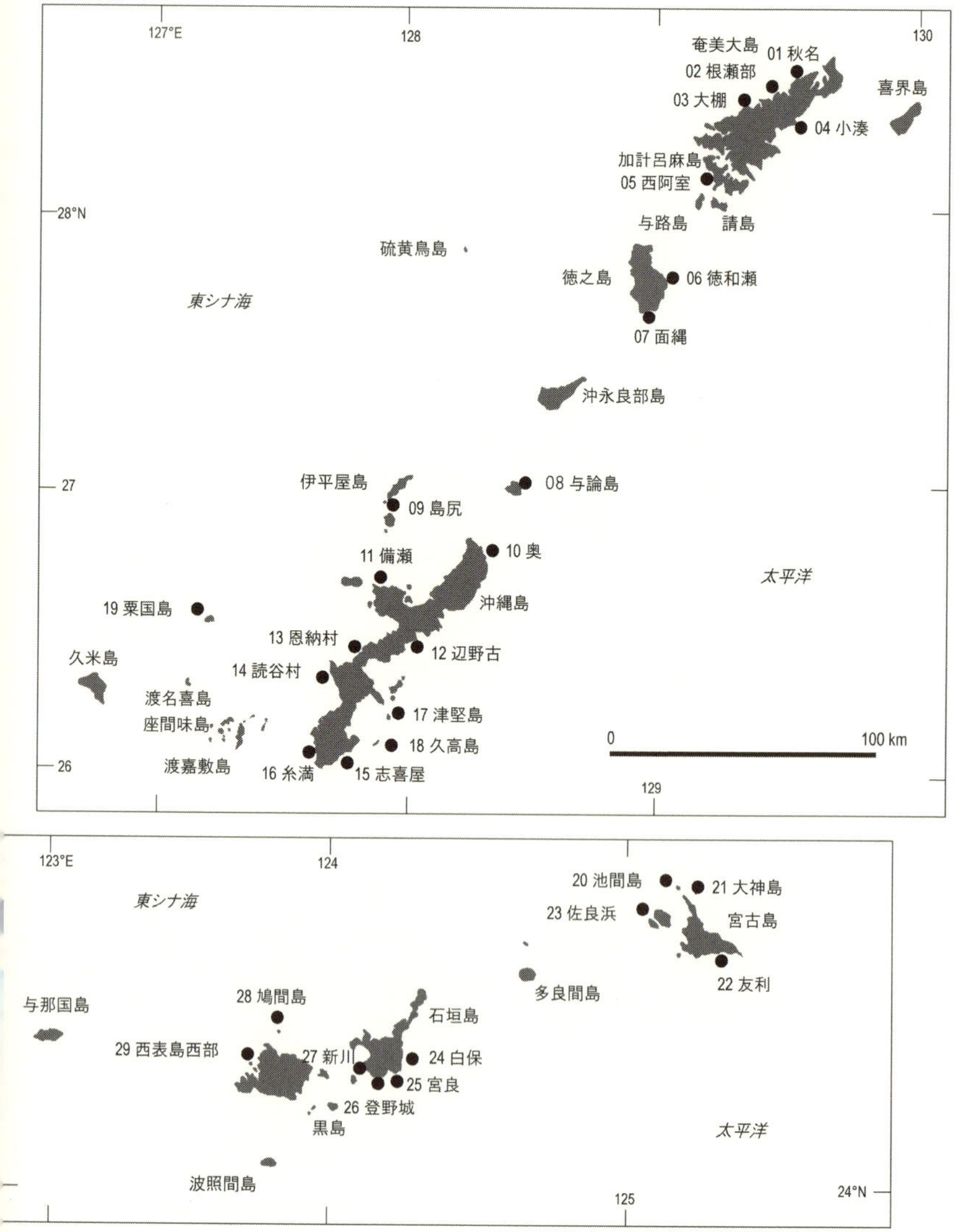

図 10-3　調査地点の位置

海岸

「海岸」に対して与えられた方名は、「ハマ」「パマ」「パーマ」「ぱマナ」「ヒジャ」「ヒダ」「プㇲダ」「ピダ」の八語がある。前の四語は「浜」、後の四語は日本古語「へた（辺端）」に由来すると考えられる（第九章「ヘタ／ピザ考」参照）。仮に、前四語を「ハマ系」、後四語を「ヘタ系」とすると、表10―1において「海岸」に対応する語として、①「ハマ系」のみの地域（秋名・西阿室・徳和瀬・面縄・与論島・島尻・奥・備瀬・辺野古・恩納村・読谷村・志喜屋・糸満・津堅島・久高島・粟国島・白保・登野城・新川・鳩間島）、②「ハマ系」と「ヘタ系」が併存する地域（根瀬部・大棚・友利・西表島西部）、③「ヘタ系」のみの地域（池間島・佐良浜）がみられる。沖縄諸島では「ヘタ系」は見出せない。

「ヘタ系」では、「ヒジャ」は奄美大島にのみ分布し、「ヒダ」「プㇲダ」「ピダ」が宮古諸島と八重山諸島（西表島西部）に分布する。

礁池（浅礁湖）

礁池に対する方名は大局的にみれば、①奄美大島に分布する「イノ」「エノ」「イニョ／イニョンナー」、②徳和瀬の「イノナ」、③沖縄諸島や八重山諸島に見られる「イノー」「イノウ」、④宮古諸島に分布する「イナウ」「イナー」の四つに分類できる。なお、宮良の「ピーウチ」は「ピー」の内側という意味であろう。

礁嶺

礁嶺は、沖縄諸島のほとんどの地域で「ヒシ」または「ピシ」とよばれている。ただし、伊平屋島の島尻では「メーシー」(前方の瀬)である。また、粟国島は「フカピシ」である〔野本 1995：61〕。「フカピシ」のフカは「外」であり、これは内側に位置する「イタビシ」[1]すなわち後方礁原と対置された呼称、つまり「海岸側(イノーの内側)のピシ」に対する「外海側のピシ」という認識から生じた呼称であろう。一方、礁嶺は、渡名喜島では「ピ」であり(第一二章「サンゴ礁漁場の民俗語彙」参照)、八重山諸島の「ピー」に近い。

礁嶺は、奄美諸島では、徳之島「ヒシ」、与論島「ヒシパナ」で、沖縄諸島と同じ「ヒシ系」〔堀 1980〕である。しかし、奄美大島と加計呂麻島(西阿室)は、「セ／スィ系」である。小湊は「ヒシィ」「セ」の両方が使用されている。ただし、小湊の「セ」は内湾部の干上がらない、連続性のよくない礁原を指し、一方「ヒシィ」は「歩くことのできる礁原、干潮時に干出する礁原」を指し、区別されている〔名島 2001〕。

宮古諸島も、佐良浜の「ピシノハナ」を除けば、「ヒシ」「ピシ」である。八重山諸島は「ピー」であるが、糸満系漁民の村・新川は「ヒシ」である。

奄美諸島から沖縄諸島にかけて、「セ／スィ系」から「ヒシ／ピシ系」へと変化する。この点は、『正保国絵図』の「瀬」から「干瀬」への表記の変化ともある程度、呼応している。つまり国絵図では与論島のサンゴ礁の記載で初めて「干瀬」が現われる〔Mezaki & Toguchi, 2006〕。

礁斜面

奄美諸島（表10―1、01～08）で、礁斜面全体に対する呼称として、根瀬部の「セノソト」（瀬の外）、徳之島の「ヒシヌクシ」（干瀬の背後）、与論島の「パー」がある。秋名、大棚、西阿室では、礁斜面全体を指す語はない。

沖縄諸島（表10―1、09～19）では、礁斜面に対する語として、①「パー」、②「ピシンクサー／ヒシヌクシ／ピシヌフシ」（干瀬の後）、③「ピシプカ」（干瀬外）、④「フカウミ」（外海）、⑤「サガイ」（下がり）⑥「メーシーヌシチャ」（前瀬の下）の六種類の表現（語）が見出せる。辺野古は②と③が並存している。

宮古諸島（表10―1、20～23）は、①「ヒシヌフカ／プカ」（干瀬の外／外）、②「ナガウ」の二種に分類できる。「ヒシヌフカ／プカ」は、右記沖縄諸島の③「ピシプカ」や左記八重山諸島③「ピーノフカ／ピーブカ」のとの共通性が指摘できる。

八重山諸島（表10―1、24～29）には、①「アシ」、②「ピーノフカ／ピーフカ」（干瀬の外）、③「ピーヌクシ」、④「トゥー」⑤「ゲーリグゥー」などの語がある。

以上に見てきた、サンゴ礁の骨格（基本構成要素）をなす地形については、系統を異にする語が共存する場合もあるが、北は奄美から南は八重山まで、一定の共通性や連続性が認められる、といってよいであろう。

4　サンゴ礁微地形をめぐる民俗語彙の比較

詳細は第一二章に譲るが、サンゴ礁の微地形にかかわる民俗語彙は多岐に及んでいるので、本節では特徴的な語をいくつか取り上げて地域差について簡単な記述を試みる。

イタビシ

海岸（特に砂浜）に横たわるビーチロック（beach rock 汀砂礫岩）は、サンゴ礁地域の代表的な微地形の一つである（写真10―2）。ビーチロックを沖縄諸島では一般に「イタビシ」といい「板干瀬」の漢字が当てられる。大宜味《おおぎみ》村謝敷《じゃしき》の「イタビシ」はつぎのように、琉歌にも詠まれている［渡久地 2006a］。

謝敷板干瀬《じゃしちいたびし》に　打《う》ちゃい引く波ぬ　謝敷女童《みやらび》ぬ目笑《みわ》れ歯ぐち

（謝敷の板干瀬に打ち寄せては返す波は、謝敷の乙女らが笑うときの歯のようだ）

ビーチロックは、奄美市有良《あった》で「イタシー」、大和村東部で「イチャシチ」、与論島と津堅島で「イチャジキ」、本部町備瀬で「ピレーク」または「イチャジシ」、読谷村で「シナイシ」とよばれている。備瀬の「ピレーク」は、ビーチロックの「平たい」形状と関係しているであろうが、その他は「板」「砂」

「石」「敷」など、ビーチロックの形状、構成物質（砂）に着目してよび名が与えられていると考えられる。

久高島の「イチャジキ」、粟国島の「イタビシ」、石垣島宮良の「イタビサー」はビーチロックではなく、後方礁原を指す。備瀬の「イタビシ」は、平滑な礁嶺を指示する語である（写真10―3）。備瀬では、その平滑な地形を利用してイスズミ科などの魚群を捕獲する「イユーマキ」とよばれる巻き網漁が盛んであり（本書第二章）、「イタビシ」という地形語は若い漁師にもよく知られている。与論島では、板状の固い海底部も「イチャジキ」とよばれている。堀信行は、「イチャジ

写真 10-2　本部町備瀬のビーチロック（2008 年 12 月）
備瀬でビーチロックは「ピレーク」とよばれている。

写真 10-3　本部町備瀬で「イタビシ」とよばれる平滑な礁嶺
（2014 年 9 月）

［渡久地 2006b に加筆］

タイプ 4	タイプ 5	タイプ 6
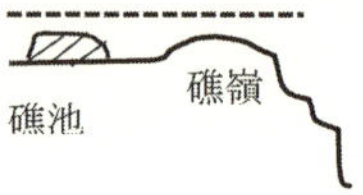	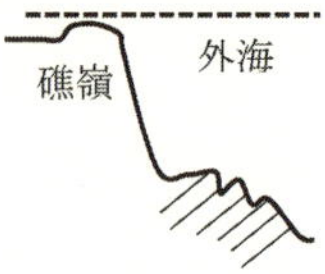	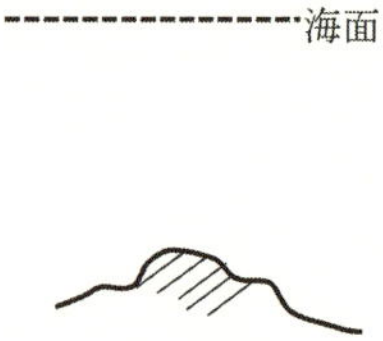
・礁池内に位置する。 ・岩盤やサンゴ頭からなり明瞭な地形的高まりをなす。	・干瀬の外側に位置。 ・底が微かに透視できる場合がある。	・水深が深く底が見えない。 ・漁師はヤマアテなどの方法で位置を確定する
・ウフズニ ・クルイサーズニ （ともに南城市志喜屋）	・イリミーバイズニ （伊江島） ・ビシミーバイズニ （沖縄島本部町） ・ンナジュニ （渡名喜島）	・イヒャズニ （伊平屋島沖） ・ウフドゥマイズニ （沖縄島東村沖）

フカビシグヮー［渡久地・高田 1991］，ナズニ／ウランタピー［川平ほか
クルイサーズニ［大田 2002］，ンナジュ［渡名喜村 1983］，ウフドゥマイ

キ」の指示内容の広いことに留意しておく必要がある、と述べている［堀 1980］。

スニ

奄美・沖縄における「スニ」（曾根）という語も、前記の「イタビシ」に劣らず指示範囲が広く、多義的である。しかし、その語が指示する地形の多様性にもかかわらず、「一定のまとまりをもった海底の地形的高まり」という点では共通性が見出せる。スニと聞けば、深海にある山（地形的高まり）をイメージするであろうが、これまでの地名調査から導き出される「スニ」の地形には、つぎの六タイプが見出せる（表10―2）。表

表 10-2　スニの類型

	タイプ 1	タイプ 2	タイプ 3
断面	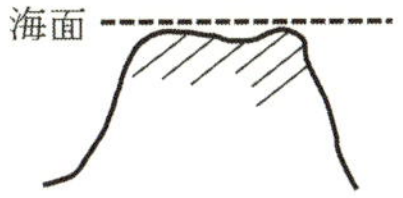	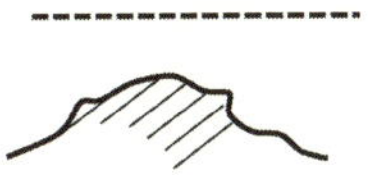	
特徴	・外海に位置し、干潮時に干出するサンゴ礁（台礁）。	・干出しない暗礁 ・陸上から輪郭が確定できる。 ・水深　3～5m 程度 ・「ヒシ／ピー」の付く別名称がある。	・干瀬の外側に位置。 ・干瀬より若干低い。 ・干瀬との間は、深みになっている場合もある。
事例	・ルカズニ （沖縄島糸満西沖） ・イーリマイズニ （鳩間島）	・タンキズニ 〔別称：フカビシグヮー〕 （久高島） ・ナズニ 〔別称：ウランタピー〕 （西表島）	・ティンズニ （奄美大島大和村） ・ヒラズニ （沖縄島読谷村）

地名の出所：　ルカズニ［目崎 1988］，イーリマイズニ［加治工 1985］，タンキズニ／1990］，ティンズニ［渡久地 2010b］，ヒラズニ［地域計画研究所 1980］，ウフズニ／ズニ［堂前 1981］

中の断面図の斜線部分が「スニ」とよばれる地形である。

タイプ1は、糸満市西沖にある台礁〈ルカズニ〉や鳩間島の南側の台礁〈イーリマイズニ〉にみられる、潮が引けば干上がる台礁である。タイプ2は、西表島崎山湾の湾口と、久高島北東部にあり、いずれも干潮時に干上がることがなく、しかし陸上からその輪郭がわかる暗礁である。興味深いことに、いずれも「ピー」または「ヒシ」を基本語とする別地名をもち、命名にかかわる複数の視線を感じさせる。「スニ」地名は海上の視線、「ヒシ／ピー」地名は陸からの視線で名づけが施されている可能性があり、認識論的に興味深い問題を内包している。タイプ3は、礁嶺の外側（礁斜面上部）から突き出た礁地形である。タイプ4は、幅広いサンゴ礁を誇る南城市に見られ、礁池（浅礁湖、イノー）内の干出しない地形的高まりである。タイプ5は、礁斜面下部に位置する地形的な盛り上がりで、産卵期に「ミーバイ」（ハタ類）がよく釣れるスニとして知られている事例がある。タイプ6は、外海にある地形的高まりで、好漁場をなす。このタイプの「スニ」は深く、目視できない。それゆえ、その位置測定は、陸上の山・谷間・岬・灯台、海岸付近の小島や離れ岩などを結んだ二本の線分の交点として記憶する、「ヤマアテ」とよばれる方法によってなされる［渡久地 2010c］。

ウンジュムイ、ウンドゥムイ、ピシミ、ワンルー

堀信行は与論島で「ウンジュムイ」という語を採集している［堀 1980］。この語が指す地形は、干潮時にも海水を湛えている礁嶺上の浅い溝状の凹地部である。それは礁嶺のなかで最も高い「ピシパナ」の内側（礁池側）に位置し、地形学用語では「内堀」に相当するという。

礁嶺上のごく浅い凹みは、久高島［渡久地・高田 1991］、沖縄島本部町備瀬［渡久地 2010a］、国頭村奥［高橋・渡久地 2016］でも確認されている。その浅い凹みを、久高島で「ピシミ」（前掲の図10—1）、備瀬で「ワンルー」（写真10—4）、奥で「ウンドゥムイ」とよばれている。

礁嶺上の浅い凹みは、与論島では、礁嶺の最高所の内側（礁池側）に位置するが［堀 1980］、久高島と備瀬、奥では最高所の前面（外海側）に位置する。この事実は、サンゴ礁の微地形は、同じ中琉球でも

写真 10-4　備瀬のワンルー（2014 年 9 月）

地域的な差異があることを示す一例である。

礁嶺上のごく浅い溝状凹地に与えられた方名は、与論島、久高島、備瀬、奥以外の地域からは現在のところ採集されていない。また、与論島の「ウンジュムイ」と奥の「ウンドゥムイ」は同系の語といえるが、「ウンジュムイ／ウンドゥムイ」、「ピシミ」（久高島）、「ワンルー」（備瀬）の間には言語学的な類似性は見出せない。

久高島の北隣の津堅島には「ピシミー」という民俗語があるが、この「ピシミー」は、礁池のなかの礁嶺側と海岸側の浅瀬の部分を指示する語であり、久高島の「ピシミ」が指示する地形（礁嶺上の浅い凹み）とはまったく異なっている。なお、久高島の礁嶺には〈イシキピシミ〉（口絵25）、〈ティブキラーピシミ〉〈ウヤーラピシミ〉という地名がある［渡久地・高田 1991］。

奥の人々は、このサンゴ礁の微地形を説明するとき、「ピシの上にある浅い水溜り」という言い方をするから、ウンドゥムイをピシの一部と認識している。しかし、「ウンドゥムイ」という、「ピシ」とはまったく異なるよび名をそのわずかな凹みに与えているということは、ピシの上にあって――ピシの一部分であるものの――、しかしピシではない、ピシとは異なる地形として認識しているともいえる。その、平面的に細長い皿のような浅い凹みは、大潮の干潮時に干上がったピシ全体のなかで、そこだけが海水を湛えているから、その点に注目すれば、視覚的にはっきりと識別できる。

礁嶺（ピシ）の上のごく浅い凹みをなぜ人々はことさら分節し言分《ことわ》ける必要があるのか。それは、右に記したようにその微地形が「視覚的にはっきりと識別できる」という理由からだけではないだろう。大潮の干潮時でも海水を湛えているということは、生物分布において決定的な影響を与えていると考えられる。干潮時に干出するピシは、サンゴ礁のなかで最も過酷な環境であり、干潮時でも波に洗われる時間の長い礁縁部を除けば、サンゴの被覆も少なく、岩盤にマット状に付着する藻類以外の生物の分布は比較的乏しい。しかし、わずかな凹みとはいえ、ウンドゥムイにはつねに海水があるため、シラヒゲウニ、小巻貝類、小型のタコ（ウデナガカクレダコ）などに対して生きられる住処を与えているといえる。事実、奥での聞き書きからも、ウンドゥムイが昼間と夜間の潮干狩りにおいて重要な漁場になっていることが確認できた（図10―4）。それゆえ、ピシ全体のなかから、わずかに海水を湛えた凹みが分節され、そこにウンドゥムイ、ピシミ、ワンルーなどといった方名が与えられたのであろう。

カタマ／ハタマ／ハターマ／ハタマー

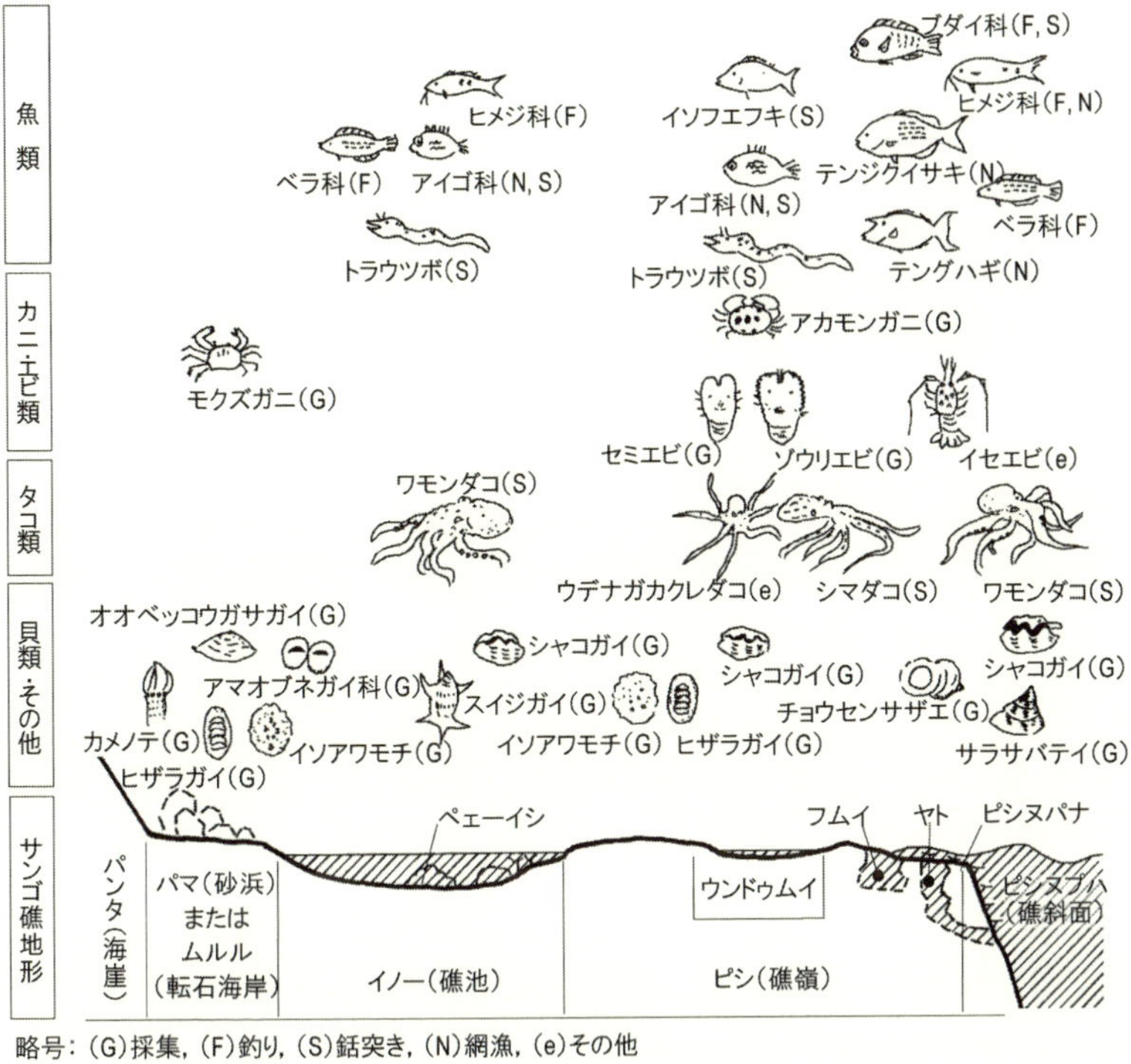

図 10-4　国頭村奥のサンゴ礁地形と漁獲生物の関係を示した概念図

［高橋・渡久地 2016：82］

カタマ系の地形語については、すでに第四章で詳述した。これらの地形語は、礁嶺の外側に位置する凹地（または湾状地形）に対して与えられたよび名である。一九七四年発行の『残波の里――宇座誌』には、「漁場一覧表」が掲載されていて、そのなかに〈イラブチガタマ〉〈タカビシヌカタマ〉〈ミーグワーガタマ〉など八つのカタマ地名が記録されている。それぞれのカタマには、水深が記され、多くは四尋（約六メートル）前後であるが、最も深いのは九尋（約一三メートル）で、漁場利用についても、たとえば「網入れ場所」「スクとりどころ」（註――スクはアイゴ科の稚魚）などと記されている［宇座誌編集委員会 1974：285-287］。

セドゥマ／クィシィドマ／ハーガヤー／ガマク／アシャギ／アラハなど

礁嶺の礁池側の一段下がった平坦面（図10―2のD1）は、これまで民俗分類の調査がおこなわれている地点のなかの約半数の地点で認識され方名が与えられている。この平坦面は、かつてホンダワラが繁茂しシラヒゲウニが棲息する所であった。久高島（図10―1）では、この平坦面を「ガマク」という。二〇〇四年七月、久高島の青年たちと一緒に久高島東岸のイノーで追込み漁をした際に、「泳ぎの上手い人はイノーの真ん中を、泳ぎに自信のない者はビィシク側かガマク側を担当してくれ」といわれたのを憶えている。「ガマク」という語は現在でも若い人々に受け継がれ、生きている。

同じ平坦面が、大和村大棚では「クィシィドゥマ」、奄美市根瀬部では「セドゥマ」、名護市辺野古では「ヤナヌミー」、津堅島では「ピシミー」、糸満では「ハーガヤー」とよばれている。さらに南下して、池間島では「アジャギ」、伊良部島佐良浜では「アラハ」、石垣島宮良では「ピーシジ」である。

私は、沖縄県のほぼ全域のサンゴ礁地形分類図を作成したが、礁嶺―礁池系のサンゴ礁においては、礁嶺の一段下がった礁池側の平坦面はかなり普遍的に認められる。この平坦面は、礁嶺の外海側の平坦面（図10―2のD4）とともに、礁嶺の中央部とは対照的に生物が比較的豊かな所である。大和村大棚での聞き取りによれば、下げ潮時にその平坦面にコブシメ（コウイカ科）が集まってくるという。礁池側の平坦面は漁撈という機能的な側面においてもその重要性がはっきりと認識されている。

しかし、この平坦面が認識されてない地点も少なくない。また、平坦面が認識されている地域においても、そのよび名の違いが大きく言語的な共通性はほとんど認められない。

礁斜面の細分

「セ／ヒシ／ピシ／ピー」（礁嶺）の「外側」または「背後」と認識され、「セノソト／ヒシヌクシ／ピシプカ／ピープカ」などとよばれる礁斜面は、礁嶺や礁池とは対照的に、外海の波が押し寄せる最も危険な領域である。一方、礁斜面は、最も複雑な地形を呈し、魚類や巻貝類など海洋生物が最も豊かな場所でもあり、専業漁師の主たる漁場である。

「ヒシヌフカ」などと総称される礁斜面は、重要なサンゴ礁漁場であるだけに、これまで報告されているいくつかの民俗分類においては、地形がさらに細かく分節されている。礁斜面は、一様な傾斜をもって外海の深海に落ち込んでいるのではなく、急斜面（崖）と緩斜面の組み合わせのちがいによって、場所的（地域的）にバリエーションがあり、多様な地形を呈している。

礁斜面について、比較的詳細な分類が報告されている地域として、奄美大島秋名、奄美大島大和村大棚、沖縄島読谷村、伊良部島佐良浜などがあげられる。

秋名では礁斜面全体を総称する語はないが、「ターシ」（礁嶺）の前面に広がる礁斜面は「ウティシィ」―「アサシ」―「ウティシィ」と三つに分けられている（表10―1の註1参照）。「ウティシィ」は、落ち込んだ急斜面の部分である。二つの「ウティシィ」に挟まれた「アサシ」は緩斜面である。私が調べた大和村大棚の礁斜面も秋名と基本的に同じ地形配列である（口絵23）。すなわち、「クィシィ」（礁嶺）の背後に「クィシィウトゥシ」とよばれる比高三メートル程度の小崖（急斜面）があり、その小崖の前面には緩やかな斜面「ナダラ」が水深七メートルぐらいまで広がり、そこから再び急斜面「スニウトゥシ」となって「フカミ」に落ちていく。このように、秋名と大棚の礁斜面は、礁斜面の傾斜の違いによって地形が分節され、よび分けられている。

沖縄島読谷村では礁斜面全体を「サガイ」といい、その「サガイ」には、いくつかの形状があり、急斜面は渡具知《とぐち》で「ヤトウ」、渡慶次《とけし》で「スーラブカ」とよばれ、一方、緩斜面は一般に「ヌンリ」とよばれる。また、礁斜面が段状になっている場合、上段から「イーズニ」「ナカズニ」「シチャズニ」とよび分けられている［地域計画研究所 1980：10］。このように読谷では、傾斜の度合い（緩／急）と位置・深度（上／中／下）によって礁斜面が分節されている。

緩急による礁斜面のよび分けは久高島にもあり、「キンター」（急な礁斜面）と「ピンター」（緩やかな礁斜面）

が区別されている［渡久地・高田 1991］。緩やかな礁斜面「ピンター」では、かつて追い込み網漁がおこなわれたといわれている。伊良部島佐良浜では、傾斜の度合いに応じて「アラハ」（緩斜面）、「ナガウ」（急斜面）、「ミバタ」（急崖）という三つの語がある［高橋 2004］。

以上のように、サンゴ礁地形の基本的構成要素である海岸・礁池（浅礁湖）・礁嶺・礁斜面にかんする方名は、大局的にみれば、奄美から八重山まで一定の連続性が認められる。しかしながら、礁嶺や礁斜面のなかの微地形にかんする方名になると、言語的な差異が大きくなる。

同一の語（あるいは同系の語）であっても、それが指し示す地形は必ずしも同一とは限らない。たとえば、「イタビシ」は、ビーチロックを指す地域もあれば、後方礁原（波食棚）や平滑な礁嶺を指す地域もある。「スニ（曾根）」は六タイプに類型化できるように、きわめて多義的である。

サンゴ礁における生物分布は、微地形と密接に関係している。それゆえに、サンゴ礁で漁を営む漁師たちは、サンゴ礁の微地形を細かく認識し、よび分けている。サンゴ礁地形の民俗分類は、漁撈の機能的な側面とも深くかかわっているといえる。特に網漁は、微地形をうまく利用しておこなわれるので、第一二章の「サンゴ礁漁場語彙」では、地形と漁撈との関連についてもできるだけ記述するようにした。

註

（1）野本［1995］は粟国島の「イタビシ」をビーチロックとしているが、後方礁原が正しいであろう。

第一一章　奄美・沖縄「サンゴ礁と人」研究略史

……今年は千人の黄金《きん》色の子供が生まれたのです。／そして今日こそ子供らがみんな一緒に旅に発《た》つのです。……／「ね、あたしどんな所《とこ》へ行くのかしら。」一人のいちょうの女の子が空を見あげて呟《つぶや》くように云いました。（宮沢賢治「いちょうの実」、『ポラーノの広場』新潮文庫、一九九五年、一〇頁）

伊波普猷が「干瀬と干瀬を謡った文学」［伊波 1926］を、柳田國男が「干瀬の人生」［柳田 1927］を書いてから、およそ九〇年が経過した。「干瀬《ひし》」は、狭義には礁嶺《しょうれい》（リーフ）を、広義にはサンゴ礁全体を指す沖縄のことばである。沖縄研究の比較的早い時期からサンゴ礁は視界に入っていたことになる［渡久地 1989：63］。

膨大な研究蓄積のある奄美・沖縄研究全体からみれば、サンゴ礁と人間の関係を扱った研究（以下、「サンゴ礁と人の研究」と記す）は多いとはいえないが、近年その数を着実に増やしつつある。ここ数年のあいだに、沖縄のサンゴ礁海域の漁撈活動に焦点を当てた研究書が相次いで刊行された。すなわち、太田好信の『ミーカガン』［太田 2012］、三田牧の『海を読み、魚を語る』［三田 2015］、秋道智彌の『サンゴ礁に生きる海人』［秋道 2016］である。

本章では、奄美・沖縄における、多岐にわたるサンゴ礁と人の研究をふり返ったうえで、本書の中心テーマである漁撈活動と漁場知識をめぐる今後の研究課題について考えたい。

1　多岐にわたる研究

近年の木下尚子に代表される考古学研究［木下 1996, 2003, 2006, 2010、高梨 2005、高宮 2005、名島 2003など］は、古琉球と近世琉球においてサンゴ礁資源（ヤコウガイなど巻貝類、リーフ・フィッシュなど）が果たした役割の大きさを示している。歴史学では、真栄平房昭の琉球王国時代の海産物（サンゴ礁資源）を用いた交易［真栄平 1998］や、豊見山和行のサンゴ礁漁場を含む海面利用にかんする研究［豊見山 2006］がみられる。サンゴ礁漁場と大きくかかわる糸満《いとまん》漁民にかんする研究は長い歴史を有し多くの蓄積がある［仲松 1944、上田 1991、中楯 1987, 1989、波平 2000など］。

サンゴ礁域に多く見られる魚垣《ながき》（石干見《いしひみ》）の研究も古くからなされてきた［島袋 1947、喜舎場 1977、西村 1967、多辺田 1995、田和 2007など］。サンゴ礁漁場の地名研究やサンゴ礁微地形の民俗分類の研究も一九八〇年代以降に各地で多くの調査がおこなわれてきた（本書の第一〇章参照）。

海の資源管理は、水産生物学における研究［山口 1998、海老沢 1998、鹿熊 2003など］だけでなく、一九八〇年代後半以降（特に一九九〇年代以降）は、人文社会科学の分野において海と人間の関係を研究する者にとっても重要な研究テーマとなった。そのことは、たとえば西村朝日太郎著『海洋民族学』[西村 1974] と秋道智彌著『海洋民族学』[秋道 1995] とを比較すれば明らかである。すなわち、資源管理という問題は、西村の海洋民族学（人類学）ではまだ議論の俎上《そじょう》に上がっていないが、秋道の海洋民族学（人類学）では新たな重要課題として出来《しゅったい》している。現代の海洋民族学（人類学）では、資源利用をめぐる慣行《しきたり》や資源保全のあり方が検討されるようになった [岸上 2003、松本 2011 など]。そのような研究の重要性は、底生生物や底魚が重要な漁獲対象となるサンゴ礁域では、特に大きい。沖縄でも、環境経済学、環境社会学の分野で、資源利用の慣行や資源管理をめぐる研究が進められている [三輪 2014、家中 2001]。

このようにサンゴ礁と人の研究は多岐にわたっているが、本章では、本書の第Ⅰ部と第Ⅲ部に関連する漁撈活動とそれを支える漁場知識に焦点を絞って、一九七〇年以降の奄美・沖縄における研究成果について素描する。その際、研究を網羅的に取り上げるのではなく、一つのエポックを画する論考を中心にレヴューする。

2　漁撈活動、資源利用にかんする研究

自給的漁獲、あるいはコモンズとしてのサンゴ礁

オセアニア島嶼部のサンゴ礁地域では、沿岸における自給的漁獲は商業的漁獲よりも大きい [Gillet

2009〕。その自給的漁獲ではサンゴ礁が最も重要な漁場である〔渡久地 2012、2013b〕。奄美・沖縄における自給的漁獲にかんする推計値はないが、サンゴ礁は海辺の集落に暮らす人々にとって生活の糧を得る場として看過することができない。

恵原義盛著『奄美生活誌』は、奄美市根瀬部《ねせぶ》におけるサンゴ礁資源の自給的漁獲について詳述した古典的な著作の一つである〔恵原 1973〕。野池元基著『サンゴの海に生きる』も、石垣島・白保《しらほ》における聞き書きによって自給的漁獲の重要性を明らかにした〔野池 1990〕。

金武《きん》湾に面する集落の戦中から戦後の暮らしを語った安里清信著『海はひとの母である』は、サンゴ礁の海が専業漁師の活躍する漁場であるとともに、村人にも開かれた「コモンズ」であったことを教えてくれる〔安里 1981〕。沖縄のサンゴ礁利用において「コモンズ」の概念をはじめて提唱した玉野井芳郎は、沖縄のサンゴ礁に対して「浜からリーフの間にある独特の空間」という表現を与えている。その独特のサンゴ礁空間を、市場経済の概念である「資源＝リソース」（コマーシャルなニーズ＝希少価値の基盤）ではなく「コモンズ」（日常的な生活の必要を満たす非市場的な部分＝サブシステンス）の場としてとらえることの重要性を指摘した〔玉野井 1985〕。この玉野井の考えを、具体的なフィールド調査において展開した研究として、石垣島・白保における多辺田政弘の「イノーの経済と入会漁業」〔多辺田 1986〕がある。この研究のなかで、多辺田は、白保のサンゴ礁は地域内需要を基本とする自給体系の枠組みを持ち続けたからこそ、資源枯渇をまぬかれ永続的な再生産を可能とする生態系を保持しえた、と指摘している。先の玉野井の論考でも、「コモンズとしての海」は漁業に徹して専業漁業化を推し進めていけば壊れてしまうと、指摘している。

これに関連して、安陪麻子の古宇利《こうり》島のウニ漁にかんする研究［安陪 1992］のなかで述べられているつぎの点は興味深い。すなわち、古宇利島を取り巻く広大なサンゴ礁に生息するシラヒゲウニは、伝統的には「〔自給的に〕食べられる（edible）ウニ」であったが、一九五二年の本土ウニ加工会社の進出を契機に「商品になる（marketable）ウニ」へ変容し、その後一九五五年に漁業組合が発足し一九六五年に「ウニ漁区」が制定された結果、これまで島の周囲のサンゴ礁で自給的に魚介類を採取してきた老人や女性たちが締め出されていった、という。

玉野井の「コモンズ」は自給的生活の必要を満たす非市場的な部分＝「サブシステンス」であった。このことに関連して松井健は、「マイナー・サブシステンス」という概念を提唱した［松井 1998］。その概念は、「集団にとって最重要とされる生業活動の蔭にありながら、副次的ですらないような……生業活動」である。それでいて「意外なほどの情熱によって継承されてきた」活動である。それは「自然との密接な関わり」をもち、用いられる道具は「比較的単純な技術水準にあって、それゆえに、高度な技法が必要とされ」、その成果は「技法の習熟、長年積み上げてきた知識などによって……大きな個人差を示す」。また、それは経済的効果以上に、「喜び」や「楽しみ」さらに「誇り」をもたらす、というものである［松井 1998：248-253］。

熊倉文子は、久高《くだか》島の女性たちによるサンゴ礁における採集活動について詳細な研究をおこなった［熊倉 1998］。それによると、久高島では、サンゴ礁の微地形に対応した多種多様な生物が生息していて、女性たちは家事や畑仕事などの合間をぬって自由に手軽に海辺での採集活動に出かけている、という。また、近年の生活様式の変化によって、漁撈活動の目的がこれまでの「おかずとり」から「楽しみ」へと比重を移してきた、と指摘している。その採集活動にともなう「楽しみ」は、右の松井のいう「マイナー・サブシステンス」の重要な側面である。髙崎優子は、久高島と国頭村《くにがみ》安田《あだ》におけるスク漁（アイゴ科の稚魚の群を捕獲する網漁）を事例に、人々がスク漁をめぐるさまざまな側面を楽しむ様子を生きいきと描写し、その「楽しみ」という感覚が、人と人、そして人と自然とのかかわりを豊かにする、と述べている［髙崎 2013］。伊良部島における女性たちの潮干狩りの実態を詳述した高山佳子の研究は、サンゴ礁における採集活動が、「楽しみ」という言葉だけではとらえきれない、もっと自然との奥深い関係、「海との一体感」を感じる営みであることを示唆している［高山 1999］。

生態人類学による漁撈研究

一九七〇年代の後半(1)に、人類学者によってサンゴ礁を漁場とする漁撈活動にかんする研究が集中的におこなわれた。すなわち、寺嶋秀明による久高島の漁撈活動［寺嶋 1977］、口蔵幸雄による石垣市新川《あらかわ》の漁民集団の漁撈活動［口蔵 1977］、市川光雄による宮古諸島大神島《おおがみ》の漁撈活動［市川 1978］、須藤健一による石垣島登野城《とのしろ》の潜水漁［須藤 1979］にかんする研究である。

これらの研究にほぼ共通して認められることは、漁撈活動における生態的側面、すなわち漁場の地形、潮流、風、漁獲対象生物の習性や季節性、漁撈技術（漁具、漁法）を重視している点、そして一年という時間サイクルのなかで営まれる漁撈活動を把握する際に、漁師の漁場環境への「適応」という視点を打ち出した点である。いずれの研究も、漁場の地形の民俗分類、漁獲される生物の季節性、漁撈活動（漁法）が一年間（一二ヶ月）のどの時期にどの場所（サンゴ礁地形）で営まれるかをまとめた漁撈暦を提示している。当然、漁撈活動のなかには、一年という季節変化や一月《ひとつき》あるいは一日における潮の変化、さらにその日の天気や風などによって影響を受ける漁場選択も含まれている。漁法を詳述している点も大きな特徴の一つである。

このような、生態人類学の視点の導入は、サンゴ礁漁撈研究における大きな転換点をなし、その後の研究に大きな影響を与えてきた。

石垣島新川漁民の追い込み網漁「アギヤー」、糸満漁師の底延縄漁

近世から近代にかけての沖縄漁業において活躍した糸満漁民の漁撈は、これまでの研究［上田 1991 など］によると、王府時代は鱶《ふか》（サメ）やイカを対象とする釣り漁と、採貝などを目的とする潜水漁で構成されていた。中国貿易の終焉により沖合での釣り漁は衰退し、代わって明治以降、欧米で高まった貝殻（ボタン原料）の需要により採貝漁業の比重が増し、また鮮魚需要の拡大に伴って追い込み網漁が勃興した。沿岸を漁場とするこの二つの漁業はいずれもサンゴ礁海域——主として礁斜面や曾根《そね》——における潜水漁であり、明治一七年（一八八四）に糸満漁民・玉城保太郎が発明したといわれている水中眼鏡（ミーカガン）は強大な力を発揮した。明治二三年（一八九〇）頃に考案された組織的な大型追い込み網漁「ア

ギヤー」（「廻高網《まわしたかあみ》」「ムロ網」ともいう）は水中眼鏡なしには成立し得なかったといってよい。その網漁は、サンゴ礁海域の複雑な地形と、そこに生息する魚類の生態・習性を知悉《ちしつ》した上で編み出された漁法である。

アギヤーの歴史的・地理的展開過程については、これまで多くの研究がなされてきたが、竹川大介は、生態学人類学の視点、すなわちサンゴ礁の海への適応という観点から、アギヤーが具体的にどのように実践されるのかについて、はじめて詳細な研究をおこなった［竹川 1996］。アギヤーは現在では宮古諸島・伊良部《いらぶ》島のみに残っているが、十数年前までは八重山諸島の石垣島新川でも営まれていた。大竹の研究はその新川のアギヤーを対象として、漁における役割分担、漁の手順について詳述した。また、アギヤーの漁場が、風向きなどその日の天気を判断して選択されることを示した。

サンゴ礁における漁撈活動ではないが、糸満漁師によって糸満沿岸で営まれる底延縄《そこはえなわ》漁を対象とした三田牧の研究は、底質や生息魚類、風、潮などの知識がどのように形成されるのか、その「海を読む」知識が具体的な漁の実践においてどのように運用されるかを明らかにしている［三田 2004、2015］。

漁撈活動の生態的研究における漁業日誌の重要性は、山口県萩市見島《みしま》の漁師を対象とする、篠原徹の研究「一本釣り漁師の生態」［篠原 1986］によって示されたが、右の三田の研究でも聞き取り調査と参与観察のほかに、三ケ月半という期間ではあるが、漁業日誌が重要な資料として活かされている。橋本花織は、本部町備瀬《もとぶびせ》の漁撈活動について、サンゴ礁で漁をする二人の漁師の一年間の漁業日誌を分析して、漁師の出漁日数と出漁漁場、漁獲生物について考察した［橋本 2015］。

近代的漁業における「人―自然関係」

石垣島新川漁民のアギヤーの研究において、竹川〔1998〕は、伝統的なアギヤーがスキューバという技術を導入して、大きく変貌した点を指摘している。しかしそれでも、「追い込みにおける身体性が失われたわけではない」〔竹川 1998：117〕と述べている。三田〔2004〕も、海図、魚群探知機、ＧＰＳなどのテクノロジーの導入が、底延縄漁を営む漁師の海を読む知識の形成にどのような影響を及ぼしたかを考察したが、「『海を読む』漁は、永遠に予測不可能な海への等身大の挑戦なのである」〔三田 2004：483〕と結んでいる。

内藤直樹は、久高島のパヤオ漁を事例にして、釣り機、ＧＰＳを用いた操舵システム、魚群探知機など最新のテクノロジーを装備し大型化した漁船による「『産業としての漁業』において人―自然関係は希薄化したか」を問う論考を発表した〔内藤 1999〕。少なくともパヤオ（浮き漁礁）におけるマグロ漁では、「対象水族や自然条件にあわせた細やかな漁法が積極的に創り出され」ている点など、いくつもの事例をあげて、「漁業の産業化は、人―自然関係を不可避的に希薄化するというわけでは必ずしもない」と結論づけた。内藤の研究は、サンゴ礁での漁業ではないが、サンゴ礁における漁撈活動においても、従来のヤマアテによる位置測定に代わってＧＰＳロガーの活用などがみられ、新たな人―自然関係を考えるうえで示唆深い研究である、といえよう。

3　民俗分類と地名

サンゴ礁微地形の民俗分類

先に述べた生態人類学による一九七〇年代後半の漁撈活動にかんする研究においては、漁場であるサンゴ礁微地形の民俗分類が調査された。ちょうどその時期は、松井健や山田孝子らによって、認識人類学の立場から奄美・沖縄の島々をフィールドにして、植物の民俗分類の研究〔松井 1975ab、山田 1977〕が公にされる時期と重なっている。そのような生態人類学と認識人類学の研究は、地理学におけるサンゴ礁地形の民俗分類の研究に対して大きな刺激を与えた。

サンゴ礁地形の民俗分類の本格的な研究は、堀信行の研究〔堀 1979, 1980, 1982〕が嚆矢《こうし》をなす。(2)その堀の研究は、奄美諸島の与論島《よろん》を事例に、詳細な地形調査を踏まえたうえで、インテンシヴな聞き取り調査によって、サンゴ礁の微地形構成と方名との対応関係を論じた研究である。また奄美・沖縄の各地から収集したエクステンシヴな資料によって、方名（地形語彙）の地域差についても考察した。さらに、世代や生業のちがいによるサンゴ礁認識の差異にも言及し、サンゴ礁地形の民俗分類の方法論について重要な論点をはじめて提示した研究といえる。堀の研究によって、民俗分類と科学的分類（地形学的分類）とがよい対応関係を示すことが明らかになったが、堀はその理由をつぎのように説明している。すなわち、「サンゴ礁は造礁生物群集がつくる地形であるため、すぐれた生態的な地形である。一方サンゴ礁地形を利用する人々も礁地形の生態的側面を熟知してこそ魚介類を採り、礁内を移動できる」。それゆえ、民俗分類と科学的分類は「結果的によい対応を示す」〔堀 1980：220〕という。

堀の研究と同時期に、地域計画研究所〔1980〕によって『読谷村海岸線保全・利用計画調査報告書』が作成され、このなかで、約三四〇もの地名を書き込んだ詳細なサンゴ礁地名図とともに、サンゴ礁地形の民俗分類が提示された。その民俗分類において特筆すべきことの一つとして、礁斜面の詳細な分類が示されている点である。

その後、島袋伸三は、名護市辺野古《へのこ》、糸満《いとまん》、津堅島《つけん》、池間島《いけま》の四地点での調査によって、サンゴ礁地形の民俗分類の地域差を一枚の比較表にまとめた〔島袋 1983, 1992〕。

一九八六年には、言語学者・加治工真市による研究「鳩間方言の漁業語彙」が書かれる〔加治工 1986〕。その研究は、父親を話者とし収集したサンゴ礁漁場の地形・地名・漁法・魚名の方名が詳解されている。地形語彙は、地形断面図を描き、その上に示されている。

サンゴ礁地形の詳細な地形測量を踏まえてなされた久高島における渡久地健・高田普久男〔1991〕の研究は、民俗分類と地形学分類とを比較することによって、民俗分類の特徴について考察している。それによると、堀〔1980〕が指摘した両者の間のよい対応関係が指摘できるものの、両者のあいだには微妙な差異があり、民俗分類には漁撈活動の機能的側面が反映され、また身体的な感覚が重視されていることなどを指摘した。

サンゴ礁地形の民俗分類は、市町村史や字誌などにおいても、数は少ないが、調査されている。その先駆的なすぐれた研究として、『龍郷町誌 民俗編』がある。このなかで山岡英世〔1988〕は、龍郷町秋名海岸をモデルに、鳥瞰図（立体模式図）の上に多くの地形語彙を示している。

一九七〇年代後半の生態人類学による漁撈活動の研究のなかで調査されたサンゴ礁地形の民俗分類は、漁撈活動の舞台である漁場の記述を意図していた。しかしその後のサンゴ礁地形の民俗分類は、どちらかといえば分類の体系すなわち「民俗分類の構造」〔松井 1975a〕を問題とし、民俗分類と地形語彙というサンゴ礁知識が、漁撈活動の実践と具体的にどのようにかかわっているかということ、すなわち「民俗分類の機能」〔松井 1975b〕が十分に議論されてこなかったきらいがあった。しかし、そのことを、これまでサンゴ礁地形の民俗分類の研究を手がけてきた地理学研究者が意識してこなかったわけではない。というのは、「サンゴ礁地域の風景をめぐって」と題する座談会〔斎藤ほか 1992：287〕のなかで、堀信行が「結局われわれは……地名の屍《しかばね》を集めているんだよ」と言われたことがあるからである。つまりサンゴ礁の地名（固有名詞）の「屍」は、そのままサンゴ礁地形の方名（普通名詞）にも当てはまるわけであるが、民俗分類とそこから生れた方名、また具体的な場所に与えられた地名を漁撈活動のなかで生きいきと記述されなければならないことを、右の堀の言葉が、自戒の念を込めて発せられていたからである。

しかし、地形や地名にかんする漁師たちのサンゴ礁知識が、漁撈活動の現場において具体的にどのように実践・運用されるかを明らかにする体系的な研究の登場は、宮古諸島伊良部《いらぶ》島の佐良《さら》浜《はま》漁師を対象とする高橋そよ〔2004〕の研究をまたなければならなかった。高橋の研究は、サンゴ礁において、複雑な微地形を巧みに利用しながら、追い込み網漁や銛突き漁などで生業を立てている素潜り漁師が、彼らによって仔細におよび分けられた地形や底質から構成される漁場空間が、具体的な漁においてどのように認識され利用されるのかを、参与観察と漁師に描かせたメンタルマップの分析によって詳述した。そのなかで指摘されている、素潜り漁師の「縁へのこだわり」は、長くサンゴ礁地形学を学んできた私にはたいへん興味深い。すなわち、「素潜り漁師は、袖網を設置する礁縁や袋網を設置する縁溝と外洋との接点、外洋と礁湖内を行き来する魚の通り道となる礁原の割れ目、アオリイカなどが群れる潮流の弱い湾（引用者註——礁縁の湾曲部）などの地形構造を利用して漁を行っている」［高橋 2004：116］という指摘である。

地名研究

奄美・沖縄におけるサンゴ礁地名（漁場に与えられた固有名詞）の調査は、管見によれば、およそ三〇地域に及んでいる。そのなかで、公表されていて、比較的多くの地名を採集している調査地域は表11―1のとおりである。

このなかで採集地名数の多さでは、読谷村《よみたん》（01）と久米島（15）が注目される。読谷村のサンゴ礁地名は、読谷村から調査を委託された地域計画研究所がまとめた『読谷村海岸保全・利用計画調査報告書』に収められている。この報告書は、聞くところによれば、南島地名研究センター[3]の海域地名調査に大きな影響を与えたといわれている。仲村昌尚による久米島の地名は、一つ一つの地名に詳細な解説がつけられている点で貴重である。

読谷村も久米島も、研究者（または調査機関）による調査成果であるが、宮古・八重干瀬《やびじ》（03）と南城市知念（24a）のサンゴ礁地名図は、それぞれのサンゴ礁を漁場として利用してきた漁師自らが作成した点できわめて稀有な地名図といえる（本書の第三章5節を参照）。いずれの地名図の原図も、研究者がサン

文献

地域計画研究所 1980
堂前亮平 1981
日刊宮古 1982 伊良波富蔵 - 前泊徳正　＊原図：1976
渡名喜村史 1983
宜野座村教育委員会 1983
宜野座村教育委員会 1985
仲松弥秀ほか 1985，島袋伸三 1992
金武川清吉 1985
奥田良寛春 1985　＊金武川清吉 1985 に加筆
関礼子 2004　＊金武川 1985 に加筆
堂前亮平 1987
島袋伸三・名護清和 1988
宮城幸吉 1988
座間味村史編集委員会 1989
座間味村史編集委員会 1989
座間味村史編集委員会 1989
仲村昌尚 1992
熊倉文子 1998
仲里長和 2002
高橋そよ 2004
伊平屋村 2004
渡久山章 2006
安波郷友会 2006
町健次郎 2007
渡久地健 2010b
大田徳盛 2002　＊原図初版：1976　改訂版：1977
渡久地健・西銘史則 2013　＊大田徳盛 2002 の分析
三田牧 2006
三田牧 2006　＊網漁のポイント名
渡久地健ほか 2013
渡久地健 2010a に一部を掲載
琉球方言研究クラブ 2014
宮城邦昌ほか 2016

表 11-1　サンゴ礁海域地名調査

	地域	地名数	解説	ベースマップ
01	読谷村	340		独自に作成したサンゴ礁図
02	池間島	147		国土基本図
03	八重干瀬（宮古島市）	98		独自に作成したサンゴ礁図
04	渡名喜島	93		2 万 5 千分の 1 地形図
05	宜野座村松田	33	あり	国土基本図
06	宜野座村宜野座	41	あり	独自に作成したサンゴ礁図
07	北谷町	115	あり	既存の地形図をトレースした図
08a	勝連半島周辺	116		
08b	勝連半島周辺	210		既存の地形図をトレースした図
08c	勝連半島周辺	119	あり	既存の地形図をトレースした図
09	東村	168	一部	2 万 5 千分の 1 地形図
10	浦添市	40	あり	国土基本図
11	儀間（久米島市）	70	一部	2 万 5 千分の 1 地形図
12	座間味島	63		既存の地形図をトレースした図
13	阿嘉島	68		同上
14	慶留間島・外地島	51		同上
15	久米島	355	あり	空中写真
16	久高島	55		独自に作成したサンゴ礁図
17	本部町具志堅	38		カラー空中写真
18	伊良部島	223	一部	漁師によるイメージマップ
19	伊平屋島・島尻	91		空中写真
20	下地島	80		2 万 5 千分の 1 地形図
21	国頭村安波	100		2 万 5 千分の 1 地形図
22	請島	70	一部	2 万 5 千分の 1 地形図
23	大和村（東部海岸）	110	一部	空中写真
24a	南城市知念	195		空中写真をトレースした線画
24b	南城市知念	201	あり	地名図は掲載せず
25a	糸満市	47	一部	独自に作成した地形分類図
25b	糸満市	231	あり	空中写真
26	徳之島面縄・阿権	37		空中写真
27	本部町備瀬	40		独自に作成した地形分類図
28	石垣島	57		小縮尺の地図
29	国頭村奥	120		空中写真＋地形図

ゴ礁地名を記録していく一九八〇年より前の、一九七六年に作製されている。一九七〇年代は、沖縄が日本復帰し、島々が近代化していく時期である。この時期（昭和四〇年代）は、須藤健一によれば、石垣でも漁業の近代化が急激に進み、追い込み漁など伝統的な漁法が衰退に向かう時期であり［須藤 1979：536］、漁師自身が自らの漁場の地名を書き込んだ地図を作るという行為の背景には、これまで口承によって連綿と受け継がれてきた地名が、自分の代で消失するという危機感があったのかもしれない。

伊平屋島・島尻（19）は、島尻の漁師らが追い込み網漁をおこなってきたサンゴ礁漁場の地名を記録したユニークな地名図である。伊良部島（18）は、素潜り漁師の漁場認識を明らかにする目的で、漁師に描かせたメンタルマップの上に記載した地名である。

表11―1をみると、地名に解説をつけた調査研究は多くない。

4　今後の研究課題

伝統的漁撈の記録

最後に、漁撈活動と漁場知識にかんして今後の研究課題について記したい。

前述したように、太平洋島嶼地域の沿岸漁業において、サンゴ礁における自給的漁獲は大きなウエイトを占めている。ＦＡＯ（国連食糧農業機関）のテクニカル・ペーパーにおいても食の安全保障（自給戦略）の面から、自給的漁獲の重要性が指摘され［Gillett 2010 など］、その自給的漁獲を支えてきた伝統的な漁場知識や漁撈技術の継承の重要性が強調されている［Ram-Bidesi 2008］。さらに、自給的・伝統的漁撈のなかに熱帯海域における持続可能な資源利用の原則（多種資源利用戦略）がみられるという研究［Labrosse *et al* 2006］もある。その意味で、近代化する漁業の陰にある自給的漁撈活動を再評価することが一つの研究課題になるかもしれない。

これまで連綿と続いてきた旧来の漁法はいま、近代的な漁業に置き換わり、急速に失われつつある。何世代にもわたって育まれてきた伝統的な漁撈のなかの漁撈知識と技を正確に記述していく作業を急がなければならないだろう。それは、サンゴ礁の海とむきあって生きてきた漁師たちの「生きた証」として記録する営み、またこれまで長年にわたって育まれてきた海の知識と技を、無形文化財として後世に伝える作業でもあるだろう。前述した内藤［1999］の研究は、「ムイジケー」（石巻落とし）という釣り漁における伝統的な漁法（技能）が、現代のパヤオ漁に生かされていることを指摘しているが、伝統的な知識と技が、現代の生業において応用展開できる可能性も残されていると考えられる。近年の考古学の世界では、民族考古学［近森 1988、小野 2011］という分野が台頭し、考古学資料の解釈において、伝統的な漁撈活動が重要な参照資料となっている点からも、その必要性は要請されている。

厚い記述／エクステンシヴな視点

先にみたように、地名研究において、地名語彙について詳細な説明を与えている調査は多くない。地図に地名が記されているから、位置情報はわかる。しかし、言語としての地名が表意する内容以上のことは、第三者には知ることが難しい。その海で生きてきた漁師にとって、サンゴ礁の海の地名図を眺めているだけで、何世代も語り継がれてきた海との交渉、出来事、またさまざまな漁の風景がありありと思い起こされるに違いない。地名は生きた証であり、そこから祖先（過去）―自分（現在）―子孫（未来）をつなぐ物語が織られるかもしれない［渡久地 2013a］。しかしながら、同じ地名図ではあっても、その海とのかかわりのない第三者にはほとんど何も語ってはくれない。駆け出しの若い漁師にも多くを語らないだろう。この点に、記載（地図、文字）による「地名という知識」の継承、または字誌などにおける地名の記録にかかわる、自覚されにくいある種の難問が潜んでいるようにも思われる。地名の表記、語意（語源）、由来の記述だけでなく、地名をめぐって語られる漁の話なども丹念に聞きだして記述すべきだろう。それは熟練漁師にとってはあまりにも自明なことであるが、これがあってはじめて、サンゴ礁漁場で漁師たちが織り上げた海の歴史と、サンゴ礁の環境から漁師たちが構成する海の風景に接近できるのではないだろうか。この点は、サンゴ礁をめぐる民俗分類の研究についてもいえるであろう。ていねいな「厚い記述」が求められているように思われる。

先に紹介した市川光雄の宮古諸島大神島における漁撈活動の研究［市川 1978］は、大神島におけるインテンシヴな研究であるが、同時に与那国島、小浜島など八重山諸島全体の漁業との比較をおこない、エクステンシヴな視点が導入されている。同様に、堀信行［1980］のサンゴ礁地形の民俗分類の研究も、与論島におけるインテンシヴな記述とともに、奄美・沖縄の各地から収集したエクステンシヴな資料によって、サンゴ礁地形語彙の地域差についても考察している。ある一つの地域の漁撈活動や民俗知識の特徴を捉えるには、そのような微に入り細を穿つ研究（視点）とともに類似の地域を広く見わたし比較する視点が求められているように思われる。

「人と自然」の研究における文理横断、学際研究の必要性

文理融合や学際的研究は、言い古された言葉であるが、とりわけ海という自然のなかで営まれる漁撈活動の研究では、不可欠の要件となることが少なくないと考えられる。本書の第四章「地形・生物・漁撈」は、そのような文理横断的な研究の、一つの試みである。

註

（1）一九七〇年代後半という時期は、日本の人類学のなかに生態人類学が芽生えて数年が経過した時期である。すなわち、第一回生態人類学研究会が一九七三年五月に東京大学赤門横の学士会館分館で開かれ、そのなかで、市川光雄が「大神島の漁労活動」を、口蔵幸雄が「仕事の年齢分配に関する生態人類学的調査——沖縄石垣市新川・登野城地区の漁民に関して」と題して研究発表をおこなっている。

（2）サンゴ礁地形の民俗分類は、口蔵［1977］の、石垣島新川における漁撈活動にかんする研究のなかにもみられるが、奄美・沖縄において、サンゴ礁の民俗分類に真正面から取り組んだ最初の論考は堀論文である。

（3）一九八二年に、南島（奄美・沖縄）の地名研究を目的に創設された学会。初代会長は仲松弥秀。現会長は金城善。二〇一六年末現在、機関誌『南島の地名』を第六集まで、会報「珊瑚の島だより」を六一号まで刊行。そのほか、『地名を歩く［増補改訂］』［南島地名研究センター 2006］を刊行している。

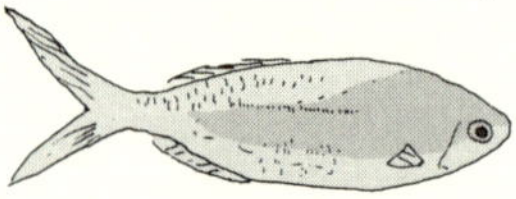

第一二章　サンゴ礁漁場の民俗語彙

……*fiord*〔フヨール、フィオルド〕とは幅が狭くて長く湾入した入江を指し、*vik* とは円形をなした入江を表わす。*ner* と *skaji* の両語は高く聳えた岬に用いられ、……*eyrr* は平坦で砂がちな荒地である。幅員の小さい湾に対しては、*vaag, voë, kil* 等々の語尾が用いられ、島嶼の場合には *ey* あるいは *ö* で、暗礁の連なったものは *skiörgard* である。このような名称こそノルウェー人たちが彼らの乗りまわした海に書きつけた不朽の署名ともいうべきものである。（ブラーシュ著／飯塚浩二訳『人文地理学原理（下巻）』岩波文庫、一九七〇年、二〇四〜二〇五頁）

酒井卯作著『琉球列島民俗語彙』〔酒井 2002〕は、A5判で六二七頁に及ぶ浩瀚の書である。膨大な数の文献を渉猟してなされた一民俗学者の手になる労作であり、ことばに秘められた民俗の多様な知の集成でもある。『琉球列島民俗語彙』は、「自然」「親族と村」「交通」「農業」「漁業」「道具」「衣服」「食物」「住居」「婚姻」「葬制」「年中行事」「信仰」など二〇領域に語彙を分類している。本章「サンゴ礁漁場の民俗語彙」と関係する語彙は、「自然」と「漁業」である。しかし、酒井の『琉球列島民俗語彙』には、サンゴ礁漁場にかんする語はきわめて少ない。「漁業」に収録されている二三四語の内容を分類し語数を調べてみると、漁法・漁撈八九、船・操船三三、漁民習俗・習慣三一、漁撈祭祀二八、漁具二〇、海産生物一六、漁撈俗信七、漁場七、潮三となり、漁場にかんする語彙はわずか七語である。一人の研究者の手になる「民俗語彙」は、それを編む人の関心に大きく左右されるのかもしれない。

私は酒井氏の仕事に対して敬意を表する者であるが、サンゴ礁漁場にかんする語彙は、「サンゴ礁と人」を研究する者が新たに編む必要性があると考え、作業を進めてきた。本章に掲載する「サンゴ礁漁場の民俗語彙」は、サンゴ礁域の漁撈研究や民俗分類にかんする先行研究から収集して作成したものである。

ここに収録したサンゴ礁漁場の民俗語彙の数は約三九〇語である。ただ、たとえば「アデク」「アディク」「アディフ」は同じ系統に属し、そのような同系語を一語とカウントすれば、その数は三分の二以下に減少するかもしれない。それにしても、これほどまでに多様な語が収集されるとは、私自身まったく予想していなかった。

それでは、なぜサンゴ礁漁場の民俗語彙はかくも多様性に富むのであろうか。それは、多くの島々からなる奄美・沖縄が言語の多様性の大きい地域であることのほかに、サンゴ礁の自然の複雑な構造とも関係しているであろう。

サンゴ礁は、造礁サンゴを中心とする熱帯の海の生物が築きあげた地形である。それは複雑な構造をもち、多種の海洋生物を生息させている。生物は漁獲のターゲットであるから、サンゴ礁で漁をする漁師たちは、生物の生息場所であるサンゴ礁の複雑な微地形をおのずと認識することになる。それゆえに、複雑極まりないサンゴ礁地形を表現する語彙も多様性に富むものになったと考えられる。

奄美・沖縄のサンゴ礁漁場の多様な語彙は、島々の言語多様性の上に、サンゴ礁の「複雑な微地形―生物多様性―語彙の多様性」という関係性が重なって、生成されたのであろう。この多様な民俗語彙は、人とサンゴ礁との長い関係史が生みだした豊かな漁撈文化の一部を構成している。一方、この言語文化は消滅に瀕しているとも言われるが、一つ一つの語にいのちを吹き込み、若い漁師たちがいかに継承していくかが今後の実践的な重要課題となるであろう。

凡例

(1) ここに収集した語彙は、先行研究や地域誌から拾い出したものである。
(2) 取り上げたのは、地形・底質・生物の棲みか・造礁サンゴにかんする民俗語彙である。サンゴ礁域の海洋生物やサンゴ礁漁撈における漁具・漁法にかんする語彙は取り上げていない。
(3) 語は、五十音順に並べ、各見出し語においては、方名・(採集地)・[位置]・地形学用語・説明・[文献] の順に記載した。
(4) 「位置」の略号 [ABCD など] は、第一〇章の図10―2 (二三五頁) と対応し、微地形の位置を示す。
(5) 「説明」のなかの「 」は文献よりの引用である。引用文中の丸括弧内 (＊) は、引用者による補足である。
(6) 矢印 (↓) は、関連語または「見よ項目」である。

▼ア行

アギィ (奄美市大熊) 「浅いところ」 [田畑 1976b]。

アサシ (龍郷町) [E1]、「リーフ (＊礁嶺) から外海の海中の段状になっている浅い所」 [山岡 1988]。山岡の図から判断して、それは礁前面の緩斜面であり、ナダラ (大和村大棚) に相当する。↓ナダラ

アサビシ（伊良部島）［D1］、礁嶺の中の「内側帯はほぼ水平で起伏が少ない岩礁帯となっており、特にアサビシと呼ばれている」［高山 1999］。

アサミ（大和村大棚）素潜りのできる浅い海（おおむね水深一〇メートル以浅）［渡久地 2009、渡久地 2010a］。→フカミ

アシ（与論島・渡名喜島・石垣島新川）［E］、与論島では、縁脚上の地形的高まりを指す［堀 1980］。渡名喜島では「スニやヒシグチ（＊礁斜面）などの裾のこと。ここに魚が群をなしている」［渡名喜村 1983］。石垣市新川では、「外洋傾斜面（＊礁斜面）で、普通、海面から海底が見える範囲の域（一〇～三〇ヒロ）を指す」［口蔵 1977］。→スニ①②／ソネ

アジャギ（池間島）［D1/C1］、礁池のうちで、礁嶺寄りおよび海岸寄りの浅い瀬［島袋 1983］。

アジフ（宮古島島尻）タコ穴。バージフともいう［琉球大学民俗研究クラブ 1976］。→アデク

アジャーナ（伊良部島佐良浜）「枝サンゴが豊かに発達している一帯」［高橋 2004］。→ハダカキ

アズィキ（瀬戸内町西古見）タコ穴［西古見慰霊碑建立実行委員会 1994］。→アジフ、アデク、アディク、アディフ

アダナ（大神島）比較的浅い海で海底の「凹凸の激しいところ」。ヤリともいう［市川 1978］。→ナダラ①

アディク（多良間島）タコ穴［多良間村史編集委員会 1993］。→アズィキ、アデク、アディフ

アディフ（大神島）タコ穴［市川 1978］。→アディク／アデク

アデク（大和村大棚・奄美市有良・南城市志喜屋）タコ穴［渡久地 2009、求 2007］。南城市志喜屋では、タコ穴に限らず、魚などが潜む穴でも、自分だけが知っている秘密の漁場を意味する［渡久地・西銘 2013］。→アズィキ／アディク／アディフ

アラハ（伊良部島佐良浜）［E1］、緩やかな礁斜面。「礁原（＊礁嶺）から沖側は、礁斜面の傾斜の度合いによって呼び分けられている。アラハは（＊礁嶺側の）緩斜面、ナガウは（＊その外海側の）急斜面をさし、とくに急崖をミバタという」［高橋 2004］。→アラバ／ナガウ

アラバ（大神島・石垣島新川）［D4/E1］、大神島で「ピシ（リーフ）の外縁から礁斜面上部」［市川 1978］。石垣島新川で「礁前面（中略）特に白波が常に立っている所」［口蔵 1977］。→アラハ

アンナゴワー（石垣島登野城）［D1］、「礁原から礁湖底にかけての傾斜面（lagoon slope）」［須藤 1979］。

イギスィ（大和村大棚）[C4]、海岸近くにあって、満潮時には水没する、あるいは潮が洗う岩［渡久地 2009、渡久地 2010a］。＊『南島雑話』［国分・恵原 1984b：217］に「イギス海苔」という表現がある。→クルスィ

イシガイラ・ナカ（伊良部島佐良浜）「根のついてない死んだ塊状サンゴや石」の敷き詰められた海底［高橋 2004］。→ウナグズゥ・ナカ／サダリ・ナカ／ビーガイ・ナカ／カイライシ・ナカ／ムー・ヌ・ナカ／ウールス・ナカ

イシガンチャラーミー（石垣島新川）[B]、ゴツゴツした後方礁原［琉球方言研究クラブ 2014］。→シバナ／クロスィ／チービサー／ビィシク

イシツブル（瀬戸内町西古見）[C2]、サンゴ頭。イチツブルともいう［西古見慰霊碑建立実行委員会 1994］。→チブル

イシヤートー（久高島）[A]、底が石（岩盤）からなるヤートー（漁をするときに荷物置場として利用する岩陰）［渡久地・高田 1991］。→ヤートー／シナヤートー

イショグチ（龍郷町）[B]、「浜から下りた波打ち際」［山岡 1988］。→ウシュグチ／シウチグチ／シュグチ／スーグチ／ハマグチ／パマグチ

イーズニ（読谷村）[E1]、礁斜面の上段［地域計画研究所 1980］。→サガイ

イセラー（西表島西部）[A/B]、「海岸が岩場になっているところ」［安渓 2007］。→ぱマナ

イタシー（奄美市有良）[A]、ビーチロック［求 2007］。→イタビシ

イタビサー（石垣島宮良）[B]、後方礁原。イタビシ③と同義［野本 1995］。

イタビシ①（沖縄島など）[A]、ビーチロック。渚の砂礫が板状に固結した岩。汀砂礫岩［渡久地 2006a］。→イタシー／イチャジキ／イタビサー／イチャシー／イチャジシ／イチャシチ／シイ／シナイシ／タタミイシ／ピレーク

イタビシ②（本部町備瀬）[D2]、礁嶺。礁嶺の中で特に平滑な部分［渡久地 2010a］。

イタビシ③（粟国島）[B]、後方礁原。ビーチロックではなく後方礁原を指す［野本 1995］。→イチャジキ②／ビィシク

イチツブル（瀬戸内町西古見）[C2/E2]、サンゴ頭［西古見慰霊碑建立実行委員会 1994］。→イシツブル

イチャシー（加計呂麻島西阿室）[A]、ビーチロック［渡久地 2011b］。→イタビシ①

イチャジキ①（与論島・津堅島）[A]、ビーチロック。「岩石の産状に由来する表現である。（中略）シウチグチ（＊波打ち際）付近のイチャジキは、地形学でいうビーチロック（汀砂礫岩）のことである。タタミイシともいう」［堀

1980、堀 1982]。

イチャジキ②（与論島・久高島）[B]、後方礁原。与論島では、ビーチロックを指示するとともに、「洪積世の礁石灰岩を切る礁原部分（＊後方礁原）、さらに板状の固い海底部もイチャジキと呼ばれる」[堀 1980、堀 1982]。「平らな岩盤が広がっているところ」[渡久地・高田 1991]。→イタビシ③

イチャジシ（本部町備瀬）[A]、ビーチロック [渡久地 2010a]。→イタビシ①／ピレーク

イチャシチ（大和村東部）[A]、ビーチロック [渡久地 2010a]。→イタビシ①

イナー（伊良部島）[C]、礁池 [高山 1999]。→イノー①

イナウ（大神島・宮古島友利）[C]、礁池 [市川 1978、宇都 1993]。→イノー①

イナウフツ（宮古島友利）[D2]、ピシ（礁嶺）のイナウ（礁池）側。フツは口を意味する [宇都 1993]。→イノーグチ

イナン（読谷村）裾礁（島を縁どるサンゴ礁）からわずかに離れている台礁 [地域計画研究所 1980]。

イニョ（徳之島面縄）[C]、礁池 [渡久地ほか 2013]。→イノー①

イニョー（徳之島伊仙町）[C]、礁池 [渡久地ほか 2013]。→イノー①

イニョンナー（徳之島面縄）[C]、礁池 [渡久地ほか 2013]。→イノー①

イヌー（多良間島）[C]、礁池 [多良間村史編集委員会 1993]。→イノー①

イノ（奄美市有良・大和村東部・奄美市根瀬部）[C]、礁池 [求 2007、渡久地 2009、渡久地 2010b、渡久地 2011b]。→イノー①

イノー①（沖縄諸島・八重山諸島）[C]、礁池 [渡久地 2006a]。→イナー／イナウ／イニョ／イニョー／イニョンナ／イヌー／イノウ／イノゥ／イノナ／ウチウン／ウチヌン／エノ／ナー／ナーニ／ピーウチ／ヒシウチ／ファティナ

イノー②（宮古島久松）浅海。「久松では外海の深海をヤトゥといい、近いところの浅海をイノーという」「延縄は水深一五尋のイノー（浅海）から五、六〇尋のヤトゥ（沖合）で営まれる」[平良市史編さん委員会 1987]。

イノウ（与論島）[C]、礁池、浅礁湖 [堀 1980、堀 1982]。→イノー①

イノゥ（瀬戸内町西古見）[C]、礁池 [西古見慰霊碑建立実行委員会 1994]。→イノー①

イノウイシ（与論島）[C2]、サンゴ塊。イノウの中（特にファティナ付近）に多いサンゴ塊 [堀 1980、堀 1982]。→ブ

タ／ツィブル

イノーグチ（本部町備瀬）[D2]、イノー（礁池）寄りの礁嶺［渡久地 2010a］。＊南島歌謡に「ひしぐち」「ひせぐち」（干瀬口）」と対語になって「いのぐち」が詠まれる［外間・玉城 1980：425 など］。→ウティグチ／イナウフッ／シンクチ／ヒシグチ

イノーチブ（石垣島新川）石西礁湖（地名）の中で「五ヒロ以上の深い海域」［口蔵 1977］。→イノーハーガイ

イノナ（徳之島徳和瀬）[C]、礁池。「干瀬の内側の礁湖」「タイドプール」［松山 2004］。→イノー①

イノーハーガイ（石垣島新川）[C]、石西礁湖（地名）の中で「一～二ヒロの浅い海域」［口蔵 1977］。→イノーチブ

イバツバナ（石垣島川平）一本の枝サンゴに枝がたくさんついているもので、稲の穂にたとえてイバツバナという［川平村の歴史編纂委員会 1976］。

イム（宮古島友利）広義には海、狭義には「リーフから内側の海域のみを意味する」。狭義のイムはイナウ（礁池）のみならずリーフ（礁嶺）を包含する［宇都 1993］。

イーヤー（読谷村渡慶次・読谷村儀間）[E1]、礁斜面の上段［地域計画研究所 1980］。→サガイ

インズー（宮古諸島）「海の血」ということで、サンゴの一斉産卵によって真っ赤に染まった状態の海［伊良波 1996］。

ウィー（大和村大棚）[C3]、礁池内における枝サンゴ密集帯の中の溝状の砂床［渡久地ほか 2016］。→ンジュ／ウルバナ

ウグー（与論島）[E4]、縁脚の沖方にある海底から突き出した礁［堀 1980、堀 1982］。→ソネ／アシ

ウーグルスー（本部町備瀬）パー（礁嶺前面）よりさらに外洋域［渡久地 2010a］。

ウシュグチ（奄美市大熊）[B]、「なぎさ。みぎわ」［田畑 1976b］。→シュグチ／ハマグチ

ウチアンダゴモイ（徳之島徳和瀬）[B]、「浜の近くの潮だまり」［松山 2004］。→トーゴモイ

ウチウン（徳之島徳和瀬）[C]、礁池。「内海」［松山 2004］。→イノー①

ウチヌン（与論島）[C]、礁池。外海（パーヌウン）に対する内海で、イノーに相当する［堀 1980、堀 1982］。→イノー①

ウチワタ（名護市辺野古）[B]、後方礁原。海食崖や離水サンゴ礁の下の平らな岩場（波食棚）。満潮時には白波が及ぶ［島袋 1983］。

ウティガマ（奄美市根瀬部）[E2]、礁斜面（急崖）。礁斜面のなかで急崖をなしている部分。「ガマ」は奄美市や大和村では「崖」を意味する［渡久地 2011b］。→スニウトゥシ

ウティグチ（与論島）[D1]、ピシパナ（礁嶺）のうちイノウ（礁池）寄りの部分。マタグチともいう［堀 1980、堀 1982］。→イノーグチ

ウティシィ（龍郷町）[E2]、礁斜面の急崖。クィシィウトゥシおよびスニウトゥシ（大和村）に相当する［山岡 1988］。

ウティヂ（龍郷町）[E2]、礁斜面下部の深い砂地［山岡 1988］。→シルジ

ウードゥー（渡名喜島）外海［渡名喜村 1983］。→ケーショー

ウナグズゥ・ナカ（伊良部島佐良浜）砂地の海底［高橋 2004］。→イシガイラ・ナカ

ウプユーシナカ（大神島）「ユーシ（二～三人で返せる程度の岩）の大きなものが散らばっている海底」［市川 1978］。→サマ／ザレバー／シャーラナカ／カエラスナカ／ユーシナカ／ヤツバシナカ／ウールナカ

ウラ（徳之島面縄）外水道。サンゴ礁外縁部の湾入部［渡久地ほか 2013］。→トゥマリ

ウル①（与論島・奄美市小湊・大和村東部・奄美市根瀬部）枝サンゴ［名島 2001、渡久地 2011b］。与論島で、「ウルの使用例から判断すると枝サンゴのことを意味する場合が多いようである。たとえば枝が長いもの（ナガウル）、短いもの（インチャウル）、枝が細かいもの（フマウル）、太くて大まかなもの（アラウル）などと分けている」［堀 1980］。

ウル②（徳之島徳和瀬・石垣島新川）サンゴの総称［琉球方言研究クラブ 2014］。徳之島では「さんごを総称してウルと呼び、ウルの生えている根の礁をウルシと呼ぶ」。「ウルとはイノナ（＊礁池）に生えている枝さんごのこと」［松山 2004］。

ウル③（石垣島新川）サンゴ由来の小石や砂［琉球方言研究クラブ 2014］。

ウル④（石垣島新川）サンゴ礁［琉球方言研究クラブ 2014］。

ウール（鳩間島）枝サンゴ［加治工 1986］。→ウル①

ウルシ（徳之島徳和瀬）「ウル（＊サンゴ）の生えている根の礁」［松山 2004］。

ウルース・ナカ（伊良部島佐良浜）造礁サンゴのある海底［高橋 2004］。→ウールナカ／イシガイラ・ナカ

ウールナカ（大神島）「サンゴが生えている海底」［市川 1978］。→サマ／ザレバー／シャーラナカ／カエラスナカ／ユー

シナカ／ウプユーシナカ／ヤツバシナカ／ウルース・ナカ

ウルバナ（大和村大棚）［C3］礁池内の枝サンゴがつくる尾根状の高まりの頂部［渡久地 2017 ＝本書第一章］。↓ウィー

ウルワラ（奄美市根瀬部）［C3］、枝サンゴ帯。「枝サンゴの原っぱ」の意味。枝サンゴ密集帯［渡久地 2011b］。

ウルンナカー（石垣島新川）「礁湖内の……特に枝サンゴが群棲する地帯」［口蔵 1977］。↓ウールナカ

ウンザラ（国頭村奥）「海皿」を意味しテーブルサンゴ（卓状ミドリイシ）のこと［高橋・渡久地 2016］。↓ナバイシ／ヒラナバ

ウンジュムイ（与論島）［D3］、礁嶺（ピシパナ）に並走する浅い溝状の凹地部（内堀）。干潮時にも海水をたたえる［堀 1980、堀 1982］。↓ウンドゥムイ／ピシミ／ワンルー

ウンドゥムイ（国頭村奥）［D3］、礁嶺の上の浅い水たまり［高橋・渡久地 2016］。↓ウンジュムイ／ピシミ／ワンルー

ウンナミ（国頭村奥）枝サンゴ［高橋・渡久地 2016］。↓ウル①／ウール／ナバイシ／ペーイシ

エギョ（奄美市有良）［E1］、縁溝。「外海に面したシィ（＊礁嶺）のふちに、中に深く切り込んだような割れ目」［求 2007］。↓バタ／ワレ

エノ（奄美市小湊）［C］、礁池［名島 2001］。↓イノー①

オキ（大和村東部）沖、外海［渡久地 2009］。↓アサミ／フカミ／パー②／トゥー②／ケース／フカウミ／フム／ヤトゥ②

オキセ（奄美市根瀬部）［E3］、セ（＊礁嶺）のさらに沖側のセ（＊礁）［渡久地 2011b］。↓ハナレゼ／ティックィシィ

オーグムイ（与論島）海中が深くなっているところ［菊 1975］。

▼カ行

カイライシ・ナカ（伊良部島佐良浜）「ひっくり返すことのできる石」が敷き詰められている海底［高橋 2004］。↓カエラスナカ

カエラスナカ（大神島）「カエラス（一人でひっくり返せるくらいの岩）の散らばっている海底」［市川 1978］。↓サマ／ザレバー／シャーラナカ／ユーシナカ／ウプューシナカ／ヤツバシナカ／ウールナカ

ガギシ（徳之島徳和瀬）［B］、「鋭いとんがりを持った干瀬」。溶食凹地を伴った表面がゴツゴツした海岸近くの岩礁（後

方礁原）［松山 2004］。→カラシュゴモイ／イシガンチャラーミー

カクレスィ（奄美市有良）隠れ瀬。「暗礁、海面上に現われない礁」［求 2007］。

カソーラ・イシ（鳩間島）テーブルサンゴ（卓状ミドリイシ）［加治工 1986］。→ウンザラ／ナバイシ

カタバル（渡名喜島・鳩間島・奄美市有良・石垣島新川）［C1］、干潟［渡名喜村 1983、加治工 1986、求 2007、琉球方言研究クラブ 2014］。「そこは種々の貝類が採れるところである」［求 2007］。

カタマ①（座間味村・大和村大棚）［E1］、礁前面の凹地または湾状凹地［座間味村史編集委員会 1989、渡久地 2009、渡久地ほか 2016］。→ハタマ／ハターマ

カタマ②（読谷村宇座・渡名喜島・徳之島喜念）［E1］、縁溝。読谷村では「サンゴ礁の割目。追込み漁の網入れ場所となる。儀間ではガマという」［地域計画研究所 1980］。「外海と連なっているクムイのこと」「リーフの切れ目で深さが干潮時で三、四尋、魚がここを通っていききする」［渡名喜村 1983］。徳之島喜念では縁溝を指す［渡久地ほか 2013］。→カタマ／ハターマ／ハタマー

カタマ③（奄美市根瀬部）礁斜面下に広がる砂床。かつて「アブリ」と呼ばれる集魚灯を用いた敷き網漁が営まれた［渡久地 2011b］。

カタマウチ（加計呂麻島西阿室）［E1］、縁溝［渡久地 2011b］。

ガタン（本部町備瀬）［D4］、礁嶺の外側の一段下がったところ［渡久地 2010a］。→シィーバナ／シーバナ／シンハナ

ガマ①（龍郷町）［E2］、ウティシィ（礁斜面の急崖）にある穴［山岡 1988］。

ガマ②（読谷村儀間）［E1］、縁溝［地域計画研究所 1980］。→ワリ／ンジュ

ガマ③（大和村・奄美市根瀬部）陸上を含めて急斜面を指す［渡久地 2010a、渡久地 2011b］。

ガマク（久高島）［D1］、ピシ（礁嶺）の礁池側の一段下がった平坦面［渡久地・高田 1991］。→クィシィドマ／セドゥマ／ハーガヤー／ピシミー／アジャギ／アラハ／イノーハーガイ

ガラシュゴムリ（徳之島面縄）［B］、後方礁原上の溶食凹地で「昭和初期まで塩作りにおいて海水を濃縮するのに使われた」。「辛塩小堀」を意味する［渡久地ほか 2013］。→カラシュゴモイ／シュフシグミリ

カラシュゴモイ（徳之島徳和瀬）［B］、後方礁原の溶食凹地［松山 2004］。→ガギシ

ギタ（南城市志喜屋）［E］、急崖。サンゴ礁の縁が切り立ったところ（絶壁）［渡久地・西銘 2013］。

キンター（久高島・本部町備瀬）[E]、絶壁に近い急な礁斜面［渡久地・高田 1991、渡久地 2010a］。→ピンター／ヤトゥ／スーラブカ／ヌンリ／ミバタ

キンターウミ（石垣島新川）「急に水深が深くなっている所」［琉球方言研究クラブ 2014］。→キンター

グー①（読谷村都屋）[E3]、礁嶺から外海側に少し離れたサンゴ礁。離礁。ファービシと同義［地域計画研究所 1980］。

グー②（鳩間島・石垣島新川）[C1]、礁池の中の渚寄りの部分［加治工 1986］。「潮が引いたら干上がるサンゴ礁」［琉球方言研究クラブ 2014］。→ハマナダラ／ヒダヌナダラ／グーグヮー／ナカンチ

クィシィ（大和村東部）[D2]、礁嶺［渡久地 2009、渡久地 2010b］。→ヒシ／ピシ／シ／セ

クィシィウトゥシ（大和村大棚）[E2]、クィシィ（礁嶺）の前面（外海側）の急斜面。斜面の比高は約三メートル［渡久地 2009、渡久地 2010b］。

クィシィドゥマ（大和村大棚）[D1]、クィシィ（礁嶺）の背後（礁池側）の平坦面。以前はホンダワラが繁茂していたが現在は減少した［渡久地 2009、渡久地 2010b］。→ガマク

グーグヮー（石垣島新川）[C]、「イノー（礁湖）の中にある大潮の干潮時のみに海面に出てくるサンゴ礁」［琉球方言研究クラブ 2014］。→ナカンチ

クチ（奄美諸島・沖縄諸島）水道。舟の出入口となるサンゴ礁（礁嶺）の切れ目［渡久地 2011a］。→フチ

グバーリ（糸満）砂利からなる海底［三田 2004］。→シナ／ヤナ

グバーリジー（石垣島新川）「イノー（礁湖）の内側にある、海底が黒ずんで見える所」「基本的にグバーリジーにあるサンゴは死んでいる。サンゴは死ぬと白くなるが、海底に近い部分は苔(＊海藻)などが生えるため黒ずんで見える。その苔を食べるために様々な生き物が集まり、特にタカセガイ（＊サラサバテイ）がよく獲れる」［琉球方言研究クラブ 2014］。→グバーリ

グフ（南城市志喜屋）[C4]、干潮時に干上がり、満潮時に隠れる海岸近くの小岩［渡久地・西銘 2013］。→グーフ

グーフ（読谷村）[C5]、礁池内の地形的高まり。「コブの転訛」［地域計画研究所 1980］。→グフ

クムイ（読谷村・渡名喜島・久米島・石垣島新川）[C/D]、凹地。礁池内や礁嶺上の凹地［地域計画研究所 1980、渡名喜村 1983、仲村 1992］。石垣島新川で「海底が平たい砂地で、周囲のサンゴ礁より深く落ち込んでいる所。チブ（窪地）より小さい」［琉球方言研究クラブ 2014］。→フムイ／コモリ／チブ

クムリ（徳之島伊仙町喜念）サンゴ礁内の凹地［渡久地ほか 2013］。→クムイ

クムリ°（多良間島）［C/D］、礁池内や礁嶺上の凹地［多良間村史編集委員会 1993］。

クムリィー（石垣島登野城）「堡礁にある外洋と礁湖をつなぐ水路」［須藤 1979］。

クムル（鳩間島）［C/D］、礁上の凹地。「籠り池」［加治工 1986］。→クムイ

クモリ（徳之島伊仙町面縄・伊仙町阿権）［C/D］、サンゴ礁内の凹地［渡久地ほか 2013］。

クルスィ（大和村東部・奄美市小湊）［E5］、「黒石／黒瀬」を意味し、外海に面する離れ岩［渡久地 2009、渡久地 2010a、名島 2001］。→イギス

クルミヌクチ（渡名喜島）［C］、「浜の波打ち際から五、六十メートルのところに白い砂と海藻（ムーンサー）の生えているところの接点で、そこから黒くなってみえることから名づけられている」［渡名喜村 1983］。

クロスィ（徳之島阿権）［B］、干出する頻度の高い後方礁原は黒っぽくゴツゴツしていることが多く、そのような場所を徳之島阿権ではクロスィ（黒瀬／黒石）と呼んでいる［渡久地ほか 2013］。→イシガンチャラーミー

グーワー（石垣島新川）「干潮時のみに出るサンゴ礁。イノー（礁湖）の中にある大潮の干潮時にのみ海面に出てくるサンゴ礁」［琉球方言研究クラブ 20014］。→グフ

クンディ（久高島）［D5］、リーフブロック。礁上の転石［渡久地・高田 1991］。→ユイサー／ユイシ／ユシ①／ジーグワー

ケェジョネ（奄美市大熊）「海底が上から見てわかるか、わからないかの所にあるソネ」［田畑 1976b］。→ソネ

ケーショー（渡名喜島）［E］、「ヒシグチ（＊礁斜面上部）に続く外海、ウードゥーともいう」［渡名喜村 1983］。→ケーソー／ヒシグチ

ケーソー（宜野座村）［E］、ヒシ（＊礁嶺）の外側［宜野座村誌編集委員会 1989］。→ケーショー／ヒシヌフカ

ケース（国頭村奥）外海、［高橋・渡久地 2016］。→ケーショー／ケーソー

ケーリグワー（石垣島登野城）［C/E］、礁嶺（ピー）のイノー（礁湖）側ならびに外海側の斜面。イノー側のケーリグワーをハンダグワーともいう［野本 1995］。

コモリ（龍郷町・大和村東部・徳之島徳和瀬・徳之島伊仙町阿権）［C/D］、礁内の凹地。潮間帯凹地。［山岡 1988、渡久地 2009、渡久地 2010b、松山 2004、渡久地ほか 2013］。→クムイ／コモリ／チブ

▼サ行

サガイ（読谷村）[E]、礁斜面。「礁縁の外海に向かう斜面を礁斜面という。これはサガイ（下がる）と呼ばれる。これにも幾つかの形状があり、急斜面は渡具知ではヤトウ、渡慶次ではスーラブカと呼ばれ、一方、緩斜面は一般にヌンリと呼ばれる。また、礁斜面が幾段かの珊瑚礁で形成される場合、その上段からイーズニ（上のスニ）、ナカズニ（中のスニ）、シチャズニ（下のスニ）と呼び、渡慶次・儀間ではイーヤー、ナカヤー、シチャヤーとも呼んでいる。最も魚介類の豊富な所である」[地域計画研究所 1980]。

サダリ・ナカ（伊良部島佐良浜）サンゴの破片（サダリ）が敷き詰められている海底［高橋 2004］。→イシガイラ・ナカ

ザチ（読谷村）[E1]、縁脚。礁縁部に見られる鋸歯状地形の出っ張った部分［地域計画研究所 1980]。→スニ①

サマ（大神島）「ジャリ程度の石の海底」［市川 1978］。→ウプユーシナカ

ザーリ（八重山諸島）木のウロ、あるいは穴の意味で、サンゴ礁の穴もいう［喜舎場 1977］。

ザレバー（大神島）「砂地の海底」［市川 1978］。→ウプユーシナカ

シ（伊良部島佐良浜）「シとは、干出する礁原（＊礁嶺）のみをさす場合、礁原と礁斜面であるアラハやナガウをふくめてさす場合、さらに漁場そのものをさす場合がある」［高橋 2004］。→シィ／シッ

シー（渡名喜島）[E5]、「海底から海面上に突き出ていて、常に姿をあらわしている岩塊」［渡名喜村 1983］

シイ（奄美市有良）[B]、ビーチロック。「イタシーともいう」［求 2007］。→イタビシ①

シィ（瀬戸内町西古見・奄美市有良）[D]、礁嶺［西古見慰霊碑建立実行委員会 1994、求 2007］。→シ

シィー（加計呂麻島西阿室）干出するか否かにかかわりなく、サンゴ礁全般を指す。礁縁部をシィーバナという［渡久地 2011b］。→テースィー

シィーバナ（加計呂麻島西阿室）[D4]、サンゴ礁の外縁［渡久地 2011b］。

シウチグチ（与論島）[B]、「波打ちぎわの意で、ほぼ潮間帯をさす」［堀 1980、堀 1982］。→シュグチ／スーグチ／イショグチ／ハマグチ

ジーグヮー（石垣島新川）[D5]、転石。「満潮時でも海面から出ている石」「大きさはユイサーより小さい」［琉球方言研究クラブ 2014］。→ユイサー

シチャズニ（読谷村）[E2]、礁斜面（下段）［地域計画研究所 1980］。→サガイ

シチャヤー（読谷村渡慶次・読谷村儀間）[E2]、礁斜面（下段）［地域計画研究所 1980］。→サガイ

シッ（伊良部島）［D］、礁嶺［高山 1999］。→シ／シィ

シナ（糸満・本部町備瀬）砂。砂地の海底［三田 2004、渡久地 2010a］。→グバーリ／ヤナ

シナイシ（読谷村）［A］、ビーチロック。「砂石」の意［地域計画研究所 1980］。→イタビシ①

シナヤートー（久高島）［A］、底が砂からなる海岸付近の荷物置場［渡久地・高田 1991］。→ヤートー

シーヌトオ（徳之島徳和瀬）［D2］、「干瀬の広場」。礁嶺の平坦面［松山 2004］。→イタビシ②／トー／トーミー

シーノクチ（読谷村都屋）［D］、礁嶺。礁嶺を、読谷村都屋以外の集落ではヒシというが、都屋ではシーノクチという［地域計画研究所 1980］。

シバナ（久高島・宮古島友利・宮古島狩俣・宮古島西原）［B］、久高島ではゴツゴツした離水礁［渡久地・高田 1991］。宮古島友利では「ゴツゴツした〔＊離水〕サンゴ〔＊礁〕の海岸」［宇都 1993］。宮古島狩俣や西原では後方礁原を意味し、「サバニから浜に運ばれてきた魚は、仲買人が来るまでシバナ（海岸の岩場）の陰に広げられ、木の枝で風を送ったりした」［平良市史編さん委員会 1987］。→イシガンチャラーミー

シーバナ（徳之島徳和瀬）［D4］、「干瀬の鼻」。礁嶺のなかの外海側の縁［松山 2004］。→シンハナ／ヒシィバナ／ピシヌパナ

ジャコーヤナ（石垣島新川）「穴がたくさん空いているサンゴ礁。ジャコー（雑魚）の隠れ場になるサンゴ礁」［琉球方言研究クラブ 2014］。→ヤナ

シャーラナカ（大神島）「シャーラ（握りこぶしから頭大の石）が堆積する海底」［市川 1978］。→ウプユーシナカ

ジャンクサミー（名護市辺野古）［C1］、アマモの生えた所［島袋 1983］。→タングサミー

シュグチ（奄美市有良）［B］、「シュチグチともいう。浜の波うち際」［求 2007］。→シウチグチ／スーグチ

シュバナ（龍郷町）［D］、「リーフ（＊礁嶺）の別称」ならびに「リーフに打つ白波」［山岡 1988］。

シュフシグムリ（徳之島阿部権）後方礁原上の溶食凹地で、塩作りに使われた。「辛干し小堀」を意味する［渡久地ほか 2013］。→カラシュゴムリ

シラマー（座間味村・渡名喜島）砂床［座間味村史編集委員会 1989］。「イノー（＊礁池）やヒシグチ（＊礁斜面）のところどころに砂が集まって周りの海より青薄緑にみえるところ。時には深海にも見られる」［渡名喜村 1983］。

シラマージー（石垣島新川）［C］、「イノー（礁湖）の砂地」［琉球方言研究クラブ 2014］。

シル（座間味村）「島と島の間の海峡。瀬戸」［座間味村史編集委員会 1989］。

ジル（竹富島・鳩間島）竹富島で「暗礁」［上勢頭 1976］。鳩間島でイノーの中の干出する地形的高まり。ハーガイともいう［加治工 1986］。→ハーガイ

シルジ（大和村東部・奄美市根瀬部）砂床。礁池（イノ）内や礁斜面下部の海底が白砂の部分［渡久地 2009、渡久地 2010b、渡久地 2011b］。→シラマー／ウィー

シンガマ（奄美市有良）［E2］、礁斜面。「シィ（＊礁嶺）の外海に面した礁」。「ガマ」は「崖」を意味する［求 2007］。

シンクシ（徳之島徳和瀬）「外海」［松山 2004］。→ヒシヌクシ

シンクチ（石垣島新川・石垣島登野城・石垣島新川）［E］、礁斜面。ヒシの外海側［口蔵 1977、須藤 1979］。「フカヤーがヒシ（ヒシ）の外側の海全体を指すのに対して、シンクチは追い込み漁のできる範囲のヒシ近辺の外側の海を指す」［琉球方言研究クラブ 2014］。→ヒシグチ／イノーグチ

シンスト（奄美市有良）［E］、瀬外。「礁の外海」［求 2007］。→セノソト

シンハナ（奄美市有良）［D4］、礁縁。干潮時に白波が洗う礁嶺（シィ）の先端部分［求 2007］。→シーバナ

スィー（徳之島面縄・徳之島阿権）礁嶺［D］、［渡久地ほか 2013］。→シ／シィ／ヒシ

スィバナ（徳之島犬田布）礁嶺のなかで岩がゴツゴツしている部分［渡久地ほか 2013］。→シバナ

スィーバナ（徳之島喜念）［D］、礁嶺［渡久地ほか 2013］。→シュバナ／ピシパナ

スガイディ（池間島・伊良部島佐良浜）「甲イカ（＊コブシメ）は海底のスガイディという特定の石（＊サンゴ）につく習性があるので、甲イカを見つけるにはこの石を探せばよい。スガイディには、マースガイディ、アカスガイディ、アオスガイディ、アカンズと各種あるが、よくつくのはマースガイディである。丸形の石で表面はブツブツしている。甲イカはこの石に産卵する」［平良市史編さん委員会 1987］。「冬になると、スガイディと呼ばれる枝状サンゴにはコウイカ（＊コブシメ）が産卵のために集まるという」［高橋 2004］。→スガウディ

スガウディ（大神島）「コブスメ（＊コブシメ）は特定の岩（＊サンゴ）を選んで産卵する習性があると漁師の間ではいわれている。大神ではこの岩をスガウディと呼び、一二種類のスガウディが識別されている」。その多くはサンゴからなっている。一二種類のスガウディはつぎのとおり。マースガウディ、アカンヅ、アカスガウディ、アオスガウディ、スサトゥ、ウールイシ、アカウルジャ、ムムクーラ、スーバナ、フーシ、アカイシ、ツダラ［市

川 1978]。→スガイディ
スーグチ（石垣島新川・国頭村奥）[B]、「潮口」の意味で、汀線、波打ち際を指す［琉球方言研究クラブ 2014、高橋・渡久地 2016]。→シウチグチ／シュグチ／イショグチ／ハマグチ
ストゥ（龍郷町）外洋。リーフの外側の海域（ナーの反対語）[山岡 1988]。→ナー
スニ①（読谷村）[E1]、縁脚。楚辺ではユニという。「マガリ（曲り)、トガイ（尖る)、ザチ（崎）とも呼ばれる」[地域計画研究所 1980]。→ユニ
スニ②（大和村大棚）[E3]、斑礁。礁縁部から少し離れたサンゴ礁［渡久地 2010b]。
スニ③（渡名喜島）「外海で海底から岩盤が山のように盛り上がったところで、干潮時でも海面上に現われることがなく（中略)、魚群が集まるところ」[渡名喜村 1983]。→ソネ
スニウトゥシ（大和村東部）[E2]、礁斜面下部の急斜面［渡久地 2009、渡久地 2010b]。
スム（大神島）水深による分類で、「水が浅くて澄んでいる海」[市川 1978]。→フム／フンフッ
スーラブカ（読谷村渡慶次）[E]、急な礁斜面［地域計画研究所 1980]。→サガイ／キンター
セ①（奄美市根瀬部）礁嶺［D]、[渡久地 2011b]。→ヒシィ
セ②（奄美市小港）[D]、内湾側にあって、干上がらず、歩くことができないサンゴ礁。「ヒシィバナ（＊礁縁部）から見えるサンゴ礁の海中に沈んだ部分を指している」[名島 2001]。→ヒシィ
セドゥマ（奄美市根瀬部）[D1]、礁嶺背後（礁池側）の平坦面［渡久地 2011b]。→クィシィドゥマ
セノソト（奄美市根瀬部）[E]、セ（＊礁嶺）の外側。礁斜面〜外海［渡久地 2011b]。→シンスト
ソネ（与論島・奄美市大熊・奄美市有良）海底の地形的高まり。好漁場となる［田畑 1976b、求 2007]。与論島では「縁脚の沖方には、しばしば低潮位面まではその頂部が達しないが海底から突き出た礁がある。これを『ソネ』と呼んでいる。別に『アシ』とも呼ぶ。『ウグー』という表現も聞いた」[堀 1980]。

▼タ行

タカウール（鳩間島）枝サンゴ（樹枝状ミドリイシ）[加治工 1986]。→ウール
ターシ（龍郷町・徳之島喜念）[D]、礁嶺。龍郷町では「サンゴ礁やリーフなど」を指す［山岡 1988]。喜念では礁嶺の

なかで特に高い部分を指す［渡久地ほか 2013］。→ヒシ

タタミイシ（与論島）［A］、ビーチロック［堀 1980、堀 1982］。→イタビシ①

タチガミ（大和村東部など）［C/D/E5］、離れ岩。海岸から離れて屹立する岩。立神［渡久地 2009、渡久地 2010b］。

タチガン（龍郷町）［C/D/E5］、離れ岩。立神［山岡 1988］。→ハナレ

タングサミー（糸満）［C1］、アマモの生えたところ［島袋 1983］。→ジャンクサミー

ヂービサー（石垣島宮良）［B］、溶食凹地（solution pool）の背面［野本 1995］。→チブガー

チブ（読谷村・粟国島・南城市志喜屋・石垣島新川）礁内の凹地［地域計画研究所 1980、野本 1995、渡久地・西銘 2013］。石垣島新川で、「イノー（礁湖）の中にある海底が深く窪んだ所。クムイよりは水深が深く窪みも大きい」［琉球方言研究クラブ］。→クムイ

チブガー（石垣島宮良）［B］、後方礁原（イタビサー）の上の溶食凹地（solution pool）。溶食されてない面（背面）はヂービサーという［野本 1995］。→ヂービサー

チブグヮー（石垣市登野城）［C1］、「広い礁湖内で（中略）、海底が砂でおおわれた深い部分」［須藤 1979］。→チブ

チブラー（南城市志喜屋）［C2］、サンゴ頭［渡久地・西銘 2013］。→チブル

チブル（与論島・奄美市根瀬部・南城市志喜屋）［C2］、サンゴ頭［堀 1980、渡久地 2011b、渡久地・西銘 2013］。→チブラー／ツィブル／チブルイシ

チブルイシ（奄美市根瀬部）［C2］、サンゴ頭［渡久地 2011b］。→チブル

チブルシ（渡名喜島）［C2/D5］、「珊瑚石の塊で、干潮時でも海面に出るのと、出ないのがある。船の航行には注意を要する」。リーフブロック（礁嶺の上の岩塊）も含まれる。［渡名喜村 1983］。→チブル／チブルイシ／ユイシ／クンディ

ツィブル（大和村東部）［C2］、サンゴ頭［渡久地 2009、渡久地 2010b］。→チブル

ティックィシィ（大和村大棚）［E3］、ティックィシィは「二つの（二重の）クィシィ」を意味し、クィシィ（礁嶺）の外側にさらにもう一つのクィシィがある場合、外側のクィシィを指す［渡久地 2010b］。→テービシ

テースィー（加計呂麻島西阿室）［E1］、礁斜面上部。「テー」は「二つ」の意味で、「テースィー」は「二つ目のサンゴ礁」ということになるが、通常干上がるシィー（礁）よりも一段下がった、比較的浅い礁斜面上部を指す。ナダラ（大

和村）と同じ地形を指示している［渡久地 2011b］。

テースィーヌウティ（加計呂麻島西阿室）［E2］、テースィー前面の急斜面。スニウトゥシ（大和村）に相当する地形。「ウティ」は「落ち込み」を意味する［渡久地 2011b］。

テービシ（南城市志喜屋）［C］、礁池（イノー）内の礁嶺（ヒシ）と並走する地形的高まり。リーフが二重になっている［渡久地・西銘 2013］。→ティックィシィ

トー（徳之島喜念・徳之島阿権）［D4］、礁嶺前面の平坦部［渡久地ほか 2013］。→トーミー

トゥー①（西表島祖納・徳之島面縄）［E］、礁斜面。西表島祖納で、礁嶺（ピー）の外側の急に深くなっているところ［安渓 2007］。徳之島面縄で、緩やかな礁斜面を指す［渡久地ほか 2013］。→ハンタ

トゥー②（鳩間島）「外洋」［加治工 1986］。→フカトゥー

トウイジュ（石垣島登野城）［E1］、縁溝。魚の通り道［野本 1995］。→ンジュガー

トゥガイ①（伊良部島佐良浜）［E1］、縁脚。礁縁部に見られる鋸歯状地形の出っ張った部分［高橋 2004］。→トガイ／バタマガイ

トゥガイ②（石垣島新川）［D4］、「ヒシ（干瀬）（＊礁嶺）の端が外側に飛び出している場所、突出している部分」［琉球方言研究クラブ 2014］。→ヒシトゥガイ／マガイ

ドゥーバター（津堅島）［B］、後方礁原。ウチワタと同義［島袋 1983］。→ウチワタ

トゥマリ（徳之島阿権利）［E1］、外水道。サンゴ礁外縁部の湾入［渡久地ほか 2013］。→ウラ／ニャトマリ

トゥマリグチ（奄美市大熊）「湊口」［田畑 1976b］。

トガイ（読谷村）［E1］、縁脚。縁部に見られる鋸歯状地形の出っ張った部分［地域計画研究所 1980］。→トゥガイ／スニ①

トーゴモイ（徳之島徳和瀬）「干瀬（＊礁嶺）の上にある潮だまり」［松山 2004］。

トーヌヤー（徳之島徳和瀬）タコ穴、「蛸の家」［松山 2004］。→アデク

トーミー（南城市志喜屋）［D4］、礁嶺の外海寄りの平滑なところ［渡久地・西銘 2013］。→トー

トリバ（石垣島登野城）［E1］、縁脚。「フカウミに向かって双頭状の突き出しのあるところ」［野本 1995］。

トーングヮー（石垣島新川）リーフ（＊礁嶺）の切れ目。クチよりも幅が狭く干潮時には利用できない［琉球方言研究ク

ラブ 2014］。→クチ／ンジュ／トンヂ

トンヂ（南城市志喜屋）礁嶺が少し深くなっている所。舟の出入口となる［渡久地・西銘 2013］。

▼ナ行

ナー（龍郷町）［C］、礁池。礁嶺の内側の海域（ストゥの反対語）［山岡 1988］。→ストゥ

ナガウ①（宮古島友利）外海。プカともいう［宇都 1993］。→プカ

ナガウ②（伊良部島佐良浜）礁斜面下部の急斜面［高橋 2004］。→アラハ

ナガウル（与論島）［C3］、「長い枝サンゴの意味で、（同時に）枝サンゴの密生地帯を指示する」［堀 1980、堀 1982］。

ナカズニ（読谷村）［E］、礁斜面の中段［地域計画研究所 1980］。→サガイ

ナカヤー（読谷村渡慶次・読谷村儀間）［E］、礁斜面（中段）［地域計画研究所 1980］。→サガイ

ナカワラー（南城市志喜屋）ハマサンゴなどの頂部が空洞になったサンゴ。マイクロアトール（micro-atoll）［渡久地・西銘 2013］。

ナカンシ（座間味村）［D］、礁嶺。「中瀬。リーフのこと」［座間味村史編集委員会 1989］。

ナカンチ（石垣島新川）［C］、「イノー（礁湖）の潮が引いたら干上がる場所。グーグワーより大きく、大潮の干潮時には歩いて移動できるほど干上がる」［琉球方言研究クラブ 2014］。→グーグワー

ナダ①（奄美市根瀬部）［E1］、礁斜面上部の緩斜面。ナダラ②と同義。［渡久地 2011b］

ナダ②（奄美大島）奄美大島では漁場のソネ以外で魚をとる場合がある。そのソネ以外の場がナダである。ナダで釣った魚をナダイユという［田畑 1976a］。

ナダラ①（大神島・伊良部島佐良浜）浅い海において、海底がなだらかなところ［市川 1978］。「平らな岩礁」［高橋 2004］。→アダナ／ヤリ

ナダラ②（大和村大棚・瀬戸内町西古見）［E1］、礁嶺の前面（外海側）の礁斜面上部の緩斜面。水深は約三〜七メートル［渡久地 2009、渡久地 2010b、西古見慰霊碑建立実行委員会 1994］。→アサシ

ナーニ（与論島）［C］、与論島で浅礁湖（礁池）内の深い部分を指す語。「ナーニの指示内容は一定しない。語源は不明であるが、幾人かの人が中間の意味だと指摘した。（中略）ナーニは水深で二分し、浅所をウィナーニ、深所をシ

チャナーニという。（中略）〔シチャナーニは〕漂砂帯にほぼ一致する。この部分をスー（凹地）ともいう」［堀1980、堀1982］。

ナバイシ（奄美市有良・大和村大棚）「茸石」を意味し、テーブルサンゴ（卓状ミドリイシ）を指す［求2007・，渡久地ほか2016］。→ウンザラ／ヒラナバ／ヒラウル

ナンガター（石垣島新川）底質（砂／岩）を問わず、平らな海底［琉球方言研究クラブ2014］。

ニャトグチ（龍郷町）水道。リーフの切れ目。フーグチともいう［山岡1988］。

ニャトマリ（奄美市有良）「川尻付近一帯。ニャトは湊、マリは尻のこと」［求2007］。

ヌー（南城市）［C］、澪。イノー（浅礁湖）の中に走る浅い水路状地形。外海に通じている［新垣2006、渡久地・西銘2013］。

ヌンリ（読谷村）［E］、緩やかな礁斜面［地域計画研究所1980］。→ピンター／キンター／サガイ

▼ハ行

バー（宮古島友利）「入り江のように（＊陸側に）弓形に引っ込んだ所」。湾入部［宇都1993］。

パー①（本部町備瀬）［E］、礁斜面。礁嶺の外海側、深海を包含しない［渡久地2010a］。→ウーグルスー

パー②（与論島）外海。「パーは表および外の意」［堀1980、堀1982］。

ハーアガヤ（南城市志喜屋）［C］、浅瀬［渡久地・西銘2013］。→ハガイ／ハーガイ／ハーガヤー

ハアワレ（奄美市有良）［C/D］、「潮が引いて、陸のようになっているシィ（＊礁嶺）やイノ（＊礁池）の状態」［求2007］。

ハガイ（座間味村）［C］、「浅瀬のこと」。ハーガイともいう［座間味村史編集委員会1989］。→ハーアガヤ

ハーガイ（石垣島登野城・鳩間島・石垣島新川）登野城で「礁湖内で（中略）、比較的浅い部分」［須藤1979］。鳩間島で浅礁湖内の地形的高まる。干出するのもあれば、干出しないものもある［加治工1986］。「浅瀬。水深の浅い所。水深何メートルであるかは関係なく、現在の場所と比べて浅くなっていればハーガイという」［琉球方言研究クラブ2014］。→ハガイ／ハーアガヤー／ジル

ハーガヤー（糸満）［C1］、「イノーの海岸近くの浅瀬」［島袋1983］。

パーギタ（与論島）［D2/D4］、ファギタともいい、石灰藻嶺にあたる堤状の高まり。漁師によっては外側礁原［D4］の意味で用いる［堀 1980、堀 1982］。

パーシジリ（与論島）［E1］、縁脚の上部表面［堀 1980、堀 1982］。

バージフ（宮古島島尻）タコ穴。アジフともいう［琉球大学民俗研究クラブ 1976］。→アジフ／アデク

バタ（伊良部島佐良浜）［E1］、縁溝。「バタにはビーガイ（＊手のひら大の石）が堆積し、その周辺にはナンヨウブダイやイロブダイが群れるという」［高橋 2004］。→バリ／カタマ②／ハターマ

バダ（多良間島）［E1］、縁溝。「ピシの突端部分に割り込んでいる所」［多良間村史編集委員会 1993］。

ハダカキ（伊良部島佐良浜）サンゴがない、岩肌のような一帯［高橋 2004］。→アジャーナ

ハタマ（与論島）［E1］、縁溝。「外側礁原の縁溝部分を指示する。赤崎では沖側が狭くなる場合にはハタマ、一様に開いている場合にワリと区別していた」［堀 1980、堀 1982］。→カタマ／ハターマ

ハタマー（伊平屋島島尻）礁前面の凹地または湾状凹地［渡久地ほか 2016］。→カタマ

ハターマ（本部町備瀬）［E1］、礁前面の凹地［渡久地 2011b、渡久地ほか 2016］。→カタマ

バタマガイ（伊良部島佐良浜）［E1］、縁溝。礁縁部の溝状地形［高橋 2004］。→バリ／トゥガイ

バタンヂ（石垣島宮良）［C］、渡地。礁池（ピーウチ）が浅くなった部分で、「礁嶺（ピー）への渡り道」［野本 1995］。→ワタンジ／ワタジ

ハナレ（龍郷町・奄美市有良）［E5］、礁嶺の外側にあり、海上に出ている岩。龍郷町ではハナレジ、タチガンともいう［山岡 1988、求 2007］。→クルスィ／タチガミ

ハナレジ（龍郷町）［E5］、離れ岩。ハナレと同義［山岡 1988］。→ハナレ

ハナレスィ（徳之島阿権）［E3/E4］、「離れ瀬」を意味し、サンゴ礁外縁部の斑点状の礁（patch reef）［渡久地ほか 2013］。

ハナレゼ（龍郷町）［E3］、離礁。ファともいう［山岡 1988］。

ハナレブンシ（徳之島面縄）［E3/E4］、「離れ干瀬」を意味し、サンゴ礁外縁部の斑点状の礁（patch reef）［渡久地ほか 2013］。→ハナレスィ

パーヌウン（与論島）外海［堀 1980、堀 1982］。→パー／ウチヌン

ハマ①（与論島・龍郷町・大和村など）[A]、砂浜［堀 1980、山岡 1988、島袋 1992、渡久地 2010b など］。

ハマ②（石垣島新川）[A]、「海岸。陸と海が接する場所一帯。砂浜でも磯でも区別しない。ハマダン、スーグチを含む」［琉球方言研究クラブ 2014］。→ハマダン／スーグチ

パマ（与論島・鳩間島・宮古島友利・本部町備瀬・国頭村奥など）[A]、砂浜。宮古島友利では海岸、渚を意味するプスダに包含される［堀 1980、堀 1982、加治工 1986、宇都 1993、渡久地 2010a、高橋・渡久地 2016］。

パーマ（読谷村）[A]、砂浜［地域計画研究所 1980］。

ハマグチ（読谷村宇座）[B]、「浜口（波打際）」［宇座誌編集委員会 1974］。→スーグチ／イショグチ

パマグチ（国頭村奥）[B]、汀線、波打ち際。「スーグチ」ともいう［高橋・渡久地 2016］。→スーグチ／ハマグチ

ハマゲタ（奄美市有良）[A]、後浜。海岸の「防風林と浜の境」。ハマヒルガオなどが生えている［求 2007］。

ハマシタ（粟国島）[A]、ノッチ。離水サンゴ礁に刻まれたノッチの部分［野本 1995］。

ハマダン（石垣島新川）[A]、「浜辺。スーグチ（波打ち際）と接する陸地側の地帯」［琉球方言研究クラブ 2014］。

ぱマナ（西表島西部）[A]、砂浜［安渓 2007］。→イセーラ

ハマナダラ（伊良部島）[B-C1]、「イナー（＊礁池）から海浜にむかって、干潮時に干出する礁面」。ヒダヌナダラともいう［高山 1999］。→グー②

バリ（伊良部島佐良浜）[E1]、縁溝。「礁原（＊礁嶺）の割れ目はバリまたはバタと呼ばれ、その外洋側の入り口はヒシウツと呼ばれている。バリは、（中略）潮汐の変動によって移動する魚の通り道になっている」［高橋 2004］。→バタ／ワリ／ンジュガー

ハンタ（徳之島面縄・伊平屋島島尻）[E]、面縄で急な礁斜面［渡久地ほか 2013］。島尻で礁斜面［渡久地 2017＝本書第一章］。→トゥー／メーシーヌシチャ

ハンダグヮー（石垣島登野城）[C3/D1]、「堡礁から礁湖に張り出した瀬や礁湖内に点在する瀬、すなわち礁原ないし礁湖礁（reef flat）」［須藤 1979］。礁嶺（ピー）のイノー側の斜面［野本 1995］。→ケーリグヮー

ピ（渡名喜島）[D]、礁嶺。「ピというのは珊瑚礁の岸のことで干潮になると現われる。ヒシ（干瀬）ともいう」。［渡名喜村 1983］

ピー（鳩間島・西表島西部・西表島古見）[D]、礁嶺［加治工 1986、安渓 2007、野本 1995］。→ピーニ

ビィシク（久高島）［B］、後方礁原。溶食凹地が形成されている。［渡久地・高田 1991］。→イシガンチャラーミー

ピーウチ（石垣島宮良）［C］、礁池。礁嶺（ピー）の内側の礁池（イノー）。［野本 1995］→イノー①

ビーガイ・ナカ（伊良部島佐良浜）「ビーガイとは手のひらサイズの石をさし、これが敷き詰まって海底をビーガイ・ナカと呼ぶ」［高橋 2004］。→イシガイラ・ナカ

ピキノマリ（西表島祖納）深い水道。ピーニ（礁嶺）の「切れ目、すなわち舟の出入口を一般に『クチ』と呼ぶが、その切れ目の深いところを祖納では『ピキノマリ』と称する」［野本 1995］。

ピザーフチ（鳩間島）［B］、渚［加治工 1986］。

ピザー（鳩間島）［B］、渚［加治工 1986］。

ヒシ（沖縄島・徳之島徳和瀬・南城市志喜屋）［D］、礁嶺。沖縄島の大部分の地域で礁嶺を指す。徳之島では、礁嶺のほか後方礁原［B］を指す［松山 2004］。南城市志喜屋では、礁嶺のほか、浅礁湖［C］にあって干出する斑礁も指す［渡久地・西銘 2013］。→ピシ／グーグヮー

ピシ（与論島・久高島・本部町備瀬・宮古島友利・多良間島・伊良部島・徳之島徳和瀬・国頭村奥）［D］、礁嶺［堀 1980、堀 1982、渡久地・高田 1991、宇都 1993、渡久地 2011b、多良間村史編集委員会 1993、高山 1999、松山 2004、高橋・渡久地 2016］。

ヒシィ（奄美市小湊）［D］、礁嶺。「歩くことができ、干潮時に干出する礁原」［名島 2001］。→セ

ヒシィバナ（奄美市小湊）［D4］、礁縁。ヒシィの外海側の先端部分［名島 2001］。→ピシパナ／シーバナ／シンハナ

ヒシウチ（宜野座村）［C］、礁池。ヒシの内側［宜野座村誌編集委員会 1989］。→ヒシヌフカ／イノー①

ヒシウツ（伊良部島佐良浜）シ（礁嶺）の切れ目の「外洋側の入口」［高橋 2004］。「干瀬口」を意味し、礁嶺の切れ目＝水道 (channel) の入口を指す。→バリ／ヒシフツ／クチ

ヒシグチ（渡名喜島）［E］、礁斜面「ピ（＊礁嶺）と外洋との接点のやや浅い海、水深約十メートル以内、ヒシハラガーともいう」［渡名喜村 1983］。→イノーグチ／シンクチ／ヒシウツ／ピシフツ

ピーシジ（石垣島宮良）［D1］、礁嶺（ピー）の背後。礁池（ピーウチ）の中の礁嶺側の浅くなった部分［野本 1995］。→ガマク

ヒシダイ（伊良部島佐良浜）規模の大きいテーブルサンゴ［高橋 2004］。→ヤーダイ

ヒシトゥガイ（石垣島新川）礁嶺の突起部。礁嶺が外海側にせり出した部分〔琉球方言研究クラブ 2014〕。→ヒシマガイ

ピシニー（宮古島友利）〔D2〕、ピシ（礁嶺）の中央部分〔宇都 1993〕。

ヒシヌクシ（徳之島徳和瀬）〔E〕、「干瀬の突端のすぐそばの深海」〔松山 2004〕。→シンクシ

ピシヌパナ（国頭村奥）〔D4〕、礁縁（サンゴ礁の外縁部）〔高橋・渡久地 2016〕。→シーバナ／シンハナ／ヒシィバナ

ヒシヌフカ（宜野座村）〔E〕、ヒシ（礁嶺）の外側。ケーソーともいう。ヒシの内側はヒシウチという〔宜野座村誌編集委員会 1989〕。

ヒシヌフシ（久高島）〔E〕、干瀬の後。礁嶺（リーフ）の外海側〔渡久地・高田 1991〕。→ヒシヌクシ

ピシヌプハ（国頭村奥）〔E〕、礁嶺（干瀬）の外海側、礁斜面。「プハ」は「外（ほか）」を意味する〔高橋・渡久地 2016〕。→ヒシヌフカ

ピシバー（大神島）〔D2〕、礁嶺。「干潮時に特に『道路のように』なって露出する reef flat の部分」〔市川 1978〕。

ピシバタ（大神島・石垣島新川）〔D4〕、大神島で「複雑に入り組んだリーフの切れ目（surge channel）」〔市川 1978〕。新川では「礁前面」〔口蔵 1977〕。

ピシパナ（与論島）〔D2〕、礁嶺。礁嶺で最も高い部分〔堀 1980、堀 1982〕。→ピーヌティジ

ヒシハラガー（渡名喜島）〔E〕、礁斜面〔渡名喜村 1983〕。→ヒシグチ

ピシフツ（宮古島友利）〔D4〕、ピシ（礁嶺）のナガウ（外海）側〔宇都 1993〕。→ヒシグチ／シンクチ

ヒシマガイ（石垣島新川）「ヒシ（干瀬）（＊礁嶺）の端が水平方向に屈折（＊湾曲）している部分」〔琉球方言研究クラブ 2014〕。→ヒシマガイ／マガイ／ワタ

ピシミ（久高島）〔D3〕、礁嶺前面（外海側）にある浅い（比深約一〇〜二〇センチ）凹みで、干潮時にも海水を湛えている〔渡久地・高田 1991〕。→ウンジュムイ／ウンドゥムイ／ワンルー

ピシミー（津堅島）〔C1〕、イノー（礁池）のなかのピシ（礁嶺）側および海岸側の浅瀬〔島袋 1983〕。

ヒジャ ①（大和村東部・奄美市根瀬部・奄美市有良）〔A〕、転石海岸。巨礫（大きな岩）に縁どられた岩石海岸（磯）。ハマ（浜）と対置される語。岩の狭間にはマアナゴウ、イボアナゴウ、オオベッコウガサガイなどの巻貝が生息する。〔求 2007、渡久地 2010b、渡久地 2011c〕

ヒジャ②（瀬戸内町瀬相）「海辺の耕地」［長田・須山 1977］。「ヒジャとは字から離れた海岸づたいの地域のこと」［瀬戸内町誌編集委員会 1977］。

ピジャ（与論島）［B/C1］、「ミチシュ（満潮）とピーシュ（干潮）の潮間帯と、さらにピーシュ時に膝くらいまで達する深さの範囲を指す。潮干狩りをするところである」［堀 1980、堀 1982］。

ヒシンクチ（石垣島新川）［E1］、ヒシ（＊礁嶺）の外海側。「シンクチ」ともいう［琉球方言研究クラブ 2014］。→ヒシグチ／シンクチ

ヒダ（池間島・伊良部島）［A］、「砂浜」［島袋 1983、高山 1999、高橋 2004］。→ピダ①②／ヒジャ②／ピジャ

ピダ①（西表島西部）［A/B］「岸辺」［安渓 2007］。→ヒダ／ヒジャ①

ピダ②（石垣島宮良）［B/C1］後方礁原（イタビサー）と礁池（ピーウチ）との間［野本 1995］。→ヒダ

ヒダヌナダラ（池間島・伊良部島）［B］、後方礁原［島袋 1983］。「イナー（＊礁池）から海浜にむかって、干潮時に干出する礁面」［高山 1999］。→ドゥーバター／ウチワタ／グー①

ピーニ（西表島祖納）［D］、礁嶺［野本 1995］。→ピー／ピシ／ヒシ

ピーヌティジ／ピーンティジ（鳩間島）［D2］、「干瀬の頂上」［加治工 1986］。→ピシパナ

ピーヌクシ（鳩間島）［E1］、礁嶺の外海側、礁斜面。「干瀬の後背部」［加治工 1986］。→ヒシヌクシ

ピーフカ（石垣島宮良）［E］、礁斜面。礁嶺（ピー）の外海側の斜面。［野本 1995］

ヒャーガイ（渡名喜島）［D1］、礁池の礁嶺寄りの浅い部分で、「干潮に現われるところと現われないところがある」［渡名喜村 1983］。→ハーガイ

ヒライサー（読谷村）テーブルサンゴ（卓状ミドリイシ）［読谷村史編集委員会 19995］: →ヒラウル

ヒラウル（大和村大棚）テーブルサンゴ（卓状ミドリイシ）［渡久地 2011b］。→ウンザラ／ナバイシ／ヒライサー／ヒラナバ／カーソーラ・イシ

ヒラナバ（奄美市根瀬部・大和村東部）「平茸」を意味し、テーブルサンゴ（卓状ミドリイシ）のこと［渡久地 2011b、渡久地ほか 2016］。→ウンザラ／ナバイシ／ヒラウル

ヒレ／ヒレー（南城市志喜屋）平たい岩盤からなる海底［渡久地・西銘 2013］。

ピレーク（本部町備瀬）［A］、ビーチロック［渡久地 2010］。→イタビシ／イチャジシ

ピンター（久高島）［E］、緩やかな礁斜面。追い込み漁に向いている［渡久地・高田 1991］→キンター

ファ（龍郷町）［E3］、離礁。ハナレと同義で、離礁を指す［山岡 1988］。

ファギタ（与論島）［D2/D4］、［堀 1980、堀 1982］。→パーギタ

ファティィナ（与論島）［C］、イノウ（＊浅礁湖、礁池）の中でもピシ（＊礁嶺）に近い浅い凹地全体。フティィナともいう［堀 1980、堀 1982］。

ファービシ（読谷村）［E3］、離礁。礁嶺から外海側に少し離れたサンゴ礁。都屋ではグーという［地域計画研究所 1980］。→ハナレセ／グー

プカ（大神島・宮古島友利）礁嶺の外側、外海［市川 1978、宇都 1993］。→ナガウ

フカウミ（粟国島）外海［野本 1995］。

フカトゥー（鳩間島）外洋［加治工 1986］。→トゥー

フカビシ（粟国島）［D］、「外（ほか）干瀬」を意味し、礁嶺を指す［野本 1995］。＊後方礁原と対置された表現であろう。

フカミ（大和村東部）深海。おおむね水深一〇メートル以上［渡久地 2009、渡久地 2010b］。→アサミ

フカヤー（石垣島新川）「深い所。ヒシ（干瀬）（＊礁嶺）の外の深い海。」「イノーで特に深くなっている所も指す」（琉球方言研究クラブ 2014）。

フカヤーチブ（石垣島新川）「チブ（窪池）の中でも特に深い所」（琉球方言研究クラブ 2014）。→チブ／フカヤー

フキアナゴモイ（徳之島徳和瀬）［D6］、礁上の「沖に通じる潮だまり」［松山 2004］。→ヤト／ヤトゥ

フーグチ（龍郷町）礁嶺（リーフ）の切れ目［山岡 1988］。→ニャトグチ

プ《ス》ダ（宮古島友利）［A/B］、海岸。パマ（浜）を包含する［宇都 1993］。→ヒダ／ピダ

ブタ（久高島）礁池の中の比較的大きな根を持ったサンゴ塊［渡久地・高田 1991］。

フチ（鳩間島）サンゴ礁の切れ目。「津口」［加治工 1986］。→クチ

フティィナ（与論島）→ファティィナ［堀 1980、堀 1982］

フム（大神島）水深による分類で、「深くて黒い海」［市川 1978］。→スム／フンフツ

フムイ（久高島・和泊町・国頭村奥）［B/D］、礁上の凹地。潮間帯凹地［渡久地・高田 1991、和泊町誌編集員会 1984、高橋・渡久地 2016］。→クムイ

ブラ（大神島）［D6］、ピシバナ（礁縁部）などにある穴。洞［市川 1978］。

ブリイシ（渡名喜島）「潮流や波浪で石や砂が多く集まったところ」。群石［渡名喜村 1983］。

フンフツ（大神島）水深による分類で、スム（浅くて澄んでいる海）とフム（深くて黒い海）の移行帯で「緑色の海」。フンフツはフムのふちを意味する［市川 1978］。→スム／フム

ペーイシ（本部町備瀬・国頭村奥）ハマサンゴ。「灰石」を意味し、漆喰用の石灰に利用されたことに由来［渡久地 2010a、高橋・渡久地 2016］。

ボーウル（渡名喜島）枝サンゴ［渡名喜村 1983］。→ウル

ボージイシ（徳之島徳和瀬）「丸形のさんご」［松山 2004］。ハマサンゴなど、球形、半球形のサンゴ。→ペーイシ

▼マ行

マガイ（石垣島新川）「ヒシ（干瀬）（＊礁嶺）の端が水平方向に屈折（＊湾曲、湾入）している部分。トゥガイ（尖り）の逆」［琉球方言研究クラブ 2014］。→ヒシマガイ／ワタ／トゥガイ②

マガリ（読谷村）［E1］、縁脚。礁縁部に見られる鋸歯状地形の出っ張った部分。［地域計画研究所 1980］→スニ①

マタグチ（与論島）（D1）、条溝。ウティグチと同義で、礁嶺の中の礁池（イノウ）寄りの部分。マタグチのマタは溝の意。条溝帯の条溝［堀 1980、堀 1982］。→ウティグチ

マチク（与論島）［C］、礁池（イノウ）の中の砂堆［堀 1980、堀 1982］。

ミズ（鳩間島）［C］、浅礁湖の中の深み［加治工 1986］。

ミナトゥ（徳之島面縄）水道。「港」を意味し、河口部に見られるサンゴ礁の切れ目を指す［渡久地 2013］。→ニャトリカ

ミバタ（伊良部島佐良浜）［E2］、急な礁斜面［高橋 2004］。→アラハ／キンター／ピンター／ヌンリ／ヤトゥ／スーラブ

ミュー（伊良部島佐良浜）［C/D］、サンゴ礁内に走る「深い溝」［高橋 2004］。

ミョー（大和村東部）［C］、サンゴ礁内（礁池）に走る溝。澪［渡久地 2009、渡久地 2010b］。→ヌー

ムィズハリ（大和村東部）［D］、礁嶺の小さな切れ目で、下げ潮時にこの切れ目から礁池の海水が外海に流れ出る。下げ潮時にそこにコブシメなど海洋生物が集まってくるといわれる。切れ目が大きく舟の出入り口として利用され

る所はクチ（口）という［渡久地 2009、渡久地 2010b］。→クチ
ムズゥ（大和村東部）［D4/E］、「溝」を意味し、礁縁部や礁斜面に見られる溝状地形［渡久地 2009、渡久地 2010b］。
ムーヌ・ナカ（伊良部島佐良浜）海藻が繁茂する場所［高橋 2004］。→イシガイラ・ナカ
ムルル（国頭村奥）［A］、転石海岸［高橋・渡久地 2016］。→ピジャ①
ムーンサーミー（渡名喜島）「海藻（ムーンサー）が一面に生えているところ」［渡名喜村 1983］。
メーシー（伊平屋島島尻）［D］、「前の瀬」を意味し、礁嶺を指す［渡久地 2017、本書第一〇章］。→ヒシ／ピシ／ピー
メーシーヌシチャ（伊平屋島島尻）［E］、礁斜面。ハンタともいう。［渡久地 2017、本書第一〇章］。

▼ヤ行

ヤーダイ（伊良部島佐良浜）小規模なテーブルサンゴ［高橋 2004］。→ヒシダイ
ヤツバシナカ（大神島）「ヤツバシ（人間の手では返せないが、根付きではない岩）が散在している海底」［市川 1978］。
→ウプユーシナカ
ヤト（龍郷町・瀬戸内町・瀬戸内町西古見・大和村東部・国頭村奥）［D6］、礁嶺上の窪地（凹地）で、外海に通じていることがある。［山岡 1988、瀬戸内町町誌編集委員会 1977、西古見慰霊碑建立実行委員会 1994、渡久地 2010b、高橋・渡久地 2016］。瀬戸内町では「ヤトンメ」ともいう［瀬戸内町町誌編集委員会 1977］。大和村では「ヤトゥンムィ」ともいう［渡久地 2010b］。→ヤトー／ヤトゥ
ヤトー（本部町備瀬）［D6］、礁縁付近の窪地（凹地）［渡久地 2010a］。→ヤト／ヤトゥ
ヤート（奄美市小湊・奄美市有良）［D4/E1］、小湊で「礁原上に幾筋も走る溝状地形」を指す。「（縁溝などの）溝状地形を小湊では普通『ヤート』もしくは『ワンド』と呼ぶ。ヤートとワンドの違いは、溝状地形の開口部の開き具合によって区別すると言われ、閉じ気味のものをヤート、開き気味のものをワンドと呼ぶ」［名島 2001］。有良では、礁嶺上の窪地を指す［求 2007］。→ワンド／ヤトゥ①
ヤートー（久高島）［A］、海岸付近の岩陰などの荷物置場。底が石（岩盤）の場合はイシヤートー、砂の場合はシナヤートーという［渡久地・高田 1991］。
ヤトゥ（読谷村渡具知）［E］、急な礁斜面［地域計画研究所 1980］→サガイ／キンター／ミバタ

ヤトゥ ①（大和村東部）［D6］、礁縁付近の深い窪地（凹地）、洞。深い穴は外海に通じていることが多い。イセエビの住処となっている。ヤトゥンムィともいう［渡久地 2009、渡久地 2010b］

ヤトゥ ②（宮古島久松）深海［平良市史編さん委員会 1987］。→イノー②

ヤトゥ ③（鳩間島）［E1］、縁溝。「外洋部から干瀬の頂上部へ深い渓谷が切りこんでいる部分。ヤトゥの上部はカーソラ・イシ（テーブル珊瑚）で覆われている。あるいは、ヤトゥが大きなクムル（籠り池）（＊凹地）を形成している場合がある」［加治工 1986］。

ヤトンムィ（大和村東部・加計呂麻島西阿室）［D6］、ヤトと同じ［渡久地 2010b、渡久地 2011b］。→ヤト

ヤトンメ（瀬戸内町）［D6］「ヤト」と同義［瀬戸内町町誌編集委員会 1977］。→ヤト

ヤナ（糸満・本部町備瀬・石垣島新川・座間味村）岩。底質が岩盤の海底［三田 2004、渡久地 2010a］。石垣島新川で「海中にある岩。海底がサンゴ礁あるいは岩でできている所，およびそのサンゴ礁」［琉球方言研究クラブ 2014］。座間味島で「海底でサンゴ礁（＊サンゴ）が密集しているところ」［座間味村史編集委員会 1989］。→グバーリ／シナ

ヤナヌミー（名護市辺野古）［B/D1］岩盤。イノー（礁池）の中の海岸付近ならびにヒシ（礁嶺）に近い部分の浅くなった岩盤［島袋 1983］。

ヤブリ（大和村東部）［E2］、礁斜面などにおいて、テーブルサンゴなどがつくる入り組んだ複雑な地形。「破れ」たように見えることに因む。サラサバテイ、ヤコウガイなどの巻貝類が豊富［渡久地 2009、渡久地 2010b］。

ヤリ（大神島）→アダナ［市川 1978］。

ユイサー（名護市辺野古・本部町備瀬・石垣島新川）［D5］、転石。リーフブロック（reef block）［島袋 1983、渡久地 2010a、琉球方言研究クラブ 2014］。→ユシ／クンディ／ジーグワー

ユイシ（池間島）［D5］、転石［島袋 1992］。→ユイサ／ユシ

ユイシャー（渡名喜島）［D5］、転石。「ユイは寄る、シャーは石のことで（中略）、干瀬に打ち上げられた石のこと」［渡名喜村 1983］。→ユシ／ユイシ／クンディ

ユシ ①（与論島）［D5］、転石。「台風時に外洋側から打ち上げられた巨礫」［堀 1980、堀 1982］。→ユイサー

ユシ ②（龍郷町）［C］、イノ（礁池）内の小高い浅いところ［山岡 1988］。→グーフ

ユーシナカ（大神島）「ユーシ（二〜三人で返せる程度の岩）が散らばっている海底」［市川 1978］。→ウプユーシナカ

ユニ（読谷村楚辺）［E1］、縁脚［地域計画研究所 1980］。→スニ①

ユニグヮー（石垣島新川）「砂州。潮流によって集められてできた、沖合にある砂地の浅瀬。潮の干満に関係なく常に海面から出ている」［琉球方言研究クラブ 2014］。

ヨゥテェ（西古見）凹地。水溜まり［西古見慰霊碑建立実行委員会 1994］。→コモリ

▼ラ行、ワ行、ン

リーフ（奄美・沖縄全域）［D］、礁嶺。英語の reef に由来。英語 Reef は、広義にはサンゴ礁全体、狭義には礁嶺（reef crest）を指すが、「リーフ」は礁嶺のみを指す。漁師たちが日常的に使用する「リーフ」は外来の民俗語として定着していると理解すべきであろう。民俗語彙の中から外来語を排除する理由はない［島袋・渡久地 1990・渡久地 2010a］。

ワタ（久高島）［D4/E1］、礁縁が湾曲（湾入）した部分。波あたりが比較的弱い［渡久地・高田 1991］。→マガイ／トゥガイ／ヒシマガイ

ワタジ（久高島）［C］、ワタンヂと同義［渡久地・高田 1991］。→ワタンジ

ワタンヂ（石垣島白保・久高島）［C］、海岸と礁嶺とを結ぶ礁池（イノー）の中のブリッジ状の地形的高まり［目崎 1988、渡久地・高田 1991］。→ワタジ

ワチ（南城市志喜屋）サンゴ礁の割れ目、谷間など［渡久地・西銘 2013］。→ワリ／ンジュ①②

ワリ（与論島・久高島・読谷村・国頭村奥・徳之島面縄）［E1］、縁溝。サンゴ礁外縁部の溝状地形。サージチャネル。［堀 1980、堀 1982、地域計画研究所 1980、渡久地・高田 1991、高橋・渡久地 2016、渡久地ほか 2013］。読谷村では「ンジュ（溝）」ともいう。読谷村儀間では「ガマ（釜）」とも呼ばれる。読谷村宇座では「カタマ」という［地域計画研究所 1980］。

ワリミ（南城市志喜屋）サンゴ礁の割れ目［渡久地・西銘 2013］。

ワレ（龍郷町・徳之島阿権）［D4］、サージチャネル、龍郷町では外側礁原に見られる溝状地形［山岡 1988］。［E1］、縁溝。徳之島阿権では縁溝を指す［渡久地ほか 2013］。→ワリ

ワンド（奄美市小湊）[E1]、縁溝。礁縁部の溝状地形。ヤートとほぼ同義 [名島 2001]。→ヤート／カタマ／ハタマ

ワンルー（本部町備瀬）[D3]、礁嶺（礁縁部）の浅い広い凹地 [渡久地 2010a]。→ウンジュムイ／ピシミ

ンジュ ①（読谷村など）[E1]、縁溝。サンゴ礁外縁部の溝状地形 [地域計画研究所 1980]。→ムズゥ／ワリ

ンジュ ②（南城市志喜屋）礁池（浅礁湖）において枝サンゴなどがつくる尾根状の地形に挟まれて砂床 [渡久地・西銘 2013]。→ウィー

ンジュ ③（石垣島新川）「船の通路となっている所」「クチよりも大きい割れ目を指す。八重山には竹富島の西にタケトンジュ（竹富水道）、西表の東にユナランジュ（ヨナラ水道）……がある」[琉球方言研究クラブ 2014]。

ンジュガー（石垣島登野城）[E1]、縁溝。魚の通り道。「チナカキエー（＊網漁の一種）の網は、ただ仕掛ければよいというものではない。クチ（＊礁嶺の切れ目）からイノー（＊礁池）の中に、溝状の裂溝が何本も通っている。ンジュガーまたはトウイジュなどと呼ばれるこの魚の通り道を、よく観察した上で（＊網を）仕掛けなければならない」[野本 1995]。

あとがき

サンゴ礁と人の関係について論じた本書には、「生きられる海」と「描かれた自然」という二つのテーマ（視点）が設定されている。この二つのテーマに私がかかわるようになった経緯を記して、これまでお世話になってきた方々への謝辞としたい。

私の卒論のタイトルは「沖縄島と周辺諸島のサンゴ礁の分布」である。ひたすら空中写真を実体視してサンゴ礁の地形分類図を作る作業が数ヵ月も続いた。指導教員は目崎茂和先生（現・三重大学名誉教授）。サンゴ礁の地図づくりは、卒論後も続けた。石垣島の図面を作成していた頃、目崎先生は山地河川の調査のためにネパールに長期出張に出られていた。ネパールからヒマラヤの雄大な雪山やシェルパを描いた、先生直筆の水彩画の葉書を何枚か頂いた。ある一枚にこう記されてあった。「ところで、画家ゴーギャンはタヒチでサンゴ礁を描いただろうか？」。この短い問いかけは、「描かれた自然」の研究に目覚めるきっかけを私に与えてくれた。しかし、「描かれた自然」をテーマに一篇の論文（本書第八章が最初のもの）を書くまでには長い時間を必要とした。学部時代に指導を受けた島袋伸三先生（琉球大学名誉教授）からは、卒業後も欧米の地理学の新しい動向について、また風景画を論じた英米の地理学研究や環境認識論について、じつに多くのことを教えていただいた。

もう一つの「生きられる海」は、漁師の視点から漁撈活動とそれを支える漁場知識について研究するテーマである。第一章のはじめの部分（2頁）に記したように、私が漁撈活動の研究に携わる最初の機会は、安渓遊地先生（山口県立大学教授）と湯本貴和先生（当時・総合地球環境学研究所教授、現・京都大学霊長類研究所教授）によって与えられた。両先生には、研究内容についても貴重なご示唆をいただいた。

本書の元になった論文は、簡略化して示すとつぎのとおりである。

第一章　渡久地（2011a）を加筆修正。
第二章　書き下ろし。ただし、一部に橋本花織（2015）と渡久地・橋本（2016）のデータ使用。
第三章　渡久地・西銘史則（2013）を加筆修正し、一部省略。
第四章　渡久地・藤田喜久・中井達郎・長谷川均・高橋そよ（2016）。一部省略。
第五章　渡久地・目崎茂和（2013）を修正し、一部省略。
第六章　渡久地・目崎茂和（2005）を修正し、一部省略。
第七章　渡久地（2015）を修正。
第八章　渡久地（2003）。ただし、6節は書き下ろし。
第九章　渡久地（2011c）を加筆修正。
第一〇章　渡久地（2011b）の前半を簡略化。

第一一章　書き下ろし。

第一二章　渡久地（2011b）の後半を大幅補筆。

第三章～第六章の元の論文は共著であり、共同研究者の目崎茂和先生、西銘史則氏（沖縄環境分析センター代表取締役社長、水産生物学）、藤田喜久氏（沖縄県立芸術大学准教授、海洋生物学）、中井達郎氏（国士館大学、環境地理学）、長谷川均氏（国士館大学教授、自然地理学）、高橋そよ氏（琉球大学研究推進機構主任URA、人類学）の了解を得たうえで、私が担当・執筆した箇所を中心に再構成した。ただし、第四章には、藤田氏が執筆・作成した文章とデータの一部を使わせていただいた。

元になった論文の作成においても多くの方々にお世話になった。田場由美雄氏（沖縄県立芸術大学附属研究所共同研究員、哲学）には、右記のほとんどの論考において助言をいただいた。田場氏には本書の校閲もお願いした。大和村の漁場と漁を扱った第一章では安渓先生に、サンゴ礁の地形・生物・漁撈の関係を論じた第四章では前門晃氏（琉球大学教授、地形学）と菅浩伸氏（九州大学大学院教授、サンゴ礁地形学）に、それぞれご教示をいただいた。南島歌謡を扱った第七章では前城淳子氏（琉球大学准教授、歌謡文学）に草稿にたいする助言と重要文献のご教示をいただいた。私に、南島歌謡のなかの自然描写という研究課題を授けてくださったのは、今は亡き玉城政美先生（琉球大学教授、南島歌謡論）である。玉城先生には、二〇〇九年に六一歳でご逝去される直前まで、南島歌謡について語り合う私的な研究会を開いていただいた。先生のご冥福をお祈りする次第である。

以上の研究者の方々に対して、衷心より感謝の意をお伝えしたい。

また、フィールドにおける私の「師匠」ともいうべき漁師の方々に対して感謝申し上げたい。大和村の前田幸二氏、中村修氏（NPO法人TAMASU代表）、本部町備瀬の喜屋武義和氏（本部漁協理事）、満名昭次氏、天久栄氏、天久善秀氏、天久正秀氏、満名康民氏、南城市の具志堅栄幸氏、喜久里真男氏に感謝申し上げる。また、第三章で取りあげた南城市知念のサンゴ礁地名図「志喜屋海面図」を研究することにご理解をいただいた大田徳盛氏（故人）のご遺族の方々に厚く御礼申し上げる。

小著の出版にあたっては、平成二八年度「琉球大学研究成果公開（学術図書等刊行）促進経費」の交付（出版助成）を受けた。出版をお引き受けいただいた古今書院の橋本寿資社長に御礼申し上げる。編集を担われた関田伸雄氏には、原稿が大幅に遅れ大変ご迷惑をお掛けした。それでも、関田氏は、見事な本に仕上げてくださった。お詫びするとともに、深甚より感謝申し上げたい。

本書の元になった研究には、左記の研究助成金の一部を使用した。助成金の予算執行においては、琉球大学法文学部事務局の方々、特に外部資金を担当されている三浦幸子氏にはたいへんお世話になった。記して感謝申し上げる。

・総合地球環境学研究所（プロジェクトD-02）「日本列島における人間―自然相互関係の歴史的・文化的検討」（プロジェクトリーダー 湯本貴和）、2006～2010年
・沖縄美ら島財団調査研究・技術開発助成事業「琉球列島におけるサンゴ礁漁撈文化とその潜在力に関する研究」（代表 渡久地健）2014～2016年、

・日本学術振興会科研費（基盤C：課題番号15K03015、代表 渡久地健）、2015〜2017年
・日本学術振興会科研費（基盤A：課題番号25242026、代表 菅浩伸）2013〜2016年
・日本学術振興会科研費（基盤S：課題番号16H06309、代表 菅浩伸）2016〜2020年

幸せなことに、琉大における指導教員の目崎先生のほかに、私にはもう一人の「恩師」がいる。大学における指導教員ではなかったにもかかわらず、卒論以来、さまざまな場面において、サンゴ礁の地形学、サンゴ礁をめぐる民俗分類や自然観などについて教えを受けてきた、堀信行先生（首都東京大学名誉教授）である。本書を、これまで四〇年余、サンゴ礁研究において指導を受けてきた恩師、目崎茂和先生と堀信行先生に捧げることをお許しいただきたい。最後に、心配をかけた妻・美枝子に感謝する。

二〇一七年二月三日

渡久地　健

古今書院の関連図書

熱い心の島−サンゴ礁の風土誌

日本のサンゴ礁地域２

サンゴ礁地域研究グループ編

菊判　334頁　本体４３６９円＋税

シリーズの第２巻は人文編。

内容

　１　世界のサンゴ礁地域の生態と文化（大島襄二）
　２　サンゴ礁地域としての沖縄・奄美・小笠原（斎藤毅）
　３　土のイメージ・石のイメージ（堀信行）
　４　サンゴ礁の民俗語彙（島袋伸三）
　５　製塩からみた海岸の土地利用と社会組織（斎藤毅）
　６　沖縄のサンゴ礁とウニ漁（安陪麻子）
　７　隆起サンゴ礁の景観史（小林茂）
　８　開発とサンゴ礁地域の変容（中島洋典）
　９　サトウキビ農業における外国人労働者の導入と実態（平岡昭利）
１０　沖縄の民俗と社会構造（長沢利明）
１１　奄美・沖縄の村落の空間組織と民俗行事（中俣均）
１２　海洋民・移民としての沖縄人（石川友紀）
１３　沖縄の集落の形成（田里友哲）
１４　基地と集落（町田宗博）
１５　沖縄の都市形成と都市化（堂前亮平）
１６　サンゴ礁地域を結ぶ生命線としての交通網（宮城真宏）
１７　サンゴ礁と観光（渡久地健）
１８　日本の新しい風景美としてのサンゴ礁（斎藤毅）
１９　サンゴ礁地域の風景をめぐって
（斎藤毅・堀信行・長谷川均・中井達郎・安陪麻子・渡久地健）

著者紹介
渡久地　健　とぐち　けん

1953年沖縄県生まれ、1982年筑波大学大学院環境科学研究科修士課程修了。（財）沖縄協会を経て、2011年琉球大学准教授。

主編著に『熱い自然』『熱い心の島』（日本地理学会サンゴ礁地域研究グループ編、古今書院）共編著に『海と山の恵み』（ボーダーインク）『島嶼地域の新たな展望』（九州大学出版会）

書　名　**サンゴ礁の人文地理学**
　　―奄美・沖縄、生きられる海と描かれた自然
コード　ISBN978-4-7722-4199-1　C3025
発行日　2017（平成29）年3月21日　初版第1刷発行

著　者　**渡久地　健**

発行者　株式会社古今書院　橋本寿資
印刷所　三美印刷株式会社
製本所　三美印刷株式会社
発行所　**古今書院**
〒101-0062　東京都千代田区神田駿河台2-10
電　話　03-3291-2757
FAX　03-3233-0303
振　替　00100-8-35340
ホームページ　http://www.kokon.co.jp/
検印省略・Printed in Japan

索　引

1. 索引は「人名」「地名」「事項」「生物和名」に分けて掲載した。
2. 人名は，原則として物故者のみを取り上げた。
3. 地名は島別，市町村別にまとめた。
4. 生物和名には，括弧内に学名を併記した。
5. 括弧内（→）はその項をみよ，括弧内（†）はその項も参照せよ，を意味する。

■人名索引

た

な

■生物和名　括弧内［　］は学名

ア

アイゴ［*Siganus fuscescens* (Houttuyn, 1782)］　162
アイゴ科［Siganidae］　161，250，260
アオチビキ［*Aprion virescens* Valenciennes, 1830］　14
アオノクマタケラン［*Alpinia intermedia*］　178，181-183，188，193，195-196
アオノリュウゼツラン［*Agave americana*］　181，183-184，
アオブダイ［*Scarus ovifrons* (Temminck and Schlegel,1846)］　44，205
アオリイカ［*Sepioteuthis lessoniana* Lesson, 1830］　15，33，267
アカミズキ［*Wendlandia formosana*］　178，181，183，193，196，198
アサギマダラ［*Parantica sita*］　186
アマオブネ［*Nerita(Theliostyla) albicilla* Linnaeus,1758］　161-162
アマミスズメダイ［*Chromis chrysura* (Bliss, 1883)］　15
アマモシシラン［*Vittaria zosterifolia*］　181
アミアイゴ［*Siganus spinus* (Linnaeus,1758)］　33，152，164-165
イシガキダイ［*Oplegnathus punctatus* (Temminck et Schlegel, 1844)］　14
イジュ［*Schima wallichii ssp. Liukivensis*］　181-182，192
イスズミ［*Kyphosus vaigiensis* (Quoy and Gaimard, 1825)］　37，43-44，160-161
イスズミ科［Kyphosidae］　33，37，43
イセエビ［*Panulirus japonicus* (Von Siebold, 1824)］　12，17，201
イソフエフキ［*Lethrinus atkinsoni* Seale, 1910］　ii，95
イトマキエイ属［*Mobula* Rafinesque, 1810］　74，77
イボアナゴウ［*Haliotis (Sanhaliotis) ovira* Linnaeus,1758］10，15，18
イボタガキ科［Ostreidae］　160
イロブダイ［*Cetoscarus ocellatus* (Valenciennes, 1840)］　74
イワオウギガニ［*Eriphia sebana* (Shaw & Nodder, 1803)］160
ウスユキウチワ［*Padina minor* Yamada, 1925］　93
ウメイロモドキ［*Caesio teres* Seale, 1906］　12，15，16
エイ［Batoidea］　71，73
エビ［Palinuridae］　71-72，81

エラブウミヘビ［*Laticauda semifasciata* (Reinwardt, 1837)］ 152，159，165
オオアブラガヤ［Scirpus ternatanus］ 181
オオタニワタリ［*Asplenium antiquum*］ 181，191
オオバナチョウセンアサガオ［*Datura suaveolens*］ 181，192
オオベッコウガサガイ［*Cellana testudinaria* (Linnaeus, 1758)］ 10，15，17，18，218
オキナワウスカワマイマイ［*Acusta despecta* (Sowerby,1839)］ 161-163，165，167
オナガダイ［*Etelis coruscans* Valenciennes,1862］ 13
オハグロガキ［*Saccostrea mordax* (Gould, 1850)］ 160
オヤビッチャ［*Abudefduf vaigiensis* (Linnaeus, 1758)］ 15

カ

海綿類 93，96
ガジュマル［*Ficus microcarpa*］ 181，191
カノコオウギガニ［*Daira perlata* (Herbst, 1790)］ 160-161，165
カヤツリグサ科［Cyperaceae］178，181，191
ガレバヒシガニ［*Furtipodia petrosa* Klunzinger, 1906］ 97
カワハギ［*Stephanolepis cirrhifer* (Temminck and Schlegel, 1850)］ 161
カワハギ科［Monacanthidae］ 153
カワリエビジャコの一種［*Vercoia interrupta* Kim and Fujita, 2004］ 97
キキョウラン［*Dianella ensifolia*］ 177，181-182，191，195
キツネブダイ［*Hipposcarus longiceps* (Valenciennes, 1840)］ 71，151，158，163，165
キヌベラ［*Thalassoma purpureum* (Forsskål, 1775)］ 15
キビナゴ［*Spratelloides gracilis* (Temminck et Schlegel,1846)］ 75，161-162
ギョクシンカ［*Tarenna gracilipes*］ 177-178，181，183，196
ギンタカハマ［*Tectus pyramis* (Born, 1778)］ 15
クエ［*Epinephelus bruneus* Bloch, 1793］ 75
クマタケラン［*Alpinia formosana*］ 181-182，192
クラカケモンガラ［*Rhinecanthus verrucosus* Linnaeus, 1758］ 162
クログチニザ［*Acanthurus pyroferus* Kittlitz, 1834］ 99
クロトン［*Codiaeum variegatum*］ 181，183，185，205

クワズイモ［*Alocacasia odora*］ 181，184，191-192，198，207-208
ゲットウ［*Alpinia speciosa*］ 181-182，191
甲殻類［Crustacea］ ii，93，95，99-100
コケムシ類 93，96
コブシメ［*Sepia latimanus* Quoy and Gaimard, 1832］ 15，16，17，251
ゴマハギ［*Zebrasoma scopas* (Cuvier, 1829)］ 99
コモチクジャクヤシ［Caryota mitis］ 181，184
コンロンカ［*Mussaenda parviflora*］ 178，181-182，186，188，193，198

サ

サガリバナ［*Barringtonia racemosa*］ 177
サクラツツジ［*Rhododendron tashiroi*］ 181，188，191，195
サザナミダイ［*Gymnocranius grandoculis* (Valenciennes, 1830)］ 78
サラサバテイ［*Tectus niloticus* (Linnaeus, 1767)］ 11，12，15，18
ザルガイ科［Cardiidae］ 160，188
サンゴシトウ（別名：ヒシバデイゴ）［*Erythrina×bidwillii*］ 179，181，185，188
サンダンカ［*Ixora chinensis*］ 177，186-188
シマアジ［*Pseudocaranx dentex* (Bloch and Schneider, 1801)］ 33，75
シマイセエビ［*Panulirus penicillatus* (Olivier, 1791)］ 15，17，205
シマハギ［*Acanthurus triostegus* Linnaeus, 1758］ 33
シモフリフエフキ［*Lethrinus lentjan* (Lacepède, 1802)］ 68
シャコガイ［Tridacnidae］ 39，41
ジャスミン［*Jasminum*］ 177
ジュゴン［*Dugong dugon* (Müller, 1776)］ 149，168，212
シラヒゲウニ［*Tripneustes gratilla* (Linnaeus, 1758)］ 6，248，250，259
シロクラベラ［*Choerodon schoenleinii* (Valenciennes, 1839)］ 13，15，69，70，147
シロダイ［*Gymnocranius euanus* Günther,1879］ 78
スジアラ［*Plectropomus leoparadus* (Lacepède, 1802)］ 12，15，147，203
スズメダイ科［Pomacentridae］ 13-15，94
スミクイウオ［*Synagrops japonicus* (Döderlein, 1884)］ 160
セソコヒメウミシダ［*Dorametra sesokonis* Obuchi, Kogo and Fujita, 2009］ 96

セナスジベラ［*Thalassoma hardwicke* (Bennett, 1828)］ 15
センナリヅタ［*Caulerpa racemsa*］ 151，156，161，165
ソテツ［*Cycas revolute*］ 181，184，191

タ

タコ［Octopoda］ 11，39，41-42，79
タスキモンガラ［*Rhinecanthus rectangulus* (Bloch & Schneider, 1801)］ 162
タテシマフエフキ［*Lethrinus obsoletus* (Forsskål, 1775)］ 68
チョウセンサザエ［*Turbo(Marmarostoma) argyrostomus* Linnaeus, 1758］ 12，15，18，39，41-43
ツマベニチョウ［*Hebomoia glaucippe*］ 185
デイゴ［*Erythrina variegata*］ 177
テングハギ［*Naso unicornis* (Forsskål, 1775)］ 33，37，44，68
テンジクイサキ［*Kyphosus cinerascens* (Forsskål, 1775)］ 37，44

ナ

ニシキウズガイ［*Trochus maculatus* Linnaeus,1758］ 152，165，225
ニシキウズガイ科［Trochoidea］ 161-162
ノコギリダイ［*Gnathodentex aureolineatus* (Lacepède, 1802)］ 151，160，163，165
ノボタン［*Melastoma candidum*］ 181-182，191

ハ

ハゲブダイ［*Chlorurus sordidus* (Forsskål, 1775)］ 15
ハスノハカズラ［*Stephania japonica*］ 181，184
ハタ科［Serranidae］ 75，101，207，246
ハナフエダイ［*Pristipomoides argyrogrammicus* (Valenciennes, 1831)］ 76
パパイヤ［*Carica papaya*］ 179，181，185，
ハマオモト（別名：ハマユウ）［*Crinum asiaticum var. japonicum*］ 179，181，191，195-196
ハマサンゴ科［Poritidae］ 50
ハマナタマメ［Canavalia lineata］ 181，184，192，195
ハマニンドウ［Lonicera affinis］ 181

ハマフエフキ［*Lethrinus nebulosus* (Forsskål, 1775)］ 33-34, 147
ハマユウ（→ハマオモト）
ヒカゲヘゴ［*Cyathea lepifera*］ 177, 181, 191
ヒギリ［*Cleodendrum japonicum*］ 181, 192
ヒシバデイゴ（→サンゴシトウ）
ヒブダイ［*Scarus ghobban* Forsskål, 1775］ 15
ヒメジ科［Mullidae］ 33, 37, 93-94
ビロウ［*Livistona chinensis var. subglobosa*］ 178, 181, 184, 191, 193, 195-196, 198
フエダイ科［Lutjanidae］ 93, 100
フエフキダイ科［Lethrinidae］ 68, 78, 101, 160
ブーゲンビレア［*Bougainvillea spectabilis*］ 181-183, 185
ブダイ科［Scaridae］ 13, 15, 33, 38, 71, 79, 93, 158, 161, 165, 207-208
ブッソウゲ［*Hibiscus rosa-sinensis*］ 177
フトモモ［*Syzygium jambos*］ 177, 181, 192
ヘゴ［*Cyathea spinulosa*］ 177
ベラ科［Scaridae］13, 15, 33-34, 67, 69, 161, 187, 208
ヘリトリアオリガイ［*Isognomon nucleus* (Lamarck,1819)］ 151-152, 161, 164-165
ホウライシダ［*Adiantum capillus-venevis*］ 181, 184
ボチョウジ［*Psychotria rubra*］ 181, 186-188
ホヤ類 93, 96,
ボラ［*Mugil cephalus cephalus* Linnaeus,1758］ 33
ホンダワラ［*Sargassum fulvellum* (Turner) C.Agardh］ 6, 250

マ

マアナゴウ［*Haliotis (Ovinotis) ovina* Gmelin, 1791］ iii, 10, 15, 17, 18, 218
マガキガイ［*Strombus luhuanus* Linnaeus, 1758］ 39, 41, 68
マハタ［*Hyporthodus septemfasciatus* (Thunberg, 1793)］ 75
ミツバハマゴウ［*Vitex trifolia*］ 181
ミナミイスズミ［*Kyphosus pacificus* Sakai and Nakabo, 2004］ 12, 15, 37, 44
ミナミキビナゴ［*Spratelloides delicatulus* (Bennett, 1831)］ 152, 161-162, 164-

165
ミミガイ［*Haliotis asinina* Linnaeus, 1758］ 15
ムサシアブミ［*Arisaema ringens*］ 178-179, 181, 191, 195-196
メイチダイ［*Gymnocranius griseus* (Temminck and Schlegel, 1844)］ 78
メジナ［*Girella punctate* Gray,1835］ 160-161
モウソウチク［*Phyllostachys edulis*］ 17
モンガラカワハギ科［Balistidae］ 162, 164-165
モンガラカワハギ［*Balistoides conspicillum* (Bloch and Schneider, 1801)］ 161
モンスズメダイ［*Chromis xanthura* (Bleeker, 1854)］ 13, 15

ヤ

ヤイトハタ［*Epinephelus malabaricus* (Bloch and Schneider,1801)］ 75
ヤコウガイ［*Turbo marmoratus* Linnaeus, 1758］ 11, 12, 15, 18, 256
ヤシガニ［*Birgus latro* (Linnaeus,1767)］ 152, 161-162, 165-166
ユビエダハマサンゴ［*Porites cylindrical* Dana, 1846］ 16

ラ

リュウガン［*Dimocarpus longan*］ 177
リュウキュウハギ［*Lespedeza liukiuensis*］ 178, 181, 192
リュウキュウヒバリガイ［*Modiolus auriculatus* (Kraus,1848)］ 151, 161, 164-165
ルリカケス［*Garrulus lidthi* Bonaparte, 1850］ 192
レイシ［*Litchi chinensis*］ 177
ロクセンスズメダイ［*Abudefduf sexfasciatus* (Lacepède, 1801)］ 15
ロクセンフエダイ［*Lutjanus quinquelineatus* (Bloch, 1790)］ 69

ワ

ワモンダコ［*Octpus cyanea* (Gray,1949)］ 15

文 献

秋道智彌（1995）：『海洋民族学――海のナチュラリストたち』東京大学出版会.

秋道智彌（2002）：「序・紛争の海――水産資源管理の人類学的課題と展望」．秋道智彌・岸上伸啓［編］『紛争の海――水産資源管理の人類学』人文書院，9-36 頁.

秋道智彌（2016）：『サンゴ礁に生きる海人――琉球の海の生態民族学』榕樹書林.

安里清信（1981）：『海はひとの母である――沖縄金武湾から』晶文社.

安波郷友会［編］（2006）：『望郷――安波郷友会創立五十周年記念誌』安波郷友会.

安陪麻子（1992）：「沖縄のサンゴ礁とウニ漁――古宇利島を中心に」．サンゴ礁地域研究グループ［編］『熱い心の島――サンゴ礁の風土誌』古今書院，78-91 頁.

天野鉄夫（1979）：『琉球列島植物方言集』新星図書出版.

新垣源勇（1983）：「知念村の海岸地名」．南島地名研究センター［編］『南島の地名（第 1 集）』新星図書出版，47-49 頁.

新垣源勇（1991）：「地名雑考」．南島地名研究センター［編］『南島の地名（第 4 集）』ボーダーインク，55-58 頁.

新垣源勇（2006）：「ヌー」．南島地名研究センター［編］『地名を歩く（増補改訂）――奄美・沖縄の人・神・自然』ボーダーインク，181-182 頁．〔＊初版：1991〕.

荒巻孚（1971）：『海岸』犀書房．安渓遊地（1984）：「島の暮らし――西表島いまむかし」．木崎甲子郎・目崎茂和［編］『琉球の風水土』築地書館，126-143 頁.

安渓遊地（2006）：「島の方言としての地名を守る――西表島を例として」．南島地名研 究センター［編］『地名を歩く（増補改訂）――奄美・沖縄の人・神・自然』ボーダーインク，16-18 頁.

安渓遊地［編著］（2007）：『西表島の農耕文化――海上の道の発見』法政大学出版局.

飯島幸人（2004）：『航海技術の歴史物語』成山堂書店.

飯田卓（2008）：『海を生きる技術と知識――マダガスカル漁撈社会の生態人類学』世界思想社.

五十嵐忠孝（1977）：「トカラ列島漁民の“ヤマアテ”――伝統的漁撈活動におけ

る位置測定」．人類学講座編纂委員会［編］『生態』（人類学講座 第 12 巻），雄山閣，139-161 頁．

池原直樹（1979 ～ 1989）:『沖縄植物野外活用図鑑（全 10 巻）』新星図書出版．

池宮正治（1995）:『琉球古語辞典 混効験集の研究』第一書房．

石垣市史編集委員会［編］（1994）:『石垣市史 各論編　民俗　上』石垣市．

石垣博孝（2006）:「謡にみる生物と島人の暮らし」．『国際島嶼ワークショップ報告書』．琉球大学アジア太平洋島嶼研究センター，50-54 頁．

板倉雅子・池田宏・松本栄次（1999）:「奄美大島東海岸におけるサンゴ礁発達阻害要因」．『筑波大学水理実験研究センター報告』24 号，23-37 頁．

市川光雄（1978）:「宮古群島大神島における漁撈活動――民族生態学的研究」．加藤泰三・中尾佐助・梅棹忠夫［編］『探検 地理 民族誌』中央公論社，495-533 頁．

伊藤嘉昭（1995）:『沖縄やんばるの森――世界的な自然をなぜ守れないのか』岩波書店．

伊平屋村［編］（2004）:『島尻のあゆみ――島尻公民館建設記念誌』島尻公民館建設事業期成会．

伊良波盛男（1996）:『南島語彙集――伊良波盛男詩集 1』銅林社．

井上清（1972）:『尖閣列島――魚釣諸島の史的解明』現代評論社．

井上史雄（1979）:「ミクロの地名学――地名の構造」．『言語生活』第 327 号，30-39 頁．

井上真（2001）:「自然資源の共同管理制度としてのコモンズ」．井上真・宮内泰介［編］『コモンズの社会学――森･川･海の資源共同管理を考える』新曜社，1-30 頁．

稲垣尚友（1973）:『トカラの地名と民俗（下）』ボン工房．

今橋理子（1995）:『江戸の花鳥画――博物学をめぐる文化とその表象』スカイドア．

伊波普猷(1926):「干瀬と干瀬を謡った文学」．〔『伊波普猷全集　第 9 巻』平凡社，1975，59-68 頁〕．

上原孝三（1985）:「久高島の地名」．法政大学沖縄文化研究所久高島調査委員会［編］『沖縄久高島調査報告書』法政大学沖縄文化研究所，229-233 頁．

上勢頭亨（1976）:『竹富島誌　民話・民俗篇』法政大学出版局．

上田不二夫（1991）:『沖縄の海人――糸満漁民の歴史と生活』（タイムス選書）沖縄タイムス社．

上里隆史（2011）:「古琉球社会の特徴と沖縄島の港湾機能」．『沖縄文化』第

110号，1-30頁.
宇座誌編纂委員会［編］（1974）：『残波の里――宇座誌』．宇座区公民館.
宇多道隆（1956）：『世界海洋探検史』河出書房.
宇都博一（1993）：「サンゴ礁域に関する民俗分類――宮古島城辺町字友利を事例に」．『比較民俗研究』第7号，198-215頁.
漆原和子［編］（1996）：『カルスト――その環境と人びとのかかわり』大明堂.
NHK出版［編］（2001）：『田中一村作品集［新版］』日本放送出版協会.
NHK出版［編］（2013）：『田中一村作品集［増補改訂版］』日本放送出版協会.
NHK日曜美術館［編］（1985）：『NHK日曜美術館「黒潮の画譜」田中一村作品集』日本放送出版協会.
恵原義盛（1973）：『奄美生活誌』木耳社．〔復刻：南方新社，2009〕.
海老沢明彦（1998）：「八重山海域におけるイソフエフキの資源状態と管理について」．『水産海洋研究』第62巻第2号，135-137頁.
大田徳盛（2002）：『うむたらんあしが――過去随意』私家版.
大島廣（1962）：『ナマコとウニ――民謡と酒のさかなの話』内田老鶴圃.
太田陽子・町田洋・堀信行・小西健二・大村明雄（1998）：「琉球列島喜界島の完新世海成段丘――完新世海面変化研究へのアプローチ」．『地理学評論』第52巻第1号，109-130頁.
大田好信（2012）：『ミーカガン――沖縄県八重山地方における潜水漁民の眼から見た世界』櫂歌書房.
大野啓一（1997）：「日本から台湾の照葉樹林」．千葉県立博物館［編］『照葉樹林の生態学――南の森の不思議な生きもの』（平成9年度特別展解説書），千葉県立博物館，78-87頁.
大矢鞆音（2001）：『画家たちの夏』講談社．〔第四章：田中一村――夏，奄美に死す，155-236頁〕
大矢鞆音（2002）：『田中一村作品世界――一村の奄美』日本放送出版協会.
大矢鞆音（2004）：『田中一村――豊饒の奄美』日本放送出版協会.
大山了己（1995）：『うすれゆく島嶼文化――歌謡と自然認識の世界』ひるぎ社.
沖縄古語大辞典編集委員会［編］（1995）：『沖縄古語大辞典』角川書店.
奥田良寛春（1985）：「与勝海域の地名」．南島地名研究センター［編］『南島の地名（第3集）』沖縄出版，75-78.
小野林太郎（2011）：『海域世界の地域研究――海民と漁撈の民族考古学』京都大学学術出版会.
恩納村博物館（2013）：『恩納村の海の恵み』（平成25（2013）年度恩納村博物館企画展図録），恩納村博物館.

鹿熊信一郎（2003）：「フィリピンにおける沿岸水産資源・生態系の共同管理——バナテ湾を中心とした最近の状況と沖縄との比較」．岸上伸啓［編］『海洋資源の利用と管理に関する人類学的研究』（国立民族学博物館調査報告46），国立民族学博物館，247-264 頁．

加治工真市（1986）：「鳩間方言の漁業語彙」．『琉球の方言 10』法政大学沖縄文化研究所，1-24 頁．

加藤真（1999）：『日本の渚——失われゆく海辺の自然』（岩波新書），岩波書店．

加藤邦彦（1997）：『田中一村の彼方へ——奄美からの光芒』三一書房．

金久正（1963）：『奄美に生きる日本古代文化』刀江書院．

河合香吏(2002)：「『地名』という知識——ドドスの環境認識論・序説」．佐藤俊［編］『遊牧民の世界』（講座・生態人類学 4），京都大学学術出版会，17-85 頁．

河名俊男(1987)：「生物群集の成立基盤としてのサンゴ礁地形」．『月刊海洋科学』第 19 号，536-544 頁．

河名俊男（1988）：『琉球列島の地形』新星図書出版．

川平永美［述］，安渓遊地・安渓貴子［編］（1990）：『崎山節のふるさと——西表島の歌と昔話』ひるぎ社．

角川日本地名大辞典編纂委員会［編］（1978）：『角川日本地名大辞典 46 鹿児島県』角川書店．

角川日本地名大辞典編纂委員会［編］（1986）：『角川日本地名大辞典 47 沖縄県』角川書店．

片野田逸朗（1999）：『琉球弧・野山の花 from Amami』南方新社．

川合英夫（1997）：『黒潮遭遇と認知の歴史』京都大学学術出版会．

川村博忠（1990）：『国絵図』吉川弘文館．

川平村の歴史編纂委員会［編］（1976）：『川平村の歴史』川平公民館．

菅浩伸（2001）：「南西諸島を縁どるサンゴ礁海岸」．米倉伸之・貝塚爽平・野上道男・鎮西清高［編］『日本の地形 1 総説』東京大学出版会，225-228 頁．

環境庁（1981）：「現存植生図（西表島南部）」環境庁．

岸上伸啓［編］（2003）：『海洋資源の利用と管理に関する人類学的研究』（国立民族学博物館調査報告 46），国立民族学博物館．

喜舎場永珣（1967）：『八重山民謡誌』沖縄タイムス社．

喜舎場永珣（1977）：『八重山民俗誌 上巻 民俗篇』沖縄タイムス社．

喜舎場直子（1988）：「田中一村と亜熱帯植物」．『季刊脈』第 36 号，脈発行所，47-49 頁．

宜野座村教育委員会［編］（1983）：『宜野座村乃文化財（3）——松田区の地名調査報告書』宜野座村教育委員会．

宜野座村教育委員会［編］（1985）：『宜野座村乃文化財（5）――字宜野座の地名調査報告書』宜野座村教育委員会.
宜野座村誌編集委員会［編］（1989）：『宜野座村誌　第 3 巻資料編Ⅲ　民俗・自然・考古』宜野座村役場.
吉良竜夫（1945）：「農業地理学の基礎としての東亜の新気候区分（大東亜の農業地理学的研究Ⅰ）」．京都帝大農学部園芸学研究室研究報告，1-23 頁.
菊千代（1975）：『与論方言集』与論民俗村.
金武川清吉（1985）：「平安座近海干瀬岩嶼図」. 平安座自治会［編］『故きを温ねて』，342 頁.
金城善（1992）：「正保国絵図の調進と琉球国絵図の概要」．琉球国絵図史料集編集委員会・沖縄県教育庁文化課［編］『琉球国絵図史料集 第一集』，沖縄県教育委員会，12-19 頁.
金城善（2005）：「近世琉球を描いた絵地図――国絵図と琉球国惣絵図」．沖縄県文化振興会公文書管理部史料編集室［編］『沖縄県史 各論編 第 4 巻 近世』沖縄県教育委員会，108-117 頁.
金城達也（2011）：「地域社会におけるサンゴ礁漁業の動態と生物多様性――沖縄県国頭村楚洲集落を事例に」．『沖縄地理』第 11 号，43-54 頁.
木下尚子（1996）：『南島貝文化の研究――貝の道の考古学』法政大学出版局.
木下尚子［編］（2003）：『先史琉球の生業と交易――奄美・沖縄の発掘調査から［改訂版］』熊本大学文学部.
木下尚子［編］（2006）：『先史琉球の生業と交易 2――奄美・沖縄の発掘調査から』熊本大学文学部.
木下尚子（2010）：「サンゴ礁と遠距離交易」．沖縄県文化振興会史料編集室［編］『沖縄県史 各論編 3 古琉球』沖縄県教育委員会，66-85 頁.
木崎甲子郎［編］（1985）：『琉球弧の地質誌』沖縄タイムス社.
熊倉文子（1998）：「海を歩く女たち――沖縄県久高島における海浜採集活動」．篠原徹［編］『民俗の技術』朝倉書店，247-268 頁.
甲東哲［編］（1955）：『沖永良部島民俗語彙』私家版（孔版刷）〔＊同書は，2011 年に，『分類 沖永良部島民俗語彙集』と書名を変えて，南方新社から復刻．本章における引用は復刻版による〕.
口蔵幸雄（1977）：「漁撈活動における年齢による仕事の配分――沖縄県石垣市新川地区の漁民集団の場合」．人類学講座編纂委員会［編］『生態』（人類学講座　第 12 巻），雄山閣，313-335 頁.
久保弘文・黒住耐二（1995）：『生態／検索図鑑　沖縄の海の貝・陸の貝』沖縄出版.
國分直一・恵良宏［校注］（1984a）：『南島雑話 1　幕末奄美民俗誌――名越左源太』

（東洋文庫 431）平凡社.
國分直一・恵良宏［校注］（1984b）：『南島雑話 2　幕末奄美民俗誌——名越左源太』（東洋文庫 432）平凡社.
小林照幸（1996）：『神を描いた男・田中一村』中央公論社.
小林忠（1985）：「田中一村の世界」．NHK 日曜美術館［編］『NHK 日曜美術館「黒潮の画譜」田中一村作品集』日本放送出版協会，4-5 頁.
斎藤毅・堀信行・長谷川均・中井達郎・安陪麻子・渡久地健（1992）：「サンゴ礁地域の風景をめぐって」．サンゴ礁地域研究グループ［編］『熱い心の島——サンゴ礁の風土誌』古今書院，269-296 頁.
斎藤毅（1992）：「日本の新しい風景美としてのサンゴ礁」．サンゴ礁地域研究グループ［編］『熱い心の島——サンゴ礁の風土誌』古今書院，252-266 頁.
酒井卯作（2002）：『琉球列島民俗語彙』第一書房.
佐喜真興英（1925）：『シマの話』郷土研究社.〔『女人政治考・霊の島々〈佐喜真興英全集〉』新泉社，1982 年に収録．引用はこの〈全集〉による〕.
座間味村史編集委員会［編］（1989）：『座間味村史（中巻）』座間味村役場.
篠原徹（1986）：「一本釣り漁師の生態」．『季刊人類学』第 17 号，89-142 頁.〔篠原徹 1990『海と山の民俗自然誌』，吉川弘文館に収録〕.
篠原徹（1990）：『自然と民俗——心意のなかの動植物』日本エディタースクール出版部.
篠原徹［編］（1998）：『民俗の技術』朝倉書店.
柴田武（1978）：『方言の世界——ことばの生まれるところ』平凡社.
島袋源七（1947）：「阿児奈波の人々」．柳田國男［編］『沖縄文化叢説』中央公論社，295-311 頁.
島袋伸三（1983）：「沖縄のサンゴ礁海岸の地名」．南島地名研究センター［編］『南島の地名（第 1 集）』新星図書出版，42-46 頁.
島袋伸三・渡久地健（1990）：「イノーの地形と地名」．『民俗文化』第 2 号，近畿大学民俗文化研究所，243-263 頁.
島袋伸三（1992）：「サンゴ礁の民俗語彙」．サンゴ礁地域研究グループ［編］『熱い心の島——サンゴ礁の風土誌』古今書院，48-62 頁.
島袋伸三（1994）：「海の地名」．北谷町史編集委員会［編］『北谷町史　第三巻　民俗（下）資料編』北谷町役場，293-342 頁.
島袋伸三・名護清和（1988）：『浦添の地名』（浦添市文化財調査報告書第 13 集），浦添市教育委員会.
島袋全発（1930）：『那覇変遷記』沖縄書籍.〔1978 年，タイムス選書の 1 つとして，沖縄タイム社から復刻．引用は復刻版による〕.

シュティフター／藤村宏［訳］(2004)：『晩夏（上)』(ちくま文庫)，筑摩書房.
須藤健一（1979)：「サンゴ礁海域における磯漁の実態調査中間報告 (2)――石垣市登野城地区漁民社会の潜水漁法」.『国立民族学博物館研究報告』第 3 巻第 3 号，535-556 頁.
関戸明子（1989)：「山村社会の空間構成と地名からみた土地分類――奈良県西吉野村宗川流域を事例に」.『人文地理』第 41 巻第 2 号，22-43 頁.
関礼子（2004)：「開発の海に集散する人びと――平安座における漁業の位相とマイナー・サブシステンスの展開」．松井健［編］『沖縄列島――シマの自然と伝統のゆくえ』東京大学出版会，127-166 頁.
瀬戸内町町誌編集委員会［編］(1977)：『瀬戸内町誌（民俗編)』瀬戸内町.
髙崎優子（2013)：「自然を楽しむ作法――沖縄県における寄り物漁を事例として」.『北海道大学大学院文学研究科研究論集』第 13 号，583-603 頁.
高梨修（2005)：『ヤコウガイの考古学』同成社.
高橋そよ（2004)：「沖縄・佐良浜における素潜り漁師の漁場認識――漁場をめぐる『地図』を手がかりとして」.『エコソフィア』第 14 号，101-119 頁.
高橋そよ（2014)：「魚名からみる自然認識――沖縄・伊良部島の素潜り漁師の事例から」.『地域研究』(沖縄大学地域研究所紀要)，第 13 号，67-94 頁.
高橋そよ・渡久地健(2016)：「山裾を縁どり暮らしに彩りを添えてきたサンゴ礁」.大西正幸・宮城邦昌［編］『シークヮーサーの知恵――奥・やんばるの「コトバ－暮らし－生きもの環」』京都大学学術出版会，67-94 頁.
高宮広土(2005)：『島の考古学――パラダイスではなかった沖縄諸島の先史時代』ボーダーインク.
高山佳子(1999)：「伊良部島の海浜採集活動」.『動物考古学』第 13 号，33-72 頁.
竹川大介（1996)：「沖縄糸満系漁民の進取性と環境適応――潜水追込網漁アギヤーの分析をもとに」.『列島の文化史 10』日本エディタースクール出版部，75-120 頁.
竹川大介（1998)：「沖縄潜水追込網漁に関する技術構造論――自立性の高い分業制から創発される，柔軟で複雑な作業手順とその変容」．篠原徹［編］『民族の技術』朝倉書店，94-117 頁.
多辺田政弘（1986)：「イノーの経済と入会漁業――新石垣島空港問題への一視角」.『公害研究』第 16 巻第 1 号，33-40 頁.〔多辺田政弘 1990 に収録〕.
多辺田政弘（1990)：『コモンズの経済学』学陽書房.
多辺田政弘（1995)：「海の自給畑・石干見――農民にとっての海」．中村尚司・鶴見良行［編］『コモンズの海』学陽書房，71-143 頁.
田畑英勝（1976a)：『奄美の民俗』法政大学出版局.

田畑英勝（1976b）：「海村語彙」．島尾敏雄［編］『奄美の文化――総合的研究』法政大学出版局，228-235 頁．

玉城政美（1983）：「ウムイ」．沖縄大百科事典刊行事務局［編］『沖縄大百科事典（上巻）』沖縄タイムス社，318 頁．

玉野井芳郎（1985）：「コモンズとしての海――沖縄における入浜権の根拠」．『南島文化研究所報』第 27 号，1-3 頁．〔鶴見和子・新崎盛暉［編］『玉野井芳郎著作集 3　地域主義からの出発』学陽書房，1990 に収録〕．

多良間村史編集委員会［編］（1993）：『多良間村史 第 4 巻 資料編（民俗）』多良間村．

田和正和［編］（2007）：『石干見（いしひみ）』（ものと人間の文化史 135），法政大学出版局．

地域計画研究所（1980）：『読谷村海岸線保全・利用計画調査報告書』読谷村役場企画課．

近森正（1988）：『サンゴ礁の民族考古学――レンネル島の文化と適応』雄山閣．

千葉徳爾（1994）：『新・地名の研究（新訂版）』古今書院．

寺嶋秀明（1977）：「久高島の漁撈活動――沖縄諸島の一沿岸漁村における生態人類学的研究」．伊谷純一郎・原子令三［編］『人類の自然誌』雄山閣，167-239 頁．

寺嶋秀明（2001）：「サンゴ礁のかなたをめざす海人たち」．『エコソフィア』第 7 号，16-21 頁．

渡久地健（1989）：「南島のサンゴ礁と人――最近の研究の一素描」．『南島史学』第 33 号，61-74 頁．

渡久地健（2001）：「描かれた南島の動植物（要旨）」．『南島史学』第 57・58 号（合併号），134-135 頁．

渡久地健（2003）：「植物景観画としての《奄美の杜》――田中一村絵画の地理学的考察」．『沖縄文化』第 38 巻第 2 号，75-100 頁．

渡久地健（2006a）：「板干瀬（イタビシ）」．南島地名研究センター［編］『地名を歩く（増補改訂）』ボーダーインク，178-180 頁．

渡久地健（2006b）：「スニ」．南島地名研究センター［編］『地名を歩く（増補改訂）』ボーダーインク，192-194 頁．

渡久地健（2006c）：「イノー」南島地名研究センター［編］『地名を歩く（増補改訂）』ボーダーインク，183-185 頁．

渡久地健（2007）：「サンゴ礁とエスチュアリーのはざまに発達した港市・那覇」．『地図情報』第 101 号，4-6 頁．

渡久地 健（2009）：「大和村・サンゴ礁の漁を語る」．盛口満・安渓貴子［編］『ソテツは恩人――奄美のくらし』ボーダーインク，71-86 頁．

渡久地 健（2010a）：「本部町備瀬・サンゴ礁の海と漁と魚」．早石周平・渡久地 健［編］『海と山の恵み――沖縄島のくらし 2』ボーダーインク，7-36 頁．

渡久地健（2010b）：「サンゴ礁の民俗分類・地名・漁撈活動」．大和村誌編纂委員会［編］『大和村誌』大和村，801-822 頁．

渡久地健（2010c）：「スニ（曽根）とヤマアテ（漁場位置測定）――加計呂麻島・西阿室の事例」．『沖縄地理学会報』第 51 号，6 頁．

渡久地健（2011a）：サンゴ礁の環境認識と資源利用．湯本貴和［編］／田島佳也・安渓遊地［責任編集］：『島と森と海の環境史』文一総合出版，233-259 頁．

渡久地健（2011b）：「サンゴ礁の民俗分類の比較――奄美から八重山まで」．安渓遊地・当山昌直［編］『奄美沖縄環境史資料集成』南方新社，135-184 頁．

渡久地健（2011c）：「ヘタ／ピザ考――地名をして語らしめよ」．安渓遊地・当山昌直［編］『奄美沖縄環境史資料集成』南方新社，441-455 頁．

渡久地健（2012）：「グアム，パラオの漁業――サンゴ礁とのかかわりを中心に」．前門晃・梅村哲夫・藤田陽子・廣瀬孝［編］『太平洋の島々に学ぶ――ミクロネシアの環境・資源・開発』彩流社，109-125 頁．

渡久地健（2013a）：「サンゴ礁の地名図――漁民が刻んだ海の記録」．琉球大学［編］『知の源泉――やわらかい南の学と思想・5』沖縄タイムス社，114-121 頁．

渡久地健（2013b）：「メラネシアの〈魚〉と〈イモ〉――生態地理学ノート」．我部政明・石原昌英・山里勝己［編］『人の移動，融合，変容の人類史――沖縄の経験と 21 世紀への提言』彩流社，241-254 頁．

渡久地健（2015）：「南島歌謡に謡われたサンゴ礁の地形の海洋生物――『ペンガントゥレー節』にかんする生態地理学ノート」．『人間科学』（琉球大学法文学部人間科学科紀要）第 32 号，137-160 頁．

渡久地健・内山五織・宮前延代・稲村務・橋本花織・神谷ちさと（2013）：「徳之島伊仙町の海と人――サンゴ礁の民俗分類・海産生物・地名」．琉球大学「人の移動と 21 世紀のグローバル社会」プロジェクト韓国研究班［編］『平成 24 年度調査研究報告書』，41-56 頁．

渡久地健・高田普久男（1991）：「小離島における空間認識の一側面――久高島のサンゴ礁地形と民俗分類」．『沖縄地理』第 3 号，1-20 頁．

渡久地健・西銘史則（2013）：「漁民のサンゴ礁漁場認識――大田徳盛氏作製の沖縄県南城市知念『海の地名図』を読む」．『地理歴史人類学論集』（琉球大学法文学部人間科学科紀要別冊），第 4 号，77-102 頁．

渡久地 健・藤田喜久・高橋そよ（2015）：「奄美・沖縄のサンゴ礁微地形と民俗分類の比較」（ポスター発表）．第 25 回日本熱帯生態学会予稿集：127 頁．

渡久地健・目崎茂和（2013）：「正保琉球国絵図に描写された奄美・沖縄のサン

ゴ礁と港」. *International Journal of Okinawan Studies*, vol. 4, no. 2, pp. 31-45.
渡久地 健・藤田喜久・中井達郎・長谷川均・高橋そよ（2016）:「礁前面の凹地『カタマ』の漁場としての生物地形学的評価」.『沖縄地理』第 16 号, 1-18 頁.
渡久地健・目崎茂和（2005）:「『寰瀛水路誌』にみる奄美の地名と海岸描写」. 南島地名研究センター［編］『南島の地名（第 6 集）』ボーダーインク, 124-140 頁.
渡久地健・橋本花織（2016）:「サンゴ礁の海に生きる漁師の自然認識」.『地理』第 61 巻第 5 号, 44-51 頁.
渡久山章（2006）:「下地島の地形・地名・人」. 南島地名研究センター［編］:『地名を歩く（増補改訂）』ボーダーインク, 19-22 頁.
渡名喜村［編］（1983）:『渡名喜村史（下巻）』渡名喜村.
堂前亮平（1981）:「池間島における海岸部の小地名と干瀬名」.『南島文化』第 3 号, 沖縄国際大学南島文化研究所, 27-34 頁.
堂前亮平（1987）:「東村の小地名」. 東村史編集委員会［編］『東村史 第 1 巻 通史編』東村役場, 26-44 頁.
豊見山和行（2006）:「漁撈・海運・商活動——海面利用をめぐる海人と陸人の琉球史」. 新崎盛揮・比嘉政夫・家中茂［編］『地域の自立　シマの力（下）——沖縄から何を見るか　沖縄に何を見るか』コモンズ, 173-197 頁.
内藤直樹（1999）:「『産業としての漁業』において人—自然関係は希薄化したか——沖縄県久高島におけるパヤオを利用したマグロ漁の事例から」.『エコソフィア』第 4 号, 100-118 頁.
仲里長和（2002）:『本部町字具志堅の方言』沖縄高速印刷.
中井達郎（2007）:「サンゴ礁裾礁における空間構造把握のための自然地理的ユニットの設定——与論島東部サンゴ礁を例に」.『地学雑誌』第 116 巻第 2 号, 223-242 頁.
中楯興［編］（1987 ／ 1989）:『日本における海洋民の総合研究——糸満系漁民を中心として（上／下）』九州大学出版会.
中西良夫（1972）:「海図に見る沖縄——海図の現状と水路測量史」.『地図』第 10 巻第 2 号, 1-9 頁.
中野惇夫（1986）:『アダンの画帖 田中一村伝』道の島社.〔再版は, 小学館, 1995, 引用は再版による〕.
中村和郎（1991）:「自然現象のなかの空間的秩序」. 中村和郎・手塚章・石井英也『地域と景観』（地理学講座 4）, 古今書院, 16-41 頁.
仲松弥秀（1944）:「糸満町及び糸満漁夫の地理学的研究」.『地理学評論』第 20

巻2号，15-39頁．〔仲松弥秀（1977）：『古層の村——沖縄民俗文化論』沖縄タイムス社に収録〕．

仲松弥秀・島袋伸三・名護清和（1985）：『北谷町海岸・海域地名』北谷町役場．

仲村昌尚（1992）：『久米島の地名と民俗』「久米島の地名と民俗」刊行委員会．

仲村善栄（2003）：『沖縄のウミンチュ—— 一人追い込み漁に生きる』河出書房新社．

仲田栄松（1990）：『備瀬史（復刻版）』ロマン書房．〔初版は1984年，引用は復刻版による〕

長田須磨・須山名保子［編］（1977）：『奄美方言分類辞典（上巻）』笠間書院．

名島弥生（2001）：「サンゴ礁の漁場の利用——奄美大島小湊湾南側の事例から」．『民俗考古』第5号，51-65頁．

名島弥生（2003）：「琉球列島における遺跡出土魚種組成の比較」．『東海史学』第38号，75-96頁．

波平聡（2000）：「沖縄県における漁業移民の歴史と実態——第2次世界大戦前の「外南洋」への渡航を中心に」．『沖縄地理』第5号，43-97頁．

南島地名研究センター［編］（1983）：『南島の地名（第1集）』新星図書出版．

南島地名研究センター［編］（2006）：『地名を歩く（増補改訂）』ボーダーインク．

西古見慰霊碑建立実行委員会［編］（1994）：『西古見集落誌』西古見慰霊碑建立実行委員会．

西村朝日太郎（1974）：『海洋民族学——陸の文化から海の文化へ』（ＮＨＫブックス），日本放送文化協会．

西村朝日太郎（1967）：「沖縄における原始漁法——黒島における一つの*junta*を中心として」．蒲生正男・大林太良・村武精一［編］：『文化人類学』角川書店，190-204頁．

西平守孝（1998）：「サンゴ礁における多種共存機構」．井上民二・和田英太郎［編］『生物多様性とその保全』（岩波講座・地球環境学5）岩波書店，161-195頁．

西銘史則（2000）：『久米島仲里村海物語——海名人のはなし』仲里村役場．

日刊宮古社（1982）：「八重干瀬の地名」（日刊宮古創刊号，5月1日発行）〔南島地名研究センター［編］（1983）：『南島の地名（第1集）』新星図書出版，70-76頁に再録〕．

野池元基（1990）：『サンゴの海に生きる——石垣島・白保の暮らしと自然』農山漁村文化協会．

野本寛一（1995）：『海岸環境民俗論』白水社．

長谷川均（2009）：「沖縄の海——守るためにできること」．『AGIO』第2号，16-20頁．

長谷川均（1990）:「琉球列島久米島，ハテノハマ洲島でみられる海岸変化」.『地理学評論』第63巻第10号，679-692頁.
初島住彦（1975）:『琉球植物誌（付加・訂正版）』沖縄生物教育研究会.
初島住彦・中島邦雄（1979）:『琉球の植物』講談社.
早石周平・渡久地健［編］（2010）:『海と山の恵み――沖縄島のくらし2』ボーダーインク.
橋本花織（2015）:「サンゴ礁を生業の場とする漁師の出漁日数――沖縄県本部町備瀬の漁業日誌の分析」.『沖縄地理』第15号，53-66頁.
東恩納寛惇（1950）:『南島風土記――沖縄・奄美大島地名辞典』沖縄文化協会・沖縄財団.
比嘉加津夫（1989）:『逆光の画家 田中一村』脈発行所.
平田義浩・仲宗根幸男・諸喜田茂充（1973）:『沖縄の貝・カニ・エビ』風土記社.
平良市史編さん委員会［編］（1987）:『平良市史　第7巻　資料編5　民俗・歌謡』平良市教育委員会.
藤田喜久（2010）:「ヤシガニと沖縄の人々の暮らし」.『CANCER』第19号，41-51頁.
藤田喜久（2016）:「サンゴ礁ガレ場の環境特性と生物相」．菅浩伸［編］『平成27年度 九州大学大学院地球社会統合科学府シンポジウム「東アジア島嶼沿岸域における広領域学際研究」報告書』，6頁.
古谷千佳子（2011）:『私は海人写真家　古谷千佳子』岩崎書店.
平凡社地方資料センター［編］（1998）:『日本歴史地名大系 第47巻　鹿児島県の地名』平凡社.
平凡社地方資料センター［編］（2002）:『日本歴史地名大系 第48巻　沖縄県の地名』平凡社.
辺野古誌編纂委員会［編］（1998）:『辺野古誌』辺野古区事務所.
ペリーほか著／オフィス宮崎［翻訳・構成］（1997）:『ペリー艦隊日本遠征記』（全4巻／収録海図14枚），栄光教育文化研究所.〔原著: *Narrative of the Expedition of an American Squadron to China Seas and Japan, in the Year of 1852, 1853, and 1854, 1856*〕.
ホール，ベイジル／春名徹［訳］（1986）:『朝鮮・琉球航海記』（岩波文庫），岩波書店.〔原著：Hall, B (1818): *Account of a Voyage of Discovery to the West Coast of Corea and the Great Loo-Choo Island in the Japan Sea*〕.
外間守善・玉城政美［編］（1980）:『南島歌謡大成Ⅰ 沖縄篇上』角川書店.
外間守善・宮良安彦［編］（1981）:『南島歌謡大成Ⅳ 八重山篇』角川書店.
外間守善（1981）:「解説　八重山の歌謡」．外間守善・宮良安彦［編］『南島歌

謡大成Ⅳ 八重山篇』角川書店，633-658 頁.
外間守善［校注］(2000)：『おもろさうし（上）』(岩波文庫)，岩波書店.
堀信行（1979)：「奄美諸島における現成サンゴ礁の微地形構成と民族分類」.『第33 回九学会連合大会予稿集』，15-16 頁.
堀信行（1980)：「奄美諸島における現成サンゴ礁の微地形構成と民族分類」.『人類科学』第 32 号，187-224 頁.
堀信行（1982)：「奄美諸島における礁地形の方名およびその空間構成と地理的分布」. 九学会連合奄美調査委員会［編］『奄美――自然・文化・社会』弘文堂，13-21 頁.
堀越増興・青木淳一［編］(1985)：『日本の生物』岩波書店.
真栄平房昭（1998)：「琉球王国における海産物貿易――サンゴ礁海域の資源と交易」. 秋道智彌［編］『海人の世界』同文館，219-236 頁.
益田一・荒賀忠一・吉野哲夫（1980)：『魚類図鑑――南日本の沿岸魚［改訂版］』東海大学出版会.
益田一・小林安雅 1994)：『日本産魚類生態大図鑑］』東海大学出版会.
増田義郎［訳］(2004a)：『クック太平洋探検（一） 第一回航海（上)』(岩波文庫)，岩波書店.
増田義郎［訳］(2004b)：『クック太平洋探検（二）第一回航海（下)』(岩波文庫)，岩波書店.
町健次郎（2007)：「請島ノート」.『瀬戸内町立図書館・郷土館紀要』第 2 号，37-88 頁 .
松尾知子・山西健夫・濵元良太［編］(2010)：『田中一村――新たなる全貌』(展覧会図録)，千葉市美術館・鹿児島市立美術館・田中一村記念美術館.
松井健（1975a)：「民俗分類の構造――南西諸島の場合」.『季刊人類学』第 6 巻第 1 号，3-68 頁.
松井健（1975b)：「民俗分類の機能――南西諸島の場合」.『季刊人類学』第 6 巻第 2 号，84-133 頁.
松井健（1983)：『自然認識の人類学』どうぶつ社.
松井健（1998)：「マイナー・サブシステンスの世界――民俗世界における労働・自然・身体」. 篠原徹［編］『民俗の技術』朝倉書店，247-268 頁 .
松山光秀（2004)：『徳之島の民俗 2　コーラルの海のめぐみ』未來社.
松本博之［編］(2011)：『海洋環境保全の人類学――沿岸水域利用と国際社会』(国立民族学博物館調査報告 97)，国立民族学博物館.
三浦信男（2012)：『美ら海市場図鑑――知念市場の魚たち』ウエーブ企画.
三田牧（2004)「糸満漁師，海を読む――生活の文脈における『人々の知識』」.『民

族学研究』第68巻第4号，465-486頁.〔三田牧 2015に収録〕.
三田牧（2006）:「漁師はいかに海を読み，漁場を拓くか――沖縄県糸満における海の埋め立てと漁場利用の変遷」.『エコソフィア』第18巻,81-94頁.〔三田牧 2015に収録〕.
三田牧（2015）:『海を読み,魚を語る――沖縄県糸満における海の記憶の民族誌』コモンズ.
南真木人（2002）:「ネパール山地民マガールの藪林焼畑」. 寺嶋秀明・篠原徹［編］『エスノ・サイエンス』（講座・生態人類学7），京都大学学術出版会，187-214頁.
宮城邦昌・島田隆久・齋藤和彦（2016）:「奥の地名図」. 大西正幸・宮城邦昌［編］『シークヮーサーの知恵――奥・やんばるの「コトバ―暮らし―生きもの環」』京都大学学術出版会，i-ii頁.
宮城幸吉（1988）:「仲里村字儀間の小地名」. 南島地名研究センター［編］『南島の地名（第3集）』，沖縄出版，29-40頁.
宮城幸吉（1990）:「スクおよびスクガラスについて」.『民俗文化』第2号，近畿大学民俗文化研究所，293-305頁.
宮城幸吉（2006）:「立神・トンバラ」. 南島地名研究センター［編］『地名を歩く（改訂増補）』ボーダーインク，203-205頁.
脈発行所（1988）『季刊 脈』第36号〔特集＝孤高の画家田中一村〕.
宮良當壮（1930）:『八重山語彙　附八重山語総説』財団法人東洋文庫.
宮脇昭・井上香世子・佐々木寧・藤原一絵・本多マサ子・原田洋・新納義馬・大野啓一・井手久登・鈴木邦雄・大野隼夫（1974）:『名瀬市植生調査報告』名瀬市.
三輪大介（2009）:「共同漁業権とコモンズ――山口県上関町原子力発電所建設問題に関する裁判事例から」. 室田武［編］『グローバル時代のローカル・コモンズ』ミネルヴァ書房，124-146頁.
三輪大介（2014）:「近世琉球列島の海洋資源管理の様相――蔡温の資源管理と『海方切』」. 三俣学［編］『エコロジーとコモンズ――環境ガバナンスと地域自立の思想』晃洋書房，109-126頁.
目崎茂和・渡久地健・中村倫子（1977）:「沖縄島のサンゴ礁地形」.『琉球列島の地質学研究』第2号，91-106頁.〔目崎茂和 1985に収録〕.
目崎茂和（1980）:「琉球列島における島の地形的分類とその帯状分布」.『琉球列島の地質学研究』第5号，91-101頁.〔目崎茂和 1985に収録〕.
目崎茂和（1983）:「南島・琉球弧の地名と地域」.『南島の地名』第1集,19-25頁.〔目崎茂和 1985に収録〕.

目崎茂和（1985）：『琉球弧をさぐる』あき書房．

目崎茂和・河名俊男・前門晃・木庭元晴・渡久地健（1986）：「地形分類図――沖縄本島周辺離島」．国土庁監修『土地分類基本調査――沖縄本島周辺離島』沖縄県．

目崎茂和（1988）：「日本のサンゴ礁・白保のサンゴ礁」．小橋川共男・目崎茂和『石垣島・白保サンゴの海――残された奇跡のサンゴ礁』高文研，81-119 頁．

目崎茂和・渡久地健（1991）：「石垣島のサンゴ礁地形とその地域区分」．目崎茂和［編］『石垣島のサンゴ礁環境』世界自然保護基金日本委員会，87-107 頁．

目崎茂和［監修］（1992）：『北緯 28 度の森――湯湾岳・奄美大島』宇検村振興育英財団．

求哲次（2007）：『奄美シマジマ（村々）の暮らし――名瀬有良を中心に』私家版．

盛口満（2003）：『ジュゴンの唄』文一総合出版．

家中茂（2001）：「石垣島白保のイノー ――新石垣空港建設計画をめぐって」．井上真・宮内泰介［編］『コモンズの社会学――森・川・海の資源共同管理を考える』新曜社，120-141 頁．

柳田國男（1927）：「干瀬の人生」．『南海小記』〔『定本・柳田国男集　第 1 巻』1968，筑摩書房に収録〕

山岡英世（1988）：「海の仕事」．龍郷町誌民俗編編さん委員会［編］『龍郷町誌　民俗編』龍郷町，597-621 頁．

山下悦夫（2005）：『寰瀛記――小説柳楢悦』東京新聞出版局．

山口正士（1998）：「サンゴ礁の資源論」．秋道智彌［編］『海人の世界』同文社，45-62 頁．

山田孝子（1977）：「鳩間島における民族植物学的研究」．伊谷純一郎・原子令三［編］『人類の自然誌』雄山閣，241-300 頁．

山西健夫（2010）：「奄美時代」．松尾知子・山西健夫・濵元良太［編］『田中一村　新たなる全貌』（展覧会図録），千葉市美術館・鹿児島市立美術館・田中一村記念美術館，160 頁．

山本和弘（1990）：「田中一村研究」．『栃木県立美術館紀要』第 12 号，43-70 頁．

山野正彦（1998）：『ドイツ景観論の生成――フンボルトを中心に』古今書院．

山里純一（2000）：「八重山歌謡に見える植物」．『日本東洋史文化論集』（琉球大学法文学部紀要）第 6 号，203-314 頁．

山里純一（2008）：「八重山歌謡に見える動物」．『日本東洋史文化論集』（琉球大学法文学部）第 14 号，29-134 頁．

湯原かの子（2001）：『絵のなかの魂――評伝・田中一村』新潮社.
横井謙典（1989）：『方言でしらべる沖縄の魚図鑑』沖縄出版.
横山伊徳（2001）：「一九世紀日本近海測量について」．黒田日出男・M. E. ベリー・杉本史子［編］『地図と絵図の政治文化史』東京大学出版会，269-344 頁 .
米地文夫・今泉芳邦（1995）：「地名『三陸海岸』の変遷に関する地理学的ならびに社会学的問題――地名『三陸』をめぐる社会科教育論（第 2 報）」，『岩手大学教育学部研究年報』第 52 巻第 2 号，127-141 頁.
読谷村史編集委員会［編］（1995）：『読谷村史 第 4 巻 資料編 3 読谷の民俗 上』読谷村役場.
琉球国絵図史料集編集委員会・沖縄県教育庁文化課［編］（1992）：『琉球国絵図史料集 第一集――正保国絵図及び関連史料』沖縄県教育委員会.
琉球国絵図史料集編集委員会・沖縄県教育庁文化課［編］（1993）：『琉球国絵図史料集 第二集――元禄国絵図及び関連史料』沖縄県教育委員会.
琉球国絵図史料集編集委員会・沖縄県教育庁文化課［編］（1994）：『琉球国絵図史料集 第三集――天保国絵図・首里古地図及び関連史料』沖縄県教育委員会.
琉球大学民俗研究クラブ（1976）：『沖縄民俗』第 22 号（宮古平良市島尻・西原村棚原報告）.
琉球方言研究クラブ（2014）：「石垣市字新川の漁業関連語彙」．『琉大方言』第 28 号，1-132 頁.
リンチ, ケビン／丹下健三・富田玲子［訳］（1968）：『都市のイメージ』岩波書店.〔原著：Lynch, K. 1960. *The Image of the City*, Harvard University Press, and M. I. T. Press〕.
ローレンツ，コンラート／日高敏隆［訳］（1987）：『ソロモンの指輪――動物行動学入門』早川書房.〔原著：*King Solomon's Ring*, 1949, *Er redete mit dem Vieh, den Vögeln und den Fischen*, 1949〕
和泊町誌編集委員会［編］（1984）：『和泊町誌（民俗編）』和泊町教育委員会.

Appleton, J. (1975): *The Experience of Landscape*, John Willey and Sons.〔菅野弘久訳 2005『風景の経験――景観の美について』法政大学出版局〕
Appleton, J. (1990): *The Symbolism of Habitat: An Interpretation of Landscape in the Arts*, University of Washington Press.
Battistini, R., Bourrouilh, F., Chevalier, J. P., Coudray, J., Denizot, M., Faure, G., Fisher, J. C., Guilcher, A., Harmelin-Vivien, M., Jaubert, J., Laborel, J., Montaggioni, L., Masse, J. P., Maugé, L. A., Peyrot-Clausade, M., Pichon, M., Plante, R., Plaziata, J. C., Plessis, Y. B., Richard, G., Salvat,

B., Thomassin, B. A., Vasseur, P., and Weydert, P. (1975): Éléments de Terminologie Récifale Indopacifiqe, *Téthys*, volume 7 numero 1, 1-111. Station Marine d'Endoume, Marseille, France.

Clausade, M., Gravier, N., Picard, J., Pichon, M., Roman, M. L., Thomassin, B. A., Vasseur, P., Vivien, M., and Weydert, P. (1971): Morphologie des Récifis Corallien de la Région de Tuléar (Madagascar):Éléments de Terminologie Récifale. *Téthys*, supplement 2, 1-76, Station Marine d'Endoume, Marseille, France.

Cosgrove, D. and Daniels, S. (eds.) (1988) : The Iconography of Landscape, Cambridge University Press.〔千田稔・内田忠賢監訳 2001『風景の図像学』地人書房〕.

Darwin, C. (1842): *The Structure and Distribution of Coral Reefs*. Smith, Elder and Co., London.

Gollage, R. G. (1978): Learning about and urban environment. Thrift, N. Parks, D. and Carlstein, T. (eds.) *Timing Space and Spacing Time*. Edward Arnold, 76-98.

Gillett, R. (2009): *Fisheries in the Economies of the Pacific Island Countries and Territories*. Asian Development Bank.

Gillett, R. (2010): *Marine Fishery Resources of the Pacific Islands*. Food and Agriculture Organization of the United Nations.

Hopley, D. ed. (2011): *Encyclopedia of Modern Coral Reefs: Structure, Form and Process*. Springer.

Kan H. and Hori N. (1993): Formation of topographical zonation on the well-developed fringing reef-flat, Minna Island, the Central Ryukyus. *Transactions of Japanese Geomorphological Union* (*Chikei*), 14(1), 1-16.

Kan, H. (1995) Typhoon effects on sediment movement on reef edges and reef slopes. Bellwood,O. H. Choat and N. Saxena (eds.) *Recent advances in marine science and technology '94*. Pacon International and James Cook Univ., Townsville, 191-201.

Kan, H. (2011): Ryukyu Islands, in Hopley, D. (ed.) *Encyclopedia of Modern Coral Reefs: Structure, Form and Process*. Springer, 940-945.

Kim, J.-N. and Fujita, Y. (2004): A new species of the genus Vercoia from Okinawa Island, Japan (Crustacea, Decapoda, Caridea, Crangonidae), with descriptions of its zoeal stages. Journal of Natural History, 38, 2013-2031.

Komatsu, H., and Takeda, M. (2009): Rare crabs (Crustacea, Decapoda,

Brachyura) from Okinawa Island, with description of a new species of the family Leucosiidae. *Bulletin of the National Museum of Nature and Science, Series A (Zoology)*, 35, 125-136.

Labrosse, P., Ferraris, J., Letourneur, Y. (2006): Assessing the sustainability of subsistence fisheries in the Pacific: The use of data on fish consumption, *Ocean and Coastal Management* (49), 203-221.

Lowenthal, P. and Prince, H. C. (1965): English landscape tastes. *Geographical Review,* Vol. 55, 186-222.

Mezaki, S. and Toguchi, K. (2006): Historical maps and terms of coral reefs in Shouho (Mid-seventeenth Century) national atlas in Japan. *Proceedings of the 10th International Coral Reef Symposium, Okinawa. Japan. June 28 — July 2, 2004*. Japanese Coral Reef Society, 1883-1887.

Obuchi, M., Fujita, Y., Nakano, Y., Uehara, T., and Motokawa, T. (2010): Reproductive biology and early life history of the hermaphroditic feather star Dorometra sesokonis (Echinodermata: Crinoidea). *Marine Biology*, 157, 1191-1201.

Obuchi, M., Kogo, I., and Fujita, Y. (2009): A new brooding feather star of the genus Dorometra (Echinodermata: Crinoidea: Comatulida: Antedonidae) from the Ryukyu Islands, southwestern Japan. *Zootaxa, 2008*, 61-68.

Ram-Bidesi, V. (2008): Development of marine resources, fisheries policies and women's rights in the Pacific Islands. *SPC Women in Fisheries Information Bulletin*. No. 18, 3-10.

Rees, D. (1976): John Constable and the art of geography. *Geographical Review*, vol. 66, no. 1, 59-72.

Spalding, M. D, Ravilious, C., and Green, E. (2001): *World Atlas of Coral Reefs*. University of California Press, London.

Toguchi, Ken (2010) A brief history of the relationship between humans and coral reefs in Okinawa. *The Journal of Island Sciences*, no. 3, 59-70. (International Institute for Okinawan Studies, University of the Ryukyus).